Métodos Criativos de Ensino

Marlene D. LeFever

Métodos Criativos de Ensino

Como ser um professor eficaz

Tadução

Luís Aron de Macedo

CPAD

Título do original em inglês: *Creative Teaching Methods*
Cook Communications Ministries
Colorado Sprins, Colorado, EUA

Primeira edição em inglês: 1985

Tradução: Luís Aron de Macedo
Preparação dos originais: Marcos A. Tuler, Miriam Anna Libório, Luciana Alves e Kleber Cruz
Revisão: Miriam Anna Libório

Capa: Flamir Ambrósio
Projeto gráfico: Joede Bezerra
Editoração: Joede Bezerra e Olga Rocha dos Santos

CDD: 268 - Educação Cristã
ISBN: 85-263-0561-1

Para maiores informações sobre livros, revistas, periódicos e os últimos lançamentos da CPAD, visite nosso site: http://www.cpad.com.br

As citações bíblicas foram extraídas da versão Almeida Revista e Corrigida, edição de 1995, da Sociedade Bíblica do Brasil, salvo indicação em contrário.

Casa Publicadora das Assembléias de Deus
Caixa Postal 331
20001-970, Rio de Janeiro, RJ, Brasil

1ª edição/2003

3ª Edição 2006

Dedico meu amor e agradecimento a meu marido, Jack Risley, que em nosso ensino em equipe serviu de modelo do compromisso cristão para adolescentes, e que trata com criatividade as lutas e alegrias de vivermos para Cristo em nosso casamento e em seu ambiente de trabalho.

SUMÁRIO

Introdução

Perdi a voz. Por dois meses fiquei ensinando domingo após domingo com a voz fanhosa. A cada semana, minha garganta doía mais e mais e meus grasnidos ficavam cada vez mais fracos. Os alunos da minha classe de adolescentes de Escola Dominical eram os mais ativos e tagarelas com quem já tinha trabalhado. Mas durante esse tempo difícil, eles reagiram diante de minha necessidade. Deixaram de falar enquanto eu apresentava a matéria e explicava a direção da interação de classe. Depois eles já não precisavam ser instigados à ação. Imediatamente assumiram a responsabilidade pelo sucesso da classe. Era óbvio a todos nós que sem eles a classe não daria certo.

Sempre soubera do princípio: a participação no processo de aprendizagem estimula a aprendizagem e incentiva o crescimento. Negativamente, quando o professor está no controle total das atividades de classe, seu ego pode ser a única coisa que cresce em sala de aula.

Os alunos precisam sentir que esta é a "nossa" classe. "Claro que temos um líder, mas sem nossa ajuda, esta classe não dá certo." É o líder que estimula este senso de propriedade; é o líder inteligente que não espera por uma perda de voz para implementar a abordagem de aprendizagem compartilhada.

Enquanto falava aos sussurros em minha sala de aula, tive tempo para observar os alunos crescerem espiritualmente. Eles se tornaram meu grupo de apoio, minha "igreja", durante aquele tempo difícil.

Enviaram-me cartões. Disseram-me que iam orar por mim e confirmavam essa promessa a cada semana me contando com que freqüência, e por quanto tempo tinham orado.

Eu ouvia e eles falavam. Eu pantomimava e eles vivenciavam o que descobriam diretamente da Palavra de Deus. Sentia-me posta de lado e exausta e eles me lisonjeavam: "Obrigado por ter vindo. Não desista. Sua voz vai ficar boa".

Este livro é designado a ajudar professor e alunos a trabalharem juntos no processo de aprendizagem. Para o professor, estes métodos podem significar mais trabalho, menos massagem no ego, e maior confirmação de que a aprendizagem da vida está ocorrendo. Para os alunos, os processos lhes ajudarão a descobrir meios exclusivos pelos quais crescer no entendimento do que é a vida cristã. E o mais importante, eles aprenderão como vivenciar esse entendimento na vida que levam de segunda-feira a sábado.

O modo pelo qual comunicamos a Palavra de Deus não deve ser estático. Terminei de escrever este livro, mas os métodos que podemos usar para ensinar nunca se esgotarão. Por exemplo, agora mesmo estou explorando meios nos quais a Internet pode ser incorporada à Escola Dominical e grupos de estudo bíblico. Como podemos usar esta ferramenta inigualável para treinar esta geração para Cristo? Como podemos desenvolver programas para vídeo, e computadores, que venham a ajudar os pais na educação dos filhos?

Os autores de *Using Nonbroadcast Video in the Church* (Como Usar na Igreja Vídeos Não-Televisionados) articulam o desafio:

> A Igreja é comumente resistente a novas tecnologias e metodologias, até que a pressão se torna tão grande que não há outra escolha senão mudar. Esta característica proporciona excelente equilíbrio contra as modas passageiras, e dá a continuidade necessária, mas também pode se transformar em desculpa para raramente agirmos inovadoramente quando surge uma tecnologia nova e útil para comunicarmos o Evangelho.[1]

Temos de crescer ou, como adverte John Peatling, podemos acabar sendo "depois de amanhã os bem-intencionados antiquários".[2]

Sou grato especialmente ao Dr. D. Campbell Wyckoff (*Princeton Theological Seminary*), Dr. Charles Bradshaw (*Talbot Theological Seminary*), Dr. Dennis Williams (*Denver Theological Seminary*), Dr. Greg Johnson (*Canadian Bible College*), Dr. Carol Herrman (*Asia Graduate School of Theology*) e Dr. John Wilkinson (*Ontario Theological Seminary*) pela oportunidade que abriram em suas faculdades para ensinar as idéias expostas neste livro e em meu outro livro *Learning Styles: Reaching Everyone God Gave You to Teach* (Estilos de Aprendizagem: Alcançando a Todos que Deus lhe Deu para Ensinar). Dedico meu agradecimento particular aos meus alunos que ampliaram e afinaram cada idéia.

A editora Neta Jackson fez muito mais do que reunir as parcelas mínimas do processo. Ela me incentivou através de suas reações entusiásticas ao conteúdo. Ela também ampliou meu pensamento compartilhando algumas experiências de adoração únicas em sua igreja. Para esta nova edição, agradeço a Nancy Raney e Jean Stephens por me estimularem a explorar a Internet como novo método de ensino.

Notas

[1] Daniel W. Holland, J. Ashton Nickerson e Terry Vaughn, *Using Nonbroadcast Video in the Church* (Valley Forge: Judson Press, 1980).

[2] John Peatling, "Science, Wisdom or Wizardry?", In: *Religions Education*, Verão de 1983.

1

O Desafio Criativo

Celebro as ocasiões em que ensinamos, Quando somos ensinadores vivos, carinhosos, participantes, confiantes. De onde tiramos a idéia de que Deus gosta de psiu, monotonia ou coisa parecida? Considero blasfêmia não demonstrar nossa alegria em Sua igreja.

— *adaptado de* Balloons Belong in Church, *de Ann Weems*

Bárbara aceitou o desafio e agregou-se a uma classe experimental de Escola Dominical para adultos. Pré-requisito para a matrícula: o aluno não poderia ter assistido outra aula em que o método usado não fosse palestra. Estes alunos, adultos mais velhos, eram muito bons em ficar sentados, ouvir e, ocasionalmente, responder perguntas sobre fatos bíblicos e teologia. Agora estavam concordando em participar em teatralização, trabalho em equipes, grupos de estudo indutivo da Bíblia e redigir salmos pessoais usando as mesmas fórmulas que o salmista usava.

"Nunca transmiti uma tarefa educacional com tanta turbulência", disse o professor. "Na primeira semana perdi dois casais e não tive como saber se eram as únicas pessoas que desistiriam. Estava deprimido e, foi então que Deus me deu Bárbara. Ela seria a confirmação de que estava nascendo um novo adulto neste grupo de pessoas com mais de quarenta anos."

Ao término de uma aula, o grupo compartilhou acrósticos feitos com a palavra-chave que fora identificada no estudo bíblico —AMOR. Neste acróstico, a primeira letra de cada linha ajudou a formar a palavra, identificada verticalmente.

Na semana seguinte, Bárbara nem esperou a aula começar para dizer:"Passei a semana escrevendo um poema para Deus. Querem ouvir? Passei duas vezes pelo alfabeto inteiro e, cada linha diz a Deus algo que eu amo nEle. Nunca me senti tão perto dEle em minha vida!"

Para mim, o professor, foi a conquista de que precisava. Era como se Deus estivesse me dando tapinhas nas costas. A resposta de Bárbara quebrou as barreiras que os outros alunos construíram ao longo dos anos. Eles começaram a falar sobre sua relação com Cristo e as novas experiências vividas nEle. Sei que algumas destas pessoas nunca ousaram compartilhar um testemunho banal com seus colegas."

Deus utilizou um método simples e criativo para ajudar Bárbara a descobrir o entusiasmo que havia dentro dela e um pouco mais sobre Ele mesmo. E, utilizou um professor que ousou tentar algo novo, algo que poderia ter falhado e feito com que ela parecesse simplória.

Como professores, freqüentemente agimos como nossa própria polícia. "Não posso fazer isso!", dizemos para nós mesmos; "Meus alunos não vão gostar!" Às vezes é verdade. Eles não gostam mesmo. Mas às vezes estamos errados, e Deus apropria-se de nossos esforços de ensino criativo e os transforma em experiências de aprendizagem maravilhosas. Os alunos adultos sentem a presença de Deus como nunca antes. Os adolescentes percebem que os princípios da Bíblia podem ser aplicados nos corredores e pátios de onde estudam.

Quando crianças e adultos participam no processo de aprendizagem, a verdade se torna real em suas vidas.

O potencial de um professor criativo é como um desafio — um desafio para conceber novas idéias e tentar novos empreendimentos, não porque a novidade em si mesma seja algo a ser cobiçado, mas, porque ele ou ela estão seguindo o Professor-Mestre que utilizou métodos interativos ao preparar seu pequeno grupo de alunos para mudar a história.

Jesus usou aula expositiva e narração de histórias: As pessoas ouviam quando contava simples histórias cheias de verdades eternas; Ele usava lições objetivas: A figueira murchou e os discípulos entenderam; Organizou pequenos grupos para levar os doze a se envolverem com a realidade de servir: Eles saíram, de dois em dois, para compartilhar o que aprenderam – vivenciar rejeição e sucesso. O método de estudo indutivo foi seu recurso mais usado. Ele não anunciou aos discípulos: "Companheiros, Eu sou o Filho de Deus. Esta é a mais pura verdade, e agora vamos falar sobre o milagre da salvação". Não, Ele os deixava ouvir, ver, e chegar à conclusão por si mesmos.

Estou certo em presumir que Jesus, se estivesse hoje entre nós em forma humana, usaria todos os recursos disponíveis – dramatização, palestra, narração de histórias, peça teatral, perguntas e assim por diante – para conduzir as pessoas para mais perto de Si?

Como professores-alunos para o Professor-Mestre, devemos procurar refletir todos os Seus atributos – não só o amor, a verdade e a misericórdia que comumente formam a base para temas de sermão, mas, também a criatividade. O Criador é nosso modelo. É imprescindível sermos professores criativos.[1]

As pessoas concebiam a idéia de criatividade como um dom raro concedido a poucos. É verdade que em cada século surgem pessoas raras, incrivelmente talentosas, que mudam uma pressuposição fundamental sobre algum aspecto da vida. Poucos de nós seremos um Albert Einstein, Benjamin Franklin ou C. S. Lewis. Contudo, cada um de nós pode ser mais criativo do que somos agora. Podemos usar nossa quantidade adequada de matéria prima relativa a gênio para dar vida a nosso ensino e, com a ajuda do Espírito Santo, mudar a vida dos alunos que estão aprendendo conosco.

> **O Criador é o nosso modelo. Devemos ser professores criativos.**

O que há de singular nos professores criativos? Eles possuem habilidade para tornar cada situação o máximo. Sua receptividade a mudanças é tanta que se permitem divertir-se com os imprevistos ao invés de entrarem em pânico. Eles são notáveis.

"Quando comecei a dar aulas para adolescentes da quinta à oitava série, nunca saía de meu plano de aula", disse um professor. "Meus alunos eram provenientes de famílias seculares, a maioria sem exposição a coisas espirituais. Eu achava muito bom contar histórias bíblicas, e eles sempre reagiam com entusiasmo. Para a maioria dos adolescentes, as histórias eram novas. No período de discussão que se seguia às histórias, eles me faziam perguntas difíceis, perguntas que crianças assíduas à igreja raramente indagariam. Procurava responder, porém, sempre encerrava a aula com a sensação de que havia mais interrogações a serem verbalizadas.

"Finalmente, fiz o que para mim foi um grande desafio. Decidi que por um domingo eu deixaria o guia do professor em casa. Esse dia seria totalmente voltado para as perguntas dos alunos. Minha preparação foi a oração: 'Senhor, não deixa que os espaços em branco sejam longos demais e me ajuda a corresponder às expectativas'. Ele respondeu! Este foi para mim o maior desafio e a idéia mais criativa que já tive."

Quando o professor é criativo, está pronto a dar o passo no inusitado. "O que aconteceria em minha classe se eu pedisse aos alunos que fizessem uma mímica sobre a salvação?" "Como usar cores e formas para tirar proveito dos dotes artísticos de alguns de meus alunos?" O professor criativo está propenso a fugir ao modelo e correr o risco de errar, porque ele acredita que Deus pode usar uma nova idéia.

Criatividade é parte da vida do cristão, parte de nossa jornada nas "forças impetuosas de Deus... Algumas vezes em minha vida... o inspirador Grande-Eu-Sou impeliu-me. Forças, antes armazenadas em mim, despertaram. Colocaram-me numa 'viagem impetuosa' por caminhos inesperados."[2]

Quebrando Padrões

"Mas sempre fizemos assim" pode ser o golpe fatal na criatividade. Para infundir empolgação em nosso ministério de ensino e talvez desenvolver nossa parte de imaginação, precisamos estar dispostos a olhar além do "sempre foi feito assim". Podemos ficar tão acostumados ao modo como as coisas são feitas que nos recusamos a admitir a existência de caminhos mais eficientes. Também é mais fácil agarrar-se a antigos padrões e torná-los cada vez melhores do que tentar inovar.

> Tempos antes do século de Colombo, o homem desenvolveu habilidades náuticas e a arte da navegação. Quando os marinheiros daquela época olhavam os mares, viam uma superfície plana, não sendo de surpreender que, quando os cartógrafos ficavam sem mundo conhecido para registrar no pergaminho, eles inscreviam na lacuna sinistra as palavras "Aqui tem Dragões". Então veio Colombo. Quando ele observava os navios a vela desaparecerem no horizonte, notava que eles não "desapareciam", mas que a armação sempre desaparecia primeiro, depois as velas e, por fim, a ponta do mastro. Em termos extremamente pragmáticos e operacionais, Colombo viu os oceanos de modo diferente.[3]

Sua visão do que pudesse ser admissível redefiniu o mundo. A visão que você tem do que poderia acontecer em seu ensino na Escola Dominical pode, com a ajuda do Espírito Santo, transformar vidas. Comece desafiando suas pressuposições. Se a preleção tem sido seu horizonte pedagógico, experimente uma alternativa; Se você é excelente líder de discussão, tente um sermão ilustrado com transparências; Se o seu ouvido identifica, bem no seu íntimo, o sussurro: "Não sou criativo", tente escrever uma oração padronizada segundo Davi e incentive os alunos a seguirem essa trilha.

Tente romper padrões. Ajude-se a si mesmo e a seus alunos a verem de modo diferente. Suponha que você esteja ensinando uma lição sobre comunhão, num domingo à tarde, em sua casa. Relacione três coisas, nunca pensadas antes, que você pode fazer no processo de ensino:

1.
2.
3.

Difícil, não é? Superar qualquer tipo de padrão a que estamos acostumados, e tentar propor um novo, é difícil. Veja o que acontece quando você, inesperadamente, fixa o olhar em alguém da congregação.

Mesmo não tendo a intenção, você descobrirá que seus olhos voltam-se e fixam-se repetidas vezes. Pode ser embaraçoso. Requer um esforço consciente quebrar um padrão de olhar.

Tente esta experiência. Olhe a figura a seguir até conseguir ver a mulher idosa e a mulher jovem. Quando vir as duas, force os olhos para focar em uma e depois na outra e volte a cada três segundos. Que esforço! Se é difícil quebrar um padrão de olhar, considere o quanto é difícil quebrar um padrão de ensino pelo qual você tenha trabalhado durante anos. Difícil, mas certamente não impossível, e vale o esforço.

Tarefa: Faça uma lista de seus padrões de ensino. Por exemplo: "Sempre começo com uma oração, porque tranqüiliza boa parte de minha turma". "Sempre levo um aluno para almoçar depois da Escola Dominical". "Meus alunos quase sempre acham que o estudo da Bíblia é a parte mais chata da lição."

Quando terminar a lista, marque os quesitos que considera padrões excelentes que você não gostaria de quebrar. Para os outros, proponha alternativas. Tente o máximo.

Onde procurar por idéias que possam ser alternativas para padrões de ensino ultrapassados ou ineficientes? Tal lugar está nos diferentes padrões de sua vida. O que aconteceria se você misturasse o que faz na terça-feira com o que faz no domingo? Por exemplo, o quanto sua visita ao Museu de Ciência e Indústria pode gerar idéias que estimulem seu ensino?

"Acabei de dar uma olhada na exposição", disse um professor do ensino médio. "No acervo do museu, fui atraído por uns quebra-cabeças incomuns. Um deles era de madeira, tangram chinês, que consistia em um quadrado cortado em sete pedaços geométricos. Esses pedaços podiam ser organizados de maneiras variadas para formar desenhos e figuras simbólicas. Em minha classe, alguns alunos estão interessados em arquitetura. Pensei que eles pudessem gostar de usar as peças desse quebra-cabeça chinês para ilustrar algum conceito em uma lição futura. Comprovei o benefício e o tenho utilizado desde então. Sempre procuro idéias que possam ser usadas no ensino, mesmo quando não estou pensando em preparar lições."

Jesus foi esse tipo de professor também. Quando viu um semeador, contou a história que ilustrou os diversos modos com que as pessoas respondem à Sua mensagem. Ele foi capaz de misturar os diferentes padrões de Sua vida de forma que concorressem para Seu ensino.

Para nós, isso é difícil. Não pegamos facilmente um conceito da parte prática de nossas vidas e inserimos na parte pedagógica, ainda que essa associação torne nosso ensino mais produtivo. Precisamos, contudo, estar acessíveis às coisas que não nos sejam imediatamente familiares, se queremos ser professores criativos. Os padrões conhecidos parecem muito mais confiáveis por serem familiares, apesar de muitos considerarem isto inadmissível.

Estava fazendo o mesmo seminário sobre mímica quatro vezes num Congresso de Escola Dominical. Havia outros cinco seminários sendo feitos ao mesmo tempo para que os professores escolhessem os quatro que mais lhes interessassem ao longo do dia. Minha primeira sessão foi um sucesso. Os professores divertiram-se com várias idéias impressas e continuaram a desenvolver mímicas simbólicas originais para ilustrar a salvação. Eles aplaudiram a reunião e a si mesmos quando o tempo acabou. A segunda sessão não foi tão boa assim. A terceira sessão foi monótona. No quarto seminário, as pessoas já tinham ficado sem tópicos favoritos sobre os quais queriam aperfeiçoar habilidades existentes. Alguns vieram à minha quarta apresentação porque não quiseram ir até o lado oposto do complexo da educação cristã para assistir a um dos outros seminários. Outros vieram mais para enfatizar suas dúvidas de que a mímica pertencesse ao programa de um Congresso de Escola Dominical: "Não estou bem certo quanto a ter arte dramática na igreja. Paulo teria se servido desse expediente?" "Francamente, eu sabia que não funcionaria, e não funcionou". "Talvez a mímica seja boa para crianças, mas para adultos seria perda de tempo."

Quanto mais fora do comum o padrão mais suspeito ele é por causa de nosso preconceito e, é improvável que sejamos bem-sucedidos ao usá-lo. É importante propagar novas idéias, conscientes de que nossa desconfiança inicial é normal e saudável, porém, não necessariamente justificada. Por outro lado, em nosso esforço de sermos diferentes e criativos, às vezes acolhemos uma idéia cedo demais. Estamos cansados, ou talvez seja tarde da noite de sábado e estamos desesperados.

Nenhum método de ensino deve ser usado porque preenche o tempo. Uma idéia deve ser analisada em comparação ao nosso planejamento para o momento da aula. O que queremos fazer nesta lição? De que modo Deus será glorificado pela participação dos alunos neste processo? O tempo é suficiente?

Edward deBono, no livro Lateral Thinking (Pensamento Lateral), incentiva os leitores a se tornarem mais criativos em seu modo de pensar. Normalmente pensamos em etapas previsíveis, seguindo uma rota familiar. Fazemos a lição desta semana como a lição da semana passada, exceto que um pouco melhor. Queremos a cada semana ter uma experiência de ensino/aprendizagem mais impressionante que a anterior. DeBono chama este processo de pensamento vertical. É o processo tradicional a que estamos acostumados, e é muito importante. Mas, desafia deBono, tente uma abordagem diferente. Tente o pensamento lateral. Nele, o professor tenta inverter o caminho habitual para encontrar e examinar novas idéias. Tente. As idéias contidas neste livro o ajudarão. Afaste-se do que está fazendo atualmente e examine cada nova idéia. Vibre com as possibilidades. Não faça uma apreciação precipitada: "Sim, é o que farei", ou "Isto não funciona de jeito nenhum". Pratique o pensamento lateral. Depois, com idéias novas em mãos, você poderá selecionar e escolher.

> O pensamento lateral e o pensamento vertical são complementares. Algumas pessoas estão descontentes com o pensamento lateral porque sentem que ameaça a validez do pensamento vertical. Isto não é verdade. Os dois processos são complementares, não antagônicos. O pensamento lateral é útil para gerar idéias e abordagens, e o pensamento vertical é útil para desenvolvê-las. O pensamento lateral aumenta a eficácia do pensamento vertical oferecendo variedade de escolha. O pensamento vertical multiplica a eficácia do pensamento lateral por fazer bom uso das idéias concebidas.[4]

A Regra do "FAÇA"

"Eu gostaria de ser mais criativo!"– é o brado constante dos professores. Entretanto, parte deste desejo está ao seu alcance.[5] Faça! Obtenha novas idéias e experimente-as. Exercite a dinâmica tempestade de idéias[6] (em grupo ou apenas consigo mesmo) para gerar novas idéias. E não desista depressa demais. Freqüentemente, cerramos os dentes e tentamos executar algo nunca feito antes. Se isto for nada mais nada menos que conquistar um grande prêmio, consideraremos fora de cogitação tentar novamente.

Todas as formas de criatividade são produto de trabalho duro. A transpiração lubrifica a inspiração. (Clichês tornam-se clichês porque contêm uma verdade universal!). Receberemos de nosso ensino e de nossos programas de Educação Cristã o que fizermos jus. Se não despendermos esforços, não terão êxito. Nossos ministérios parecerão monótonos. Você está aborrecido com Deus? Pode ser que esse sentimento seja indicador da série de esforços empreendidos para desenvolver essa conexão. Cansado de uma tarefa de ensino difícil? Talvez os bocejos ocorram por causa de sua falta de envolvimento no processo.

Elizabeth O'Connor, no livro Eighth Day of Creation (Oitavo Dia da Criação), faz elaborações sobre o suor da criatividade:

Criatividade não é sinônimo de liberdade ilimitada.

> Quando não temos nossa própria capacidade de criar desenvolvida, não temos consciência de que isto é combater com o anjo, ou acreditamos que, uma vez recebida, a bênção seja definitiva[7] [...] Se sua vida diária parece medíocre, não a culpe. Culpe-se a si mesmo. Diga a si próprio que você não é poeta o suficiente para evocar publicamente a grandiosidade dela. Para o criador, não existe mediocridade nem pessoa de condição social medíocre.[8]

A criatividade do cristão é desenvolvida através da disciplina espiritual, não pelo processo de "fazer o que a disposição de espírito dita". Os patinadores de estilo livre podem parecer às pessoas do rinque de patinação como se tivessem nascido com seus patins, ninguém imagina quantas horas de prática são dedicadas a cada semana. O bom ensino também não acontece por acaso. Os professores precisam incluir em seu espaço de tempo o desenvolvimento da disciplina espiritual, o aumento do conhecimento da faixa etária à qual ensinam, o crescimento em compreensão sobre o processo de ensino e, as regras que governam as relações interpessoais.

Criatividade não é um sinônimo para liberdade de agir ilimitada. Este aspecto da criatividade não é novo para os cristãos. Talvez, mais que nossos oponentes seculares, percebamos que a verdadeira criatividade através da qual Deus trabalhará seja encontrada nas disciplinas de nossa fé — na rendição incondicional a Cristo.

Desafie o Familiar

A maioria dos professores que deseja honestamente ensinar com criatividade já está no processo. Se há o desejo, liberte-se para experimentar coisas novas. Você pode suprimir o familiar e ver o que surge.

Tente a seguinte tarefa só por diversão. O único propósito é permitir que você experimente desligar sua prática de ensino das coisas que lhe sejam familiares e fazer as pouco habituais, até mesmo fora do comum. Sua tarefa é combinar três ilustrações para fazer algo totalmente novo.

Dispense a austeridade. Claro que criatividade é assunto sério, mas a seriedade não deve impedi-lo de se divertir ao realizar seu trabalho. Por exemplo, suponha que eu coloque o clipe em cima da cadeira empoleirada na montanha para criar um pára-raio que protegeria todo o vale. Desafie a idéia de que clipes sempre mantêm documentos unidos. Lembre-se de como Colombo viajou quando desafiou o fato de que o ponto de queda para fora do mundo estava um pouco a oeste daquela última onda!

Mude padrões, desafie o habitual — passe da prática simples para o conceito que pode dar significado ao seu ministério. Quando você expõe seus alunos a tentativas criativas na sala de aula e em sua vida, você os incentiva a polir em si mesmos o brilho do Criador.

A congregação estava sentada e a adoração começou. Pessoas de um canto do ambiente começaram a ler a Escritura em inglês. De outro canto, pessoas liam a mesma passagem em espanhol. Um terceiro grupo lia a Bíblia em sua língua tribal africana e, do quarto canto, vieram dois homens lendo em grego. Lentamente os quatro grupos se orientaram ao centro da congregação, lendo enquanto caminhavam. Quando chegaram ao centro, levantaram as mãos em louvor a Deus e a uma voz recitaram a Escritura em inglês. A leitura coral sintetizava o grito de alerta para o formato homogêneo familiar de muitas igrejas, e refletia o sonho desta congregação urbana: "Que as pessoas de muitas nações vão adorar a Deus juntas, e nós, em Chicago, seremos um modelo do que o cristianismo pode ser". Foi o culto de adoração mais criativo e espiritualmente significativo de que participei.

Criatividade é um dom concedido por Deus. Um dom que devemos retribuir-lhe.

O Comum não é tão Comum

Possuo criatividade comum. Deixei de sonhar em escrever obras-primas como O Velho e o Mar, de Ernest Hemingway, e On His Blindness (Sobre sua Cegueira), de John Milton. Quase deixei de acreditar que escreveria algo que causasse o impacto de The Gospel Blimp (O Zepelim do Evangelho), de Joseph Bayly, ou formulasse perguntas como Um Teto Todo Seu, de Virgínia Woolf. Mas tenho aquele arroubo de criatividade. Eu sei. Quando a essência está escoando, eu sinto! Quando as máquinas impressoras estão rodando, porque trabalho perto das máquinas impressoras que imprimem grande parte do que escrevo, posso ver. Acredito que com grande empenho a centelha pode ser atiçada. Com trabalho duro posso ampliar e incrementar minha criatividade.

Criatividade não é característica apenas de grandes pessoas, mas de qualquer ser humano. Às vezes é mais fácil afirmar isso olhando as pessoas que conhecemos. Pergunte: Quem é a pessoa mais criativa que conheço e por quê? Em sala de aula de seminário, um aluno respondeu essa pergunta apontando para outro aluno. "É ele. Ele era do teatro antes de decidir ser pastor. Ele me mostrou modos de comunicar a Bíblia que nunca sonhei."

A pessoa mais criativa que conheci foi minha mãe.

> Nosso porão era o único na cidade que tinha uma baleia motorizada de tamanho natural. Eu estava com minha mãe no dia em que ela a comprou. Ela entrou no supermercado e perguntou ao gerente o que ele ia fazer com o peixe grande que abria e fechava a boca em cima da placa de atum. "Não jogue fora", implorou mamãe. "Dá uma excelente ajuda visual na história de Jonas." Mamãe sempre estava procurando meios melhores de se comunicar com as crianças – meu irmão Jim e eu, as crianças da vizinhança e as milhares de crianças do Condado de Lancaster, Pensilvânia, que por décadas fizeram parte de suas aulas bíblicas.
>
> Acho que ela nunca pensou: "Como posso forçar meus alunos a usar toda a criatividade que Deus lhes deu?" Ela apenas amava fazer coisas divertidas conosco e observar, maravilhada, quando um de nós propunha algo inesperado. "Tenho tanto orgulhoso de você", dizia ela a meu irmão após ele ter construído uma de suas criações surpreendentes. "Ninguém nesta família é melhor mecânico". Ele guardava o balão verbal com orgulho, e da próxima vez que meu pai dizia que algo não podia ser concertado, Jim concertava.[9]

Solte os Limites

Os cristãos nem sempre são vistos como pessoas criativas, quer por nós mesmos quer pelo mundo secular. Tendemos a nos limitar e a subestimar o que podemos fazer com os talentos e dons que Deus nos deu.

Por exemplo, durante anos, muitas revistas e publicações de Escola Dominical compravam suas ilustrações da Bíblia de um serviço de litografia. Os pequenos desenhos a traço eram seguros, previsíveis e monótonos. Então uma publicação decidiu tentar algo diferente. Uma artista judia foi contratada para ilustrar as histórias da Bíblia. Ela fez um trabalho incomum. Os desenhos pareciam ter vida nas páginas. Mas no mesmo instante em que os cristãos abriram a primeira edição começaram a escrever cartas de protesto. "Estas ilustrações parecem muito judaicas", declaravam as cartas. "Não parecem cristãs. Algumas pessoas nelas não estão sorrindo." O trabalho da artista foi guardado e os leitores conservadores respiraram aliviados. O modernismo fora detido.

No mundo da arte, escolhemos a propaganda religiosa repleta do genuíno trabalho criativo. Claro que estamos interessados em indicar as pessoas para Cristo, mas essa meta nobre fica bastante degradada quando pensamos que o Espírito Santo não pode trabalhar pelas coisas excelentes. Estamos crescendo nesta área, claro. Hoje, várias décadas depois da experiência de ilustrar a Bíblia judaica com tanto realismo, os leitores já estão mais propensos a aceitar o imprevisível sem hesitação.

Nossa criatividade é inexpressiva porque não nos impelimos além de nossos limites auto-impostos.

Um segundo fator limitador de nossa criatividade é a dicotomia sacro/secular que diz que a beleza é diferente no domingo que em outros dias da semana. Há história real e há história cristã. Há ficção e há a ficção cristã (se não na pura acepção da palavra, pelo menos entendemos a diferença que há entre os dois tipos de ficção). Limitamos nossas pessoas criativas insistindo que a crença ortodoxa seja expressa de maneiras "ortodoxas".

Esta pode ser uma das razões por que perdemos tantas de nossas pessoas criativas para o mundo secular. Ainda consideramos suspeitos quem opera em ambos os mundos. Nossa criatividade é inexpressiva porque não nos impelimos além de nossos limites auto-impostos.

Quando os adolescentes sabem que o professor de história está procurando modos mais criativos de ensinar que o professor da Escola Dominical, eles podem fazer pressuposições sobre Deus. Considere a atitude expressa pela estrela do rock cristã Larry Norman na revista Campus Life. Ele sabe que os cristãos fazem exceção à sua música.

"Minha ênfase primária não é entreter. Mas se sua arte é enfadonha, as pessoas desdenharão sua mensagem como também sua arte."

Em terceiro lugar, nosso sistema fechado limita nossa criatividade porque, imprudentemente, nos apropriamos da verdade subjacente: "Deus não disse". Claro que Ele disse. Temos importantes limites definidos sobre o que nós, como cristãos, podemos fazer, mas ainda temos de explorar a excelência dentro desses limites.

Talvez uma quarta razão por que não exploramos a criatividade seja nossa visão apocalíptica de nosso tempo. Lembre-se de que não havia soneto escrito no Titanic. Claro que podemos estar vivendo os últimos dias. Muitos crentes percebem que os sinais indicam que estamos. Mas é possível ficar envolvido demais com nosso estado imediato de ser, em vez de nos dedicarmos ao estado crescente de vir a ser.[10]

Tinha onze anos quando o Sr. Donner compartilhou numa reunião de oração por que ele não ia consertar os degraus da escada dos fundos. "Estão caindo aos pedaços, mas por que deveria concertá-los? O Senhor está voltando logo e, então, de que me aproveitará o tempo gasto nesse serviço?" Como criança que sempre ficava pensando em razões para deixar a louça para depois, o discurso do Sr. Donner fazia perfeito sentido. Os anos se passaram e sua esposa morreu. Ele se casou de novo, mas em vez de concertar os degraus da escada dos fundos, ele construiu para a esposa uma casa inteiramente nova!

Devemos admitir que como cristãos, neste navio da vida, estamos preocupados com conveses limpos e hasteamento correto de bandeiras, quando deveríamos mergulhar totalmente no mundo interior que precisa ser revisto, remodelado, retocado e equilibrado.[11]

Notas

1 O educador cristão deve utilizar os métodos de impressão e os métodos de expressão. Anthony Mustazza explica no artigo "Staff Training: A Case for Modeling" ("Treinamento de Pessoal: Um Caso para Modelar", *Christian Education Journal*, vol. IV, n.º 1, p. 56): "Métodos de impressão são as atividades de aprendizagem que minimizam o envolvimento do aluno. Alguns métodos de impressão são o sermão, as lições objetivas e a exibição de filmes e diafilmes. O papel do aluno é

sentar, assistir, escutar e aprender. Métodos de expressão são as atividades de aprendizagem nas quais a participação do aluno é maximizada. Alguns métodos de expressão são a teatralização, o debate, e os projetos individual ou em grupo. A função do aluno é envolver-se na aprendizagem através do falar, escrever, trabalhar ou expressão corporal. Considerando que os alunos aprendem por ambos os métodos de impressão e expressão, há o perigo de limitar a educação a uma ou outra abordagem. Ambos os métodos foram usados no ministério de ensino de Jesus e, ainda são necessários para a educação na igreja de hoje."

2 Ross Snyder, "Religious Meaning and the Latter Third of Life", *Religious Education*, Outubro de 1981, p. 535.

3 Richard Tanner Pascale e Anthony G. Athos, *The Art of Japanese Management* (Nova York: Simon & Schuster, 1981), p. 19.

4 Edward deBono, *Lateral Thinking: Creativity Step by Step* (Nova York: Harper Colophon Books, 1970), p. 50.

5 "Para sermos mais criativos, [...] tudo de que precisamos é um entendimento básico de como a criatividade funciona – e um desejo real de flexionar nossos músculos criativos. A mensagem incentivadora é que você e eu podemos facilmente nos tornar mais criativos se, tão somente dedicarmos nossas mentes a isto." David D. Edwards, *How to Be More Creative* (San Francisco: Occasional Productions, 1980), p. 9.

6 Tempestade de Idéias é a técnica de discussão em grupo que se vale da contribuição espontânea de idéias por parte de todos os participantes, no intuito de dar solução criativa a um dado problema ou de conceber um trabalho criativo; brainstorming. (N. do T.)

7 Elizabeth O'Connor, *Eighth Day of Creation* (Waco, Texas: Word Books, 1971), p. 5.

8 Ibid., p. 64. (O'Connor cita Rainer Maria Rilke, *Letters to a Young Poet*, pp. 18-21.)

9 Marlene LeFever, *Growing Creative Children* (Wheaton, Illinóis: Tyndale House Publishers, 1981), p. 10.

10 Veja o livro de Russell Chandler, Racing Toward 2001 — *The Forces Shaping America's Religious Future* (Grand Rapids, Michigan: Zondervan, 1992). Os cristãos precisam conhecer o mundo em que habitam a fim de ocasionar mudanças com eficiência.

11 Meu agradecimento especial ao ex-presidente da David C. Publishing Company, Joseph Bayly, já falecido, por sua ajuda em responder a pergunta: Por que há muitos cristãos conservadores sem criatividade?

2

O Processo Criativo

Nada seria feito se o homem esperasse até que pudesse fazer tão bem que ninguém achasse um erro sequer.

— Cardeal John Henry Newman

Para pessoas altamente criativas, o processo criativo pode levá-las a uma estância inteiramente nova: $E = MC^2$. Mas cada um de nós, não importa o nível de nossa criatividade, participa neste processo quando planeja um culto de Páscoa ao amanhecer, ou trabalha numa idéia nova para uma classe de Escola Dominical, ou escreve um pequeno artigo para o boletim da igreja.

O Processo em Cinco Passos

A criatividade depende de um processo de cinco etapas. Saber o que acontece nestas etapas pode nos impedir de cometer erros que limitem nossa criatividade ou de ficar frustrados porque as coisas não estão acontecendo do jeito que pensávamos enquanto suávamos e nos esforçávamos para atingir a meta proposta. As etapas do processo são: 1) Preparação; 2) Incubação; 3) Iluminação; 4) Elaboração; 5) Verificação.

1) *Preparação*

Preparação é construir a base necessária para ser bom professor. Aprendemos como estudar a Bíblia. Desenvolvemos habilidades técnicas necessárias para usar uma concordância, um dicionário bíblico e outros recursos de estudo. Preparação é o período quando observamos outros professores tarimbados e notamos o que eles fazendo de certo – que coisas querermos imitar e que coisas achamos que faríamos de modo diferente.

A preparação não é fácil. Você já ouviu esta sátira: "Ser professor eficiente é fácil. Você se prepara e se prepara até que gotas de sangue surgem em sua testa"? Grande parte desta preparação não virá durante as horas em que você está se preparando conscientemente para ensinar. Acontecerá enquanto você se expõe a todos os aspectos diferentes da vida e se dá conta de como estas coisas podem ser úteis no ensino. O bom professor tem vitalidade híbrida. Ele pode ter aptidão em aconselhar, ouvir, produzir arte dramática, contar histórias, lidar com dinâmicas de grupo, orientar trabalhos em grupos e fazer uma organização funcionar. Cada habilidade pode ser parte do trabalho preliminar que transformará um professor em excelente professor. O bom professor é a pessoa que se preocupa o bastante para trabalhar com afinco a fim de multiplicar a habilidade natural que Deus lhe deu.

Cada área de sua vida desempenhará uma função na formação de um bom professor.

A generalização mais estável sobre a vida criativa é que você trabalha com tenacidade, provavelmente por muito tempo. Claro que trabalhando, você transforma-se a si mesmo, e o que seria difícil para os outros se torna fácil para você. O físico Freeman Dyson relata que quando era adolescente aprendeu a fazer cálculos matemáticos e passou o verão inteiro trabalhando como louco, resolvendo todos os problemas de um livro didático sobre cálculos matemáticos complexos. Depois disso, os cálculos matemáticos lhe pareceram quase instintivos.[1]

O trabalho árduo soa como divertimento para a pessoa criativa preparada.[2] Dito didaticamente, se você realmente deseja ser professor criativo, não pode limitar seu planejamento ao sábado à noite. Isto é preparação de vida. Cada área de sua vida desempenhará uma função na formação de um bom professor.

Teste de Formação de Professor

Avalie seu crescimento como professor do modo que você acha que seus alunos o avaliariam. Dê a si mesmo nota dez para perfeito, nove para excelente, oito para muito bom, sete para bom e assim por diante. A nota um indica que você sente a necessidade de melhoria total nessa área de sua vida. Trabalhe nas pontuações baixas. É importante você se conhecer. Isto faz parte de sua preparação.

Crescimento Mental

_____ 1. Tenho muitos interesses.

_____ 2. Considero que tenho uma mente em desenvolvimento.

_____ 3. Entendo as tendências educacionais atuais e como elas vão influenciar os alunos que ensino.

_____ 4. Sou bom professor e estou melhorando.

_____ 5. Procuro novas maneiras de fazer as coisas.

_____ 6. Gosto de pensar nas coisas espirituais e de me engalfinhar com os conceitos difíceis contidos na Escritura.

_____ 7. Sou estudante da Palavra de Deus. Não ensino nada que não esteja tentando para pôr em prática.

_____ 8. Admito a mim mesmo que sou criativo.

_____ 9. Posso fazer uma lista de dez necessidades básicas ou problemas da faixa etária que ensino. Tenho dados armazenados sobre cada área.

_____ 10. Acompanho o ritmo dos acontecimentos atuais.

_____ 11. Sei em que áreas não estou crescendo espiritualmente.

_____ 12. Sei levar um colega para Cristo.

_____ 13. Leio.

_____ 14. Jesus tem controle do que minha mente pensa em seus momentos de "baixa" ou de folga.

_____ 15. Respeito a faixa etária que ensino.

_____ 16. Aceito idéias de meus alunos como também as dou.

_____ 17. Faço o melhor que posso para instruir meus alunos e, quando necessário, lhes ajudo a desenvolver seus dons e talentos espirituais para uso de Deus.

Crescimento Emocional

_____ 1. Estou animado com os próximos cinco anos de minha vida.

_____ 2. Divirto-me em estar a esmo.

_____ 3. Gosto de conversar com pessoas da minha idade.

_____ 4. Sei ouvir. Sinto empatia com os problemas e alegrias das outras pessoas.

_____ 5. Não tenho problema em falar com meus colegas sobre minha relação com Cristo – o que Ele está fazendo para mim e como estou crescendo em minha compreensão acerca dEle.

_____ 6. Aceito-me como adulto entre meus alunos.

_____ 7. Posso admitir minhas fraquezas para mim mesmo e, quando conveniente, para meus alunos.

Crescimento Físico

_____ 1. Estou contente com o jeito que Deus me fez.

_____ 2. Sou fisicamente tão atraente quanto possível.

_____ 3.Meu vestuário reflete meu cristianismo.

_____ 4.Trabalho para manter meu condicionamento físico.

_____ 5.Meus alunos não se envergonham de minha aparência e ações.

CRESCIMENTO SOCIAL

_____ 1. Vivo bem com minha família.

_____ 2. Tenho uma relação saudável com meu cônjuge (ou se solteiro, com meu companheiro de quarto ou amigos).

_____ 3. Preocupo-me com meus filhos.

_____ 4. Meus filhos me amam e me respeitam.

_____ 5. Meus colegas gostam de estar perto de mim.

_____ 6. Não tenho de ser o centro da atenção para me sentir bem.

_____ 7. Cristo faz parte de todas as minhas atividades sociais.

_____ 8. Tenho cuidado em não fazer nada que prejudique o crescimento cristão de meus alunos.

_____ 9. A família que Deus me deu vem antes de minhas atividades na igreja.

2) Incubação[3]

Em um mundo ocupado em que a Escola Dominical ocorre uma vez por semana, dar tempo para a incubação ou descansar por um período é extremamente difícil. Esta é a ocasião depois da preparação quando você deixa as idéias se assentarem por um tempo em sua cabeça. É hora de não fazer nada. A mente está assimilando as novas concepções e processando-as, talvez mudando um pedacinho aqui, outro ali, talvez acrescentando algo que você não pensou conscientemente. Quando chegar a hora de finalizar o planejamento, os resultados serão melhores e mais criativos do que teriam sido se você tivesse trabalhado nele de uma só vez.

Na prática, isto pode significar ler toda a lição na tarde de domingo em preparação para a manhã de domingo da semana seguinte. Você saberá o que a matéria sugere, terá em mente o esboço básico da lição e saberá que deve estudar as Escrituras antes de ensiná-las a outrem. Peça a Deus que o ajude a personalizar a lição de tal forma que ela impressione ao máximo seus alunos e você. Depois, deixe-a de lado por vários dias. Deixe a preparação deslizar para a parte de trás de sua mente. Ao estudá-la novamente, por inteiro, e reunir o plano final, pode ser que você tenha novas idéias surgindo aparentemente do nada. Você deu tempo para que o Espírito Santo trabalhasse em sua mente e isso acontecesse.

Parece perda de tempo? Descubra a vantagem quando você tiver os livros abertos à sua frente. Por que não fazer o estudo de uma só vez e verificar se vale a pena? Dê um mês de tempo para a experiência da incubação. Avalie os resultados e tome sua própria decisão.

3) Iluminação

O terceiro passo é a fase do eureca! Depois de permitir que seus planos e idéias trabalhem em um nível inconsciente, algo muito especial pode acontecer. Na criatividade original, esta fase é absolutamente imperativa. De repente você sabe a solução. Uma luz se acende. Ou a iluminação pode vir em fragmentos ao longo da semana.

Arquimedes experimentou esta fase do eureca. Seu rei lhe deu a tarefa de determinar se uma coroa tinha, de fato, mais prata que ouro, embora tivesse a aparência de ouro. No século III a.C., o matemático e inventor Arquimedes não fazia idéia de como resolver o problema. Porém, um dia enquanto estava tomando banho, ele percebeu que seu corpo deslocava certa quantidade de água. Num instante ele soube como resolver o problema. "Eureca!", gritou ele. Ele pesaria a coroa baseando-se em pesos iguais de ouro e de prata e compararia a quantidade de deslocamento quando cada um fosse colocado na água, e o rei receoso teria a resposta.

> Numa entrevista, foi perguntado a Carol Orsag Madigan, co-autora com Ann Elwood de Brainstorms and Thunderbolts: How

Creative Genius Works (Dinâmicas de Grupo e Raios: Como Trabalha o Gênio Criativo): "De onde vem a inspiração para a criatividade?"

De uma variedade de fontes – de visões, vozes, sonhos e comprimidos para dor de estômago ou dor de cabeça. No caso de Buckminster Fuller, alguns palitos e ervilhas secas inspiraram seu design da cúpula geodésica. Quando ele estava no jardim de infância, seu professor disse à classe que usasse palitos e ervilhas para fazer estruturas. As outras crianças fizeram celeiros retangulares e casas. Fuller, que tinha uma visão muito ruim e não estava familiarizado com os esboços das coisas, formou um triângulo porque lhe pareceu muito robusto. O professor fez tal espalhafato sobre isto que ele percebeu que tinha descoberto algo importante. Mais tarde se tornou a base para a cúpula geodésica.[4]

Lewis Carroll tinha terríveis dores de cabeça que inspiraram partes de Alice no País das Maravilhas. Por exemplo, há vários episódios na história quando as pessoas mudam de tamanho e quando um ponto cego aparece para alguém tentar enfocar a visão. Distorção de tamanho e ponto cego são dois sintomas clássicos de dor de cabeça.[5]

Arquimedes ficou reconhecido por um feliz acidente e, da mesma forma, o fizeram os fabricantes do sabão Ivory, quando muitas bolhas de ar ficaram todas agrupadas. As bolhas flutuavam, os usuários gostaram e o acidente ainda é comercializado.

Gosto de escrever pequenas histórias e ocasionalmente aceito fazer tal tarefa para uma editora cristã. O truque é desenvolver uma linha de história que apresente princípios cristãos como parte integrante, e não simplesmente colada à superfície da história como os pontos esparsos de um tecido suíço barato, ou alinhavada no fim.

Vez ou outra, quando tinha de dirigir uma hora para ir trabalhar, entre olhar o carro da polícia no retrovisor e parar num semáforo amarelo, eu percebia que a história que pretendia escrever tinha falhas e, imediatamente me ocorria uma solução formulada para o problema. Eureca! De modo muito insignificante, minha mente estava seguindo o mesmo padrão criativo que a mente de Arquimedes. A iluminação esclarece a incubação.

Claro que não acontecia com toda história e certamente não acontecerá com toda lição de Escola Dominical. Mas, quando acontece, os resultados são especiais. Como cristã, sinto que o Espírito Santo trabalha por meio destas experiências especiais – iluminação – e possivelmente Ele escolha trabalhar mais através de nós quando lhe damos tempo.

4) Elaboração

Agora o processo está mais encorpado. Você tem uma idéia e está ansioso para ver exatamente como funciona. O próximo passo é escrever ou delinear a idéia completa. Mas primeiro, uma palavra de advertência. Às vezes você pode ficar tão empolgado com uma idéia que a defende com todas as forças. O professor criativo precisa mostrar-se tolerante com a diversidade. A idéia não deve ser forçada em um molde preconcebido. Pode acontecer que alguém a incorpore e desenvolva de maneira completamente diferente.

O professor criativo precisa mostrar-se tolerante com a diversidade.

Certa professora decidiu usar a teatralização como parte de uma lição sobre testemunho. O guia do professor não oferecia sugestões, assim ela se pôs a escrever uma – grande idéia. Enquanto escrevia, sua mente voltava às pessoas que tinham compartilhado Cristo com ela – o que vira em seus rostos, o que a linguagem corporal delas havia expressado. Uma senhora estava sentada ao lado dela no banco. O pastor pregou sobre a importância de falarmos sobre Jesus. No fim do sermão, a mulher se virou para a professora e, sem nem mesmo cumprimentá-la, olhou-a firmemente nos olhos e vociferou: "Você é salva?" A aspereza da pergunta a melindrou.

"Talvez seja útil", pensou a professora, "não ter palavras nesta prática, mas ilustrar o que dizemos às pessoas mediante nossa linguagem corporal". Ela abandonou sua dramatização e começou a refazer seus planos. Ela tinha desistido de tentar. Poderia ter sido mais fácil para ela dizer: "Opa! Tenho de voltar a este trabalho de escrever uma teatralização ou nunca estarei pronta para domingo".

Os escritores freqüentemente relatam esta experiência. Anunciam depois de terem terminado algo: "Não pretendia dar a essa personagem um papel tão importante, mas ela se recusava a encarar os fatos". Se a escritora tivesse se mantido muito inflexível, ela poderia ter considerado que a personagem é um engano e voltado à idéia original.[6]

5) Verificação

Neste momento, antes que alguém mais veja o que você planejou, reveja e avalie. É o período de autoteste, o qual provavelmente exigirá um polimento. Tive uma professora criativa na tarefa de escrever que era enfática na expressão: "Mate seus queridos". Ela queria dizer que, às vezes, nos falta tanta autocrítica por estarmos tão apaixonados por nosso trabalho, que pulamos esta fase.

Por exemplo, você e sua equipe estão planejando um culto de adoração dirigido pela mocidade da igreja. Você esboçou o culto, tudo está planejado mas não pule a verificação. Com os planos em mãos, você precisa revisar quem vai fazer parte da experiência de culto. O que o grupo quer que aconteça? O culto planejado cumprirá as metas? Uma equipe criativa precisa responder essas perguntas com honestidade. Pouco importa quão maravilhosa seja a idéia, se ela não atingir as metas, deve ser descartada e o processo iniciado novamente. Um esquete pode ser muito bem elaborado por dois alunos, mas se não causar impacto no culto, deve ser dispensado. Livre-se de irrelevâncias e excessos.

Enganos Comuns no Processo Criativo

Um dos enganos que freqüentemente fazemos é avaliar cedo demais. Suponha que você apresentou um culto de adoração. Era o melhor que você podia fazer e terminou. Dez minutos depois do culto, a equipe fica arrasada porque ninguém orou quando um aluno pediu que alguém da congregação fizesse a oração de louvor. "Se ao menos não tivéssemos feito isso. Como fomos tão estúpidos em presumir que as pessoas participariam espontaneamente. Nunca mais vamos fazer isso". É aí que você limita sua criatividade.

Espere para avaliar o resultado final. Espere uma semana e ouça as crianças falarem sobre a diferença que a participação delas causou na vida que levam. Espere uma semana e ouça como os pais se sentiram quando perceberam que, ao contrário do que viram em casa, seus filhos estavam crescendo no entendimento da fé.

Lembro-me de falar sobre os dons do Espírito. Assunto difícil, ainda mais dificultado porque eu falava a um grupo de pessoas que eu conhecia bem. Mal tinha proferido minha última palavra quando fui avaliada. Decidi que nunca mais faria algo assim. Sentia-me péssima. Tinha desperdiçado o tempo de todas essas pessoas. Vários dias depois, um amigo me disse: "Estava ouvindo a estação de rádio cristã, e um adolescente telefonou para dizer que a tinha ouvido falar sobre dons espirituais. Disse-me que você o ajudou a perceber sua resistência em desenvolver as áreas de sua vida que Deus queria usar. Uma dessas áreas era a assistência aos enfermos, por isso passou a tarde visitando os doentes do hospital". Subi às nuvens. Uma pessoa fora ajudada e meu tempo valera a pena. Tinha feito a avaliação muito cedo.

Outro engano: às vezes fixamos nossa expectativa para nosso ministério tão alta que terminamos desapontados e desencorajados. Há um difícil equilíbrio a manter aqui. Precisamos apontar um pouco mais alto do que podemos alcançar com nossa força. Isto permite Deus fazer coisas maravilhosas em nossa vida, e nos força a lhe dar o crédito que Ele merece. Por exemplo, seria maravilhoso fixar a meta de elevar a freqüência da classe de dez para vinte pessoas, mas seria totalmente desanimador se estabelecêssemos a meta para setenta e cinco. (Com a ajuda de Deus, você pode alcançar setenta e cinco pessoas, mas deixe Ele surpreendê-lo, assim você não ficará desolado se Ele decidir que não é o tempo ou o lugar para um milagre).

As expectativas também devem ser estabelecidas tendo Deus em mente. É muito fácil ficar envolvido consigo mesmo de forma que a criatividade de Deus nunca brilhe. Você quer ter o melhor grupo de mocidade de domingo à tarde que sua igreja jamais viu. Pode ser que você alcance essa meta, mas talvez Deus não tenha sido parte do processo. Então de que vale todos os esforços e exibições de força humana?

Um terceiro engano: ficamos desanimados, porque forçamos nosso trabalho antes de estar pronto. Os professores de Escola Dominical têm de ter uma lição para cada manhã de domingo para que haja limites à quantidade de tempo que eles têm. Mas é comum nós, povo de Deus, não sermos bons planejadores. Estabelecemos metas e projetamos programas sem dar tempo suficiente. Nossa criatividade toma posição inferior em relação ao relógio quando, se tivéssemos iniciado mais cedo, tal contratempo não teria acontecido. Não seria o caso de improvisarmos porque sentimos, embora nunca digamos, que a maioria dos cristãos não sabe diferençar entre o excelente e o muito bom?

Certo vendedor, que fora pastor por cinco anos, disse: "Quando me encontrava no pastorado eu improvisava. Sabia tanto sobre o assunto que se não tivesse tempo para me preparar, fazia intenso esforço para persuadir a congregação. Mas agora toda palavra é importante. É muito mais difícil."

Tempestade de Idéias

Trabalhamos na comunidade da fé. Estabelecemos o desenvolvimento da família eclesiástica como meta. Cada um de nós contribui com funções especiais para o corpo. Se operamos nessas premissas, não é difícil aceitar a dinâmica de grupo como técnica importante para atingir alguns desses objetivos. Deus usa nossos esforços de equipe de modo muito mais amplo que usa nossas realizações individuais.

Dinâmica de grupo é trabalhar em grupos pequenos de cinco a dez pessoas que estão determinadas a alcançar a mesma meta. Isto pode ser alcançar os vizinhos para Cristo, iniciar um ministério entre adolescentes ou fornecer abrigo para jovens e adultos necessitados. Nossos esforços conjuntos podem ser mais criativos que nossos esforços individuais.

Tempestade de Idéias é emocionante. Ela dissolve dois processos intelectuais até que nem um nem outro seja tão identificável quanto antes. Primeiro, nos permite lidar interativamente com idéias, muitas idéias, de fato, qualquer idéia tola, meio séria ou totalmente séria que qualquer um queira apresentar ao grupo. Depois nos permite tratar criticamente quando escolhemos a idéia ou combinação de idéias que seja plausível nesta situação.

Ao organizar uma situação de tempestade cerebral, siga este processo ou ajuste-o para adequar-se às suas necessidades.

1) Escolha sua equipe

Em um grupo que seja muito pequeno, as idéias de uma pessoa podem predominar. Em um grupo que seja muito grande, as pessoas podem ver a quantidade com receio. Há duas modalidades na preparação das pessoas que irão participar. Alguns líderes gostam de dar o tópico de antemão para os participantes pensarem. Este procedimento dá tempo para que a incubação desempenhe sua parte no processo criativo. Prefiro esta abordagem. Sua desvantagem primária se dá quando uma ou duas pessoas passam muito tempo refletindo no assunto e ficam empolgadas com o modo em que o projeto poderia ser feito, enquanto que os outros participantes gastam pouco ou nenhum tempo. Os mais envolvidos, sobretudo se têm personalidades fortes, podem dominar a dinâmica de grupo e negar sua eficácia.

A segunda abordagem é pedir que as pessoas compareçam a uma reunião. Cada uma fica sabendo do tópico, mas, muito pouco planejamento ocorreu no processo antes da aula. Este tipo de reunião pode ser muito divertido, mas pode aumentar o tempo necessário entre o começo da idéia e a conclusão do projeto. Esta segunda abordagem faz o mais puro uso da técnica de dinâmica de grupo.

2) Cada pessoa tem de saber e entender a meta do grupo

A meta pode ser muito específica: desenvolver este ano meios de levantar dinheiro para o projeto missionário da Escola Dominical, que venha a depender das contribuições dos adolescentes e não de seus pais. A meta pode ser geral: relacionar meios em que a igreja aumente seu impacto na cidade.

3) O processo da técnica tempestade de idéias deve ser explicado a todos os integrantes do grupo.

Ela possui um estilo específico: cinco a dez pessoas estão reunidas por um propósito específico. Cada pessoa traz sua perspectiva exclusiva para que haja estímulo e cruzamento de idéias. As pessoas entendem que estarão separando a quantidade e a qualidade de idéias.

a) Quantidade. No início do processo da dinâmica, cada pessoa sugere todas as opiniões possíveis. O objetivo aqui é a quantidade. O desafio é ser tão singular quanto possível. As pessoas usam uma idéia para construir sobre outra. Uma idéia absurda de uma pessoa pode deflagrar uma idéia sensata em outra pessoa.

Durante esta parte da dinâmica, todo julgamento é suspenso. As pessoas não devem fazer declarações sobre o valor de uma idéia no que tange à sua relação com a meta. Todas as idéias têm valor igual. Elas são únicas ou se tornam meios para outras idéias. Todos concordam que para atingir a meta há normalmente dezenas de meios. Não há uma resposta certa. Pode haver seis modos perfeitamente eficazes para levantar dinheiro para missões. É melhor ter idéias que jamais sejam usadas do que chegar ao fim desta atividade sem ter o bastante.

Este pensamento interativo é divertido. De muitas formas, é como um jogo. "Se tivermos o mundo inteiro de idéias diante de nós, sem limites, o que faríamos para mudar nossa cidade para Cristo?" O processo deve ser sem ameaças. Não seja tímido. Explore, sugira, desafie. Vá além de todas as suas idéias anteriores. Quebre hábitos. Aventure-se. (No início, o telescópio e o microscópio foram considerados brinquedos. Quem sabe que invenções espirituais sairão deste tempo de divertimento?)

Mantenha uma lista de todas as idéias interativas que são sugeridas. Estabeleça um prazo para este período de pensamento livre – trinta, sessenta, até noventa minutos. Depois, pare.

Se possível, descontinue abruptamente quando chegar o prazo e estabeleça outro período para a última parte do processo, quando as idéias devem ser avaliadas criticamente. Alguns acham útil ter um grupo de pessoas com idéias e outro grupo para classificá-las.

Se não for prático ter duas reuniões, ao menos faça um intervalo de meia hora no qual o projeto não seja mencionado. Durante este tempo de descanso, o cérebro pode propor uma idéia original. Ou talvez o tempo venha a permitir que as pessoas voltem e olhem todas as idéias mais criticamente sem ser ferido por sentimentos de propriedade de idéia. ("É minha melhor tentativa, irmão. Como ousa dizer que não é objetiva?")

b) Qualidade. Agora é hora de olhar criticamente para o que foi sugerido. Aqui há a possibilidade de risco. O mesmo diz respeito à possibilidade de sucesso. "Quando não nos permitimos a possibilidade de fracasso, o Espírito não pode trabalhar em nós", disse Elizabeth O'Connor, em Eighty Day of Creation. "Somos controlados por empenhos perfeccionistas que inibem o emaranhado misterioso das linhas divergentes dentro de nós. A espontaneidade morre e o aparecimento do inesperado deixa de ser possibilidade. Ficamos atados e presos."[7]

Durante a avaliação, revise a lista que foi feita durante a primeira parte da sessão. Escolha as idéias que sejam possíveis com um pouco de esforço. Coloque-as na lista principal.

"Quando não nos permitimos a possibilidade de fracasso, o Espírito não pode trabalhar em nós."

Depure totalmente as idéias que não poderiam ser úteis. (A proposição destas idéias não foi perda de tempo. Bem pode ser que foram essas idéias que deflagraram algumas das que constam na lista principal.)

Faça uma segunda lista dessas idéias que podem ser úteis depois. Elas podem servir como pontos iniciantes para a próxima sessão da dinâmica de grupo. Ao final da sessão de avaliação, o grupo deve escolher qual idéia ou combinação delas usará.

"Faço parte de um comitê de planejamento do culto de adoração", disse Joyce. "Reúno-me, com um grupo de membros da igreja e o pastor, cerca de uma vez por mês para discutir idéias que poderiam ser úteis em fazer as pessoas darem uma resposta à Escritura e a Deus. Começamos apenas propondo idéias a esmo. Numa sessão de planejamento, falamos sobre fazer um drama semelhante a rádio elaborado em torno da obra de C. S. Lewis, Chronicles of Narnia (Crônicas de Nárnia). Entregamos testes de avaliação a todos da congregação e escolhemos alguns trechos de 1 João para uma leitura de coral a fim de enfatizar o esboço sinfônico do livro. A lista era extensa. A maioria de nós teria de deixar o trabalho e dedicar tempo integral para implementar algumas das idéias, mas encontramos o jeito certo de dizer à congregação: 'Estamos aqui para adorar a Deus. vamos nos dirigir a Ele.'"

Pelo fato de Joyce e seu grupo estarem ativamente envolvidos na dinâmica de grupo, a adoração na igreja permanece viçosa, incomum e centrada em Deus. "Não me sinto como único responsável a fazer as coisas", disse seu pastor. "Tenho um grupo de pessoas que são dedicadas a me ajudar."

O que acontece se você não tem um grupo para ajudá-lo com a dinâmica Tempestade de Idéias? Faça sozinho. Sente-se à mesa e faça uma lista de idéias à medida que surgirem. Não as avalie ou faça planos para implementá-las. Estabeleça um prazo para si mesmo. Caso contrário, você se apressará em escrever todas as idéias que tiver e presumirá que elas esgotaram. Por exemplo, dedique-se a quarenta e cinco minutos para procurá-las. Quando terminar, faça um intervalo, um dia ou dois se possível. Depois volte para fazer as escolhas necessárias.

Notas

1 Howard Gruber, "Breakaway Minds", *Psychology Today*, Julho de 1981, p. 69.

2 Os professores devem ponderar neste chiste: A insanidade está fazendo a mesma coisa e esperando resultados diferentes. Para quebrar rotinas de velhos pensamentos e incentivar a criatividade, assista aos vídeos seculares "The Business of Paradigms — Discovering the Future" (1989) e "Paradigm Principles" (1995), ambos apresentados por Joel Arthur Barker. Faça seu pedido para ChartHouse, Internacional, 221 River Ridge Circle, Burnsville, MN 55337, Estados Unidos.

3 D. N. Perkins, em *The Mind's Best Work* (Cambridge; Harvard University Press, 1981) examina várias proposições aceitas sobre criatividade e sugere revisões. Seus argumentos merecem consideração minuciosa, mas não aceitação geral. Por exemplo: "Proposição: Pulos mentais dependem do pensamento inconsciente estendido. Durante a experiência, chamamos pulo mental os resultados do pen-

samento que subitamente ficam conscientes" (p. 50). "Proposição revista: Pensamento inconsciente estendido não ocorre. Adiar um problema espinhoso e depois voltar a ele ocasionalmente é bom por razões que não têm nada a ver com o pensamento inconsciente estendido" (p. 57).

4 Ann Elwood e Carol Orsag Madigan, *Brainstorms and Thunderbolts: How Creative Genius Works* (Nova York: Macmillan Publishing Company, 1984).

5 Cheryl Lavin, "The Fast Track", in: *Chicago Tribune Magazine*, 12 de fevereiro de 1984, p. 6

6 O novelista Anthony Burgess escreveu: "Nenhum novelista que já criou uma personagem acreditável pode estar bem seguro do que a personagem fará. Crie as personagens, dê-lhes tempo e lugar para existir, e deixe o enredo para elas. Impor-lhes ação é muito difícil visto que a ação tem de sair do temperamento com que você as dotou. No melhor das hipóteses, haverá um compromisso entre a linha narrativa que você inventou e o curso de ação preferido pelas personagens". Anthony Burgess, "Modern Novels: The 99 Best", in: *The New York Times Book Review*, 5 de fevereiro de 1984, p. 37.

7 Elizabeth O'Connor, *Eighth Day of Creation* (Waco, Texas: Word Books, 1971), p. 48.

3

A Pessoa Criativa

É freqüente o Criador nos levar para onde não queremos, atropelando nossos estereótipos no esforço de nos mostrar o que antes não víamos.

— Elizabeth O'Connor

"Quem é que vai querer desperdiçar um sábado no Museu de Arte Contemporânea?", perguntou um adolescente a seu professor de Escola Dominical. Apesar do protesto, o grupo decidiu que a ida ao museu era melhor que não ter evento de classe. Os quinze adolescentes moravam num bairro de classe média acerca de quarenta e cinco minutos de um dos melhores museus do país, mas nenhum deles jamais tinha ido lá.

Alguns acharam chato a visita ao museu, mas a maioria se deleitou com a arte participativa que estava em exibição. A atividade mais popular era sentar-se a uma mesa de cartão que era na verdade uma tela de filme. O filme de tampo de mesa mostrava uma refeição sendo comida. Os alunos se sentavam à mesa como se estivessem participando da cena; a tela exibia um movimento de mão com garfo e umas batatas amassadas desapareciam. Não se tratava de arte excepcional, mas foi uma experiência interessante.

No ano seguinte, três dos meninos do grupo entraram num curso que ensinava fazer filmes na escola de ensino médio, escreveram e atuaram no próprio filme de meia hora e patrocinaram uma reunião de classe para mostrar o produto acabado. Talvez daqui a cinco anos, eles estarão fazendo coisas inovadoras em vídeo cristão. Mas sem exposição, as possibilidades nunca teriam surgido.

Silvano Arieti, no livro Creativity: The Magic Synthesis (Criatividade: A Síntese Mágica), sugere possíveis características presentes numa sociedade que tem a probabilidade de promover a criatividade entre sua gente.[1] A abertura a novas experiências, como um sábado no museu de arte contemporânea, é uma dessas características.

Quando as características apresentadas a seguir são realidades numa sociedade, ela tende a amedrontar muitos gênios de primeira linha, muito mais que possa ser explicado por fatores genéticos. Algumas destas características não podem ser controladas pela sociedade. Elas existem ou não.

Cristãos Criativos em Desenvolvimento

Aplique a lista de Arieti à sociedade cristã, tanto às famílias quanto à igreja, e podemos aumentar a possibilidade de desenvolver as pessoas criativas que fixaram como meta maior o desejo de glorificar a Deus excelentemente. Como Arieti disse em relação à sociedade em geral, alguns destes fatores não podem ser controlados. Porém, quando os examinamos nos fornecem possíveis respostas a algumas de nossas perguntas mais difíceis acerca de como fomentar a criatividade.

1) Exposição

Para que nossas crianças e nossos alunos sejam criativos, eles têm de ter meios culturais e alguns meios físicos que lhes sejam acessíveis. Ademais, eles devem estar abertos a tais incentivos. Se o indivíduo nunca teve um professor criativo ou leu um livro sobre ensino criativo, é improvável que venha se tornar professor criativo. Se o aluno nunca viu uma mímica, provavelmente nunca desenvolverá uma mímica para a glória de Deus. Se as grandes pinturas permanecem fora do mundo cristão, não é verossímil que esse indivíduo pinte quadros que dêem ao mundo uma compreensão nova de sua condição sem Deus.

Se nós, adultos, não estivermos abertos à criatividade em nosso mundo, iremos abafá-la em nossos filhos.

Certo jovem decidiu ir ao seminário bíblico em vez de aceitar as bolsas de estudos de arte que lhe foram oferecidas por duas escolas seculares. "Para mim, foi a decisão errada, tomada a partir da posição de culpa em vez do desejo de se desenvolver como cristão singular. Percebi meu engano quando pedi permissão para assistir ao balé. Foi negada. 'Você não tem especialização em música. Por que iria querer assistir ao balé?' Deixei a escola, e muito honestamente, deixei Deus também. Se a música e a forma pertenciam exclusivamente ao mundo secular, então eu também pertenceria. Tinha quase trinta anos quando percebi meu erro", declarou ele.

O dinheiro desempenha um papel em nossa exposição às experiências culturais que nos cercam. Por exemplo, é dispendioso visitar um museu. Papel e tinta são caros. Classes especiais aumentam a despesa.

Os pais de Jack eram missionários e o dinheiro mal chegava para o mês. "Eu sabia quando as coisas não estavam bem", disse ele. "Comíamos muito talharim. Mas eu sempre tinha papel e lápis de cera, e quando fiquei mais velho, tinta. Meus pais tinham identificado meu talento e estavam fazendo tudo o que podiam para se certificar de que eu tivesse o que precisava para desenvolvê-lo. Na ocasião, tive meus suprimentos garantidos. Agora, fico imaginando quantos daqueles jantares de talharim eram a conseqüência de meu novo bloco de papel de aquarela."

Certas áreas que o mundo rotula de criativas estão fora dos limites em que os cristãos deveriam se colocar.

Certas áreas que o mundo rotula de criativas estão fora dos limites em que os cristãos deveriam se colocar. Qualquer forma, quando entregue ao mal, pode ser pervertida e anticristã. É importante treinar nossas crianças a terem discernimento. Nas áreas criativas, este discernimento não é facilmente desenvolvido. A comunidade Amish em minha cidade natal de Lancaster, Pensilvânia, não permite que haja eletricidade em suas casas porque as linhas estão conectadas a estabelecimentos mundanos; o modernismo pode levar suas crianças para longe da comunidade. Mas em algumas casas menonitas, vizinhas às casas às escuras, pastores e professores de Escola Dominical usam eletricidade para estudar a Palavra de Deus.

É importante não rotular as coisas depressa demais. No campo das artes, alguns cristãos em pânico vivenciam o velho clichê e rejeitam as coisas antes de as avaliarem.

2) Visão

Para desenvolver cristãos criativos, nossa igreja tem de mudar a ênfase de ser para tornar-se.[2] Estamos tão envolvidos em programas para o agora e o que vamos fazer nesta semana que nos esquecemos de que não somos residentes permanentes no presente. Não podemos ser pegos pela gratificação e conforto do imediato, sem lembrar que estamos no processo de construir o Reino de Deus atual e futuro. Arieti quase parece um pregador quando escreve: "O homem criativo está consciente do fato de que a criatividade é algo que cresce, tem duração e requer um futuro como também o presente. [...] Uma sociedade que promove apenas o ser será conduzida à decadência e não ao crescimento.[3]

> Harmon Smith, um de meus amigos e sacerdote episcopal, conta a visita que fez a Dachau, Alemanha. Perturbado pela experiência de ver o que os cristãos fizeram aos judeus, ele refletia sobre o Holocausto com o pastor Reiger, membro da Igreja Confessional Luterana, que fora prisioneiro em Dachau. Ele disse ao pastor Reiger: "Como pode isto ter acontecido na terra de Lutero e Bach?" O ancião respondeu: "É fácil entender. A igreja cristã estava preocupada com o aqui e agora. Tinha perdido sua visão e esquecido o que a Bíblia ensina — 'sem visão as pessoas perecem'. Mas", continuou ele, "Hitler se lembrou e deu a nosso povo uma visão." [4]

3) Acesso igual

Temos que dar a todos acesso livre a situações culturais se nossa igreja deseja crescer criativamente. Ousamos, não discriminamos. Crescemos em situações desafiadoras. Estes desafios devem ser tão abertos aos homens de nossa igreja como são às mulheres, tão abertos a negros como são a asiáticos.

Ao longo da história, homens que eram extraordinariamente criativos excediam em número às mulheres criativas. Talvez as mulheres sejam menos criativas, ou talvez a verdade tenha algo a ver com a má vontade da sociedade em permitir que a maioria das mulheres participe do aprendizado e de situações culturais que as teriam incentivado a desenvolverem os talentos. Nosso mundo pode ter perdido muita coisa porque metade de sua população não foi incentivada.

Hoje, em nossas igrejas, uma discriminação oposta pode estar em ação. A criatividade ganhou significação feminina. Julga-se normalmente que as mulheres são mais criativas que os homens, mais à vontade para compartilhar emoções por drama, música e ensino. É algo não-masculino para o homem ter dom para ensinar crianças muito pequenas? "Claro que não!", dizemos, mas nossa atitude nem sempre apóia nossas palavras. "Homens devem ensinar adolescentes e adultos. É mais adequado."

Olhemos um pouco mais a fundo. A maioria das pessoas criativas é sensível e independente. Em nossa sociedade, a sensibilidade é característica feminina, e a independência é considerada característica masculina. É possível que a menina criativa possa parecer mais masculina que suas colegas e o menino criativo mais feminino. Muitas pessoas que trabalham com adolescentes, ignoram ou tentam eliminar estes traços das crianças criativas. Assim, alguns se dão conta de que seus talentos e, de fato, eles mesmos, não são reconhecidos pela igreja. Eles deixam a igreja e, muito mais do que gostaríamos de admitir, encontram sua afirmação na comunidade artística secular.

"Meu professor ficava tentando me ensinar a lançar uma bola", disse um cristão de quarenta e poucos anos. "Eu queria pintar murais para o culto de adoração e planejar peças teatrais para nossa classe. Mas de certa forma, essas atividades não eram consideradas tão importantes. Eu sabia que era diferente. Eu não me ajustava. Eu era o tipo errado de sujeito. Deixei a igreja e passei uma década na comunidade homossexual. Com minha formação de igreja conservadora e as lembranças constantes feitas por meus pais, eu sabia que o que estava fazendo era errado. Mas minha arte era mais importante para mim do que qualquer outra coisa.

"Ao longo de todo o período, um líder de mocidade mantinha contato comigo. Disse-me que estava orando por mim, mesmo quando era essa a última coisa que eu queria saber. Pascal escreveu:'Há um vazio com o formato de Deus no coração de todo homem que só pode ser preenchido pelo próprio Deus'. Tratava-se de uma verdade para mim. Quando fiquei vazio o bastante, voltei. Achei uma igreja que respeita meus dons, e claro que considero os talentos artísticos que Deus me deu como dons a serem usados por Ele.

"Em minha igreja, trabalho atualmente com três jovens, todos com talentos em vários campos criativos, todos de formação de igreja, todos tentando se libertar da comunidade gay que os aceita como pessoas valiosas quando as próprias igrejas não."

4) Tensão moderada

Liberdade, ou retenção imparcial de discriminação moderada, depois de opressão severa ou exclusão absoluta, é um incentivo à criatividade. Se isto é verdade acerca de uma sociedade criativa, talvez explique as perguntas difíceis que são forjadas na igreja e escolas e seminários bíblicos pelas mulheres e minorias. Um seminarista me disse:"Acredita que quando este seminário foi construído há uma década, não havia banheiro feminino? Nunca ocorreu a qualquer um de nós que tal instalação jamais fosse necessária". Um pastor asiático perguntou:"Por que não posso ser membro pleno de uma missão que serve no país onde nasci? Não estou chateado com Deus, mas essa declaração não diz respeito a algumas pessoas que afirmam estar perto dEle". Como professores e líderes, temos de ouvir as perguntas – e a mágoa além das perguntas que nunca são feitas. Precisamos procurar na Escritura princípios nos quais fundamentar decisões e, depois, com amor, levar nossos alunos ao mais pleno desenvolvimento possível da própria criatividade.

Por que a discriminação é um estímulo à criatividade? Talvez uma resposta seja a tensão que a discriminação dá. Tensão moderada é um incentivo à criatividade. Coloque ênfase na palavra *moderada*. Tensão demais dificultará a criatividade, gerando medo e rigidez.

5) Diferenças culturais

A criatividade cresce à medida que nos expomos a estímulos culturais diferentes e até contrastantes.

Fui a uma igreja que abriu as portas para um culto vietnamita na tarde de domingo. Eu estava no comitê de planejamento de cultos e nunca ocorreu a nenhum de nós, que participávamos daquele comitê, unir os cultos um domingo para ver o que os dois grupos poderiam compartilhar entre si. Nossos idiomas são diferentes, mas nosso Deus é o mesmo. Suspeito que perdemos uma experiência de crescimento porque não conseguimos ver uma possibilidade instigante.

Durante os últimos anos, como parte de minhas funções de editora de currículo de Escola Dominical, participei de um circuito de educação cristã com uma das maiores denominações de negros. Eu era a única mulher branca e a ocasião me serviu de educação porque me foi permitido fazer parte do culto e aprender experiências que me eram novas. Em muitas das reuniões de ensino, sentia cordialidade e aceitação que não sinto em minhas experiências eclesiásticas mais familiares. Estas pessoas estavam acostumadas a pontuar o que os preletores diziam com palavras de incentivo. Achei que essas palavras, enquanto eu ensinava, me fizeram melhorar o que eu normalmente fazia! Do fundo da sala, uma mulher me incentivava: "Conte mais". Os outros concordavam. Um homem afirmava: "Certo. Certo". Ensinar se tornou um padrão de dar e receber. Forneci algo de conteúdo pedagógico e os alunos me proporcionaram afirmação imediata de que o que eu dizia era útil.

6) Tolerância

Precisamos desenvolver uma tolerância e interesse em pessoas que não acreditam exatamente do mesmo jeito que nós. Não estamos falando de teologia. Temos certos absolutos bíblicos e em nossas igrejas não ousamos desenvolver tolerância à heresia ou religiosidade sem substância. Mas há certas atitudes e crenças que sabemos melhor que outros e normalmente parecem mais corretas, mais cristãs.

O que posso aprender sobre separação do mundo pelas mulheres menonitas que usam véus de oração brancos? Ou apenas rejeito esse símbolo considerando-o bizarro e antiquado? Tolerância significa que desenvolvemos um interesse inquisitivo em coisas que são diferentes de nossos padrões fixos.

Franklin foi convidado por seu vizinho a fazer a oração de abertura de um culto pentecostal. Sendo professor de Escola Dominical de uma igreja independente conservadora, ele ficou contente em aceitar. Levantou-se para fazer a oração e as pessoas ao redor começaram a orar num tom de voz quase alto. Ele esperou que elas ficassem quietas e elas esperaram que ele começasse. Tolerância e avaliação: qual abordagem de oração era a mais correta?

7) Modelagem

Nossas crianças e alunos ficarão mais criativos à medida que forem expostos a pessoas criativas. Mesmo num ambiente de ensino para adultos, pessoas distintas precisam interagir. Trabalhamos juntos e o impacto de nosso ministério também cresce. A empolgação é contagiosa e, suspeitamos, o é a criatividade. Arieti enfatiza que as pessoas "que alcançam o grau de gênio aparecem em números particularmente grandes em certos períodos da história em determinadas áreas geográficas. Esta distribuição desigual sugere que circunstâncias ambientais especiais determinam a ocorrência da criatividade, em vez de fatores exclusivamente biológicos".[5] O antropólogo americano Kroeber declarou que:

Nossas crianças e alunos ficarão mais criativos à medida que forem expostos a pessoas criativas.

> "[...] a genética exerceu apenas uma possibilidade infinitesimal no tronco racial que existia na Inglaterra para não ter dado à luz a

> nenhum gênio entre 1450 e 1550 e uma série de gênios em literatura, música, ciência, filosofia e política entre 1550 e 1650." [...] Se Kroeber está certo, temos de aceitar o fato de que a possibilidade para o desenvolvimento de grande número de pessoas criativas sempre existe em certas populações.[6]

Uma pessoa criativa atrai outra, e elas se desafiam uma à outra. Gênio fascina gênio. Não, muitos de nós não somos gênios, mas nossas habilidades crescem quando estamos cercados por pessoas que podemos admirar. No início dos anos setenta, uma igreja em Chicago ilustrou este crescimento. A Circle Church era o sonho de seus fundadores, David e Karen Mains. Nesta igreja, as pessoas queriam adorar a Deus criativamente e ajudar as outras a crescerem na identificação e uso dos dons. A igreja começou com vários membros altamente motivados e criativos. Então, houve uns que atraíram outros. Pessoas que não sabiam soletrar mímica ficaram empolgadas em escrever e participar de uma peça teatral de longa duração chamada Norman Newcreature (Norman Nova vida). Pessoas que sabiam que um dia poderiam escrever, começaram a escrever. Foram desenvolvidos musicais. Missionários saíram. Experiências foram feitas e, quando falharam, foram avaliadas e tentadas de novo. Pessoa talentosa após pessoa talentosa se apinhava nos bancos. Hoje essas pessoas criativas estão espalhadas pelo mundo. Muitas estão em ministérios significativos – muito mais que a lei das médias permitiria.

A exposição a pessoas criativas nos ajuda a exigir mais de nós mesmos. "Meus pais acreditavam que aprenderíamos a entender melhor nosso mundo se conhecêssemos as pessoas que viviam fora de nossa pequena esfera", disse um professor missionário. "Assim, quando eu era menino, todo missionário que passava por nossa igreja era convidado a comer ou dormir em nossa casa. Gostava disso porque muitas dessas pessoas falavam comigo como se eu fosse importante. Algumas me faziam perguntas e, em troca, levavam a sério minhas respostas. Admirava algumas dessas pessoas e queria ser como elas. Elas pareciam saber o que queriam de Deus e estavam dispostas a trabalhar com afinco para forçar Sua mão. Essas pessoas me ajudaram a fixar minha visão mais alto. Fui o primeiro membro em minha família a terminar a escola de ensino médio, o primeiro a se formar na faculdade e o primeiro a servir a Deus no estrangeiro. Meu presente é devido em grande parte a esses encontros que meus pais tão cuidadosamente estruturaram."

8) Honra

Se desejamos desenvolver pessoas criativas em nossa igreja, temos de mostrar que honramos a criatividade. Platão ressalta: "O que é honrado num país será desenvolvido". A igreja tem de oferecer incentivos e prêmios pela criatividade. Para algumas pessoas, as ajudamos a crescer quando lhes fazemos elogios honestos. Para os profissionais que trabalham em nossa igreja, temos de lhes pagar o bastante para que tenham tempo e meios de participar no próprio crescimento.

Elogiar a pessoa criativa não é apenas algo agradável a fazer. Pode ser imperativo. Não é difícil encontrar exemplos de pessoas que por muitos anos estão repletas de atividade na igreja e depois desaparecem por estarem esgotadas. Como pode alguém com tanto potencial se afastar de trabalhos que precisam ser feitos? A resposta, pelo menos em parte, é: pessoas criativas são em geral superativas. Que diferença pode fazer a essa gente sentir nosso apoio e nossas orações, e talvez nossas palavras de advertência, quando assumem mais do que deveriam. Pessoas criativas são valioso recurso da igreja. É sábia a congregação que percebe que este recurso pode depressa ser esgotado ou produtivamente aproveitado.

Se desejamos desenvolver pessoas criativas em nossa igreja, temos de mostrar que honramos a criatividade.

Consideremos alguns meios nos quais a honra pode ser dada às pessoas que estão envolvidas em empenhos criativos. Faria sentido, por exemplo, formar uma equipe de peça teatral com adolescentes? Devemos oferecer uma bolsa de estudo bíblico ao aluno que escolhe estudar literatura ou jornalismo? Devemos organizar uma força-tarefa para fazer dinâmica de grupo sobre como tornar nossas reuniões mais significativas? A lista de perguntas pode ser infindável.

Nossas igrejas serão caracterizadas pela criatividade? Em que direção estamos indo? Talvez estejamos no processo de estabelecer que direção seguir. Muitas culturas estão se misturando em algumas de nossas igrejas. Pessoas de todas as raças e de ambos os sexos estão dando importantes passos largos. Estamos aprendendo a nos deleitar uns com os outros e a apreciar nossas diferenças.

Em certa ocasião, falei numa convenção de obreiros da mocidade patrocinada pela Igreja Adventista do Sétimo Dia. Como sempre, estava de brinco, embora eu não os usasse se tivesse sabido que as mulheres adventistas não usam jóias. Eu era uma das poucas mulheres na convenção. Não tinha notado o quanto fora de lugar estavam meus adereços brilhantes, até que me inclinei para dizer oi a uma criança. "O que é isso?", perguntou ela, apontando minhas orelhas. Seu pai estava envergonhado. "Ela não vê muito pessoas de fora de nossa igreja", explicou ele. "Estamos tão contentes por você estar conosco nesta convenção." Fiquei impressionada. Ele poderia ter dito: "E francamente, teríamos apreciado muito mais se você tivesse tomado tempo para descobrir como nos sentimos com orelhas decoradas". Ao invés disso, tomei ciência de nossas diferenças e me senti aceita publicamente. Diferenças e, contudo, aceitação – sinal de criatividade em potencial.

Mas há alguns fatores negativos quando consideramos a direção que estamos indo. Nosso ensino de Escola Dominical nem sempre reflete a criatividade que sonhamos que nossos alunos têm. Não planejamos o bastante para o futuro, talvez porque o ruído e as luzes luminosas do presente nos distraiam. Não somos disciplinados em nossa fé e no desenvolvimento de nossos dons.[7] A verdadeira criatividade não é desenvolvida sem disciplina. Estamos perdendo o toque do que realmente somos – um povo separado por Deus. Lutamos sem eficiência por nossa assimilação na sociedade contemporânea.

Milton Rockmore, numa entrevista impressa com Arieti, perguntou-lhe como ele avaliaria a direção de nossa sociedade. Suas palavras transmitem um desafio para os cristãos: "Diria que estamos em transição e podemos estar nos movendo para uma era criativa histórica ou para a decadência. Depende de nós. Ainda não encontramos a direção".

A Pessoa Criativa

"Em vez de contar ovelhas", disse Dale, "invento histórias de dez frases. A primeira frase tem dez palavras, a segunda nove e assim por diante até chegar a uma. Não estou certo se dormiria logo se contasse ovelhas, mas minhas histórias são muito mais divertidas."

Pessoas criativas. Faz sentido os professores não somente desenvolverem a própria criatividade, mas também saberem o bastante acerca das características criativas para poder identificá-las nos alunos e cultivá-las. Gordon Cosby, no sermão "The Calling Forth of the Charisma" ("A Chamada do Carisma"), reimpresso em *Eighty Day of Creation*, diz:

> Não importa o quanto amemos uma pessoa, a aceitemos, lhe demos apoio, tenhamos simpatia e afeto por ela. Não importa o quanto a ajudemos de muitas maneiras, a menos que possamos realmente estimulá-la de forma que ela mesma esteja exercendo a singularidade que Deus lhe deu, então o amor está incompleto; ela não é livre, é menos que humana.[8]

Quando vemos a possibilidade da criatividade em nossos alunos, temos de ajudá-los a desenvolvê-la. Se não, não somos "professores" completos.

Uma das características mais universais de uma pessoa criativa é a curiosidade acerca de tudo: perguntas que você deseja que não sejam feitas, insights que não se encaixam com o pensamento que você procura comunicar. A pessoa criativa também é imaginativa. Ela na verdade cultiva a imaginação. A pessoa criativa é entusiástica e perspicaz, sabendo o que é bom acerca de suas criações e o que precisa ser repensado. Ela se manterá fiel a idéias e produções que a avaliação pessoal afirma que valem a pena.

"Lembro-me da primeira pessoa que me chamou de criativa", disse Richard. "Era minha baby-sitter, quando eu estava nos primeiros anos do ensino fundamental. Ela me incentivava a usar sucatas de material da sua cesta de costura para fazer chapéu de mulher. Continuei fazendo criações para ela até a metade de minha adolescência. Por essa época, eu já tinha decidido que era bastante bom. Certa vez, lhe dei um gorro de Páscoa, e ela o usou para ir à igreja. Chapéus não estavam na moda aquele ano, mas lá estava ela numa espantosa criação verde com uma inclinação suave à direita. Sentia-me orgulhoso. Ela precisou de garra e quantidade volumosa de amor para fazer isto. Com esse tipo de apoio, eu não teria ousado não continuar no campo do design quando adulto."

Uma das características [...] de uma pessoa criativa é a curiosidade acerca de tudo.

A pessoa criativa tem vontade forte. Isto torna o aluno difícil de ensinar. As pessoas criativas estão convencidas de que sabem um modo melhor de fazer as coisas. É frustrante para os outros admitirem que às vezes elas fazem melhor.

Howard Gruber, psicólogo, estudou a vida criativa de cientistas de primeira linha. Claro que sua descrição aplica-se aos altamente talentosos, mas a um menor grau também a nossos alunos.

> Todas as pessoas que estudei tendem a ser fortes, robustas e enérgicas. Elas têm um sentido global de propósito, um sentimento de onde estão e para onde querem ir. Essa direção com propósito orienta a escolha de um conjunto de empreendimentos e dita em que empresa se concentrar em determinado momento. As pessoas criativas têm uma rede de empreendimentos. Elas se tornam o tipo de pessoa que pode ter facilidade para lidar com atividades aparentemente diferentes, mas estreitamente relacionadas. Elas se tornam malabaristas altamente qualificadas. Claro que não é inteiramente consciente, mas grande parte disso é. [...]
>
> As pessoas criativas têm um senso de agrupar problemas. Quer dizer, elas sabem que quando o assunto é fundamental, mas não pode ser resolvido, elas têm de pô-lo de lado – agrupá-lo – pelo

> menos por certo tempo para se concentrar no trabalho que pode ser feito. [...]
>
> Dar um passo no desconhecido é assunto sério, mas também divertido. Cada vez mais, descubro que as pessoas criativas amam o trabalho que fazem e não sonhariam em fazer outra coisa. Elas têm níveis muito altos de aspiração que as instiga a sentir que estão fazendo coisas grandes.[9]

Agora volte e leia a declaração de Gruber tendo você em mente. Quantos de seus pontos descritivos o descrevem como professor? Você sabe que algo está acontecendo na vida da maioria desses alunos, e você tem uma empolgação interior que torna todas as horas de estudo de valor. Você não quereria fazer outra coisa na igreja.

Você sabe agrupar problemas? Todo professor tem um aluno que não aprende bem. Você trabalha e ora e nada acontece. Talvez neste momento, as habilidades de agrupação do talentoso pode ser uma pista para o restante de nós. Um aluno indiferente não quer dizer você não foi eficiente. Esse aluno não deve levá-lo a se afastar da tarefa que Deus lhe deu, a tarefa que você ama. Ao invés disso, continue orando – não só por esse aluno, mas também por seu desenvolvimento como professor. E vá em frente. Quando o tempo de Deus chegar e esse aluno estiver pronto, algo maravilhoso acontecerá.

Pode ser que você não esteja por perto quando esse tempo chegar. Joseph Bayly, escritor recentemente falecido e professor de Escola Dominical, conta a história de uma mulher que passou a infância e adolescência freqüentando a Escola Dominical sem gostar muito. Não há que duvidar que os professores que ela teve sentiram que tinham falhado no trabalho com ela. Mas em sua juventude, ela enfrentou uma experiência que não podia lidar sozinha. "Cheguei ao fim da linha", disse ela. "De repente me lembrei de algumas coisas que meus professores de Escola Dominical tinham compartilhado comigo todos aqueles longos anos, e Cristo se tornou real para mim. Como desejo me encontrar com esses professores e lhes dar um grande abraço de agradecimento."[10]

Alunos criativos são independentes no pensamento. Eles não se curvam à opinião de outrem. Gostam de ser diferentes. Esta independência acentuada os torna líderes. Esta falta de flexibilidade gera certa tensão à vida deles – e, freqüentemente também à vida de seus professores. Entretanto, esta tensão é um dos estímulos à criatividade.

"Quando tenho um aluno criativo, tenho de quebrar as regras e às vezes burlar o bom senso a fim de satisfazer suas necessidades especiais", disse um professor de ensino fundamental. "Tive um brilhante aluno na sétima série em Bíblia e em inglês na escola cristã onde ensinei. Ele recebia nota A direto e era tão benquisto por seus colegas que foi o presidente de classe pelos últimos três anos. Não obstante, ele era reprovado em testes de falso/verdadeiro. Errava mesmo. Dificilmente havia uma resposta certa. A primeira vez que isto aconteceu pensei que ele estava tentando ser engraçado. Alunos da sétima série têm um senso de humor bizarro. Contudo, seu rosto quando recebeu a prova corrigida me mostrou que não tinha nada a ver com humor.

"Quando ele ficou reprovado no segundo teste, percebi que seu processo de pensamento era diferente. Se eu realmente me importava com ele como aluno e verdadeiramente queria afirmar os dons especiais que Deus lhe deu, deveria fazer uns ajustes. Assim, depois da escola, ele e eu conversamos sobre todas as questões que ele tinha errado. Ele começava com a resposta que eu queria. Porém, a olhava de perspectiva diferente. Podia significar que a declaração era apenas um pouco falsa. Talvez eu, o professor, tinha querido dizer que ele acrescentasse uma frase curta ao final da declaração que a tornaria totalmente errada. Ele atribuía muito mais pensamento ao desenvolvimento de meu teste que eu. Eximi-o de testes de falso/verdadeiro. Afinal, quão relevante um teste de falso/verdadeiro é para a vida?"

Pessoas criativas vêem as coisas como outras pessoas, mas também vêem as coisas como os outros não vêem. E é provável que digam assim.

As pessoas criativas sonham muito, indo muito longe em seus pensamentos e voltando, às vezes trazendo idéias e possibilidades que faziam parte da liberdade de sua mente. Pode ser frustrante ao professor quando o devaneador escolhe a metade da hora da Escola Dominical para desaparecer mentalmente. É difícil dizer enquanto você ensina: "Não se preocupem; Anete voltará". Mas é verdade. Alunos criativos são menos rígidos e menos controlados que outros, e é divertido poder capturar seus pensamentos fantasiosos e direcioná-los de volta à lição. Os demais alunos terão um aumento em sua consciência criativa, porque eles foram expostos a uma. Claro que é desconcertante sentir que você perdeu os alunos enquanto está ensinando. Mas mover-se com eles, permitindo que atuem do modo que Deus os fez, é digno do esforço despendido.

Alunos criativos não aceitam sua autoridade tão facilmente quanto a maioria. Eles consideram a autoridade algo convencional em vez de absoluto. Eles querem razões para regras, e gostam de achar falhas neste arrazoamento. Muitos farão a mesma coisa com a Escritura e a teologia. Eles o desafiam. Por exemplo, bem no meio da lição de Natal, com a classe cheia de visitas, o Sr. Pensador Divergente fala com arrojo: "Que pessoa lógica acreditaria na encarnação?" Você entra em pânico enquanto tenta reunir todos os pontos para reestruturar a pergunta para "Que pessoa lógica não acreditaria?" Onde está C. S. Lewis quando você mais precisa dele? Exige-se mais amor e modelagem que polêmica com esses pensadores. Eles têm de aceitar as verdades de Deus se querem contribuir para Sua obra. E, às vezes, isso significa aceitar uma das respostas difíceis que você dá: "Isto é verdade, isto é absoluto, porque Deus disse."

Muitos alunos criativos têm bom senso de humor. Gostam do que é engraçado e do que pode ser dito em trocadilho ou torcido de modo interessante. Conta-se a história de que Spurgeon inseria piadas ou anedotas humorísticas em seus sermões. Embora ele dissesse o que queria, de vez em quando a junta diretora questionava o uso de humor para comunicar a mensagem matutina. "Se vocês ao menos soubessem", dizia ele, jogando a cabeça para trás e arfando, "o quanto me contenho, vocês me agradeceriam e não me censurariam."

Dois Tipos Criativos

A maioria dos alunos criativos a quem você ensina será do tipo de aluno que Abraham Maslow chama auto-realizador. Eles gostam de estar por aí. Desfrutam a vida e são pueris e inéditos no modo em que abordam a vida. Tendem a ser líderes naturais – cheios de energia e ousadia. Não são difíceis de se destacar do grupo e incentivar outros. São os líderes da classe, talvez aquele com quem os professores têm relações de paternidade, amizades especiais de mentor, nas quais os alunos recebem mais do tempo do professor. Mais se espera destes alunos e eles correspondem.

Mas alguns de seus alunos criativos podem não se ajustar a este padrão. São facilmente não percebidos e talvez até mesmo evitados. Maslow chama este grupo pessoas de talento especiais. Estes alunos criativos não estão à vontade com eles mesmos. Eles se isolam do grupo. Exercem elevado grau de controle no impulso, mas não nas imaginações.

Quando temos alunos que julgamos que se ajustam nesta categoria, temos de achar meios para eles serem aceitos pelo grupo e afirmados como pessoas. Eles terão pouca dificuldade em desenvolver as áreas de alta criatividade. Na verdade, eles ultrapassarão os professores e colegas. Porém, precisarão de nossa ajuda quando trabalham para ficar mais à vontade com eles mesmos e com os outros. Talvez com um aluno de talento especial as idéias mostradas a seguir sejam úteis:

1) Estabeleça amizade com essa pessoa.

Não lhe será fácil nem de todo agradável. Ele pode ter dificuldade em conversar, pode não confiar em você ou sentir que você está apenas cumprindo seu dever cristão.

2) Faça com que essa pessoa saiba que você está ciente do seu talento.

Afirme o aluno. Às vezes, o talento será óbvio – por exemplo, a adolescente que não faz nada mais que tocar piano. Ela toca em todas as reuniões da mocidade e de vez em quando nos cultos de adoração. Todo momento livre ela escolhe para praticar. É uma obsessão, uma fuga para ela. Cuidado. Em nossos ministérios, pessoas excelentemente qualificadas são de grande benefício. Quem não quer uma pianista exímia no grupo? Podemos usar as habilidades desta pessoa para enriquecer nosso ministério e não aceitar nossa responsabilidade em ajudar esta jovem a crescer em outras áreas da vida.

Precisamos trabalhar para ajudar as pessoas de talentos especiais a gostarem de si mesmas e confiarem nos outros. Isto tem de acontecer se elas desejam crescer em maturidade espiritual. De importância primária é a relação com Deus, mas a relação com seus colegas também é importante. Todos crescemos horizontalmente e verticalmente; as pessoas de talento especiais podem precisar de ajuda em ambas as direções.

3) Tempo de oração extra com este aluno é tempo bem gasto

Estas pessoas sentem dor, aborrecimento e têm temores em relação à vida em vez de empolgação e alegria. Esses sentimentos de alienação podem dirigi-las a maior realização em seus campos criativos, mas não serão pessoas inteiras.

Quem Levou os Noventa por cento?

Crianças pequenas são muito criativas. Por que tão poucas crescem levando consigo esses vastos reservatórios de pensamento, idéia e brincadeira? Nossa sociedade e nossos pais, e até o próprio policiamento de nossos pensamentos são em parte culpados. Também pode ser que nós do mundo ocidental sejamos muito orientados à ação e produto para darmos tempo ao desenvolvimento da criatividade. Como cultura, temos dificuldade em permitir que as pessoas sejam criativas – pouco importando o que dizemos sobre respeitar ou até desejar qualidade.

Lembro-me de ficar surpresa quando um amigo me falou que foi pago para jogar com um computador. Ele não teve de programar nada. Não teve que descobrir nada. Só tinha de jogar o dia todo com as possibilidades. Ao término da semana, o laboratório lhe deu um gordo cheque. Pensei: "Que desperdício quando ele realmente poderia estar fazendo algo!" Porém, pensamentos como este impõem limites.

Talvez tanto quanto noventa por cento de todas as crianças sejam altamente criativas até que chegam aos cinco anos de idade. Muitos continuam se desenvolvendo em habilidades criativas do jardim de infância até a terceira série, com os meninos liderando a dianteira criativa. Entre a terceira e quarta séries há um declínio acentuado. Muitos alunos deixam a criatividade na quarta série e nunca mais a readquirem. O próximo declínio ocorre na sétima série, depois de subir um pouco na quinta e sexta séries. Os quatro anos seguintes à sétima série também podem ser caracterizados por algum crescimento.[11]

Esse primeiro declínio se dá quando as crianças entram na escola. Pela primeira vez, elas têm de se adequar à sala de aula. Pela primeira vez, um grupo de pessoas tem de trabalhar em equipe. Elas estão deixando os dias despreocupados da infância e entrando na primeira fase de crescimento.

> **Talvez tanto quanto noventa por cento de todas as crianças sejam altamente criativas até [...] aos cinco anos de idade.**

Seria fácil culpar o sistema escolar por esta perda de criatividade, mas seria ação muito simplista. Para que a educação ocorra, deve haver certa quantidade de disciplina. Operamos, não como indivíduos numa ilha da vida, mas como sociedade. Talvez encontremos modos que venham a limitar a perda.

Durante os anos do ensino fundamental, a casa raramente faz trabalho melhor que a escola no que tange a manter a criatividade das crianças. Os pais tendem a se preocupar se os filhos são diferentes dos colegas. É fácil para os pais estarem mais preocupados com o sucesso exterior e a popularidade do que com o crescimento interior e a criatividade. Há forte tensão entre o que é criativo e o que é prático.

Brian gostava de desmontar coisas. Desde que começou a engatinhar, os caminhões que ganhava nunca ficavam do modo que eram quando os recebia. Rodas eram tiradas e trocadas. Barbantes eram amarrados aqui e ali. Brinquedos de montar se sobressaíam em lugares surpreendentes. À medida que crescia, assim cresciam suas ampliações – e do mesmo modo a consternação do pai. Brian trabalhava com os carros velhos que as pessoas lhe davam, mesmo antes de ter idade o suficiente para dirigir. Ele brincava com eletricidade, com bombas, com máquinas à noite que faziam ruídos gorgolejantes. O porão e o quintal bagunçado eram seu mundo. E em meio a tudo isso, seu pai protestava: "Ninguém desmonta as coisas como você. Você é destrutivo; nunca mais as coisas são montadas de novo. Como você pôde estragar o TR-4, envenenando-o tanto que não pode ser dirigido na auto-estrada?"

Brian tinha a resistência à adversidade que somente crianças muito criativas têm. Seu pai se preocupava bastante com as coisas que ele estragava, mas Brian se deleitava com a criação de coisas que nunca antes existiram e, provavelmente nunca mais existiriam. Agora, na idade adulta, ele tem um trabalho responsável numa companhia de computador. O seu quintal ainda está cheio de idéias que estão em várias fases de desenvolvimento. Hoje, seu pai chama Brian para consertar qualquer coisa que quebre. Não é raro ele ouvir o pai se vangloriar com os outros acerca das realizações do filho. Algum dia, uma pessoa como Brian pode descobrir um meio de manter nosso mundo complexo um pouco mais tempo em funcionamento.

Para a maioria das crianças, quando um pai preocupado diz verbalmente ou por ações: "Por que você não pode ser como as outras crianças?", a criança se conformará ao dito. Certa medida de criatividade se perderá.

O declínio acentuado em criatividade que ocorre entre a terceira e quarta séries coincidem com o começo da fase pré-adolescente. As crianças estão começando a se esforçar para serem aceitas pelos colegas, a fazer qualquer coisa para serem como os amigos. Querem se vestir, andar, falar e pentear o cabelo exatamente como todo o mundo. O empenho em permanecer criativo, o qual, na maioria dos casos, significa ser diferente, não vale a pena para a maioria das crianças. O declínio no início do período da adolescência ocorre por causa do aumento de tensão em ser amado e aceito por colegas. A isto, acrescente-se a tensão de lidar com todas as coisas novas que fazem parte desta fase de desenvolvimento – o sexo oposto, as flutuações emocionais, a familiarização com este novo eu.

Ajude seus Alunos a serem mais criativos

O que o professor pode fazer para ajudar os alunos a usar a criatividade que têm e a incentivá-los a se esforçarem e aperfeiçoá-la?

1) Dê aos alunos um modelo de adulto criativo e em crescimento.

Se nós mesmos não estamos crescendo, temos de ter muita fibra para esperar que os alunos tenham altas metas. Tente nova abordagem para o estudo da Bíblia e compartilhe com a classe. Aprenda algo novo; faça algo diferente.

O Dr. Charles Bradshaw, ex-presidente do Departamento de Educação Cristã do Talbot Theological Seminary, ministrava um curso sobre criatividade. Como parte das exigências do curso, os alunos tinham de tentar algo que nunca fora tentado. "Empenhar-se é difícil", explicava Bradshaw, "contudo, é imperativo se quiserem ir além de onde atualmente estão. Fiquei admirado com certas maneiras em que meus alunos cumpriram a tarefa. Um homem se internou num hospital para doentes mentais durante um fim de semana. Vários alunos fizeram skydiving. Outro aluno começou a trabalhar na escrituração de seus bens imóveis. Não somos desafiados pelas mesmas coisas. Mas em cada desafio que pessoalmente aceitamos, nossos horizontes são ampliados."

Tentar novas coisas o ajudará a permanecer aberto e em crescimento. Também há outros modos de crescer. Fique um tempo sozinho. Nossa vida ocupada tira do programa a hora silenciosa. Marque um horário com você mesmo, por exemplo, para não fazer nada durante dez minutos por dia. Deixe sua mente flutuar. Para onde ela vai? Por qual sonho flutua? Considere o que poderia ser. Brinque de formar desenhos com as nuvens do céu. Não importa tanto para onde sua mente vai durante esta hora silenciosa. Apenas fique em contato com o que está em você sem filhos ou cônjuge ou trabalho ou serviço doméstico ou televisão ou música de fundo! Todos usamos essas coisas para nos impedir de pensar, talvez porque o pensamento livre nos leve a áreas que nos desafiam.

Mantenha-se em contato com suas emoções. Este procedimento o ajudará a ser mais empático com seus alunos e, mais importante, o manterá uma pessoa completa. "Quando eu estava na sétima série", disse Marilyn, "lembro-me de pensar que os adultos pareciam esquecer como as coisas eram quando tinham minha idade. Decidi então que seria diferente; eu não esqueceria. Guardei a promessa. Até hoje, quase três décadas depois, ainda posso voltar a fita de velhos sentimentos e reproduzir as emoções que sentia em minha adolescência. Lembro-me de como me senti quando um dos meninos de minha classe se ofereceu para ilustrar o primeiro livro que escrevi. Recordo a raiva que senti de uma professora, quando percebi que ela não lia as frases de ortografia que escrevíamos nas lições de cada semana. Das minhas frases eu fazia uma história, e por muito tempo não pude entender porque ela não disse nada sobre o meu feito. Quando percebi por que, nunca mais gostei dela."

"Trabalho com crianças em minha igreja e elas não têm as mesmas experiências que tive", disse um professor. "Mas parecem ter as mesmas emoções. Não é freqüente eu lhes contar as histórias do meu passado, mas lembrar os sentimentos verdadeiros que elas estão tendo como parte de suas histórias atuais me faz amá-las e entendê-las melhor."

O professor criativo é disciplinado. É possível atingir essa meta de vez em quando. O ensino de Escola Dominical é trabalho árduo. Não podemos usar esse título honestamente sem também aceitar o suor que o acompanha.[12]

2) Incentive a diferença na sala de aula

É muito mais fácil ensinar alunos que sejam normais e previsíveis – mas não é nem a metade divertido. O fato de que um pouco de tensão torna as pessoas mais criativas também se aplica aos professores. Os adolescentes criativos podem causar tanta tensão à situação de ensino, que crescemos ao lidarmos com eles.

3) Não relacione realização com afirmação

Nem tudo que a pessoa criativa faz será criativo. Brian realmente estragou um TR-4 de preço elevado, mas no processo ele aprendeu a fazer coisas que seriam úteis na sua próxima viagem de faz-tudo rumo ao desconhecido. Ele precisava se afirmar no processo de aprendizagem, não necessariamente elogiado por tratar um carro como brinquedo.

Você não vai querer que seus alunos façam coisas simplesmente para afirmação própria. Se eles não estão tendo satisfação pessoal com as viagens rumo ao desconhecido, eles podem não continuar quando você já não fizer parte do mundo deles.

Você quer que sua afirmação signifique algo. Se você fala com arroubo sobre a maravilha de algo que tenha feito e os alunos sabem que não foi tão bom assim, você prejudica sua credibilidade. Também é possível que seus alunos venham a sentir que algo não tão bom o agrada bastante, então por que trabalhar com afinco para dar o melhor de si?

4) Dedique tempo com seus alunos com tanta diversão quanto puder

Varie o modo em que você ensina. Alguns alunos aprendem melhor fazendo, outros ouvindo,outros falando. Assim, se você variar sua metodologia, manterá todos os alunos ativamente envolvidos.

Há valor na variedade tão-somente por si mesma. A indústria fez algumas experiências sobre o modo de aumentar a produção. Colocaram música e a produção subiu. Melhoraram a iluminação e a produção subiu. Tiraram a música e a produção caiu. Diminuíram a iluminação e a produção caiu. Ficou evidente que não foram as mudanças individuais que fizeram a diferença. Foi a própria mudança.

Então, quebre hábitos. Se nunca fez boa preleção, planeje uma. Se nunca ousou fazer algo com teatralização, estruture uma. Hábito e previsibilidade no ensino fecharão as portas da criatividade.

Claro que você não será igualmente bom em cada método que tentar. Pode ser que você decida que nunca será bom preletor (É fácil fazer uma preleção fraca, mas algo realmente bom é trabalho árduo). Você pode decidir que não importa o quão excelente seria para alguns professores usarem um estudo inspirado da Bíblia em cores se você não tem senso de cor. A idéia – mesmo depois de você tentar duas vezes – não dá certo para você. Tudo bem. Faça outra coisa.

Hábito e previsibilidade no ensino fecharão as portas da criatividade.

Aprender é raramente fácil. Não estamos tentando transformar nosso único tempo de aula em diversão. Mas aprender pode ser diversificado, eficaz e freqüentemente divertido.

Um modo de aumentar o prazer de seus alunos é tentar tarefas incomuns, tanto em classe quanto fora dela. Certa professora, durante uma atividade sobre parábolas, incentivou os alunos a escreve-las. Deu aos alunos da oitava série vários exemplos de parábolas contemporâneas, incluindo uma que ela mesma tinha escrito. Várias meninas aceitaram o desafio da professora e escreveram parábolas inéditas. Aqui está uma escrita por uma menina de treze anos, filha de missionários no Japão.

O Homem Yake Imo

(Yake imo são palavras em japonês que significam batatas-doces quentes)

A noite estava escura e fria, mas mesmo assim o homem yake imo empurrava seu carrinho pela rua estreita. "Yake imo! Yake imo!", anunciava em voz alta.

Algumas pessoas ouviram as palavras e vieram experimentar as saborosas batatas-doces quentes. As que as experimentaram gostaram tanto que levaram batatas-doces para a família e amigos.

Mas a maioria das pessoas não estava interessada. Algumas disseram: "Posso viver sem yake imo. Talvez outro dia". Outras disseram: "Quero as batatas, mas, hoje, a noite está muito fria para sair."

O homem yake imo continuou anunciando em voz alta até que se certificou de que todos os que estavam interessados tinham comprado batatas-doces. Então, se virou e passou para outra rua, anunciando em voz alta: "Yake imo! Yake imo!"

Ela conseguiu! Ela escreveu uma parábola que ilustra a responsabilidade que os cristãos têm de compartilhar o Evangelho, pouco importando o que ocorra. E agora seria um pouco mais difícil ela reagir a idéias futuras: "De jeito nenhum! Nunca farei isso". Suspeito que a aluna, Melody Jamisson, fez com que seus pais missionários se envolvessem na conclusão da parábola. Talvez juntos eles foram reafirmados na tarefa especial e difícil que Deus lhes delegou para realizar por Ele em Tóquio.

5) Incentive perguntas difíceis e incomuns

Respeite-as. Eu ministrava um curso sobre criatividade e, depois da terceira ou quarta pergunta, percebi que cada aluno prefaciava a pergunta ou opinião com uma desculpa. Para alguns, na classe predominantemente masculina, eu era a primeira professora que tinham no curso de pós-graduação. "Não pretendo desafiar o que a senhora disse, e, por favor, corrija-me se estiver errado, e certamente não discordaria nem por um minuto da senhora, mas..." Por fim, eu sabia que tinha de dizer algo depois desta declaração: "Não acho que todos tenham criatividade", começou o aluno, mas depois acrescentou: "Por favor, não é nada pessoal, e estou certo de que a senhora fundamentou seu comentário em boa informação e. na verdade, a senhora provavelmente tenha razão, talvez!" Sua opinião era boa e curta, mas ele a expressou com tanta farpa que a essência quase ficou perdida. Era hora de fazer minha mini-palestra sobre o valor de fazer boas perguntas. Nenhum professor na classe que não faz perguntas difíceis está totalmente satisfeito com o que está sendo ensinado ou o que a classe está pensando.

Depois desta aula, um aluno me abordou. "Por favor, perdoe-me por meu comentário e sei que a senhora provavelmente esteja com pressa para ir a algum lugar, mas..." Tremi. "Mas me sinto muito mais à vontade num curso em que recebemos uma lista de coisas que são verdades, e nós apenas a decoramos. Algo do que você está esperando que façamos nunca sonhei em fazer. Tenho medo de ser reprovado."

Agora havia um aluno honesto. Se nós, professores, não incentivamos o pensamento crítico independente, estamos limitando nossos alunos, quer estejam na sétima série ou na pós-graduação. Também estamos limitando o modo como eles podem interpretar Cristo para seus mundos (O aluno ganhou nota B-).

Há apenas duas ocasiões quando não quero perguntas, e ambas me são um demérito como professora. A primeira é quando não estou totalmente preparada e prefiro que meus alunos não saibam disso. A segunda é quando estou fazendo uma viagem do ego. Algo dentro de mim diz: "Tenho todas as respostas. Agora vou despejá-las em vocês. Sentem-se quietos, tomem nota e se ensopem com todo o conhecimento maravilhoso que estou a ponto de dar."

6) Fique alerta com os blocos que você usa para se privar de ser tão criativo quanto possível.[13]

Os nove blocos apresentados a seguir foram sugeridos por Don Koberg e Jim Bagnall, no livro The Universal Traveler (*O Viajante Uni-*

versal).[14] Quando os ler, tique os que você usa e escreva as iniciais de algum aluno a quem você suspeita que o obstrui.

- ❑ Medo de cometer erros.
- ❑ Medo de ser visto como bobo.
- ❑ Medo de ser criticado.
- ❑ Medo de estar só. A pessoa que advoga idéia para mudança pode ficar em um lugar muito vazio.
- ❑ Medo de mexer com tradições e fazer mudanças.
- ❑ Medo de ser associado a tabus. "Fazer teatro é coisa de igreja?"
- ❑ Medo de perder a segurança do hábito.
- ❑ Medo de perder o amor do grupo.
- ❑ Medo de ser verdadeiramente um indivíduo dedicado a Deus.

"Ter medo é natural e normal", dizem Koberg e Bagnall. "Seria erro pensar que podemos eliminá-lo completamente, nem o quereríamos. Medo é a relutância e ansiedade em lidar com o inesperado, ou, o resultado da falta de preparação para lidar com o esperado. Mas o medo detém o progresso para a criatividade por desviar nossa energia e nos conter da ação necessária para seu desenvolvimento. Porém, mudando o enfoque de 'não quero estar errado' para 'tentarei estar mais certo', o ponto de vista positivo pode superar nosso bloco de receio à criatividade."[15]

7) *Os professores criativos acreditam que têm algo a oferecer*
Somos importantes. Deus pode nos usar.

O Quanto Você é Criativo?

Não há teste de criatividade que identifique perfeitamente a quantidade de criatividade que você tenha. caso pudesse lhe dizer em que patamar você está hoje, não anteciparia onde estará mês que vem à medida que trabalha com as habilidades que Deus lhe deu. Não obstante, testes podem ser divertidos. "O Quanto Você é Criativo?" é exercício proveitoso se (e esse é um importante se) você não presumir que os resultados sejam definitivos. As respostas ao teste encontram-se no final deste capítulo.

O Quanto Você é Criativo?[16]

Os pesquisadores têm desenvolvido vários testes para determinar se alguém tem a predisposição para pensar com criatividade. O teste a seguir foi projetado por Eugene Raudsepp, de Princeton Creative Research, Incorporated, depois de estudar as características das pessoas altamente criativas. Para fazer o teste, indique depois de cada declaração se você: (A) concorda, (B) está indeciso ou não sabe ou (C) discorda. Responda com tanta precisão e franqueza quanto possíveis e tente não adivinhar como uma pessoa criativa iria responder. Não há limite de tempo.

_____ 1. Penso que um método lógico passo a passo é o melhor para resolver problemas.

_____ 2. Para mim, seria perda de tempo fazer perguntas se não tenho esperança de obter as respostas.

_____ 3. Sempre trabalho com muita certeza de que estou seguindo os procedimentos corretos para resolver um problema em particular.

_____ 4. Concentro-me com afinco em tudo o que me interessa mais do que a maioria das pessoas.

_____ 5. Quando tento resolver um problema, gasto muito tempo analisando-o.

_____ 6. Ocasionalmente dou opiniões em grupo que parecem desconcentrar algumas pessoas.

_____ 7. Passo muito tempo pensando no que os outros pensam de mim.

_____ 8. Problemas e situações complexas me atraem, porque os considero desafiadores.

_____ 9. Para mim, é mais importante fazer o que acredito ser o certo do que tentar ganhar a aprovação dos outros.

_____ 10. Pessoas que parecem inseguras e incertas sobre as coisas perdem meu respeito.

_____ 11. Mais que as outras pessoas, preciso ter coisas interessantes e instigantes.

_____ 12. Ocasionalmente fico entusiasmado demais com as coisas.

_____ 13. Quase sempre tenho minhas melhores idéias quando não estou fazendo nada em particular.

_____ 14. Confio em palpites intuitivos e no sentimento de "certo" ou "errado" quando se orientam para a solução de um problema.

_____ 15. Às vezes sou despedido por quebrar as regras e fazer coisas que não tenho obrigação de fazer.

_____ 16. Gosto de passatempos que envolvam colecionar coisas.

_____ 17. Sinto que possuo possibilidades que ainda não foram exploradas.

_____ 18. Devaneios fornecem o ímpeto para muitos projetos importantes.

_____ 19. Gosto de pessoas que sejam objetivas e racionais.

_____ 20. Vejo-me com mais entusiasmo e energia que a maioria das pessoas que conheço.

_____ 21. Posso me lidar mais facilmente com pessoas que pertençam quase à mesma classe social e empresarial que eu.

_____ 22. Tenho elevado grau de sensibilidade estética.

_____ 23. Tenho capacidade altamente desenvolvida para o autodidatismo.

_____ 24. Gosto de pessoas que sejam mais seguras em suas conclusões.

_____ 25. A inspiração não tem nada a ver com a solução bem-sucedida de problemas.

_____ 26. Quando estou engajado num argumento, o meu maior prazer é que a pessoa que discorda de mim se torne minha amiga, mesmo às custas de sacrificar meu ponto de vista.

_____ 27. Tenho a tendência a evitar situações nas quais eu possa me sentir inferior.

_____ 28. Na avaliação da informação, a fonte me é mais importante que o conteúdo.

_____ 29. Fico ressentido com coisas que sejam incertas e impossíveis de predizer.

_____ 30. Gosto de pessoas que seguem a regra "negócios antes do prazer".

_____ 31. O respeito de si mesmo é mais importante que o respeito dos outros.

_____ 32. Sinto que as pessoas que se esforçam pela perfeição não são inteligentes.

_____ 33. Prefiro trabalhar com os outros num esforço de equipe do que trabalhar sozinho.

_____ 34. Acredito que a criatividade é restrita a campos especializados de atuação.

_____ 35. Para mim, é importante que haja um lugar para tudo e que tudo tenha seu lugar.

_____ 36. Às vezes, tenho certeza de que as outras pessoas podem ler meus pensamentos.

_____ 37. O problema com muitas pessoas é que elas levam as coisas muito a sério.

_____ 38. Sou pessoa de muita iniciativa, e habilidade em começar algo de moto próprio.

_____ 39. Retenho meu senso de humor e espírito esportivo.

_____ 40. Posso manter minha motivação e entusiasmo por meus projetos, mesmo em face de desânimo, obstáculos ou oposição.

_____ 41. Pessoas que estão dispostas a entreter "idéias malucas" não são práticas.

_____ 42. Estou mais interessado no que poderia ser do que no que é de fato.

_____ 43. Mesmo depois de me decidir, posso mudar de opinião.

_____ 44. Gosto de brincar com idéias novas, mesmo que não haja nenhuma compensação prática.

_____ 45. Julgo que a declaração: "Idéias são fáceis de ter", acerta na mosca.

_____ 46. Não gosto de fazer perguntas que mostrem ignorância.

_____ 47. Uma vez esteja num projeto, sou determinado até concluí-lo, mesmo sob condições de frustração.

_____ 48. Às vezes, sinto que as idéias me vêm de fonte externa e que não sou diretamente responsável por elas.

_____ 49. Houve tempo em que experimentava uma "avalanche" de idéias.

_____ 50. Tento procurar meios de converter necessidades em benefícios.

_____ 51. É sensato não esperar muito dos outros.

_____ 52. Para mim, é mais fácil mudar meus interesses para procurar um trabalho ou emprego do que mudar um trabalho para buscar meus interesses.

_____ 53. Muitas inovações criativas são o resultado de fatores fortuitos.

_____ 54. Pessoas que são teoricamente orientadas são menos importantes do que as que são práticas.

_____ 55. Sinto que é importante entender os motivos das pessoas com quem tenho de lidar.

_____ 56. Posso ver coisas em termos de seu potencial.

_____ 57. Quando faço *Tempestade de Idéias*, posso sugerir muitas idéias mais rapidamente que a maioria.

_____ 58. Não estou envergonhado em expressar interesses "femininos" (se sou homem), ou interesses "masculinos" (se sou mulher), caso esteja propenso.

_____ 59. Tenho a tendência a confiar mais em minhas primeiras impressões e sentimentos quando faço julgamentos do que numa análise cuidadosa da situação.

_____ 60. É freqüente poder antecipar a solução de meus problemas.

_____ 61. Rio de mim mesmo por minha singularidade de procedimento e peculiaridades.

_____ 62. Só pensadores imprecisos recorrem a metáforas e analogias.

_____ 63. Quando alguém tenta ficar à minha frente numa fila, normalmente chamo a atenção.

_____ 64. Problemas que não têm respostas claras e inequívocas me são de muito pouco interesse.

_____ 65. Em geral, elaboro coisas por conta própria em vez de arranjar alguém que me mostre.

_____ 66. Confio em meus sentimentos para me guiar através das experiências.

_____ 67. É freqüente trabalhar num problema que só sinto vagamente e ainda não expresso.

_____ 68. Tenho a tendência a esquecer coisas como nomes de pessoas, ruas, estradas, cidades pequenas etc.

_____ 69. Tenho mais capacidade de tolerar a frustração que as pessoas comuns.

_____ 70. Durante minha adolescência, tinha o desejo de ficar só e procurar interesses e pensamentos próprios.

_____ 71. Sinto que o provérbio: "Fazei aos outros..." é mais importante que "A ti mesmo."

_____ 72. Coisas que são óbvias para os outros não me são tão óbvias.

_____ 73. Sinto que posso fazer uma contribuição especial para o mundo.

_____ 74. Descubro que tenho mais problemas do que posso pôr mãos à obra, mais trabalho do que tempo para fazer.

_____ 75. Adiante há uma lista de adjetivos e substantivos que descrevem pessoas. Faça um tique em dez palavras que melhor o caracterizem.

___ enérgico	___ rápido	___ atento
___ persuasivo	___ eficiente	___ curioso
___ observador	___ útil	___ organizado
___ elegante	___ perceptivo	___ estável
___ autoconfiante	___ corajoso	___ lúcido
___ perseverante	___ severo	___ compreensivo
___ precavido	___ meticuloso	___ dinâmico
___ cauteloso	___ impulsivo	___ auto-suficiente
___ sistemático	___ determinado	___ polido
___ habilidoso	___ seguro	___ realista
___ egoísta	___ liberal	___ modesto
___ independente	___ diplomático	___ envolvido
___ cordial	___ inibido	___ absorto
___ previsível	___ entusiástico	___ flexível
___ formal	___ inovador	___ sociável
___ informal	___ equilibrado	___ elegante
___ dedicado	___ inquiridor	___ incansável
___ original	___ prático	___ reservado

Respostas do Teste de Criatividade

Instruções para a pontuação: Para computar sua pontuação, some os pontos designados para cada item. Para cada pergunta, o primeiro valor é para o A (concorda), o segundo é para o B (indeciso ou não sabe) e o terceiro para o C (discorda).

1. -1, 0, 2	6. 2, 1, 0	11. 2, 1, 0
2. 0, 1, 2	7. -1, 0, 2	12. 3, 0, -1
3. 0, 1, 2	8. 2, 1, 0	13. 2, 0, -1
4. 3, 0, -1	9. 2, 0, -1	14. 3, 1, 0
5. 2, 1, 0	10. -1, 0, 2	15. 2, 1, 0

16. -1, 0, 1
17. 2, 1, 0
18. 3, 0, -1
19. -1, 0, 1
20. 2, 1, 0
21. -1, 0, 1
22. 3, 1, 0
23. 2, 1, 0
24. -1, 0, 1
25. -2, 0, 2
26. -1, 0, 1
27. -1, 0, 1
28. -2, 1, 2
29. -1, 0, 1
30. -1, 0, 1
31. 2, 1, 0
32. -2, 0, 1
33. -1, 1, 2
34. -1, 0, 1
35. -1, 0, 1
36. -2, 0, 2
37. -1, 0, 1
38. 2, 0, -1
39. 2, 0, -1
40. 2, 0, -1
41. -1, 0, 1
42. 2, 1, 0
43. 2, 1, 0
44. 2, 1, 0
45. -2, 0, 1
46. -1, 0, 1
47. 2, 0, -1
48. 2, 0, -1
49. 2, 1, 0
50. 2, 0, -1
51. 1, 0, -1
52. -2, 1, 0
53. 2, 1, 0
54. -2, 1, 0
55. 2, 0, -1
56. 2, 0, -1
57. 2, 0, -1
58. 2, 1, 0
59. 1, 0, -1
60. 2, 1, 0
61. 2, 0, -1
62. -2, 0, 2
63. 2, 1, 0
64. -1, 0, 1
65. 1, 0, -1
66. 2, 1, 0
67. 2, 1, 0
68. 2, 0, -1
69. 2, 1, 0
70. 2, 0, -1
71. -1, 0, 1
72. 2, 1, 0
73. 1, 0, -1
74. 2, 1, 0

75. Os seguintes itens valem 2: enérgico, observador, perseverante, habilidoso, independente, dedicado, original, perceptivo, corajoso, entusiástico, inovador, curioso, dinâmico, auto-suficiente, envolvido, flexível.
Os seguintes itens valem 1: autoconfiante, precavido, informal, meticuloso, determinado, liberal, atento, incansável.
Os demais itens valem 0.

Pontuação:			
	125-150	—	Excepcionalmente criativo
	90-124	—	Muito criativo
	55-89	—	Acima da média
	35-54	—	Na média
	15-34	—	Abaixo da média
	56-14	—	Não criativo

Notas

1 Silvano Arieli, "The Creativogenic Society", in: *Creativity: The Magic Synthesis* (Nova York: Basic Books, Incorporated, 1976), pp. 312-336. Arieti sugere duas conclusões importantes sobre a sociedade criativa: "Primeiramente, algumas sociedades e culturas têm realçado e outras inibido a criatividade. Em segundo lugar, embora o processo criativo seja fenômeno intrapsíquico, faz parte de um sistema aberto. A síntese mágica não ocorre sem input do mundo externo, e é grandemente facilitada por um clima ou ambiente formal" (p. 312).

2 Sim, os cristãos estão ousando mudar. Veja o livro de Elmer L. Towns, 10 *Sunday Schools that Dared to Changes — How Churches Are Changing Paradigms to Reach a New Generation* (Ventura, Califórnia: Regal Books, 1993).

3 Arieti, *Creativity*, p. 315.

4 John Westerhoff, "The Church and the Family", in: *Religious Education*, Primavera de 1983, p. 263.

5 Arieti, *Creativity*, p. 294.

6 Ibid., p. 295.

7 "Ensinar requer trabalhar com força e habilidade que são de Deus. Os professores estão cônscios da própria inabilidade e incompetência e, portanto, são dependentes dos recursos de Deus (Rm 8.32). O lugar da oração e confiança no Espírito Santo é crucial para ter acesso aos recursos de Deus. Finalmente, Deus deve ser glorificado por Cristo no ministério de ensino. Os professores são chamados para encarar o ensino como ministério para Deus e com Ele, bem como para os outros e com os outros. Como professor cristão, o indivíduo deve direcionar as pessoas para Deus e incentivar o louvor e a adoração diante do Criador. Assim, o dom do ensino requer falar por Deus e ministrar à comunidade da fé com os dons e a força que Deus provê. O fim último sempre deve estar em vista, isto é, a glória de Deus por Jesus Cristo." Robert W. Pazmino, *By What Authority Do We Teach?* (Grand Rapids, Michigan: Baker Book House, 1994), p. 73.

8 O'Connor, *Eighth Day of Creation*, p. 101.

9 Gruber, "Breakaway Minds", in: *Psychology Today*, Julho de 1981, pp. 64-70.

10 Ilustração retirada do vídeo, "Successful Sunday School", produzido por David C. Cook Publishing Company, 1983, pela Domain TeleMedia, Wheaton, Illinóis.

11 Proveniente dos estudos feitos por E. Paul Torrance, departamento de Psicologia Educacional, da Universidade da Geórgia, e publicado em *Forum*, Inverno de 1973.

[12] Ann McGreevy, em "Tracking the Creative Teacher" (*Momentum*, Fevereiro de 1990, pp. 56-59), compartilhou os resultados de sua pesquisa feita entre alunos completada por 101 motivados realizadores acadêmicos de duas faculdades de New Hampshire. Ela descobriu que dois terços dos professores que os alunos disseram serem criativos eram homens, embora não houvesse predomínio de professores nas escolas. Os alunos disseram que os professores criativos são engraçados, capazes de suavizar o ambiente de sala de aula. Eles têm um "tipo de mente aberta e acolhedora, boa vontade em compartilhar o lado pessoal, espontaneidade em sala de aula e compreensão e cuidado com os alunos em particular".

[13] Os professores podem ficar acostumados a fazer coisas de uma maneira, de modo que quando essa maneira não dá certo, eles fracassam. Foi pedido ao consultor de educação cristã Pete Zickefoose, Snellville, Geórgia, que explicasse como começar uma Escola Dominical numa igreja onde nunca se pertencera. Se ele tivesse se mantido fiel ao padrão tradicional, a igreja ainda não teria uma Escola Dominical. "Comecei tentando organizar os professores em potencial do modo que sempre fiz. 'Por que os professores de adolescentes não vão para lá e os professores de crianças ficam aqui?', sugeri. Nenhuma das vinte e uma pessoas se moveu. Estas pessoas, que nunca tinham ensinado, não faziam idéia qual faixa etária gostavam de ensinar. 'Ajude-me, Senhor', orei. E Ele me deu uma grande idéia. 'Todos os que não se importam em ficar com os joelhos sujos, levantem-se'. Cinco se levantaram. 'Vocês gostam de crianças em idade pré-escolar, não é?" Eles mostraram aprovação dando um sorriso largo e forçado e se agruparam. 'E quanto às pessoas que gostam de apitos, histórias com animais e orações em segredo?' Pessoas que gostavam de crianças do ensino fundamental se identificaram. Continuamos separando-as pelas características dos alunos, e em alguns minutos, todas as faixas etárias tinham voluntários. Não era o antigo modo de separar as pessoas, mas deu certo. Uma Escola Dominical estava a ponto de nascer." Teacher Touch (Colorado Springs, Colorado: David C. Cook Church Ministries, 1996), p. 1.

[14] Don Koberg e Jim Bagnall, The Universal Traveler: *A Soft-Systems Guide to Creativity, Problem-Solving, and the Process of Reaching Goals* (Los Altos, Califórnia: William Kaufman, Incorporated, 1976).

[15] Ibid.

[16] Proveniente de "Business Probes the Creative Spark", de Niles Howard, *Dun's Review*, Janeiro de 1980, pp. 34, 35. Reimpresso com a permissão especial de Dun's Business Month (antigamente *Dun's Review*), Janeiro de 1980, copyright de 1980, Dun & Bradstreet Publications Corporation.

4

Representação Teatro em Sala de Aula

Puf, puf, tchuque, tchuque, fazia a Pequena Locomotiva Azul. "Acho que posso, acho que posso, acho que posso, acho que posso."

— Trecho de The Little Engine That Could, de Watty Piper

Muitos cristãos passam por momentos difíceis procurando ver o próprio corpo sob luz positiva: "Sei que Deus me fez para Sua satisfação, pois Ele anunciou depois da criação: 'Esta pessoa foi bem feita'". Ao mesmo tempo em que aceitamos "e eis que era muito bom" como verdade bíblica, temos dificuldade em viver essa realidade experiencialmente. Todos somos muito gordos, muito magros, muito baixos, muito altos... Mas, se ao menos tivéssemos sido bem feitos, não teríamos dificuldade em ficar na frente de nossos colegas, ou da igreja, no que diz respeito ao assunto.

Ainda me lembro quando me sentia com dois metros e quarenta de altura. Nunca consegui entrar nas produções estudantis, porque eu realmente me sobressaía às demais crianças. Meu tamanho não se ajustava a nenhuma das peças teatrais — até que cheguei à terceira série do ensino médio. Fui escolhida para representar a esposa dominadora de um marido acanhado e baixo. Minha altura elevada deu o tom perfeito da comédia visual. Gostava de teatro o bastante para pensar que até aquela peça teatral era maravilhosa.

Nunca por um momento duvidei que quando Deus me fez, deu-me a altura errada. Para mim, e desconfio que para a maioria das pessoas, o desejo de não tentar algo novo na frente dos colegas tem por trás o orgulho. "Não sou perfeito", pensa um aluno, "mas contanto que eu me sente aqui vegetando, talvez os outros não notem. Não vou me levantar e fazer papel de bobo. Não dou a mínima para o que poderia aprender." Assim limitamos a nós mesmos e a nossos ministérios.

Passe alguns minutos pensando em seu corpo. Em que a palavra corpo o faz pensar? Rabisque alguns pensamentos sobre seu corpo. O que você rabiscou se concentra nas partes do seu corpo que você não gosta?

Leia o salmo a seguir em voz alta. Pare e faça os exercícios mentais sugeridos. Dê este passo simples para reestruturar o que você pensa sobre seu corpo. Trata-se de passo necessário para que você possa pedir aos alunos que dêem uma chance a seus corpos — levantar-se na frente das pessoas e participar em experiências de arte dramática em sala de aula.

Trecho do
SALMO 139

SENHOR, tu me sondaste
e me conheces.
Tu conheces o meu assentar e o meu levantar;
de longe entendes o meu pensamento.
Cercas o meu andar e o meu deitar;
e conheces todos os meus caminhos.

Deixe os olhos da mente verem seu corpo. Coloque um X nas partes de seu corpo com as quais você não está satisfeito.

Sem que haja uma palavra na minha língua,
eis que, ó SENHOR, tudo conheces.
Pois possuíste o meu interior;
entreteceste-me no ventre de minha mãe.

Agora volte e coloque estrelas nas partes de seu corpo que você realmente gosta. Você tem tantas estrelas quantos Xs?

Eu te louvarei, porque de um modo terrível
e tão maravilhoso fui formado;
maravilhosas são as tuas obras,
e a minha alma o sabe muito bem.
Os meus ossos não te foram encobertos,
quando no oculto fui formado
e entretecido como nas profundezas da terra.
Os teus olhos viram o meu corpo ainda informe

Agradeça a Deus pela forma que seu corpo tem. Louve-o pelas partes de seu corpo que você rejeitou antes. Enfatize as estrelas. Agradeça-lhe pelo que Ele pode fazer com a totalidade de você, quando você se entrega totalmente a Ele.

> E no teu livro todas estas coisas foram escritas,
> as quais iam sendo dia a dia formadas,
> quando nem ainda uma delas havia.

O Teatro em Sala de aula

Por que os professores cristãos devem trabalhar com peças teatrais, jogos e sátiras em sala de aula? Leva muito tempo achar obras teatrais que se ajustem à lição e alunos que representem as falas com eficácia. Talvez com um pouco de relato carregado de hipérbole, Paul Burbridge e Murray Watts fornecem a resposta:

O teatro é um dom de Deus que nos ajuda a explorar o mundo.

> A Bíblia mostra que as histórias bem escritas, as imagens vívidas, as parábolas e as ilustrações representadas têm sido o método de Deus se comunicar com os homens.
>
> O teatro é um dom de Deus que nos ajuda a explorar o mundo, a desfrutá-lo — a ficarmos comovidos com o sofrimento, a rirmos do lado engraçado da vida, a nos fazer pensar.
>
> Hoje, o teatro se tornou a forma mais popular de entretenimento e comunicação. A televisão e o rádio levam regularmente ao teatro, outrora forma ocasional de entretenimento, à vasta maioria das casas. [...]
>
> Se a igreja não chegar a um acordo com o teatro em nossa presente era, ela fracassará em sua missão.[1]

Considere o que poderia acontecer numa classe de Escola Dominical para adolescentes se o segmento dramatizado de The Singer (O Cantor), de Calvin Miller, fosse lido por bons leitores no início de uma lição sobre a salvação. Antes da leitura, é dito aos alunos que o Cantor representa Jesus que pode dar uma nova canção de alegria em nosso coração. O Inimigo é Satanás que faz o melhor que pode para nos fazer dançar conforme sua música, a qual nos prenderá como o gigante está acorrentado nesta narração. O gigante representa todos nós antes de aceitarmos a Cristo.

Trecho de

O CANTOR[2]

GUIA: Em uma floresta, o Inimigo do Mundo apareceu na presença do Cantor. Pararam à sombra do muro da fortaleza. Um pesado conjunto de correntes estava chumbado a uma grande pedra de fundação que sustentava o muro altíssimo. Grilhões estavam parafusados nos pulsos de um homem alentado e desnudo. Ele dormia ou parecia estar dormindo.

CANTOR: Ele é louco?

INIMIGO: Insensatamente.

CANTOR: Quem leva pão e água para ele?

INIMIGO: Eu.

CANTOR: Por quê?

INIMIGO: Para vê-lo dançar loucamente sem um pingo de esperança! Imagine meu deleite quando ele delira e grita nas correntes. Quer que eu acorde este animal?

CANTOR: Ele é um homem. O Criador da Terra o fez. Qual é o nome dele?

INIMIGO: A multidão.

CANTOR: Por que esse nome?

INIMIGO: Porque dentro desse brutamontes dormentes há milhares de espíritos odiosos provenientes do Canyon do Maldito. Eles o assaltam com sons que nenhum ouvido, senão os dele, podem ouvir. Eles se lançam sobre ele com luzes berrantes que nenhum olho pode ver. Então ele se levanta e puxa furiosamente as correntes no esforço de arrancá-las da parede.

GUIA: O Inimigo tirou a flauta de prata do estojo. A música começou numa progressão agitada e bizarra de semitons. O gigante dormente se mexeu, gritou e tentou arrancar as correntes que o mantinham preso ao muro.

CANTOR: Pare, Inimigo!

GUIA: Mas o Inimigo tocou mais ruidosamente que antes. No momento preciso e ameaçador, o pinhão da esquerda saiu. A corrente caiu solta. Então, com a mão livre, o monstro arrancou a outra corrente. Em menos de um segundo ele ficou sem correntes. O Inimigo pegou a flauta e fugiu pelo meio das árvores. O Cantor começou a cantar e continuou até que o Louco ficou de pé, independente. Com amor que não conhece medo, o Cantor pegou seu tormento, embrulhou tudo numa canção e o devolveu a ele na forma de paz. E logo os dois homens estavam se abraçando. Nesse abraço longo da alma, os espíritos gritaram e saíram.

GIGANTE (perplexo): Em que ano estamos?

CANTOR: É o ano do trovador. Quanto tempo você ficou preso ao muro e se contorceu em loucura?

GIGANTE: Não sei dizer.

CANTOR: Quer vir comigo à cidade?

GIGANTE: Quero. (*Então, lembrando-se.*) Não posso, estou desnudo.

CANTOR: Não se você me ama. Aquele a quem o Criador da Terra ama está coberto de sua vergonha para sempre.

GIGANTE: Amo-o, Cantor, mais que a vida.

GUIA: E quando se viraram para sair, os dois estavam vestidos. Na cidade, uma mulher reconheceu o Louco. "Você é o Louco." (*Pausa.*) "Não, você está são."

GIGANTE: Eu sou o Louco, mas o Cantor veio e eu estou curado e são.

GUIA: Quem é este Cantor?

GIGANTE: Ele é o Filho do Criador da Terra. Ouça-o. Eu estava preso ao muro até agora a pouco. Eu poderia matar e o teria feito muitas vezes se não fossem as grandes correntes que me prendiam. Eu chorava e desejava morrer. Eu puxava violentamente as correntes para arrancar os ferros e tentava liberar toda minha brutalidade em direção à liberdade, mas as correntes nunca me deram uma chance até hoje.

INIMIGO: Pare! Você ainda é louco. Ouça-me, Louco. Ouça, porque vou tocar a flauta de prata.

GUIA: Gotas de transpiração apareceram na testa do Louco. O medo o dilacerava — será que ele ia suportar a música que outrora o deixava louco? A progressão bizarra de notas estridentes começou. Mas a tensão do Louco logo começou a aliviar. Na frustração de estar perdendo, o Inimigo tocou mais ruidosamente que antes. Em pouco tempo, o Louco estava completamente em paz. Ele exultava na confiança da sanidade total.

GIGANTE: Não adianta, Inimigo do Mundo. O Cantor veio. Aprendi uma nova canção com o Cantor por quem o mundo esperava.

Talvez os alunos do ensino médio que participam desta leitura estejam acostumados a ouvir a história de salvação duas vezes por mês. Contudo, esta apresentação os força a olhar o que pode ter se tornado comum. De repente, alguns verão a salvação sob nova luz. Eles sentirão a maravilha de já não serem escravos que dançam conforme a música do mal. Em Cristo, eles estão livres e desacorrentados. Ao ouvir a leitura e participar da discussão que a segue, pode ocorrer crescimento.

Teatro é palavra que intimida professores que nunca tentaram implementá-lo. Mas você não suspeita que se hoje em dia os escritores bíblicos estivessem dando aulas, eles estariam fazendo uso sábio desse recurso? O Antigo Testamento foi falado antes de ser escrito. Estamos errados em presumir que foi falado com fervor e força, com explosões dramáticas e grandes pausas? No antigo Israel, se o rabino, cujo dever era ensinar, tivesse voz fraca, ele se servia de um arauto, alguém que servisse como alto-falante, ou mensageiro eficaz da Palavra.

Passemos para o Novo Testamento. Já pensou na expressão que Jesus provavelmente usava quando falava? Certamente, sua voz não era monótona e sem brilho. Considere os versículos a seguir. Diga-os em voz alta com o tipo de expressão que você acha que Jesus poderia ter usado:

- *A reprimenda gentil* de João 21.22:
  "Se eu quero que ele fique até que eu venha, que te importa a ti? Segue-me tu."
- *O humor leve* de Mateus 14.16:
  "Não é mister que vão; dai-lhes vós de comer."
- *A raiva* de Mateus 15.6-8:
  "E assim invalidastes, pela vossa tradição, o mandamento de Deus. Hipócritas, bem profetizou Isaías a vosso respeito, dizendo: Este

povo honra-me com os seus lábios, mas o seu coração está longe de mim."

- *O amor e entendimento* de Marcos 5.34:
  "Filha, a tua fé te salvou; vai em paz e sê curada deste teu mal."
- *A gentileza* de Lucas 5.10:
  "Não temas; de agora em diante, serás pescador de homens."
- *A tristeza* de Lucas 13.34:
  "Jerusalém, Jerusalém, que matas os profetas e apedrejas os que te são enviados! Quantas vezes quis eu ajuntar os teus filhos, como a galinha ajunta os seus pintos debaixo das asas, e não quiseste?"

Leitura de Peças Teatrais — Grande Ferramenta Pedagógica

Considere os benefícios da leitura de peças como parte do plano pedagógico:

1) À medida que lêem uma peça teatral, os alunos olham verdades conhecidas de maneira diferente.

O pequeno segmento de O Cantor serve de exemplo. Imagine o que aconteceria numa classe de Escola Dominical para adultos numa manhã de domingo de Páscoa, se em vez da leitura tradicional da morte e ressurreição de Cristo, os membros lessem e discutissem a peça teatral Christ and the Concrete City (Cristo e a Cidade Concreta). Neste moderno drama em versos, as pessoas se acham ao pé da cruz examinando a parte que seus pecados desempenharam na morte do Senhor. Cristo as perdoa. De repente, muitos experimentam a celebração da Páscoa de outra forma. Os adultos participam, talvez pela primeira vez em muitos anos, da alegria da ressurreição.

2) Quando lemos peças teatrais em classe igualamos as experiências das pessoas.

Os visitantes junto com os integrantes regulares da classe podem participar tanto da apresentação da peça teatral quanto de sua discussão. Pessoas que estão familiarizadas com os conceitos cristãos acrescentam profundidade, mas os que são novos à fé insuflam a discussão com emoção e significado na melhor acepção da palavra. Alunos tímidos participam da leitura da peça teatral com tanto entusiasmo e sucesso quanto os mais extrovertidos. Com um script em mãos, eles se sentem mais seguros. O medo do palco que acompanha a maioria das produções dramáticas não ocorre aqui. A performance não é o objetivo principal.

"O teatro pode ser usado para o bem e para o mal."

3) A leitura de peças teatrais expõe o grupo a uma gama maior de experiências do que comumente teriam.

Através da teatralização, eles relembram à crucificação ou se tornam parte de outra cultura. Adicione música à teatralização e ela se torna ferramenta mais eficaz — como o mundo secular certamente o sabe.[3]

É boa coisa lembrar que nem todos, sobretudo em classes para adultos ou em igrejas onde nunca foi usado teatro, estarão tão convencidos do valor deste método quanto você. É sensato pensar em objeções antes de ser vencido por elas.

> É uma forma de arte que pode ser usada de maneiras muito diferentes. Como o poder atômico, por exemplo, o teatro pode ser usado para o bem e para o mal.
>
> Dizer que "o teatro é coisa do diabo" é entregar de mão beijada ao Inimigo o controle das horas de lazer de muitas pessoas, desestimular os jovens crentes de querer escrever peças teatrais para televisão e arrefecer o desejo de grupos teatrais em igrejas de comunicar a verdade divina com criatividade.
>
> Entretanto, a experiência de algumas pessoas, em artes dramáticas, resume-se em assistir violência, corrupção e imoralidade sem que se faça julgamento desse lado negativo da experiência humana. Essas pessoas podem ter assistido quantidade insuficiente de pequenas peças teatrais na igreja que não os convenceram do potencial positivo da arte dramática.
>
> Os que se interessam por teatro devem respeitar os que são contra esse tipo de trabalho ou pelos que são cautelosos nessa área; eles nunca devem ser criticados, mesmo quando suas críticas não

> são construtivas; busque sempre a "resposta branda [que] desvia o furor" quando surgirem diferenças dentro ou em torno de um grupo teatral; prove sua posição pela qualidade e compromisso do trabalho, em vez de fazê-lo por argumentos, simplesmente dizendo que o teatro desempenha parte vital na vida da igreja.[4]

Criando Coragem

Alguns exercícios simples ajudam a tirar o fator medo da leitura de peças teatrais, além de estimular os alunos a fazer um trabalho melhor em classe. Nas primeiras leituras de peças teatrais em classe, use aproximadamente cinco minutos do tempo de aula para exercícios como estes que se seguem. Depois de várias experiências, este período de treinamento não será tão importante.

Este primeiro exercício ajuda os alunos a representar com expressão, desenvolver a voz e habilidades interpretativas. Para que a leitura tenha vida, os alunos têm de ler com expressão — emoções que tornem as personagens em pessoas reais.

Peça a diferentes alunos que recitem a frase: "Pedro está à porta!", com a emoção que você designar. A fala é baseada na história encontrada em Atos 12.5-14 (NVI). Leia a história e termine no versículo 14: "Ao reconhecer a voz de Pedro, tomada de alegria, ela correu de volta, sem abrir a porta, e exclamou: 'Pedro está à porta!'" Leia as atitudes indicadas a seguir sem qualquer expressão na voz. Você quer que os alunos sejam originais no desenvolvimento da atitude que você determinar:

- *Desatenção* (Quero voltar à reunião na sala de estar.)
- *Descrença* (Pensei que você estivesse na prisão.)
- *Choque e medo* (Talvez seja o anjo de Pedro.)
- *Empolgação* (Ele está aqui!)
- *Desgosto* (Ele sempre aparece e aborrece todo o mundo.)
- *Precaução* (Talvez os soldados o tenham seguido e ele os está trazendo diretamente a nós.)
- *Fúria* (Vá embora e nos deixe em paz.)

A expressão muda a leitura monótona em algo que os alunos ouvirão e se lembrarão.

Qualidade é o som que é peculiar a cada leitor. Intensidade, ritmo e altura dão variedade enquanto o leitor fala. Peça que os alunos digam: "Quer ir comigo à igreja domingo que vem?", do modo em que pensam que pode ser dito pelas seguintes personagens que você designará. Anuncie a personagem primeiro e dê a todos alguns instantes para retratá-la mentalmente antes de chamar alguém para fazer a interpretação para o grupo.

- Um cavalheiro ancião.
- Uma mulher afetada da sociedade.
- Uma criança mascando chicletes.
- Um homem extremamente gripado.
- Uma mulher com a garganta muito dolorida.
- Uma adolescente lamurienta.
- Um menino tímido.

Em algumas leituras em sala de aula, os alunos podem inserir ações, sobretudo se tiverem o script por uma semana para se prepararem para a leitura. Este próximo exercício ajuda as pessoas a se habituarem a usar expressões faciais e movimentos de mãos que facilitam na interpretação. Em cada exercício, não utilize palavras.

- Uma adolescente que acaba de se dar conta de que seu namorado lhe deu bolo.
- Um menino que percebe que está escovando os dentes com creme de barbear.
- Uma mulher reunindo forças para pedir desculpas ao marido por estar brava com ele.
- Um homem trocando uma fralda muito suja.
- Um adolescente que ficou no banco de reservas pelo resto da partida.
- Uma mulher tentando ter coragem para falar de sua fé a um adolescente sentado ao lado dela no ônibus.
- Um homem que acaba de encontrar um mosquito na sopa.

Contato Visual

Quando o leitor pode estabelecer contato visual com os ouvintes, ou mesmo com outras pessoas que estão participando da leitura, o resultado final é mais interessante. Contudo, é difícil observar um script que o leitor não conheça muito bem. Sugira esta técnica a seus alunos: usar a mão esquerda como marcador móvel. Enquanto lêem, eles devem deslizar a mão pela página e marcar a fala exata que está sendo lida. Pouco importando quantas vezes eles observam os companheiros, numa fração de segundo eles podem achar o lugar em que estão.

As pessoas podem treinar para tirar os olhos do texto que estão lendo. Os olhos lêem várias palavras à frente da boca. Se os leitores direcionarem os olhos um pouco à frente, eles saberão qual é a frase seguinte, de cinco a oito palavras, antes de lê-las em voz alta. Durante a leitura dessas palavras, eles podem tirar os olhos do texto e estabelecer contato visual com os ouvintes ou com os outros leitores. (Com a mão marcando o lugar, eles não terão dificuldade em voltar os olhos para o lugar certo.) Quanto mais praticarem, mais extensas serão as frases que terão domínio.

Quando se pratica a leitura, é comum a mente reunir o sentimento certo das próximas palavras, e substituir uma palavra por outra que não está escrita. É uma substituição que não faz diferença na leitura do script. Por exemplo, o script diz: "Não quero terminar esta conversa sem sentido". A pessoa lê à frente, tira os olhos do texto para falar a frase inteira à pessoa com quem está falando e diz: "Não desejo concluir esta conversa sem sentido". Incentive os alunos a não voltar para corrigir-se. Contanto que o sentido permaneça, o que foi dito está certo, e provavelmente soará mais natural do que as palavras impressas.

Às vezes, você terá um aluno que quer participar da leitura, mas suas habilidades deixam pouco a desejar. Com freqüência este aluno será um menino. (O foco ocular dos meninos amadurece de seis a oito meses depois do das meninas, contudo, durante a primeira série, eles são ensinados a ler na mesma época. Muitos meninos não estão fisicamente prontos para ler. Talvez seja esta a razão da escola secundária ter mais meninos que meninas em aulas de reforço de leitura na proporção de 16 para 1.) Se leitores fracos estão dispostos a participar, dê-lhes o script bem antes. Chame-os durante a semana para praticar. Alguns alunos aumentam a habilidade de ler em voz alta lendo livros infantis. Eles podem ler sozinhos, mas não é tão divertido ou gratificante quanto ler para uma criança atenta que se beneficiará da história.

Como Escolher uma Peça Teatral

Avalie cada peça teatral ou peça satírica ou leitura antes de usá-la em sala de aula. A leitura de uma peça deve ser uma ferramenta de ensino. Use as seguintes perguntas para avaliar sua eficácia. A escolha que não tiver avaliação positiva não deve ser usada.

1) O tema é importante o bastante para justificar o tempo em que os alunos passarão lendo e discutindo?

Pergunte: "Como meus alunos se beneficiarão com a leitura?" Se a resposta for: "Acho que eles gostarão", a resposta não é suficientemente forte. A maioria dos professores de Escola Dominical tem apenas cinqüenta minutos para ensinar os alunos a aplicar a verdade bíblica às suas vidas.

2) O tema é consistente com o que quero ensinar?

Se você está pretende escolher uma pequena peça teatral bíblica e ela não retrata a deidade de Jesus com firmeza, não a use. A peça pode ensinar, mas certamente não o que você quer ensinar.

Nas leituras seculares, tenha cuidado dobrado com o que é dito. Não espere que o tema seja cristão. De fato, as leituras seculares podem ser mais vantajosas, visto que não dizem coisas previsíveis de Escola Dominical. Elas desafiam as pressuposições dos cristãos e os forçam a pensar no porque acreditam no que fazem. Contudo, há limites. Não há desculpa para, por exemplo, permitir questionamentos em sala de aula, pouco importando o quanto o segmento ilustre o que você quer ensinar.

3) A peça teatral é adequada à faixa etária que ensino?

No segmento teatral O Cantor, várias palavras foram mudadas com permissão da InterVarsity Press para eliminar palavras que não fariam parte do vocabulário de um aluno de escola de ensino médio. Estas palavras não alteraram o significado da história, e sem essa mudança, o segmento teria sido dificílimo para muitos adolescentes entenderem. (Por exemplo, alentado foi mudado para grande. Alentado é a melhor palavra, mas os jovens não a conhecem. Nosso propósito primário na Escola Dominical é comunicar, não aumentar o vocabulário.)

4) O enredo é interessante o bastante para prender a atenção dos alunos?

Depois de encontrar uma peça teatral adequada, leia-a por inteiro muitas vezes para se habituar com ela. Pense em quais alunos poderiam fazer melhor cada papel. Considere que perguntas usar para animar a discussão depois da leitura. (Se a leitura fizer parte do currículo da Escola Dominical, excelentes perguntas devem ser sugeridas. Você conhece seus alunos melhor que o escritor do currículo. Personalize o material impresso.)

Suponha que você vai formular perguntas sobre O Cantor. Não esteja certo que a leitura será entendida por todos da classe. Muitos alunos estão acostumados a assistir a situações televisivas. Estas situações não requerem o exercício do pensamento e certamente nenhuma discussão. Talvez você tenha que provocar respostas, perguntas e observações inteligentes dos alunos. Boas perguntas serão prestimosas.[5] Considere as qualidades de boas perguntas:

Mentes são como corações; vão aonde são apreciadas.

- A boa pergunta exige uma resposta por extenso em vez de respostas com uma única palavra. Pergunta ruim: "O gigante entendeu o que aconteceu com ele imediatamente depois de ele e o Cantor se encontrarem?" Pergunta melhor: "Como você sabe que o gigante compreendeu só parcialmente o que lhe aconteceu imediatamente depois de ele e o Cantor se encontrarem?"

- Algumas perguntas devem dar a certeza de que os ouvintes entenderam a leitura, ao mesmo tempo em que também lhes dá a oportunidade de acrescentar algo à compreensão pessoal de cada um. Exemplos:"Que características do Cantor também vemos em Jesus?" "Na sua opinião, por que o Cantor levou o homem à cidade?"
- Algumas perguntas devem forçar os ouvintes a assumir o que ouviram e compartilhar as implicações para a vida de hoje. Exemplos:"Suponha que alguém depois da aula se dirija a você e lhe diga: 'Sou como o gigante acorrentado ao muro'. Qual seria sua resposta?" (Isto pode levar a uma situação natural de teatralização em que os alunos revisam como compartilhar com os colegas a mensagem de salvação de Cristo.) "Como você se sentiu quando percebeu que tinha passado de um gigante acorrentado para um amigo íntimo do Cantor — passou da morte para a vida?"[6]
- A boa pergunta força os alunos a pensar. Mentes são como corações; vão aonde são apreciadas.

Menos Sério, da mesma forma Eficaz

O Cantor é uma leitura séria e eficaz para alunos do ensino médio, superior e para adultos. Mas nem todas as ferramentas de ensino têm de ser tão sérias. Considere a peça satírica mostrada a seguir escrita por Dean Nadasdy. Enquanto a lê, estruture algumas perguntas que poderiam ser feitas para uma classe de adolescentes.

Hora de Tirar o Lixo [7]

Personagens: Narrador
Julie
Kristin

Texto-Base Bíblico: Provérbios 28.13
(Lido pelo narrador.) "O que encobre as suas transgressões nunca prosperará; mas o que as confessa e deixa alcançará misericórdia."

NARRADOR: Julie está passando a tarde na casa de Kristin. Por razões desconhecidas, ela notou que ninguém entrava na cozinha. Curiosa, Julie decide dar uma olhada. Ela não acredita no que vê. Assim... (Entram Julie e Kristin.)

JULIE: Kristin! O que aconteceu com a cozinha? O que é tudo aquilo?

KRISTIN: É nosso lixo. Mas não era para você olhar. Escondemos na cozinha para que ninguém visse.

JULIE: Quê?! Você esconde o lixo na cozinha? Que idiotice!

KRISTIN: É idiotice? O que a faz dizer isso?

JULIE: Já ouviu falar em caminhões de lixo? Por que não leva o lixo para fora?

KRISTIN: Dá muito trabalho, acho. De qualquer forma, quem quer que o bairro inteiro veja nosso lixo? Nosso lixo é nosso!

JULIE: Claro que é. Me parece que faz tempo que você lida com esse negócio de lixo.

KRISTIN: Julie, se não gosta, você...

JULIE: Kristin, não sente o cheiro? Como é que você come aqui? O lixo vai até o teto!

KRISTIN: Tenho de admitir, sanduíches de casca de banana estão começando a me aborrecer.

JULIE: E quanto à sua família? Quero dizer, eles concordam em deixar o lixo aqui?

KRISTIN: Acho que assim. Concordamos em não falar mais sobre isso. Desde que a pilha ficou muito alta há uns seis meses, nenhum de nós fica muito tempo em casa. Na verdade, quase não nos vemos. Faz semanas que não vejo papai. Ele não agüenta mais o fedor. Mês passado, meu irmão maior, Bill, se alistou ao exército para fugir da situação. Restou mamãe e eu.

JULIE: E o que ela acha do lixo?

KRISTIN: Não sei. Ela sente saudades de papai... e de Bill também.

JULIE: O que vai acontecer quando não tiver mais lugar aqui?

KRISTIN: Cedo ou tarde acho que o lixo vai levar a melhor sobre nós. Acho que teremos de nos mudar e começar tudo de novo.

JULIE: Com o lixo?

KRISTIN: Sim. Julie?

JULIE: O quê?

KRISTIN: Posso passar o fim de semana que vem em sua casa?

JULIE: Claro.
KRISTIN: E o próximo também?

Agora pratique sua habilidade em fazer perguntas.

- Escreva uma pergunta que requeira que os alunos dêem uma resposta por extenso sobre o conteúdo da peça satírica.
- Escreva uma pergunta que combine o conteúdo da peça satírica com o entendimento que os ouvintes têm da vida cristã.
- Escreva uma pergunta que ajude os alunos a aplicar a lição da peça satírica à vida pessoal de cada um deles.

Se você usar peças teatrais seculares, elas precisam ser entretecidas com muito cuidado no plano da lição. Achei seções da tragicomédia Waiting For Godot (Esperando Godot) extremamente úteis. Usei-a numa classe de inglês do ensino médio de uma escola cristã. Os alunos ouviram a peça teatral e a discutiram em termos das próprias experiências em encontrar Deus. Também a usei num estudo bíblico com outros obreiros cristãos. Para mim, esta obra-prima do teatro do absurdo enfatiza a abundância e a certeza que nós, cristãos, podemos ter. Sabemos que Cristo está conosco e que Ele está vindo outra vez — com certeza, sem conjeturas. Nesta peça teatral, dois andarilhos esperam Godot chegar para dar significado às suas vidas, mas Godot nunca vem. É um contraste que nós "cristãos de berço" facilmente esquecemos.

Ao ler esta seção editada, descubra que perguntas usar com uma classe de adolescentes ou adultos.

Trecho de
ESPERANDO GODOT[8]

ESTRAGON: Vamos.
VLADIMIR: Não podemos.
ESTRAGON: Por que não?
VLADIMIR: Estamos esperando Godot.
ESTRAGON (em desespero): Ah! (Pausa.) Tem certeza de que é aqui?
VLADIMIR: O quê?
ESTRAGON: Que temos de esperar.

VLADIMIR: Ele disse perto da árvore. (Eles olham para a árvore.) Vê outras árvores?
ESTRAGON: O que é?
VLADIMIR: Não sei. Um chorão.
ESTRAGON: Onde estão as folhas?
VLADIMIR: Deve estar morta.
ESTRAGON: Não está mais chorando.
VLADIMIR: Ou talvez não seja a estação certa do ano.
ESTRAGON: Me parece mais um arbusto.
VLADIMIR: Uma moita.
ESTRAGON: Um arbusto.
VLADIMIR: Uma... O que você está insinuando? Que estamos no lugar errado?
Estragon: Devemos estar.
VLADIMIR: Ele não deu certeza que viria.
ESTRAGON: E se ele não vier?
VLADIMIR: Voltaremos amanhã.
ESTRAGON: E depois de amanhã.
VLADIMIR: É possível.
ESTRAGON: E assim por diante.
VLADIMIR: A questão é...
ESTRAGON: Até que ele venha.
VLADIMIR: Você é impiedoso.
ESTRAGON: Viemos aqui ontem.
VLADIMIR: Ah não, você está enganado.
ESTRAGON: O que fizemos ontem?
VLADIMIR: O que fizemos ontem?
ESTRAGON: Sim.
VLADIMIR: Por que... (Furiosamente.) Nada está certo quando você está por perto.
ESTRAGON: Na minha opinião, estávamos aqui.
VLADIMIR (olhando em volta): Reconhece o lugar?
ESTRAGON: Não disse isso.
VLADIMIR: Então?
ESTRAGON: Dá no mesmo.

VLADIMIR: Tudo a mesma coisa... aquela árvore... (Virando-se para o auditório.) aquele pântano...
ESTRAGON: Tem certeza de que era hoje à tarde?
VLADIMIR: O quê?
ESTRAGON: Que devíamos esperar.
VLADIMIR: Ele disse sábado. (Pausa.) Eu acho.
ESTRAGON: Você acha.
VLADIMIR: Devo ter anotado. (Escarafuncha os bolsos que explodem com uma miscelânea de lixo.)
ESTRAGON (muito insidioso): Mas qual sábado? E é sábado? Não é domingo? (Pausa.) Ou segunda-feira? (Pausa.) Ou sexta-feira?
VLADIMIR (olhando de modo altivo para o companheiro, como se a data estivesse escrita na paisagem): Não é possível.
ESTRAGON: Ou quinta-feira?
VLADIMIR: O que faremos?
ESTRAGON: Se ele veio ontem e nós não estávamos aqui, não sabe se ele volta hoje?
VLADIMIR: Mas você disse que estávamos aqui ontem.
ESTRAGON: Posso ter me enganado. (Pausa.) Vamos parar de falar, se importa?

Continue praticando suas habilidades de fazer perguntas. Talvez você descubra que é até mais fácil escrever boas perguntas para este material secular do que para a peça satírica que era denodadamente cristã.

- Escreva uma pergunta que faça com que os alunos dêem uma resposta por extenso a qual lide com o conteúdo. Exemplo: "Suponha que um crente e um não-crente saiam para tomar um suco depois de terem assistido a esta seção da peça teatral. Eles falam do que tratava a peça. Contraste e compare as respostas".
- Faça uma pergunta que combine o conteúdo do trecho com a compreensão dos ouvintes sobre a vida cristã. Exemplo: "De que modo os dois andarilhos se assemelham aos não-crentes que você conhece?"

- Faça uma pergunta que ajude os alunos a aplicar a lição da peça satírica à vida pessoal de cada um. Exemplo: "Alguém gostaria de compartilhar uma recente e feliz experiência na vida cristã que distinga sua experiência em relação à monotonia e desespero que os dois andarilhos sentem?"

Esperando Godot pode facilmente levar ao renovo da alegria por Cristo. "Mas Sião diz: Já me desamparou o SENHOR; o Senhor se esqueceu de mim. Pode uma mulher esquecer-se tanto do filho que cria, que se não compadeça dele, do filho do seu ventre? Mas, ainda que esta se esquecesse, eu, todavia, me não esquecerei de ti" (Is 49.14,15). "E eis que cedo venho, e o meu galardão está comigo para dar a cada um segundo a sua obra. Eu sou o Alfa e o Ômega, o Princípio e o Fim, o Primeiro e o Derradeiro. [...] Vem! E quem tem sede venha; e quem quiser tome de graça da água da vida" (Ap 22.12,13,17).

Talvez para muitos em nossa sociedade, a resposta à mensagem cristã seja explicada melhor na pequena peça teatral[9] apresentada a seguir, a qual escrita por Paul Burbridge e Murray Watts, do que foi na peça teatral dos andarilhos.

VOZ DE CRISTO: Escute. Eu estou à porta e bato. Se alguém ouvir a Minha voz e abrir a porta, Eu entrarei na casa dele e comerei com ele e ele comigo. (Batendo.)

DAVE: Não posso nem ter paz para ler o jornal!... Afinal, quem é?

VOZ DE CRISTO: A pessoa por quem você tem esperado.

DAVE: Não estou esperando por ninguém.

VOZ DE CRISTO: Posso entrar?

DAVE: Como assim 'Posso entrar?' Esta é minha casa. Você não pode ir entrando assim. Não o convidei. (Ele continua lendo o jornal. Pausa. A batida na porta começa de novo.) Você provoca, né? Algumas pessoas não sabem receber um não como resposta, né? (Ele se levanta e se dirige à porta.) Olhe, não quero parecer grosseiro... O que deseja?

VOZ DE CRISTO: Desejo entrar.

DAVE: Bem, não dá. Estou ocupado. Volte quando eu tiver mais tempo. Talvez quarta-feira.

Se você está animado para usar peças teatrais em sala de aula, não vai levar muito tempo para reunir algumas que sejam facilmente adaptáveis a vários situações de ensino.

Note o lugar que o humor desempenha em muitos destes exemplos. Em certos casos, os alunos podem se reconhecer e dar risinhos nervosos, mas muita aprendizagem está ocorrendo por trás de um sorriso. Muitas peças humorísticas são trabalhadas de acordo com as faixas etárias. "If God Talked Back" (Se Deus Retrucasse), impresso no jornal mensal Moody Monthly, foi direcionado ao público adulto. Também foi publicado em Looking Forward, um periódico de Escola Dominical para adolescentes. (Dois alunos — a voz de Deus e uma pessoa — apresentam esta leitura dramática.) Ao ler este trecho da conversa de Clyde Lee Herring entre Deus e uma pessoa que faz a Oração do Jesus, veja se também não fala com você.

Muita aprendizagem está ocorrendo por trás de um sorriso.

Trecho de

SE DEUS RETRUCASSE[10]

"Pai nosso, que estás nos céus..."

Sim.

Não me interrompa. Estou orando.

Mas você me chamou.

Eu o chamei? Não o chamei não. Estou orando. "Pai nosso, que estás nos céus..."

Chamou de novo.

O quê?

Você me chamou. Você disse: "Nosso Pai, que estás nos céus". Aqui estou. O que quer?

Mas não quis dizer nada com isso. Estava apenas fazendo minhas orações do dia. Sempre faço a Oração de Jesus. Faz me sentir bem, parece que estou cumprimento minha obrigação.

Tudo bem. Continue.

"Santificado seja o teu nome..."

Espere. O que você quer dizer com isso?
Com isso o quê?
Com "santificado seja o teu nome"?
Significa... significa... Céus, não sei o que significa. Como deveria saber? Só faz parte da oração. A propósito, o que significa?
Significado honrado, santo, maravilhoso.
Ei, isso faz sentido.

As pessoas gostam de comédia. Elas não a vêem como pregação ou se sentem ameaçadas por ela como seria se o professor apresentasse o mesmo ponto de modo mais tradicional. A próxima peça satírica clama em voz alta aos alunos: "Você é orgulhoso e Deus não vai suportar isso!" Contudo, alunos jovens e adultos ouvirão e aprenderão — e talvez mudarão.

O Homem Natural[11]

O Homem Natural (HN) vai ao centro da sala de aula. Três alunos de um lado da sala de aula compõem o coro.

Coro: Bem-aventurado o varão que não anda segundo o conselho dos ímpios.
HN: Nunca fiz isso.
Coro: Nem se detém no caminho dos pecadores.
HN: Também nunca fiz isso.
Coro: Nem se assenta na roda dos escarnecedores.
HN: Bem, quase nunca.
Coro: Antes, tem o seu prazer na lei do SENHOR.
HN: A Bíblia é um livro realmente maravilhoso.
Coro: E na sua lei medita de dia e de noite.
HN: Um dia, depois de me aposentar, vou dedicar mais tempo à leitura da Bíblia.
Coro: Pois será como a árvore plantada junto a ribeiros de águas, a qual dá o seu fruto na estação própria.
HN: Parece um processo lento.
Coro: E cujas folhas não caem.
HN: Folhas? Frutos?

CORO: E tudo quanto fizer prosperará.
HN: Essa é a parte que gosto!
CORO: Não são assim os ímpios; mas são como a moinha que o vento espalha.
HN: Bem feito para eles.
CORO: Pelo que os ímpios não subsistirão no juízo, nem os pecadores na congregação dos justos.
HN: É bom saber que Deus vai lhes dar o que merecem.
CORO: Porque o SENHOR conhece o caminho dos justos; mas o caminho dos ímpios perecerá.
HN: Deus, fico contente em saber que Tu sabes quem de nós é justo. Se ao menos todos fossem tão bons quanto eu. (Sai de cena cheio de arrogância e orgulho.)

O humor funciona. Permite-nos nos ver de perspectiva diferente e não-ameaçadora. Um aluno pode admitir: "O Homem Natural parece com alguém que conheço muito bem — eu".

Certo professor de escola do ensino médio externou preocupação comum a muitas pessoas: "Eu reclamava por não haver bastantes peças teatrais. Estou resolvendo esse problema. Estou me treinando para ver mais do que peças teatrais rotuladas de 'drama' ou 'comédia'. Descobri que há muito mais drama a ser usado — em revistas, livros, músicas e, claro, no próprio currículo. Tudo que tenho de fazer é dividir a cópia nas partes dos diferentes falantes". Certo, não é difícil. "O Homem Natural" e a adaptação de O Cantor não eram originalmente texto de peça teatral. "Se Deus Retrucasse" foi publicado primeiramente como artigo de revista.

Teatro Bíblico

Material bíblico dramatizado é ferramenta pedagógica valiosa por inúmeras razões. Primeiramente, os alunos são expostos ao conteúdo. Pessoas que conhecem uma história da Bíblia por anos, revisam-na, e pessoas que têm pouco conhecimento bíblico obtém um rápido retorno para prosseguir em estudo mais profundo.

Em segundo lugar, ajuda os alunos a olhar material conhecido de outra forma. Da mesma maneira que ler uma versão moderna da Bíblia ajuda as pessoas a ter uma outra idéia acerca dos versículos memorizados de outra versão bíblica, assim uma dramatização as ajuda a repensar uma passagem conhecida.

"Fiquei maravilhado com a peça teatral Godspell", disse um aluno de faculdade. "Sempre fui cético quanto à Bíblia conter humor até que vi a coletânea de parábolas dramatizadas. Tive meses inteiros de lição de Escola Dominical sobre as parábolas e não cheguei nem a pestanejar. Então o mundo secular adquire nova compreensão das parábolas de Jesus, as quais saltam à vida. As lições que Jesus compartilhava através delas a Seus seguidores me atingiram como uma torta de limão na cara. Ri e aprendi. Estou ciente de que Godspell é obra secular e a visão que apresenta acerca de Jesus não é como o único e ressurreto Filho de Deus. Mas aprendi, e estava honestamente ressentido de que nenhum cristão tivesse surgido com tão excelente produção contendo toda a verdade."

A narrativa apresentada a seguir foi composta por Jerry Chip MacGregor e tem de ser lida em voz alta para que seja apreciada. Três pessoas lêem as falas depressa e com expressão para superenfatizar o que está acontecendo. Movimentos engraçados capturarão melhor o humor desta versão do Filho Pródigo.

O Filho Pródigo[12]

1: Havia um homem rico.
2: Um homem rico?
3: Um homem rico.
1: Que tinha dois filhos.
2: Dois. Eu... você.
3: Dois!
1: Dois. Certo dia o mais novo disse ao pai:
2: Pai! Desejo minha parte da herança agora.
1: Agora?
2: Agora! Não quero esperar até que você morra. Quero agora — minha parte do bolo.
1: Então o pai dividiu suas riquezas. Deu metade para um e a outra metade para o outro.

3: Metade do seu dinheiro.
2: Metade da partilha.
1: Ele tomou a quantia que foi deixada a seus cuidados.
2: Uauuuuu! Todo aquele dinheiro.
3: Sim.
1: O filho mais novo se mudou para um país distante.
2: Fui com meu dinheiro!
1: Oh, ele levou o dinheiro direitinho.
2: Dinheiro! Ah-ah! Dinheiro, dinheiro, dinheiro, dinheiro (continua repetindo até a próxima fala).
1: Ele o levou e o gastou. Divertiu-se bastante.
3: Aposto que gastou com mulheres e bebida.
1: É, foi sim; ele torrou tudo.
3: Não serviu pra nada.
1: Não serviu pra nada. (Pausa.) Então acabou.
2: Dinheiro, dinheiro, dinheiro... dinheiro... sem dinheiro... oh, não.
1: E a fome chegou.
2: Oh, não! Oh, não!
1: Agora ele estava com fome.
3: Torrou toda a grana.
1: Achou trabalho numa fazenda: dar a gororoba aos porcos.
2: Dar a gororoba aos porcos?
3: Dar a gororoba aos porcos?
1: Dar a gororoba aos porcos, não menos que isso. Mas, certo dia ele caiu em si.
2: Em casa até os empregados comem bastante.
3: E aqui está você com os porcos e sua lavagem.
2: E morrendo de fome.
1: Disse consigo mesmo.
2: Eu irei e perguntarei se eles ainda me aceitam.
1: Então foi para casa. Enquanto ia, praticava o que ia dizer.
2: Pai, pequei contra o céu e contra você. Não... Pai, não sou digno de ser seu filho... Nããããão...
1: Enquanto ainda estava a certa distância:
2: Pai, pequei contra o céu e contra você.
1: Seu pai ficou sabendo que ele estava indo.
2: Pai, pequei contra o céu e contra você.
1: E sai correndo para o saudar.

3: Para o saudar?
1: Para o saudar.
3: Para encontrá-lo e saudá-lo?
1: Rápido, tragam algo para a gente comer.
3: O que, anéis para os dedos?
1: Sapatos para os pés! Ele estava morto e agora vive. Meu filho voltou para casa.
2: É, graças a você.
1: Disse o filho mais novo ao pai.
3: Ora!
1: Disse o outro.
3: Que chateação!
2: Chateação?
1: Por que, filho, diga-me, o que é que há?
3: Tenho trabalhado em suas terras e sido fiel e sincero.
1 e 2: É verdade.
3: Então, por que fizeste uma festa para meu irmão?
1: Meu filho, disse o pai. O que tenho é seu. Mas meu filho, meu filho, meu filho voltou para casa. Ele estava morto e agora vive, meu filho voltou para casa.
2: Irmão!
3: Chateação!
1: Meu filho voltou para casa.

Uma das maneiras mais fáceis de ler peça teatral bíblica em sala de aula é anunciar que as personagens fazem parte de um programa de rádio. Não é preciso contra-regra. Os alunos usam a expressão, em vez de movimentos, para comunicar a mensagem. (Grupos de adolescentes, quando têm tempo para preparar uma leitura, freqüentemente acrescentam efeitos sonoros.) Mesmo num formato de rádio, a leitura será mais eficaz se os leitores tiverem contato visual.

O trecho de teatralização radiofônica mostrada a seguir foi escrito para um culto de adoração de Páscoa, o produto de planejamento de adoração criativa. Neste drama, "He Is Not Here" (Ele Não Está Aqui!), vários repórteres estão acompanhando e fazendo a reportagem dos acontecimentos nos últimos dias da vida de Jesus. A peça teatral segue a história até a ressurreição de Jesus. Neste trecho, ouvimos falar acerca dos acontecimentos que envolvem a entrada triunfal.

Trecho de
ELE NÃO ESTÁ AQUI![13]

REPÓRTER I: Teste, teste. (Para um lado.) Mais cabo, por favor, Bob. Teste, teste. Um. Dois. Três. Ted, estou em excelente posição para acompanhar a procissão. Espero que o ruído de fundo não seja muito para a captação, mas a multidão está se aglomerando. A unidade móvel está completamente cercada. Só espero que eles não desconectem os cabos. (O ruído da multidão aumenta.) A última notícia que temos aqui, Ted, é que Ele ainda está a cerca de quinhentos metros. De acordo com nossas melhores estimativas, a multidão é de aproximadamente duas mil pessoas. Estarei pronto para entrar ao vivo assim que Ele aparecer. (Ruído de multidão.)

DIRETOR: (Para a performance ao vivo, é exibido o aviso no estúdio que diz NO AR.) Boa noite, senhoras e senhores. Meu nome é Ted Andrew. Bem-vindos ao Noticiário da B-W-B. Estamos transmitindo ao vivo de Jerusalém. Como sabem, multidões estão se reunindo em Jerusalém para a Festa da Páscoa. A única pessoa que é notícia hoje é Jesus de Nazaré, que muitos afirmam ser o Messias. Para as últimas notícias sobre este espantoso realizador de milagres, vamos a Susan Gregory, em Betânia.

REPÓRTER II: Susan Gregory, de Betânia. Fiquemos sabendo ontem que Jesus pode chegar a Jerusalém hoje. Isso levanta a velha questão: Ele confrontará o Sinédrio? Quer o faça ou não, agora não resta a mínima dúvida de que Ele está se movimentando muito ao ar livre acompanhado por grande grupo de seguidores. Cremos que a primeira notícia sobre este desenvolvimento partiu do amigo íntimo de Jesus, Lázaro. Segundo relatos oficiais, este é o Lázaro a quem Jesus ressuscitou dos mortos. Perguntamos-lhe se ele sabe algo dos planos de Jesus.

LÁZARO: A notícia desta manhã girou em torno de que hoje Ele ia à cidade participar da Festa da Páscoa, por isso todos estávamos de pé ao amanhecer. Ele enviou à frente dois de Seus companheiros para que arranjassem um jumento para Ele. Eles ficaram de encontrar o Mestre em Betfagé. É tudo que sei.

REPÓRTER II: Temos notícias de que um ou mais dos integrantes do Seu círculo interno já está em Jerusalém. Há base para este rumor? Pode-nos dizer se haverá movimento para confrontação direta com o Sinédrio?

LÁZARO: Vou lhe dizer uma coisa — ninguém jamais pode dizer o que Jesus vai fazer. Respondendo sua primeira pergunta, penso que Judas está em Jerusalém, mas ele está tratando de todas as despesas para a festa.

REPÓRTER II: Susan Gregory, de Betânia. Agora passemos para Jim Matthews, que, suponho, está com alguém do Sinédrio. Jim?

REPÓRTER III: Sim, Susan, localizamos um porta-voz de Caifás aqui do lado de fora da sala onde deliberações estão sendo tomadas neste preciso momento. Senhor, parece que Jesus está entrando na cidade com um grupo muito grande de partidários. O que vocês acham disso?

PORTA-VOZ: Tudo que posso dizer é que não queremos problemas. Há muito a fazer. Há centenas de peregrinos convergindo diariamente para a cidade. O que quer que façamos, terá o propósito de manter a paz.

Na criação, Deus armou o palco para a dramatização. Em Suas cores, formas e sons, Ele nos mostrou Sua sensibilidade para o teatral. Em nós, Ele colocou o amor pelas palavras, ações e sentimentos. Quando lemos peças teatrais encenadas no contexto bíblico, colocamos a vida pessoal no acontecimento. Estamos enfatizando o conteúdo, mas também enfatizando como as personagens bíblicas podem ter se sentido e falado.

Jó é a perfeita história bíblica para ser encenada na forma de peça teatral. Considere este trecho dramático de Jó 1 e 2.

Trecho de

Jó[14]

JÓ (erguendo os olhos aos céus em oração): Ó Deus glorioso, meu Senhor, aceita estas ofertas em nome de meus filhos e filhas no caso de eles terem pecado no coração contra Ti. Perdoa-os, ó Senhor, nosso Deus. (Ele continua oferecendo sacrifícios durante o diálogo seguinte.)

VOZ DE DEUS: Satanás, observaste meu servo Jó enquanto tu viajavas em redor da terra? Não há ninguém na terra tão devoto quanto Jó.

Voz de Satanás: É, observei Jó. Mas ele o adoraria com tanta fidelidade se ele não fosse tão próspero? Claro que ele o adora. Mas o que aconteceria se tudo que ele tem lhe fosse tirado? Aposto que ele o amaldiçoaria.

Deus: Quê? Jó? Amaldiçoar-me? Não, Jó não. Na verdade, vou te mostrar. Pode tirar tudo que ele tem. Tu verás que ele ainda me bendirá. Só que tu não podes ferir o próprio Jó.

Satanás: Fechado. Farei de Jó um ateu antes de ter terminado de agir.

Na criação, Deus armou o palco para a dramatização.

Muitos alunos têm a capacidade de escrever e apresentar peças teatrais próprias baseadas em acontecimentos bíblicos. Embora raramente sejam de qualidade profissional, têm mérito e dão aos alunos a oportunidade de estudar a história por conta própria.

Para dramatizar uma passagem, siga estes passos:

1) Todos os alunos têm de ficar inteiramente familiarizados com a história bíblica.

Isto significa, simplesmente, estudar a fonte. É espantoso perceber quantas pessoas sentem que conhecem uma história em sua totalidade quando vão ensiná-la na Escola Dominical ou escrever um script sem nem mesmo consultar a Bíblia, baseando-se apenas na memória.

2) Todos os envolvidos devem dizer por que estão fazendo a dramatização.

É muito provável que se um grupo de alunos faz todo o trabalho para escrever uma peça teatral, eles quererão apresentá-la em mais que só uma classe de Escola Dominical. O grupo deve saber:

- Quem verá o que escrevemos e representamos?
- Por que as pessoas virão nos ver?
- Que coisas elas esperam?
- De que coisas elas precisam?

- Como satisfazer melhor essas necessidades, com a ajuda do Espírito Santo?

3) Escreva metas para a peça teatral.

Certifique-se de que cada meta é mensurável. Os alunos irão avaliar o que aconteceu conferindo com as metas fixadas. Alguns exemplos de metas:

Meta: Que haja uma parte na peça teatral dirigida a cada pessoa da classe de adultos.

Meta: Que o plano de salvação seja apresentado com clareza.

Meta: Que as pessoas tenham uma visão completa e geral dos acontecimentos da história que é apresentada.

4) Determine que forma a história terá.

Será uma teatralização de rádio? Os alunos querem representar os acontecimentos? A peça teatral terá um narrador? Será usada mímica?

5) Considere o tom da história que será representada.

O tom deve se ajustar ao conteúdo da história. Seria grosseiro, por exemplo, apresentar a história da morte de Estêvão com a mesma irreverência em que foi contada a história de "O Filho Pródigo".

6) Coloque as palavras no papel.

Se este é um grande projeto de grupo, as pessoas podem querer falar as conversas e gravá-las. De uma transcrição é fácil riscar frases que não se ajustam ou falas que não são vivas.

Quando a peça teatral tiver terminado, os alunos devem lê-la em voz alta e perguntar para si mesmos: "Soa como conversa de verdade?" Se as falas ficaram formais, reescreva-as. Em geral, é boa regra — uma que mestres como Shakespeare quebrariam — manter as falas curtas. As pessoas interagem; elas não falam umas com as outras.

Se os alunos estiverem fazendo uma seção da vida de Cristo, vocês deverão considerar se devem ou não pôr palavras na boca de Jesus. Muitas pessoas preferem que Jesus fale apenas as palavras que estão registradas na Escritura. Pouco importando que decisão seja tomada, tenha cuidado para se manter biblicamente fiel à história.

7) Pratique a leitura da peça teatral.

Use muitas expressões. Exceda em número. Diante de uma audiência, o que parece excessivo no papel para o leitor soa eficaz. Determine como os leitores se posicionarão no palco. Os leitores de drama de rádio ficam na frente dos microfones. Eles podem se sentar em um semicírculo na área do palco de modo que todos na audiência vejam todos os participantes. As personagens mais importantes devem estar no meio do arranjo em semicírculo com leitores de apoio nas pontas. Sempre que possível, os leitores devem se sentar perto daqueles com quem têm maior interação. Esta necessidade pode tornar necessário que os leitores mudem de lugar de vez em quando. Quando aqueles que estão no palco não fazem parte da ação, eles podem curvar a cabeça e os ombros para mostrar à audiência que eles não estão participando da cena.

Alguns alunos gostam de caminhar durante a ação da peça teatral enquanto lêem. Porém, para que esse procedimento seja eficaz, cada aluno deve estar qualificado no uso de contato visual. Caso contrário, os scripts dificultarão a produção.

8) Ao longo da atividade, orem juntos para que o Senhor os usem para apresentar a mensagem com eficácia.

Façam isso para que Ele os virem ao avesso[15] e os torne representantes ainda mais perfeitos.[16]

9) Dias depois da apresentação da peça teatral, avalie como foram as coisas.

A avaliação deve se centralizar no que o grupo pode fazer diferentemente da próxima vez, em vez de determinar quem fez um ótimo trabalho e quem não foi muito bem. Eis algumas perguntas de avaliação:

- Em que parte a audiência reagiu positivamente? Por quê?
- Que metas foram atingidas? Como sabemos?

- Quais foram os comentários bons que as pessoas fizeram depois da peça teatral?
- Se formos representar a peça teatral de novo, como fazer um melhor trabalho? (Compartilhe idéias com o grupo antes do início da próxima reunião de planejamento.)

Notas

1 Extraído de *Time to Act*, de Paul Burbridge e Murray Watts. Copyright de 1979 por Paul Burbridge e Murray Watts e usado com a permissão da InterVarsity Press, Downers Grove, Illinóis, 60515.

2 Leitura desenvolvida a partir de *The Singer*, de Calvin Miller. Copyright de 1975, por InterVarsity Christian Fellowship, e usada com a permissão da InterVarsity Press.

3 "Quando foi perguntado ao vice-presidente da MTV que influência sua estação exercia nos adolescentes, ele respondeu: "Nós não influenciamos os adolescentes — nós os possuímos". Tony Campolo, *Can Mainline Denominations Make a Comeback?* (Valley Forge, Pensilvânia: Judson Press, 1995), p. 37. Os cristãos precisam saber que música cristã combinada com dramatização é ferramenta poderosa para levar os adolescentes ao senhorio de Cristo.

4 Burbridge e Watts, *Time to Act*.

5 "Quando Richard Feynman, famoso físico americano, era menino, sempre que chegava a casa depois da escola, sua mãe lhe perguntava: 'Fez uma boa pergunta hoje?' Como a mãe de Feynman obviamente sabia, saber fazer perguntas é essencial à aprendizagem." ("A Street of Their Own", de Syma Solovitch, *Teacher Magazine*, Março de 1994, p. 39.)

6 O livro *Effective Christian Education*: A National Study of Protestant Congregations, de Peter L. Benson e Carolyn H. Eklin (Mineápolis: Search Institute, Março de 1990) enfatiza este ponto na página 54: "A importância do processo educacional, em fila com o conteúdo educacional, sugere que o programa eficaz não só ensina no sentido clássico de transmitir insight e conhecimento, mas também permite que o insight se manifeste do crisol da experiência. Ambos os modos de aprendizagem são poderosos, e as duas combinações produzem crescimento mais forte na fé do que qualquer um dos dois sozinho".

7 Reimpresso de *Resources for Youth Ministry*, publicação trimestral de Board for Youth Services of the Lutheran Church-Missouri Synod, 1333 S. Kirkwood Road, St. Louis, Missouri 63122. Usado com permissão.

[8] Samuel Beckett, *Waiting for Godot* (Nova York: Grove Press, 1954). Usado com permissão.

[9] Burbridge e Watts, *Time to Act*.

[10] Clyde Lee Herring, "If God Talked Back". Todos os direitos reservados pelo autor.

[11] De uma adaptação do livro de Barbara Jurgensen, *The Lord Is My Shepherd, But...*, feita por Ramona Warren.

[12] "The Prodigal Son", de Jerry Chip MacGregor, foi escrito como exigência parcial para o curso "Creativity and Art Forms", Talbot Theological Seminary, 1983.

[13] "He Is Not Here!", dramatização radiofônica de Gil Moegerle, foi apresentada pela primeira vez na Circle Church, Chicago, e mais tarde impresso por David C. Cook Publishing Company como parte do material de ensino criativo para alunos do ensino médio.

[14] "Job", adaptação feita por Douglas Olsen, para o curso Christian Growth Elective, *Why Me, Lord?*, de David Howard.

[15] Professores sensatos não só mudam as classes para encontrar o futuro, mas também o próprio ser espiritual de cada um. Estude o livro de Larry Crabb, *Inside Out: Real Change Is Possible* (Colorado Springs, Colorado: NavPress, 1988). Pais e professores com crianças mais pequenas se beneficiarão com o livro de Kay Kuzma, *Building Your Child's Character From the Inside Out* (Colorado Springs, Colorado: Chariot Books, 1988).

[16] "Os líderes cristãos são chamados a viver a encarnação que é viver no corpo — não só no próprio corpo, mas também no corpo coletivo da comunidade, e descobrir ali a presença do Espírito Santo", escreve Henri Nouwen em *In the Name of Jesus — Reflections on Christians Leadership* (Nova York: Crossroad Publishing, 1991), p. 48.

5

Dramatização:[1] A Peça Teatral que Você Mesmo Faz

Diga-me e me esquecerei.
Mostre-me e me lembrarei.
Envolva-me e entenderei.

– Antigo Provérbio Chinês

Durante a Revolução Francesa, um general olhou de sua sacada e viu um rio de pessoas confluindo às pressas pelas ruas em direção à Bastilha. Girando nos calcanhares, ele gritou ao ajudante: "Rápido! Minha túnica e minha espada, sou o líder desse povo; tenho de segui-lo."

Muitas vezes os professores que lideram adolescentes e jovens têm esta experiência quando trabalham com peças teatrais improvisadas. Os professores mostram aos alunos a Bastilha – as possibilidades da peça teatral – e antes que nos demos conta, os professores estão no fim da fila correndo maravilhados para voltar à ação.

O alvo primário do líder cristão não deve ser encher a cabeça dos alunos com conhecimento, mas ajudá-los a aplicar e usar o que aprenderam. A arte dramática – representações, interpretações, simulações, mímicas – contêm tremendo potencial para ajudar os professores a atingirem esta meta.

Neste capítulo e no seguinte, nos concentraremos na peça teatral não planejada, na qual idéias de scripts são dadas, mas os scripts simplesmente não são lidos nem as ações prescritas. Este tipo de método de ensino de arte dramática pode ser usado em reuniões de grupo de mocidade, classes de Escola Dominical, grupos de oração e classes por tempo determinado. É adaptável a muitas metas pedagógicas diferentes.

Armando o Palco

Os passos a seguir ajudam e reduzem sua ansiedade bem como a dos alunos.

1) Estabeleça um clima no qual seus alunos se sintam seguros. Eles têm de querer compartilhar sentimentos, emoções e opiniões com o grupo. Eles têm de saber que você apreciará qualquer coisa que tentarem e não os reprimirá de forma alguma. Não é tanto o que você faz ou diz em sala de aula, mas o que você é. Seus alunos o vêem como pessoa receptiva, criativa e que sabe dar valor às tentativas frustradas?

2) Seja pessoalmente entusiasta.[2] Fique à vontade com o que você faz. Pode ser que você ache útil, por exemplo, trabalhar numa dramatização com outro professor antes de usá-la em classe, pelo menos nas primeiras vezes que tentar este processo.

3) Esteja preparado para uma primeira experiência imperfeita. Esta máxima é verdade com todo método novo. A primeira semana que o Sr. Dye experimentou dramatização na classe de adolescentes, os dois alunos que ele tinha escolhido ficaram na frente do grupo parecendo não saber o que fazer.

"Não sei o que dizer", disse uma menina. "Não sei o que você quer que eu faça."

"Entendo", simpatizou o Sr. Dye. "Por que eu não faço o papel da menina que furta as lojas? Você faz o papel do amigo cristão que me viu quebrar a lei de Deus. Desse modo, nos ajudamos um ao outro a manter a conversa em ação."

Alguns alunos deram risada quando o professor assumiu o papel de ladra e menina, mas logo se esqueceram das personalidades quando ouviram sua colega de classe usar princípios e versículos que ela tinha aprendido para confrontar e mostrar amor à ladra.

Talvez seja útil no primeiro domingo que usar dramatização você selecionar uns alunos talentosos antes do início da aula para revisar a forma dramática com eles. Esta ação garantirá que a primeira experiência seja bem-sucedida. Mas depois que a classe estiver acostumada com a forma improvisada, descontinue as sessões antes da aula. Elas dificultam a espontaneidade que é parte extremamente valiosa desta ferramenta de ensino.

4) Mantenha controle sobre os alunos durante a experiência. Se você estabeleceu uma atmosfera séria de aprendizagem, a maioria dos problemas disciplinares será eliminada. Os alunos perceberão que estas atividades fazem parte do processo de aprendizagem, e não uma demorada atividade de entretenimento.

Certo professor explicava, para uma classe do ensino médio, o valor da dramatização mais ou menos assim: "As situações com as quais estamos lidando são as que vocês podem viver na vida real. Se aprenderem a lidar com elas agora, estarão melhores preparados para viver a vida cristã. A dramatização os ajuda a serem cristãos mais eficientes. Esta pode ser a base de treinamento de Deus para todos vocês, a fim de prepará-los para o trabalho que Ele tem para vocês. Portanto, divirtam-se e sejam sérios. Sim, essas duas coisas podem andar juntas".

5) Use a arte dramática com freqüência. Obviamente, se você parar depois da primeira experiência fracassada, nunca terá a alegria de ver a realidade entrar em sala de aula. Certo grupo de professores de Escola Dominical para adultos estava participando de seminário destinado a aprender a usar dramatização. À determinada mulher foi dada um papel. Em seguida, ela passou a falar sobre pontos que eram importantes para a personagem que tinha assumido. A conversa era realista e ela começou a chorar. "Sinto muito", disse ela. "Este é um problema que genuinamente tenho. Preciso que outra pessoa faça este papel para eu ouvir. Se este grupo puder propor algumas respostas, vocês me darão novas esperanças para minha vida. Neste momento, não estou certa que direção tomar."

6) Incentive tantos alunos quantos possíveis para participar. Combine o que você está pedindo com as habilidades dos alunos. Lembre-se de que embora alguns alunos nunca possam ficar confortavelmente na frente da classe, eles estão participando enquanto assistem. Depois de você ter feito dramatização ou mímica muitas vezes, desassocie-se do conteúdo e assista à classe. Os que estão colocando conceitos em ação em frente do grupo acham-se obviamente envolvidos. Os que estão na audiência, os estudantes, mantêm absorta atenção. Formas dramáticas exigem perto de cem por cento de atenção como se necessita para qualquer método de grupo.

7) Sempre depois de uma dramatização, mímica ou simulação faça uma discussão. Este procedimento dobrará o impacto da aventura dramática. "Por que você acha que a personagem agiu do modo que agiu?" "Na sua opinião, por que agimos do mesmo modo em situações semelhantes?" "O que teria de ser diferente para que mudemos nossa abordagem?" "Que diferença faria ser cristão?"

Formas dramáticas exigem perto de cem por cento de atenção.

8) As primeiras vezes em que usar peça teatral improvisada, faça exercícios de aquecimento. Este procedimento deve ser implementado, sobretudo se for algo novo para a maioria dos alunos. Estas experiências não devem ocupar mais que quatro minutos do tempo de aula. São divertidas e forçam as pessoas a usarem as mãos, as pernas e o rosto de outras maneiras. Certifique-se de que os alunos saibam que você está ampliando o pensamento deles quando você lhes envolve nestes exercícios. Você quer que eles explorem áreas dentro de si mesmos que consideram intocáveis. Com estes pequenos e despretensiosos exercícios, a liberdade pode vir a fazer coisas singulares para Deus.

Exercícios de Aquecimento

Os alunos devem trabalhar em pares ou grupos pequenos, de forma que todos na sala participem. Estes exercícios excluem o sentimento de que "todos estão me olhando". Os adultos podem fazer estes exercícios sentados em uma cadeira ou em pé em um lugar. É comum os adolescentes e os adultos jovens se sentirem tão envolvidos que eles se sentam no chão para participar mais inteiramente da atividade.

1) Folha em mutação

Imaginem que vocês são uma folha que passa por todas as estações. A quarta parte de vocês será a folha primaveril que brota. Outra quarta parte será a folha bem verde de verão. Outra quarta parte será a folha de outono que muda de cor. A quarta parte final será a folha de inverno que cai, seca e transforma-se em nada. Use o corpo para ilustrar cada aspecto do ciclo.

Por exemplo, você pode se ajoelhar como uma folha de primavera. Enrole o corpo em um nó apertado. Lentamente comece a abrir o nó; o broto está se formando. Seus dedos se abrem pouco a pouco. Você cresce um pouco mais. Você é atingido por uma onda fria e inesperada. Você bate os dentes com frio e treme, mas ganha força pela experiência. Finalmente, você se abre em novidade plena.

Este tipo de experiência é divertido. Aqui também não se deve usar mais que três ou quatro minutos. Já que todos na classe participam, ninguém tem tempo para olhar o outro. Considerando que trabalham em pares, eles podem incentivar um ao outro. Também é divertido explicar exatamente ao companheiro o que você está tentando fazer como folha. (Leia ao grupo a ilustração da folha de primavera a fim de dar aos alunos tempo para reunir as próprias idéias e ampliar o pensamento). Enquanto as pessoas participam, mesmo quatro minutos por semana, eles ficarão mais livres e ousados para se expressarem.

2) Campainha da porta.

Pessoas diferentes têm experiências diferentes que subseqüentemente as levam a ir até uma casa e tocar a campainha para pedir ajuda:

- Um homem que acabou de ter a carteira roubada.
- Uma senhora que fechou a chave do carro dentro dele. (É interessante observar as pessoas fazerem esta interpretação. Quase sempre, a personagem chutará o carro!)
- Uma criança do bairro que quer ajuda para concertar a correia da bicicleta.

3) Histórias infantis em versos rimados.

Escolha uma história infantil em versos rimados que todo o mundo saiba. Peça aos alunos que trabalhem em grupos pequenos. Cada grupo apresentará a história de três modos. Eles devem usar movimentos que sejam apropriados para a faixa etária enquanto recitam a história rimada em versos.

Como a história infantil em versos rimados pode ser recitada por um aluno da primeira série na frente de pais num programa escolar? Como um grupo de adolescentes a recitaria? Como um professor a apresentaria? (Os universitários gostam desta parte; em geral, eles reescrevem as palavras simples, deixando-as em estilo sonoramente didático).

4) Conversa à mesa.

Você precisará de uma mesa. As pessoas devem se revezar ficando atrás da mesa e usando os pés e mãos para comunicar as seguintes coisas:

- Tive um dia terrível.
- Estou muito nervoso com esta prova.
- É tão bom estar de novo em casa.
- Odeio serviços domésticos.
- Não acredito que eles me aceitem no programa da aeronáutica.

Peças teatrais! Estes pequenos e livres exercícios, podem na sala de aula revolucionar o conceito das pessoas sobre o cristianismo. A Escola Dominical deixa de ser um evento estimulante que todos desfrutam em variados graus a cada domingo e torna-se um grupo de treinamento para resolver conflitos reais entre o crente no Reino de Deus e o mundo que o cerca.

As Vantagens da dramatização

Janet não queria ir à escola bíblica de férias. Tinha treze anos de idade e, até aquele verão, a igreja tinha desempenhado pequeno papel em sua vida. Quando ela foi colocada num lar de adoção, seus tutores exigiram que ela seguisse os padrões que eles tinham estabelecido para ela, entre os quais ir à igrejinha branca na colina Maine toda vez que algo especial fosse planejado.

O curso de duas semanas era sobre falar de Jesus. O método primário usado no curso foi dramatização. Os alunos eram colocados em várias situações nas quais deviam falar de Jesus como prática para a vida real.

Janet gostava de atuar no papel de não-crente. De fato, ela era uma das pessoas que melhor fazia o papel de não-crente com quem os alunos já tinham haviam disputado. Para cada uma das razões que ela apresentava para aceitar Cristo, ela tinha duas para mostrar que era a coisa mais tola que alguém já tinha ouvido. Através da dramatização, os alunos, pouco a pouco, melhoraram o uso da Escritura e aplicação do que tinham de dizer para responder às necessidades especiais da pessoa.

Tradicionalmente havia uma reunião de encerramento em que cada faixa etária mostrava aos pais o que tinha aprendido durante as duas semanas. Os alunos sugeriram que a professora distribuísse os papéis que eles não tinham representado em classe para eles demonstrarem o que tinham aprendido. Eles votavam em quem deveria participar e Janet foi um dos vencedores. Era talvez a primeira vez em que ela tinha sido premiada com algo positivo por seus colegas. Ela ficou encantada.

A professora entrou em pânico. E se Janet dissesse um palavrão na frente dos pais? E se os outros alunos não soubessem responder aos seus argumentos? "Janet", disse a professora, tendo em mente a autoconservação, "hoje à noite quero que você desempenhe o papel de crente."

Silêncio. Uma ponta de rebelião. Mas Janet tinha ganhado o voto. Por fim, ela concordou em fazer como a professora queria. Naquela noite Janet foi perfeita. Ela soube lidar tranqüilamente com os versículos e conceitos cristãos. A professora deu um suspiro de alívio, suspeitando que Janet tinha passado a tarde aprendendo os versículos, na determinação de que seus colegas não ficassem envergonhados por tê-la escolhido.

Depois do programa, Janet foi falar com a professora. "Acho que você sabe que não sou crente." A professora concordou com a cabeça. Não era preciso ter brilhantes habilidades analíticas para chegar a essa conclusão. "Mas esta noite enquanto eu dizia os versículos, fez sentido", disse Janet. "Vou pensar nisso."

Dramatização — poderosa ferramenta nas mãos de um professor que esteja disposto a tentar este processo inigualável. Dramatização é o processo de dar papéis a integrantes de um grupo de pessoas que estejam envolvidas com situações hipotéticas ou reais. Os alunos falam exaustivamente buscando soluções de problemas, explorando os sentimentos das pessoas cujos papéis eles assumiram, aprendendo a falar de Jesus e das próprias experiências de crescimento.

Quais são os benefícios da dramatização?

1) A dramatização estimula a aprendizagem indutiva. A maioria dos alunos de Escola Dominical acredita teoricamente que a Palavra de Deus tem respostas. Na dramatização, eles têm de encontrar essas respostas e usá-las em situações de sala de aula. Estas sessões práticas facilitam o uso do que os alunos aprenderam com as próprias vidas.

Considere o que pode acontecer a adolescentes que participam da seguinte dramatização. A meta do professor é ajudar os alunos a descobrirem como exercer a amizade cristã em situações difíceis.

SITUAÇÃO: William é desprezível e rude. Os alunos raramente o incluem em suas atividades. John vê que essa rejeição de William não é atitude cristã e resolve lhe pedir que faça parte do time de basquetebol do grupo da mocidade. Ele compartilha a decisão com dois amigos cristãos. O Amigo 1 refuta a idéia de fazer amizade com William e incluí-lo nas atividades deles. O Amigo 2 vê a intenção de John.

Represente a conversa entre os três garotos. (Visto que os papéis são interpretados num cenário de igreja, os alunos podem fazer um discurso mais cristão do que seria na vida real).

AMIGO 1: É bobagem pedir a William que jogue com a gente. Ele não se dá bem com ninguém. Ele vai acabar com o espírito de equipe.

AMIGO 2: Não, espere. Talvez John tenha razão. Cristo deixaria William jogar.

JOHN: É o que penso. Se somos cristãos, temos de seguir a Cristo mesmo quando não é conveniente.

AMIGO 1: Talvez você consiga, mas não estou interessado. Você decide. Ou você é amigo de perdedores ou você é meu amigo.

JOHN: Quero ser seu amigo. Gosto de você, mas não quero desprezar Jesus. Eu o amo.

AMIGO 2: Se você convidar William, tentarei fazer com que ele se sinta bem-vindo.

Depois que os três garotos se estendem até onde podem na interpretação, o professor corta a ação e começa a discussão em classe. Poderia ser algo assim:

PROFESSOR: Steven, como você se sentiu atuando no papel de crente que não está a fim de ser amigo de William?

STEVEN: Cruel. Espero nunca agir assim na vida real.

INTEGRANTE DA CLASSE: Tenho um problema assim na aula de educação física. Há um garoto que sempre é escolhido por último para integrar os times. Ele é um desmancha-prazeres. Talvez na próxima vez que eu for capitão, eu o escolha primeiro.

PROFESSOR: Mesmo que sua escolha enfureça os outros que você escolher para fazer parte do time?

INTEGRANTE DA CLASSE: Talvez, se estiver convencido de que estou fazendo o que Cristo quer.

2) Avaliando o que os alunos dizem na dramatização, o professor pode determinar em que ponto os alunos estão na vida em geral e se concentrar em ensinar nas áreas de maior necessidade dos alunos.

3) A dramatização demonstra aos alunos que, da perspectiva humana, nem sempre tudo sairá perfeito para os crentes. Haverá pessoas que não gostam deles; seu testemunho pode ser rejeitado; eles podem enfrentar problemas que nunca serão solucionados. A dramatização prepara os alunos para lidar com estas dificuldades sem ficar desanimado ou em dúvida acerca do cuidado de Deus.

A dramatização demonstra aos alunos que, da perspectiva humana, nem sempre tudo sairá perfeito para os crentes.

4) Pela dramatização e a discussão que se segue, os alunos podem achar respostas a problemas pessoais. É muito freqüente adolescentes e adultos reprimirem seus verdadeiros sentimentos durante a Escola Dominical. Ainda que queiram ajuda ou esclarecimento, pode ser que tenham vergonha ou medo de perguntar. Mas em uma dramatização, eles assumem identidades de pessoas imaginativas. Por meio destas pessoas, os encenadores vocalizam a própria atitude negativa ou divergente na segurança da situação teatral. Quando a classe trata dos problemas "imaginários", ela ajuda os alunos que estejam enfrentando dificuldades iguais ou semelhantes na vida real.

Considere o adulto que se sente amargo para com Deus e outras pessoas. Talvez tenha se recusado a tomar parte num acordo comercial duvidoso e, por conseguinte, faliu. Que insights ele pode obter da seguinte dramatização, mesmo que só participe ouvindo?

SITUAÇÃO: Joseph foi acusado injustamente e lançado na prisão.

Represente o debate que pode ter ocorrido na mente de Joseph durante os anos na prisão. Um aluno fará o papel de um Joseph duvidoso, e outro de um Joseph confiante. Ficaria mais ou menos assim:

JOSEPH DUVIDOSO: Mas, Deus, eu te sigo. É assim que Tu me recompensas? Eu não entendo.

JOSEPH CONFIANTE: Não, eu não entendo, mas me lembro de ouvir histórias de como Tu guiaste Abraão pelas dificuldades. Com certeza Tu farás o mesmo por mim.

A revista *Group Magazine* publicou um artigo sobre adolescentes trabalhando juntos em que uma das adolescentes enfrentava dificuldades. Eles usaram dramatização para ajudar aquela menina a lidar com o problema. A verdadeira situação conforme Nancy a percebia era esta: seus pais queriam que ela ficasse em casa e passasse o tempo com a família, mas ela queria ir a um acampamento durante o feriado de Ação de Graças. Formou-se um conflito real. Nancy levou suas frustrações ao grupo da mocidade. O grupo usou dramatização para ajudá-la a encarar a situação e considerar as implicações de sua decisão.

Na dramatização, Nancy pôde falar com seus "pais" de modo efetivo, preparação excelente para falar com seus verdadeiros pais. Ela aprendeu a controlar melhor seus sentimentos. Os integrantes do grupo puderam lhe dar o apoio para o problema. Fizeram sugestões positivas. Nancy pôde ver mais claramente sua situação, porque ela estava do lado de fora. Ela estabeleceu metas para sua abordagem aos pais, livrou-se de alguns sentimentos contraditórios que tinha em relação a eles e se sentiu muito mais confiante para resolver seu problema.

5) A dramatização dá às pessoas a chance de experimentar situações novas, incomuns ou difíceis em um ambiente protegido e atencioso. As pessoas podem tentar novas abordagens e corrigir enganos. Diferente da vida real, se cometem um erro ou de repente têm uma idéia melhor, elas podem voltar e reapresentar as situações.

Na situação de Nancy, ela descreveu o que estava acontecendo. Os encenadores foram escolhidos. Nancy fez o próprio papel na primeira vez, mas teve dificuldade em controlar os sentimentos sob a pressão da "mãe" para ficar em casa. O líder pediu a Nancy que trocasse de papéis — para fazer o papel da mãe. Nesta reversão de papéis, Nancy teve nova perspectiva da situação.

A seguir, apresentamos uma seção de dramatização e a discussão que se segue:[3]

> "Por favor, mãe, isto é realmente importante para mim!"
>
> "Sei que é, Nancy, mas este pode ser seu último jantar de Ação de Graças em casa. Queremos que você passe conosco."

"Além disso, você foi a um acampamento no ano passado. Não entendo por que precisa ir a outro em tão pouco tempo. Nancy, sua mãe e eu gostamos de tê-la por perto de vez em quando."

"Pai, este acampamento foi preparado só para os adolescentes que foram ao acampamento do ano passado. Fui escolhida por meu entusiasmo em ajudar os outros. É algo que sempre quis."

"Mas, Nancy, sua tia Martha está vindo nos visitar e ela ficará aqui no feriado de Ação de Graças."

"Mãe, você sabe que tia Martha só me dá um abraço e um beijo. Depois, ela fica conversando com a senhora o tempo todo."

Depois que a dramatização continua por uns minutos, o líder interrompe a ação e pede ao grupo que fale sobre o que aconteceu.

LÍDER: Nancy, o que você estava sentindo enquanto desempenhava o papel de sua mãe?

NANCY: Assim que comecei a representar, fui entendendo como meus pais se sentiam tão irredutíveis quanto ao feriado.

LÍDER: E quanto a você, Julie; como você se sentiu no lugar de Nancy?

JULIE: Senti que todos estavam contra mim. É difícil responder uma questão depois da outra com os dois pais disparando dificuldades contra você.

Na continuação da discussão, Nancy pôde afirmar na frente do grupo o quanto ela amava os pais e era maravilhoso ter uma conversa honesta com eles. Ela propôs algumas idéias novas para compartilhar com os pais. Depois da discussão, o grupo representou os papéis novamente e, desta vez, Nancy fez o papel dela mesma.

LÍDER: Certo, quem gostaria de fazer o papel da mãe de Nancy desta vez?

SHARI: Conheço a mãe dela muito bem. Gostaria de tentar.

LÍDER: Excelente. Nancy, dê a Shari uma idéia de como sua mãe reagiria diante das novas sugestões e firmeza de sua parte. Roy, repense em seu papel com a nova informação do pai dela. Começaremos em alguns minutos. Os demais continuem observando para que depois façam sugestões e tomem parte no que possa acontecer. Lembrem-se de que a meta de Nancy é manter-se fiel à questão e não ficar chateada.

6) A dramatização permite aos encenadores experimentarem uma liberação de sentimentos. Sentimentos negativos são substituídos por positivos.

7) A dramatização trata de problemas que os integrantes do grupo têm, mas não ousam mencionar. É um alívio os alunos saberem que os outros sentem o mesmo que eles, ou estão lutando em áreas semelhantes.

A dramatização permite que cada um de nós calce os sapatos dos outros.

8) Quando os alunos se colocam no papel de outras pessoas, eles aprendem a se identificar com elas e, deste modo, os alunos obtêm informação sobre por que os outros se comportam deste ou daquele modo. É habitual a reversão de papéis — como demonstrou a situação de Nancy — garantir este benefício.

Considere uma dramatização numa classe para adultos sobre problemas de comunicação na família. Cada pessoa põe em relevo seu ponto de vista. Quando a encenação fica lenta, o professor pede que os meninos assumam os papéis das meninas e vice-versa. Quando os alunos obtêm mais entendimento sobre si mesmos e os outros, eles pavimentam o caminho para mudanças de comportamento. O antigo lema índio diz: "Nunca julgue um valente até ter andado uma milha com os mocassins dele". A dramatização permite que cada um de nós calce os mocassins dos outros por alguns minutos.

9) A participação na dramatização ajuda os alunos a usarem plenamente seu potencial intelectual em outras áreas. Parcas habilidades interpessoais ou sentimentos de baixa auto-estima afetam o desenvolvimento intelectual dos alunos. Se pela dramatização eles chegam a entender melhor o comportamento próprio e dos outros, eles passam a ter uma performance intelectual mais elevada e versátil.

10) A dramatização conduz os alunos à Escritura. Mostra às pessoas que por anos são cristãs o quão importante é continuar o estudo bíblico. Também demonstra o quão despreparados estamos para vivenciar nossa fé em situações difíceis.

Pontos a Lembrar

1) Nem todos os alunos serão encenadores eficientes. Os que nunca tentaram representar presumirão que não sabem fazer. A maioria sabe; só está com medo de tentar. Outros realmente não sabem. Fique atento às limitações dessas pessoas. Haverá outras áreas nas quais eles podem contribuir com a classe.

2) Os papéis variam em dificuldade. Suponhamos que você conheça um crente que está passando por um problema e outro que está tentando ajudar. O primeiro papel é mais fácil (na teatralização, não na vida real). Case os papéis com a experiência e maturidade espiritual dos alunos. O ideal é quando um aluno se oferece para fazer um papel.

Ocasionalmente, há personagens com as quais ninguém deseja ser identificado. Isto é particularmente verdadeiro em classes de adolescentes em que os jovens estão tentando definir sua identidade. Seria fácil demais a classe escolher o termo gordinha e aplicá-lo à menina que representa o papel de alguém que está com excesso de peso. Nas primeiras vezes, evite esse tipo de situação de interpretação, a menos que um dos alunos exponha uma situação real de que precise de ajuda. Mais tarde, papéis desfavoráveis devem ser representados por pessoas com bastante segurança pessoal.

Um modo de tratar papéis desfavoráveis é usar a técnica da "cadeira". Se uma situação possui uma carga emocional muito pesada ou uma personagem for muito difícil para um aluno desempenhar sem cometer exageros ou levar a classe a pensar que ele é o tipo de pessoa mostrado pela personagem, designe esse papel à "cadeira". Os alunos na interpretação do papel fazem todos os comentários à "cadeira" como se fosse uma pessoa real.

3) Prepare de antemão a audiência da classe para a parte que farão na apresentação. Sugira que cada aluno se identifique ou tente experimentar os sentimentos de uma ou mais das personagens. Explique que todos estão incluídos na discussão que se segue à dramatização e que pode ser pedido que os alunos falem sobre seus sentimentos acerca de certas respostas ou proponha modos alternados de desenvolver a apresentação.

4) Em dramatizações difíceis ou quando os encenadores não têm profunda formação bíblica, considere nomear ajudantes de classe para cada encenador. Estes ajudantes se reúnem com o encenador antes que a dramatização comece para decidir que posição será tomada. Em determinados pontos durante a dramatização, interrompa a ação e permita que os encenadores peçam conselho dos ajudantes de classe antes de retomar a cena.

Como alternativa para a idéia de ajudante de classe, designe um aluno adicional em uma dramatização para ajudar o encenador que está tendo dificuldade. Por exemplo, se o encenador "crente" não sabe responder às perguntas de um "não-crente", apresente um segundo "crente" à situação para manter a conversa em andamento.

5) Interrompa a dramatização quando:

- O grupo já viu o bastante da situação para analisar o problema e dar sugestões úteis.
- O grupo puder projetar o que aconteceria se a apresentação continuasse.
- Os encenadores atingirem um impasse e for de pouca utilidade designar alunos adicionais para prolongar a cena.
- Houver uma conclusão natural.

6) Depois da dramatização, sempre faça uma discussão acerca do que aconteceu durante a apresentação. Inclua perguntas como: "O que você acha que cada personagem estava sentindo?" "Por que as personagens reagiram deste ou daquele modo?"

7) Leve os alunos da situação de discussão para uma aplicação pessoal do que eles aprenderam com a experiência. Perguntas como "Na sua opinião, por que as personagens agiram do modo em que agiram?" passam para "O que nos faz agir assim às vezes?" Esta aplicação é, de fato, um guia indutivo projetado a ajudar os alunos a transferirem o que eles aprenderam na dramatização em sala de aula para as próprias situações de vida.

Também, como parte deste passo final, os alunos sugerem modos de melhorar a técnica de dramatização e dão sugestões de outras áreas problemáticas que eles gostariam de tratar com este método.

Para resumir o processo de dramatização, primeiro o professor apresenta a situação e instrui os alunos para que tirem o máximo benefício desse procedimento. Segundo, a ação dramática é apresentada. E, finalmente, há a aplicação. Para que a dramatização seja eficaz, nenhum destes passos deve ser excluído.

Agora é Hora de Fazer Dramatização

Estude as seguintes situações. Cada uma pode ser usada para apresentar à classe o método de dramatização. Leia ou conte a situação à classe. Depois, siga as diretivas ao término de cada encenação.

O primeiro, "How To Ditch a Friend" (Como Dar um Fora num Amigo), foi projetado para meninas adolescentes. É especialmente eficaz quando usado em lições que se centralizam em torno de viver a vida cristã.

Como Dar um Fora num Amigo

Situação: Aquele grupo sempre foi "a panelinha" desde o início das aulas. Extra-oficialmente, era composto pelas meninas mais bonitas da classe. As meninas deste grupo exclusivo sempre eram eleitas para monitoras de classe. Elas riam muito e pareciam desfrutar a vida mais do que as outras meninas que não faziam parte da panelinha.

Desde o começo do ano, Cory tinha decidido que ela entraria para a panelinha, mesmo achando que isso significasse ficar distante de Lois.

Lois era sua melhor amiga. Elas compartilhavam pensamentos e segredos especiais. Planejavam devocionais juntas. Mas Lois era gorda e baixa, e de certa maneira suas roupas sempre pareciam antiquadas. A panelinha nunca aceitaria Lois.

Cory deu início a seu plano de infiltração. Ela começou se sentar à mesma mesa com a panelinha na hora do almoço. E quando sua mãe perguntou quem ela queria convidar para a festa de aniversário, só mencionou o nome das meninas da panelinha e os caras sobre os quais elas falavam.

Na segunda-feira depois da festa, Cory estava conversando com Lois quando Sandy, uma menina da panelinha, passava. "Grande festa, hein Cory?", disse ela. "Guardarei um lugar para você na lanchonete hoje na hora do almoço."

Sandy saiu sem dizer uma palavra para Lois. Era como se ela não a tivesse visto.

- Represente a conversa que Cory e Lois podem ter tido imediatamente depois deste incidente. Como Cory fala da festa e como Lois reage? Cada menina deve compartilhar honestamente com a outra o que sente com relação ao incidente de modo que a amizade entre ambas não venha a ficar permanentemente danificada. Com a conversa, cada menina deve aprender algo sobre si mesma e sobre amizade.
- Represente a conversa entre Cory e Sandy enquanto Cory explica a importância de sua amizade com Lois. Nesta conversa, Cory pode tentar desfazer a exclusividade da panelinha a que ela tanto procura se unir.

Note que "Como Dar um Fora num Amigo" leva os alunos a um ponto de crise. Neste ponto, os participantes devem ter pouca dificuldade em reagir à situação. E considerando que o próprio problema é específico e não muito complexo, os alunos poderão resolvê-lo com sucesso.

Quase toda menina se identificará com pelo menos uma personagem nesta dramatização. Esta identificação facilitará a participação do debate que se segue à apresentação. A discussão de abertura deve centralizar-se na própria dramatização:

- Na sua opinião, como Cory se sentia ao longo desta apresentação?
- Se Cory tivesse de escolher entre a amizade com Lois e a amizade com Sandy, a quem escolheria? Defenda a resposta.

Ajude pessoalmente os alunos a aplicarem o que aprenderam através desta dramatização fazendo perguntas como estas:

- Por que é tão fácil para os cristãos adolescentes formarem turminhas exclusivas? O que nossa classe pode fazer para ajudar a dissolver as turminhas exclusivas existentes e impedir que outras se formem?
- Na sua opinião, como Cristo poderia concluir a frase apresentada a seguir? Uma das qualidades que gostaria de encontrar nas amizades cristãs é ...., porque ....

Necessidades reais de alunos [...] devem ter primazia nos planos de uma lição.

Durante a discussão, o professor age como guia e faz perguntas, ouvido os comentários que os alunos fazem e mantendo os alunos no tema da lição. Porém, ocasionalmente, um aluno fará uma pergunta ou comentário que o professor sabe que mudará o enfoque da lição. Por exemplo, suponha que durante o debate sobre a dramatização acima, uma menina dissesse: "O que há de errado em ser popular? Até onde vejo, Sandy não foi a vilã aqui. Por que os cristãos sempre são contra o sucesso?"

O professor deve avaliar a pergunta — neste caso, qual é a visão cristã de sucesso? Se o professor sente que a aluna quer genuinamente uma resposta, ele deve permitir que a discussão mude de direção. Necessidades reais de alunos e suas perguntas devem ter primazia nos planos de uma lição.

A apresentação "Home Is Hate" (Odeio Minha Casa) foi projetado para adolescentes, jovens e adultos. Deve ser usado em lições que giram em torno do testemunho e vida cristã.

Odeio Minha Casa

Situação: Há cerca de três meses, nesta mesma hora da noite, Tor tinha escapado furtivamente pela porta dos fundos, determinado a nunca mais voltar para casa. Agora, ele estava diante da porta, reunindo coragem para bater.

Ele quase podia ouvir as brigas e os choros, e ver os beijinhos hipócritas nas bochechas que seus pais davam um no outro quando os outros estavam vendo. Tor ficava imaginando o que os mantinha casados. Ele até esperava o divórcio, pois assim a briga e o fingimento acabariam.

Então naquela noite, sem nenhuma razão específica, sem nenhuma grande briga, ele tinha acabado de chegar ao fim da linha. Ele não podia viver mais naquela casa.

"Por que voltar?", argumentava. "Depois da cena de boas-vindas tudo ficará no mesmo. As paredes me sufocarão novamente."

Mas ele tinha prometido a Deus que daria uma chance; portanto, tinha de bater.

Através de Kurt, um sujeito que ele tinha encontrado na praia, Tor conhecera Jesus Cristo. Ele fora aceito numa hospedaria cristã e, durante um mês inteiro, aprendeu sobre o seu novo Deus.

Então, semana passada, no jantar, Kurt disse: "Tor, você não acha que deve ir para casa e contar à sua gente o que aconteceu?"

"Odeio minha casa", respondeu ele. Então, com ilustrações vívidas, ele falou de seus pais ao grupo. Ele queria convencê-los de que seria errado voltar, mas quando terminou de falar, ele tinha plena consciência do que Deus esperava dele a despeito das circunstâncias.

Agora em casa, orou uma última vez: "Queria que Tu não me tivesses pedido, Senhor". Ele bateu à porta. Segundos depois, uma luz se acendeu no andar de cima.

- Faça uma dramatização da conversa que ocorre entre Tor e seus pais. Tente capturar os sentimentos que cada um possa ter tido. Desenvolva as perguntas que os pais teriam feito sobre a fuga de Tor e sua explicação. Inclua como Tor daria seu testemunho e as reações que os pais teriam diante de sua fé recentemente encontrada.

- *(Para adultos.)* Faça um dramatização da conversa entre os pais de Tor após ele deitar para dormir. Presuma que, apesar do testemunho de Tor, suas atitudes permanecem as mesmas. Então reprise a conversa presumindo que suas atitudes estão começando a mudar e que eles estão avaliando a relação uns com os outros e com Deus.

Em dramatizações como "Odeio Minha Casa", na qual as emoções desempenham parte importante, o professor deve parar a conversa num ponto extremamente emocionante e pedir que os encenadores continuem representando suas personagens enquanto eles monologam sobre como se sentem no momento. Falando consigo mesmos em voz alta, os encenadores avaliam melhor as respostas, e estes dados adicionais ajudam os outros encenadores e a audiência a participarem mais completamente na apresentação.

Entre as perguntas para discussão no nível dos adolescentes condizentes com esta dramatização incluem-se: "Suponha que as mesmas pressões que fizeram Tor fugir comecem a se formar de novo. Agora que ele é crente, como ele lidaria com isso?" "De que modo, exceto pelo testemunho falado, Tor pode testemunhar aos pais?"

No nível de adultos, o líder da discussão perguntaria: "Como estes pais agiriam a fim de construir uma nova relação entre eles e o filho?"

O propósito da lição determinará o tipo de perguntas de aplicação que seriam mais eficientes. Se o propósito é treinar os adolescentes a testemunharem às pessoas de sua relação, uma pergunta de aplicação seria: "Por que é mais difícil testemunhar a quem conhecemos do que falar a estranhos sobre Cristo?"

Mas se a classe para adulto estiver estudando relações interpessoais, eles ganhariam mais com uma pergunta deste tipo: "Se você pudesse compartilhar com um novo cristão apenas um princípio sobre a vida familiar cristã bem-sucedida, qual seria?"

A próxima dramatização, "Small, Round Compact" (Compacto, Pequeno e Redondo), foi projetada para jovens. Designe o papel de Julia à "cadeira". Nomeie os papéis antes que a situação seja lida.

Compacto, Pequeno e Redondo

Situação: Charlene se sentou rigidamente na beira da cama e encarou o quadro de avisos. Nele estavam todos os tesouros do seu ano de formatura — a rosa de Stu, a foto de uma loira segurando balões, a capa de "TIME" que era uma colagem de coisas associadas a mulheres. Ela tinha usado aquela capa para ilustrar seu papel na liberdade feminina para a aula de problemas sociais. E tinha ganhado um "A", mas hoje o disco compacto, pequeno e redondo no canto da colagem parecia encher a sala.

Em sua mão, ela segurava um idêntico estojo compacto de anticoncepcionais que ela achou na gaveta de sua irmã de quinze anos.

"Julia está dormindo com John!" Charlene disse em voz alta como se a conexão do caso com a vida real tivesse acabado de atingi-la. "Deus, como pudeste deixá-la fazer isso?

"Gostaria de nunca ter ido procurar o cachecol verde dela", pensou. "Agora o que devo fazer?"

Monólogo: Charlene deve dizer como está se sentindo neste momento e seu papel como irmã mais velha de Julia. Ela pode incluir alguns dos medos que ela tem de confrontar a irmã.

Dramatização: Represente a conversa entre Charlene e Julia. Como Charlene pode mostrar à irmã menor que ela está arruinando os planos de Deus para sua vida? Que razões, agora que há pouco perigo de gravidez, Charlene poderia dar para a irmã reservar o sexo ao casamento? Como Julia poderia se opor aos argumentos?

Discussão em Classe: Comece com perguntas como: "Como você responderia à pergunta que Charlene fez a Deus: 'Deus, como pudeste deixá-la fazer isso?'" "Se você tivesse feito o papel de Charlene, o que mais teria dito a Julia?" Uma pergunta como: "O que acontece quando conscientemente vamos contra os planos de Deus?", levaria os alunos a fazerem uma avaliação pessoal.

Há dramatizações que são designadas a desenvolver primariamente as habilidades dos alunos. Por exemplo, a dramatização é um dos modos mais eficazes de ajudar os alunos a exprimirem razões por que crêem naquilo que crêem. Nestas dramatizações para desenvolvimento de habilidades, a pessoa compartilha por que suas crenças fazem sentido e outra pessoa manteria a conversa em andamento fazendo perguntas.

Prática Teológica: Faça uma dramatização de uma conversa entre um crente na classe de novos-convertidos e um garoto que diz: "Afinal, por que essas classes são tão importantes? Que diferença faz?"

Prática Teológica: Faça uma dramatização de uma conversa entre um judeu reformado e um judeu messiânico sobre as razões por que um aceita Jesus como o Filho de Deus e o outro não.

Prática Teológica: Dois alunos de escola de ensino médio compartilham suas opiniões sobre a criação. Uma pessoa crê em Deus como Criador e a outra não.

Prática Teológica: Dois adultos discutem modos diferentes nos quais a comunhão é vista pelos cristãos assumindo duas posições diferentes. Cada um deve ser porta-voz de uma posição. "Creio nisso, porque..."

A classe inteira pode estar envolvida simultaneamente em dramatizações para desenvolvimento de habilidades como as quatro mostradas acima. Numere os alunos em pares: 1, 2, 1, 2. Para a primeira dramatização, o número 2 representa o papel do crente que está na classe de recém-convertidos. Claro que este é o papel mais difícil. Para a segunda dramatização, a dupla deve inverter os papéis.

Não discuta imediatamente cada dramatização para desenvolvimento de habilidades. Ao invés disso, espere até ter feito quatro ou cinco e discuta-os como unidade. Uma pergunta assim poderia ser ponto de partida para boa discussão que se segue às dramatizações acima: "Em que áreas você acha que sua resposta foi mais fraca? Mais forte?"

O tipo de perguntas de aplicação que você usa vai depender do envolvimento de seus alunos no tema. Se eles estão apenas começando a se conscientizar por que crêem do jeito deles, para estudar a doutrina da igreja, o professor deve manter os papéis o mais simples possível. Quanto mais ciente do assunto os alunos estiverem, mais complexas serão as configurações de dramatização.

As dramatizações mostrados a seguir são parte de um curso sobre como testemunhar destinado a alunos nos últimos dois anos da escola do ensino médio.[4]

TEMA: Necessidades percebidas.

SITUAÇÃO: David soube que era o primeiro dia de Jeff na escola depois que sua mãe tinha falecido de câncer. Assim ele procurou ficar perto do armário de Jeff antes da primeira aula para falar com ele. Mas David não esperava uma reação como a que recebera.

"Ei, cara", disse David, "só queria que você soubesse que estou orando por você hoje. Sei que vai ser um dia difícil."

"Ah, saia do meu pé", rosnou Jeff. "O que sabe você sobre morte? Nem sabe o bastante para ter medo. E não se incomode em falar com seu Amigo lá de cima. O que é que Ele sabe sobre isso?"

Continue a dramatização enquanto David tenta mostrar a Jeff como Cristo pode satisfazer a necessidade que ele sente.

TEMA: Como se tornar um crente.

SITUAÇÃO: Annalise passou na casa de sua amiga Karen. Ela fica sabendo que Karen não está em casa, mas a mãe de Karen, a Sr.ª James, a convida para tomar uma Coca.

À mesa da cozinha, ela fala com admiração da filha. Então diz, de repente: "Vocês duas têm tanta fé. Desejaria ter tanta fé quanto vocês".

Faça uma dramatização da conversa que se desenrola enquanto Annalise explica à Sr.ª James o que envolve a verdadeira fé e como ela pode exercê-la.

TEMA: Testemunho pessoal.

SITUAÇÃO: Pete e Al começam de novo. Eles têm tido este debate amigável sobre o cristianismo há algum tempo. Pete expõe um argumento a favor do cristianismo, Al se opõe e apresenta um ponto contrário ao cristianismo; Pete se contrapõe ao ponto e assim por diante. Tudo perfeitamente sem estresse. Pete sabe que Al é sério sobre conhecer a Cristo — esta é sua maneira de verificar as coisas. Hoje, entretanto, Pete tem uma surpresa.

"Tudo bem, já falamos bastante sobre fatos", diz Al. "Diga-me que diferença faz em sua vida ser cristão?"

Faça uma dramatização da conversa enquanto Pete compartilha pessoalmente sua experiência cristã. (Nota:A pessoa que faz o papel de Pete pode usar experiências próprias.)

O que Você Não Sabe

Em algumas dramatizações, os encenadores recebem informação diferente sobre a situação. O Encenador Um não vai saber alguns dos assuntos ocultos que o Encenador Dois sabe. Isto ocorre muito na vida real; pessoas nos mostram só parte do que estão sentindo ou com que se preocuparam. Como exemplo, leia a dramatização a seguir escrita por Mark Olson: "Carmen e Maribel".

Carmen:

Seu nome é Carmen.

Você é a convidada de honra de uma festa de virar a noite, dada por sua melhor amiga, Maribel, para comemorar seu décimo quinto aniversário. Você admira Maribel por ser tão amiga e tratável com as pessoas. Você está muito contente por ela estar dando uma festa para você e você quer agradá-la.

Mas Maribel quer brincar com um jogo de levitação. Você é crente e sabe que é errado os crentes tratarem amadoristicamente o oculto. Parece bastante inocente, mas você tem certeza que é errado.

Seu trabalho, como Carmen, é convencer Maribel a não brincar com levitação. Se ela não desistir, recuse-se a tomar parte. Mas procure não ser maçante ou santarrona. Mostre a Maribel que você estima a amizade dela a qualquer preço.

Maribel:

Seu nome é Maribel.

Você tem quinze anos. Você está dando uma festa de virar a noite para sua melhor amiga, Carmen, que está fazendo quinze anos.

Você está ansiosa para que tudo ocorra bem na festa, tanto para melhorar sua popularidade na escola quanto para o proveito de Carmen. Carmen é crente e um pouco tímida. Você está ansiosa para que as outras meninas vejam que ela é muito divertida.

> Em outra festa que você esteve, a garotada estava brincando com levitação. Na verdade, eles pareciam erguer uma pessoa do chão sem a tocar. Você quer fazer isso em sua festa, visto que era tão divertido.
>
> Seu trabalho como Maribel é contar a Carmen o que você quer fazer, explicar a ela que tudo não passa de "meditação transcendental" e o que todos têm de fazer é somente se concentrar na palavra "suba". Tente convencer Carmen que levitação é algo inocente e divertido e que, visto que o aniversário é seu, ela deveria lhe deixar tentar levitá-la.

"Carmen e Maribel" foi desenvolvida para uso em classe de Escola Dominical para adolescentes. Informação individualizada dada a diferentes personagens de dramatização pode ser muito pouca, como mostrado acima, ou extensa, como nas simulações de dramatizações apresentadas no capítulo 7. Estes tipos de dramatizações são mais difíceis e mais úteis que os outros mais simples. As pessoas reservam muito mais coisas em seu interior do que estão dispostas a compartilhar. Se os crentes lidam apenas com o que está imediatamente aparente, eles se mostram superficiais, previsíveis e indiferentes. Quando o papel é muito denso que ninguém sabe representar individualmente, os encenadores têm de se interessar pelos outros encenadores como pessoas. As pessoas — não só a situação ou apenas ganhar uma "alma" para Cristo — são primárias.

Abraham Maslow construiu uma pirâmide das necessidades humanas que favorece o trabalho com os alunos. Explique-lhes os conceitos que a pirâmide ilustra antes de ficarem muito envolvidos em situações de dramatização.

A pirâmide de Maslow tem muito que ensinar ao encenador de dramatização — na realidade, ao crente que é sério acerca de pôr o cristianismo em ação.

1) Em geral, as pessoas chegam ao cume da pirâmide somente quando suas necessidades são satisfeitas em cada nível inferior. Por exemplo, você encontra uma vizinha no supermercado e a convida para assistir a um musical especial em sua igreja. Ela responde: "Está tão frio". Não é resposta lógica. O que tem o frio a ver com o musical na igreja? Talvez ela queira dizer que o aquecedor do carro dela não funciona, assim se ela for você terá de levá-la. Também pode ser que ela queira dizer que o aquecimento da casa dela está avariado. Até que a necessidade do Nível Um seja satisfeita, ela não estará interessada em musicais de igreja.

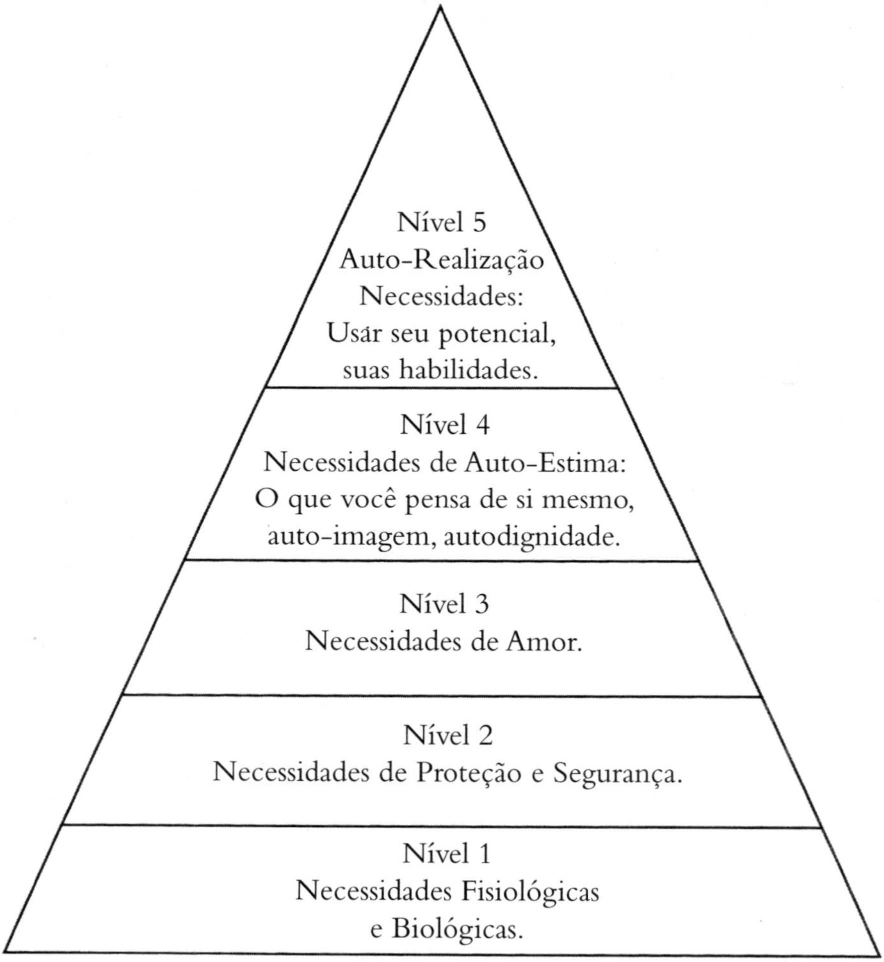

2) As pessoas trabalham a vida inteira para alcançar e manter o Nível 5. Neste nível, os cristãos estão desenvolvendo os dons para serem usadas por Cristo e aprendendo o que significa conformar-se perfeitamente a Ele.

3) As pessoas passam de um nível para o outro. Elas são motivadas por suas necessidades inferiores não-satisfeitas. A pessoa pode estar indo bem quando, de uma hora para outra, ela perde o emprego ou descobre que sua filha de treze anos está se embebedando com as amigas. De repente, ela despenca pela pirâmide. Ela não pode trabalhar a auto-estima ou o crescimento pessoal até que trate primeiro das necessidades de amor, segurança e proteção. Em uma dramatização como na vida real, quem ajuda não pode lidar com nenhum problema até que primeiramente cuide das necessidades primárias na vida da outra pessoa. Se a dramatização pode nos ensinar esta sensibilidade, nos lançaremos à frente a passo de gigante.

Se a dramatização pode nos dar esta sensibilidade, nos lançaremos à frente a passo de gigante.

Embora as dramatizações sejam limitadas freqüentemente a duas pessoas, não têm de ser. Um dos benefícios de ter mais pessoas envolvidas é que a responsabilidade pelo sucesso da dramatização é compartilhada. Quando a pessoa não encontra nada a dizer, uma segunda ou terceira pessoa pode ter uma palavra.

Outro benefício: há a possibilidade de que a pessoa tenha facilidade de argumentação e, às vezes, ligeiramente mais avançada que a sua. Os jovens em particular variam amplamente sua habilidade de argumentação e tomada de decisões morais ou cristãs. Enquanto ouvem uns aos outros falarem sobre os dilemas da dramatização, eles são expostos a padrões de pensamento que são diferentes, freqüentemente mais complexos.

A dramatização mostrada a seguir tem três encenadores, e a cada um é dada informação ligeiramente diferente:

PAI:

> Faz meses que sua filha, Sharon, vem saindo com um jovem simpático, Ralph. Você e sua esposa acham que ele é uma pessoa boa. Porém, ultimamente, você nota que Ralph não telefona nem aparece mais. Sharon já não fala sobre ele e parece retraída. Então, você ouve Sharon e a mãe falando sobre as ra-

zões desta situação. Você interrompe a conversa, indignado com Ralph, indignado com Sharon e indignado com sua esposa por mostrar simpatia.

MÃE:

Faz meses que sua filha, Sharon, vem saindo com um jovem simpático, Ralph. Você e seu esposo acham que ele é uma pessoa boa. Porém, ultimamente, você nota que Ralph não telefona nem aparece mais. Sharon já não fala sobre ele e parece retraída. Você lhe pergunta qual é o problema. Quando ela lhe conta. Você reage com compreensão e carinho. Você a ajuda a falar sobre o que ela está sentindo. Enquanto você está falando com Sharon, seu marido escuta a conversa por acaso.

SHARON:

Você realmente gosta de Ralph e de estar com ele. Você tem saído com ele por vários meses além de anteriormente já serem amigos de longa data. Seus pais sempre o recebem em casa. Mas na última vez em que vocês se encontraram, ele foi muito longe nas carícias. Você lhe disse que não queria vê-lo ou falar com ele por um tempo, até que pusesse em ordem seus sentimentos. Sua mãe nota que Ralph já não lhe telefona nem aparece. Você acaba lhe contando o que aconteceu no encontro. Você precisa decidir se vai ou não continuar vendo Ralph. Enquanto você está falando com sua mãe, seu pai escuta a conversa por acaso.

Dramatização de Fotos

Para mudar de procedimento, mostre à classe uma foto e peça aos alunos para desenvolverem uma dramatização baseado nela. A foto pode retratar uma situação ou mostrar o close de um rosto.

Quando os alunos olham um rosto e lhes pedem que digam o que sentem em relação a pessoa da foto, eles colocam bastante de si mesmos e dos próprios sentimentos nos comentários sem sentir que estão se expondo. "Ela está preocupada", uma adolescente diria. "É o dia do enterro da irmã, e ela não tem mais família. Seu marido morreu há

quatro anos e não a deixou com muito dinheiro para viver. Seus filhos se mudaram para longe e não se preocupam o bastante sequer para telefonar. Vamos fazer uma dramatização do que a mulher conta à vizinha sobre seus temores".

Algumas fotos contam histórias. Os alunos vêem uma foto e devem fazer dramatizações baseadas na situação.

Estude a situação imaginada nesta próxima foto. Que assuntos a situação poderia sugerir para uma classe de adultos?

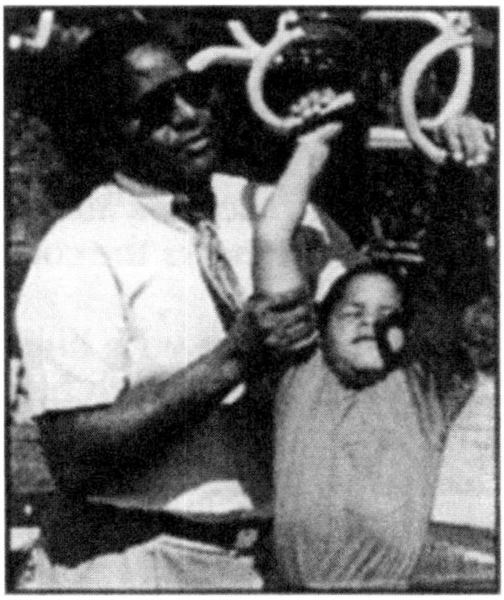

Revisão: Então Você Vai Fazer uma Dramatização

1) Certifique-se de que todos entenderam a situação. Há palavras ou conceitos difíceis que precisam de explicação? Não eleve o vocabulário demais. Certo professor tentou fazer uma dramatização sobre renda discricionária em uma classe para adultos, mas foi um fracasso completo. Várias semanas depois ele descobriu que as pessoas não tinham idéia do que significava a expressão renda discricionária e tiveram vergonha de perguntar.

2) Não esqueça que você entende mais sobre a situação de ensino que os alunos. Você tem uma meta em mente. Você sabe para onde quer que a sessão de classe vá. Você sabe por que resolveu usar esta dramatização neste domingo em particular. Mas não seja rígido. Esteja aberto à direção do Espírito Santo e disposto a mudar de plano quando se der conta de uma necessidade imprevista.

3) Represente a situação até que os papéis sejam apresentados eficazmente. Raramente leva mais de dois ou três minutos. Se as coisas não vão bem, coloque outra personagem para a situação ou faça você mesmo o papel.

4) Não esqueça do valor de trocar papéis. Não é necessário que um pai sempre faça o papel de pai. Ele pode aprender fazendo o papel de mãe ou filho.

5) Sempre pergunte. Faça as pessoas dizerem como se sentiram quando representaram os papéis e o modo em que reagiram. Tenha algumas perguntas prontas que estimular a discussão. Atenção: nunca avalie as pessoas na dramatização ("Jim atuou melhor que Joe").

6) Mantenha segura a sala de aula. As pessoas se arriscam quando participam. Se quiser continuar usando este processo valioso, terá de incentivar continuamente os alunos que ousam se envolver.

7) A menos que um aluno exponha uma situação real, fique longe de circunstâncias que sejam muito coincidentes com a vida real dos integrantes do grupo.

Se um fazendeiro está a ponto de perder a fazenda, não é hora de fazer uma dramatização sobre falência. Também fique longe das dramatizações que sejam os opostos exatos de situações que os integrantes da classe enfrentam. Por exemplo, se em sua classe houver um menino gordo, pense cuidadosamente antes de fazer uma dramatização sobre a auto-imagem de uma menina muito magra. Este tipo de pertinência óbvia presume que os alunos sejam muito estúpidos para perceber. Talvez você esteja querendo ajudar esse menino gordo, mas ao invés disso ele pode estar ouvindo: "O professor me odeia, como todo o mundo. Nunca mais vou voltar. Não tenho de agüentar isso".

Faça Dramatizações Inéditas

Trabalhe sozinho ou em grupo pequeno para compilar uma lista de alguns problemas gerais de sua classe. Por exemplo:

Ensino fundamental	*Ensino Médio*	*Adulto*
Panelinhas	Pressão dos colegas	Finanças
Fracasso escolar	Imoralidade	Medo de envelhecer
Baixa auto-imagem	Ganho de dinheiro	Criar um filho sozinho

Depois, faça dinâmica de grupo para possíveis modos em que um destes problemas seja posto em situação natural. (Lembre-se: evite situações que sejam muito coincidentes com as dos integrantes da classe). Escolha a idéia de dinâmica de grupo que melhor se ajuste à meta da lição que você está ensinando. Desenvolva-a suficientemente para que os alunos entendam o problema quando você o apresentar a eles, mas não tanto a ponto de implicar uma solução. Para que uma dramatização seja experiência de aprendizagem, o teor e a solução devem ser fornecidos pelos alunos. Em geral, é melhor encerrar a situação preparada em um ponto climático. Isto força os alunos a responder a pergunta "O que acontece a seguir?" Planeje pelo menos uma pergunta para a discussão sobre a dramatização e uma pergunta para a aplicação pessoal.

Não é necessário escrever dramatizações originais. Simplesmente conte à classe sobre a situação e eles a completarão. Este procedimento diminui o tempo de preparação.

Considere os problemas do fracasso escolar. Você pode fazer uma dramatização assim:

> SITUAÇÃO: Jon tem notas baixas, mas nunca colou no esforço de melhorar. Seu amigo Gerry, embora seja mais inteligente que Jon, não é tão honesto.
>
> No dia da prova de geografia, Jon orou: "Por favor, Senhor, me ajude a ganhar um 'C' para que eu passe este período de provas". No meio da prova, ele viu Gerry consultar um pedaço de papel na mão e copiar algo na prova.
>
> Quando receberam as provas corrigidas, Jon ganhou um "D". Seu amigo que tinha colado tinha ganhado um "B". Jon ficou frustrado e falou a um amigo cristão como se sentia. "Nem sei se creio em oração", disse.

Dramatização: Faça uma dramatização da conversa entre Jon e o amigo que tenta ajudá-lo compartilhando princípios bíblicos e sugestões práticas.

Pergunta para discussão: De que modo as respostas do amigo são úteis para Jon ao longo da vida?

Pergunta para aplicação: Por que nos é importante debater perguntas e dúvidas que podemos ter sobre o modo em que Deus trabalha?

Um professor de classe para adultos pode desenvolver uma dramatização sobre o medo de envelhecer.

> SITUAÇÃO: A vida inteira da Sr.ª Taylor foi dedicada aos filhos, mas agora eles são adultos, estão casados e moram em outras cidades. "Sou de pouco proveito agora", diz ela a uma amiga cristã. "Não sei por que o Senhor não me leva para o céu; estou pronta para ir".

Dramatização: A amiga e a Sr.ª Taylor têm uma conversa na qual a amiga tenta mudar a atitude da Sr.ª Taylor e dar razões para ela viver.

Pergunta para discussão: Na sua opinião, qual foi a coisa mais importante que a Sr.ª Taylor aprendeu com esta conversa? Explique a resposta.

Pergunta para aplicação: De que modo prático podemos ajudar os outros a acha um lugar no qual façam contribuições valiosas para os outros e sirvam a Deus?

Use a Dramatização para escrever um Teatro de Classe

Algumas classes são capazes de escrever e apresentar pequenas peças teatrais originais. Embora raramente sejam de qualidade profissional, têm mérito. Os alunos participam no processo criativo o que lhes dá a sensação de realização. E o que é mais importante, os alunos aprendem a compartilhar com outros sobre a verdade que aceitaram.

O modo mais fácil de escrever uma pequena peça teatral é ampliar uma dramatização. Comece examinando a lição na qual você quer usar pequena peça teatral. (Em geral, espere cerca de três semanas para a criação.) Faça uma dramatização que você sente que mais ajudará seus alunos a entender a mensagem da lição. Depois oriente seus alunos enquanto seguem estes passos:

1) Familiarize-se com a situação da dramatização.

Se a lição para adolescentes for sobre a salvação, escreva uma dramatização como esta e peça aos adolescentes que comecem a preparação para a pequena peça teatral estudando-a.

> Situação: Tom admira os cristãos que conhece e também gostaria de ter Cristo como Amigo. Mas quando ele estava na oitava série, introduziu sua irmã dois anos mais nova que ele nas drogas. Ele conseguiu abandonar as drogas quando percebeu o que poderia acontecer com seu corpo, mas ela não teve tanta sorte assim. Ela é viciada e ele não sabe o que fazer por ela. Ele sente que matou o futuro da irmã. Deus nunca estará disposto a ser Amigo dele.

2) Fale sobre os problemas envolvidos na dramatização e os modos diferentes como esses problemas podem ser solucionados.

Na dramatização acima, os alunos discutem que princípios bíblicos um crente pode compartilhar com Tom para ajudá-lo a entender o amor de Cristo, modos nos quais Tom possa lidar com a culpa que sente e como um adolescente crente e Tom podem trabalhar juntos para ajudar a irmã dele.

3) Resolva onde a pequena peça teatral deve começar, que cenas devem ser incluídas, quantas personagens são necessárias.

Na história de Tom, uma conversa entre a irmã e ele apresentaria os problemas e deixaria a classe imediatamente envolvida na situação. Esta pequena peça teatral só precisa de três personagens principais — Tom, sua irmã e um adolescente crente.

4) Faça a dramatização e grave a situação. Depois transcreva a fita e edite a transcrição em forma de pequena peça teatral. Faça cópias para os alunos que vão participar da pequena peça teatral.

A transcrição final da história de Tom pode começar assim:

TOM: Escute, Cathy. Drogas não estão com nada. Eu sei; quase fui pego. Pare enquanto pode.

CATHY: Não faz muito tempo e seu papo era bem diferente. (Imita Tom.) "Tá, Cathy. Só uma dose, Cathy. Você vai viajar legal. Um mundo novo, Cathy."

TOM: Eu estava errado.

CATHY: Não, não estava. Por que vou deixar algo que me dá prazer, só porque você mudou de opinião? Então, vai me dar o dinheiro ou não?

TOM: Não. Não posso, Cathy. Sinto que estou pagando para matar seu futuro.

CATHY (sarcasticamente): Vamos ficar superdramáticos então, menininho Tommy. Se você não me der o dinheiro, sei outros meios de conseguir.

TOM: Não! Aqui está o que precisa. (Ela pega o dinheiro e sai. William entra.)

WILLIAM: Uau, quem é a garota? Nova namorada?

TOM (tristemente): Não, é minha irmã. Discutimos um pouco, e eu perdi.

WILLIAM: Melhor sorte da próxima vez. Talvez posso animá-lo com um convite. Alguns de nosso grupo se reúnem e fazem um estudo bíblico todas as terças-feiras depois da escola. Já que você e eu falamos sobre Deus muitas vezes, pensei que gostaria de ir.

TOM: Se eu for, Deus provavelmente vai lançar um raio no grupo inteiro. Seu Deus não me quer, William. De jeito nenhum!

Esta pequena peça teatral pode ser desenvolvida de inúmeras formas. Cathy pode ter uma overdose, e William, Tom e um conselheiro adulto podem trabalhar com ela para ajudá-la a entender que é possível deixar o vício. Ela concorda em tentar e perdoa Tom por iniciá-la nas drogas. Quando Tom sente o perdão humano, ele percebe o quanto maior deve ser o perdão de Deus e aceita a Cristo.

Ou, Tom pode concordar em freqüentar o estudo bíblico e, pelo testemunho dos adolescentes, aceita a Cristo. Nesse mesmo dia, sua irmã é presa por roubar um rádio e tentar vendê-lo para comprar drogas. Tom sabe que talvez ele nunca mais poderá desfazer o dano que causou na vida de Cathy, mas ele diz a ela que, se necessário, continuará orando por ela pelo resto da vida. Depois William fala com Tom sobre um amigo no bairro que acaba de começar a tomar bolinhas. Tom percebe que esta pode ser uma oportunidade para ajudar outra pessoa de um modo que ele não pode ajudar a irmã. Ele pede a William que os apresentem.

ELABORAÇÕES DA DRAMATIZAÇÃO...

1) Produza uma dramatização com slides e som.

Três ou quatro grupos de alunos completam a mesma dramatização. Depois, a classe escolhe um que consideram a melhor. O grupo escolhido apresenta a mesma dramatização novamente. Desta vez, é feita uma gravação da situação de dramatização e da solução do grupo. Cada encenador tenta duplicar os sentimentos e expressões faciais que ele pensa que a pessoa nesta situação teria. Um fotógrafo captura estas expressões tirando fotos em close de cada encenador da dramatização. Alguém sincroniza os slides e a gravação da fita.

Esta dramatização gravado pode ser usada de muitas formas. Por exemplo, uma dramatização com slides e som sobre preconceito seria mostrada a toda a Escola Dominical. Depois, os adolescentes dividem o grupo e orientam as diferentes faixas etárias na discussão.

Uma classe para adultos pode gravar uma dramatização para ser usada no culto de domingo. Por exemplo, uma dramatização na qual um crente é testemunha eficaz pode ser modo criativo para o pastor começar um sermão dominical sobre a necessidade de os membros da igreja se envolverem no evangelismo.

2) Faça uma excursão de dramatização.

Sugira que a classe faça uma excursão com outra classe ou igreja que também esteja familiarizada com os princípios da dramatização. Peça para cada pessoa trazer uma situação de dramatização apontada ao tema para a excursão. Por exemplo, as classes de adolescentes e de adultos podem usar o tema "Aprendendo Uns com os Outros". As dramatizações tratariam de áreas sobre fazer amizade e examinar frustrações entre as duas faixas etárias.

Membros de igrejas racialmente diferentes podem aprender com uma excursão experimental formada em torno do tema "Vamos nos Unir". Ao término da excursão, cada pessoa deve compartilhar as idéias que obteve desta experiência. Uma lista de projetos que continuariam a interação também poderia advir desta experiência.

3) Compartilhe uma dramatização.

Compre um caderno de folhas soltas (fichários) para a biblioteca da Escola Dominical e etiquete "Dramatizações que Funcionam". Peça a cada professor que tenha feito uma dramatização original e de sucesso que a escreva no livro. Siga este formato:

Faixa etária:

Tema: (aqui é escrita a própria dramatização.)

Perguntas para Discussão:

Perguntas para Aplicação:

Criado por:

Usado por:

4) Faça uma dramatização de uma história bíblica.

Algumas classes de adolescentes jovens acham que é experiência valiosa fazer dramatização das histórias da Bíblia. Quando estão envolvidos nas situações, eles entendem melhor certas tentações, triunfos e desafios que as personagens bíblicas experimentaram. Esta compreensão ajuda os adolescentes a aplicarem à própria vida os princípios que estas histórias ilustram.

Certa classe tinha uma filmadora de vídeo, por isso decidiram gravar a "Vida de José" e convidar as famílias para verem o filme.

Levou três horas de uma tarde de sábado para fazer a fita de meia hora. Primeiramente, os alunos falavam o que planejavam fazer em cada cena. Depois, faziam uma dramatização de cada cena do modo em que queriam gravá-la na fita. Os alunos que não participavam da cena davam opiniões sobre algo que sentiam que era bom ou precisava mudar.

Em uma cena, José estava na prisão. O adolescente que fazia o papel de José se ajoelhou e orou a Deus para que o ajudasse e lhe desse forças a fim de ser boa testemunha aos outros. Quando a cena terminou, seus companheiros de classe não se aglomeraram ao redor do vídeo para ver a retomada, como normalmente faziam. Ao invés disso, um amigo do encenador perguntou: "Você estava orando de verdade, não estava? Quero dizer, você não estava apenas representando".

O menino de treze anos respondeu: "Acho que Deus quer que façamos as coisas de verdade, ou as pessoas que assistirem verão que é apenas mais uma história".

Os adolescentes convidaram os pais para ver e discutir a dramatização pronta. Muitos foram, inclusive alguns que nunca tinham ido à igreja. Depois do filme, um pai disse: "Não é para mim. Parece que não posso alcançar Deus, mas meu filho conseguiu. Espero que ele nunca perca o que achou aqui na igreja."

NOTAS

[1] Dramatização (ato de interpretar. Ações de personagens) é o ato de improvisar e agir desempenhando um papel e obedecendo a certas regras sobre uma história que o grupo está envolvido em contar; é a ação de interpretar uma personagem, falando e gesticulando como se fosse ela própria. Crianças que brincam de polícia e ladrão ou de índios e caubóis, ou que imaginam que são um cavaleiro numa armadura brilhante a caminho da guerra, estão desempenhando um papel imaginário. Isso é dramatização. Este sistema de ensino individual ou em pequenos grupos permite dar atenção especial a cada aluno. (N. do T.)

[2] Foi pedido a um grupo de milionários que venceram por esforço próprio, que fizessem uma lista das qualidades que tinham contribuído para o sucesso, e a importância de cada qualidade. Os resultados: entusiasmo: dez por cento; atitude: quarenta por cento; disciplina: dez por cento; conhecimento: cinco por cento; habilidade: cinco por cento. Na sua opinião, o quão perto chegariam as porcentagens de um professor bem-sucedido em combinação com estas?

[3] Este trecho e a situação que a envolve foram tirados do artigo "Dramatizações", de John Shaw, in: *Group Magazine*, setembro de 1979. Usado com permissão.

[4] Richard Peace, "Giving Your Faith and Keeping It, Too", parte da série *Christian Growth Elective*. Os três temas da dramatização foram usados como parte de uma revisão que se seguiu a um estudo detalhado da base bíblica para compartilhar a fé.

6

MÍMICA — O MILAGRE DO MOVIMENTO

O coração tem razões que a própria razão desconhece.

— Pascal

Mímica, palavra derivada do grego que significa "imitar", é a ação dramática na qual os atores usam movimentos em vez de palavras para compartilhar experiências com a audiência. Um dos milagres da mímica é que aumenta a capacidade de imaginação, não só do ator, como do espectador.

Conta-se a história de que Demétrio, durante o reinado de Nero, anunciou que a mímica era tolice. Se a pessoa tivesse algo a dizer, deveria dizê-lo e não apenas agitar os braços e sacudir a cabeça e esperar que o público chegasse a alguma conclusão lógica. O principal mímico daqueles dias aceitou o desafio — provar a Demétrio que não se tratava de enganar o público. A mímica foi encenada e Demétrio tornou-se um adepto da forma. "Cara!", gritou ele deliciado. "Não é apenas ver, mas ouvir e ver, as duas coisas. É como se suas mãos fossem línguas."

Todo o mundo usa mímica, mas raramente a denominamos. É uma linguagem universal com a qual as pessoas sinalizam, gesticulam e superenfatizam as ações para fazer com que alguém "ouça" o que precisa ser comunicado.

Crianças podem ser grandes mímicos. Estava numa praia no México certa tarde quando três crianças mexicanas vieram me ajudar a procurar conchas. Elas encontraram algumas muito raras que eu não encontrei, porque elas sabiam onde procurar. Com movimentos, descreveram a criatura marinha que estava em cada concha. Aprendi com elas que este era o lugar onde os pescadores apanham lagostas. As crianças moravam numa cidadezinha a cerca de trinta minutos da praia, e era feriado escolar. Elas gostavam de nadar, mas não naquele lugar, porque o coral cortava os pés. Eu gostaria de um pedaço de bolo que a mãe delas tinha feito? E, claro, elas adorariam saborear o doce que eu tinha trazido. Fizemos tudo isso sem elas conhecerem meu idioma e eu o delas: Mímica.

Com a popularidade de Marcel Marceau, a mímica teve um reavivamento. Não é incomum em algumas regiões de São Francisco ou Toronto, por exemplo, encontrar um mímico na rua entretendo qualquer um que deseja assistir a uma história silenciosa. "A primeira vez que vi uma apresentação de mímica foi numa esquina", disse um velho professor. "Uma mulher fez a encenação e depois coletou moedas de quem estava disposto a colocar no seu boné. Observei que a mímica passou por todo o ciclo de vida em apenas dez minutos. Ela nasceu, e sofri com ela quando chegou ao mundo. Ela cresceu, e eu era impulsionado a crescer com ela. Eu a vi como uma adolescente, uma mãe, uma velha que encarava a própria morte. Tudo que eu precisava para participar era ter uma imaginação saudável; vivi uma vida inteira naquela esquina. Queria levar aquela mulher para minha sala de aula. Mas, sabe, com as sugestões certas meus adolescentes podem participar sem a ajuda de uma profissional. Ninguém dá dinheiro, claro, mas o debate vale mais que dólares."

Os mímicos estão usando a arte para apresentar mensagens — políticas, sociais, ambientais. Por que não espirituais?

Mímica e Dança — um Contraste

A mímica e a dança têm origens semelhantes, contudo possuem focos diferentes. A mímica expressa o movimento da terra —

a criatura terrena que está ciente de suas raízes terrenas. Dentro dessa pessoa há a necessidade de ir além do ego, e o cristão percebe que esta necessidade foi inserida em cada pessoa pelo Criador. A mímica, quando usada como "voz de Deus", enfatiza nossa condição como pessoas da terra e nosso desejo de ser mais que somos. A mímica nos permite visualizar as tremendas lutas de nossa vida. A mímica está baseada na vida.

A mímica nos permite visualizar as tremendas lutas de nossas vidas.

A dança, em contraste, não está enraizada na terra.[1] É mais abstrata, leve e aérea. Os dançarinos pulam e flutuam no ar. Os mímicos andam com cada músculo à mostra; todo esforço e fardo são óbvios. A dança objetiva o simulacro; a mímica objetiva criar a realidade pela ilusão.

A mímica lida com o que é absolutamente necessário para comunicar — os movimentos simbólicos que são comuns a todos nós. Por outro lado, a dança elabora e decora em prol da beleza. Se a mímica não fosse além da linha básica da história, sobretudo no cenário não-profissional de sala de aula, a classe estaria perdida.

Qual é a diferença entre mímica e pantomima? No cenário de sala de aula, muito pequena. Mas para os puristas que estão envolvidos e preferem a apresentação ao ensino, há uma diferença. A mímica se refere a um sistema de exercícios, estratégias técnicas e movimentos dramáticos. A pantomima é o uso destes padrões instruídos para transmitir uma história. Muitas das mímicas atuais, geradas por Marcel Marceau, combinam mímica com pantomima.

Mark Stolzenberg, em Exploring Mime (Explorando a Mímica), explica que a mímica lida com os significados e forças ocultos e subjacentes do universo.[2] A pantomima se direciona à personagem e ao enredo. A pantomima se apóia na criação do objeto imaginário e nas pessoas para contar a história. A mímica e a pantomima nos ajudam a entender melhor a nós mesmos e nosso mundo.

Mímica — Mensagem e Símbolo

Este capítulo focaliza a mímica para o não-profissional — o tipo de mímica que pode ser usado por um professor em situação de sala de aula, sem pintar o rosto de branco e sem entender os adoráveis movimentos de um mímico treinado. A mímica em sala de aula encoraja as pessoas a usar o corpo para fazer uma reflexão de vida e usar as emoções em vez das palavras.

Portanto, afaste as cadeiras e deixe-se envolver neste antigo e novo método de ensino.

Era uma vez uma igreja
que contratou um fabricante de brinquedos como carpinteiro.
Ele fez os bancos da igreja
que estavam como massa deformante.
Os bancos vergavam
para que as pessoas pudessem ver umas às outras.
Uma vez que as pessoas viravam os bancos,
encosto a encosto, e dava certo.
Quase não havia um domingo
em que todos ficavam em bancos compridos e retos.
As pessoas podem fazer bancos
da forma que quiserem
dependendo do
que querem fazer.[3]

Nossa cultura recompensa o não-expressivo.

Nossa cultura recompensa o não-expressivo. Muitas pessoas na sociedade ficam envergonhadas por demostrarem emoções, mesmo que seja necessário e saudável expressarem o que sentem, e compararem e discutirem esses sentimentos com os outros. A mímica dá a adolescentes e adultos a oportunidade para esta comparação e discussão. Visto que não há palavras, os alunos são forçados a tirar suas próprias conclusões. E enquanto consideram a mensagem da mímica, muitos aplicam na vida pessoal as verdades que ela demonstra.

Considere a seguinte mímica e como pode ser usada para ensinar lições sobre a amizade.

O Dom de Si Mesmo

Personagens: *Todo-Mundo (TM).*
Inquiridor Amigo (IA).
Material de Apoio: Duas estrelas de papel, cada uma alfinetada em cada ator.

TM se senta no palco e faz a mímica de estar lendo. Ele vira as páginas, e por sua expressão é óbvio que ele está absorto no Livro.

IA entra em cena. Parece que está procurando alguém. Finalmente, avista TM. Ele esboça felicidade enquanto se aproxima do homem que está lendo. Fica esperando que TM note que ele está ali. Nada acontece. Ele parece um pouco confuso. Ele caminha em volta de TM, estende a mão e o toca, e TM leva um tremendo susto.

TM olha para cima. Ele está obviamente aborrecido por ter sido interrompido.

IA faz a mímica que sugere que eles joguem basquete. TM meneia a cabeça indicando que não e se volta para o Livro.

IA se afasta, mas de repente tem uma idéia. Ele volta. Uma vez mais, depois de muito esforço, ele chama a atenção de TM. Enfadado, TM põe o Livro no chão. IA sorri, tira a estrela e, com um grande floreio, a dá a TM. TM a olha casualmente, e seus olhos vagueiam até o chão onde ele colocou o Livro. Ele retorna à leitura e, inconscientemente, enquanto lê, começa a rasgar as pontas da estrela.

IA está horrorizado. A cada ponta que TM rasga, IA se afasta cada vez mais. Ele se senta no chão e põe a cabeça nos joelhos.

TM acha algo importante no Livro. Ele o apanha do chão. Com o dedo, ele sublinha o que acabou de ler. Parece envergonhado e perplexo. Ele vê as pontas da estrela rasgadas no chão e enxuga uma lágrima dos olhos. Ele cai de joelhos orando. Depois dá uma olhada em IA. Quando o vê, ele se aproxima e o toca. Não há resposta. Tenta uma segunda vez. Por fim, IA observa, mas quando vê que é TM, abaixa a cabeça imediatamente. TM tenta outra vez. Embora esteja hesitante e amedrontado, IA responde. TM tira sua estrela e a dá ao IA. IA olha surpreso e feliz. TM ajuda IA a se pôr de pé. TM sugere que eles joguem basquete e os dois saem de cena.

Como na interpretação de papéis, a mímica não deve ser usada sem haver em seguida discussão de classe para ajudar os alunos a esclarecer e aplicar o que viram. Sem este intercâmbio, a mímica não é uma ferramenta pedagógica completa.

Os símbolos desempenham parte importante na maioria das mímicas de ensino. Comece a discussão de "O Dom de Si Mesmo" incentivando os alunos a compartilhar o que sentem com cada símbolo representado. As perguntas para discussão sugeridas a seguir também ajudam os alunos a analisar o que aconteceu na mímica:

- O que você acha que a estrela representava?
- Que papel o Livro desempenhou na mímica?
- Declare o que você sente que foi a mensagem desta mímica.

Visto que não há palavras na mímica para esclarecer o que exatamente aconteceu, alunos diferentes podem ter opiniões diferentes. Por exemplo, um adulto diria: "Para mim, a estrela representa o dom da personalidade. O ator me disse que a menos que eu me dê aos outros, meu cristianismo não vale muito". Um jovem ressaltaria: "O Livro que TM estava lendo tinha de ser a Bíblia. A mímica me mostrou que ler a Bíblia não é o bastante. A menos que nos envolvamos com as pessoas do mundo, nunca as ganharemos para Cristo".

Aquecimento para a Mímica

Vinte estudantes de faculdade começaram a ver as possibilidades da mímica e a serem um pouco menos inflexíveis, quando participaram de uma sátira silenciosa. Eles fingiram que tiveram de parar para almoçar num restaurante de estrada. Eles faziam parte de diferentes grupos de excursão, e nenhum grupo falava o idioma do outro. Cada grupo devia comunicar por ações o que tinha visto na excursão matutina. (Os grupos tinham ido ao Grand Canyon, ao balé, a uma apresentação de quimono japonês e a uma conferência sobre finanças.) Levou aproximadamente três minutos para o primeiro aluno identificar corretamente o que cada grupo tinha visto naquela manhã. Todos se divertiram muito. Os alunos que tinham ficado intimidados com a palavra mímica viram o quão versátil é esse tipo de arte de três mil anos.

Considere estas atividades pré-mímicas. Elas podem ser usadas para os alunos verem de antemão e num momento o que é mímica, ou eles podem ser parte de um jogo de abordagem à aprendizagem, como aquela em que os estudantes de faculdade participaram.

1) (*Para classe de adultos)* Mostre as três expressões faciais que você acha que os pais mais fazem para os filhos. (Para classe de adolescentes) Mostre as três expressões faciais que você acha que os adolescentes mais fazem para os pais.

Discussão: Na sua opinião, como reage a pessoa no lado receptor de cada uma destas expressões? De que modo essa reação ajuda ou dificulta a comunicação com essa pessoa?

2) Você acaba de falar de Jesus para cinco pessoas, mas nenhuma delas estava pronta para aceitar seu Senhor. Porém, todas as cinco pessoas tiveram atitudes diferentes em relação ao testemunho. Use expressões faciais para mostrar cada atitude. Por exemplo, uma pessoa teria ficado hesitante e outra brava.

Discussão: Quando conhecemos a atitude de uma pessoa, como esta conscientização nos ajuda a testemunhar para ela? Qual deve ser nossa atitude quando as pessoas rejeitam nosso testemunho? Por quê?

3) Às vezes, podemos afirmar que uma pessoa precisa de nossa amizade só pelo modo em que ela anda ou se senta. Primeiro, mostre como anda uma pessoa que está cansada e desanimada. Depois, mostre como essa pessoa poderia se sentar.

Discussão: Como podemos nos aproximar de alguém que parece desanimado?

4) Pense em um atributo de Deus pelo qual você raramente o louva, por exemplo, Seu amor ou Sua misericórdia. Primeiro, diga à classe qual é o atributo e depois peça a um aluno que faça uma mímica sobre como ele descreveria esse atributo a alguém que não fala o mesmo idioma.

Um aluno poderia imitar a misericórdia — o perdão total que Deus dá às pessoas, embora elas não o mereçam — afundando-se medrosamente ao chão. Com hesitação, o mímico olha para cima e o olhar de medo muda para um olhar de alegria. Ele ergue as mãos e lentamente se levanta como se Deus estivesse fazendo o levantamento.

Discussão: É muito freqüente nos esquecermos de louvar a Deus pelo que Ele é. Como incorporar mais louvor em nosso período de classe e em nossa própria vida devocional?

5) Incentive seus alunos a pensarem em três maneiras em que estão dispostos a ajudar a Deus na igreja ou na comunidade. Faça com que vários alunos encenem estas maneiras e peça que seus colegas identifiquem o serviço que eles estão demonstrando.

Enfatize que estes não têm de ser serviços nos quais os alunos já estejam envolvidos, mas serviços nos quais eles estejam propensos a se envolver. Use somente voluntários para esta atividade de pré-mímica, porque, ao participarem, os alunos estarão testemunhando diante de Deus e de seus colegas que eles estão dispostos a servi-lo. Esta mímica pode levar a um culto de louvor e oração, no qual os alunos agradecem a Deus pelas habilidades que Ele lhes deu e pedem que Ele lhes dê oportunidades para pôr em uso os talentos e dons.

Discussão: Quais são as áreas de nossa igreja em que há necessidade de mais obreiros? De que modo os integrantes da classe ajudariam a preencher estas necessidades?

6) Divida a classe em grupos de quatro e peça a cada grupo para representar um versículo da Bíblia que diga algo importante à classe.

Discussão: O que você diria a um recém-convertido que lhe pedisse explicações de alguns métodos de estudo da Bíblia para ele usar nos devocionais pessoais?

Quando Começar

Primeiro, reduza os níveis de ansiedade. Isto pode ser feito com atividades como as mencionadas acima. Sua atitude também vai desempenhar uma parte. Se os alunos sentem que você está empolgado quanto a usar algo diferente para comunicar a verdade espiritual, eles embarcarão no seu entusiasmo.

Considere contar um pouco da história de peças teatrais sacras da Idade Média que tiveram suas raízes na mímica. As pessoas em geral eram analfabetas, por isso a igreja se comunicava com o povão através de peças teatrais mostrando a moralidade, o mistério e o milagre. Eram verdadeiros sermões representados em pantomima e enquanto o líder falava podia estar certo de que a população entendia o que ele estava dizendo. Considerando que a televisão representa papel tão importante hoje em dia na formação do pensamento dos jovens (freqüentemente em seqüência de imagens), este seria o tempo perfeito para voltar ao conceito medieval de evangelismo e treinamento.

A mímica profissional é feita com o rosto pintado de branco. Na Roma antiga, o rosto do mímico era coberto com farinha e delineado com carvão. O rosto branco de hoje é feito com uma camada fina e consistente de tinta anti-alérgica branca, ou talvez coberto com pancake branco. O objetivo do mímico é a simplicidade. As sobrancelhas são pintadas com lápis de olhos preto ou delineador líquido de olhos. Os olhos são delineados, aumentados e acentuados. A boca é vermelha. Uma linha preta em torno do rosto completa o efeito da máscara. A identidade da pessoa é removida, e o ator se torna qualquer um, qualquer coisa. A personagem do mímico é Todo-Mundo, uma personagem que não é nem masculina nem feminina, mas representante de todos nós.

A personagem do mímico é Todo-Mundo, uma personagem que não é nem masculina nem feminina, mas representante de todos nós.

Pintar o rosto não é algo prático em sala de aula. Mesmo que fosse, muda a ferramenta de ensino para ferramenta de performance. A mímica se torna mais importante do que o que o aluno pode aprender com ela.

Movimento

Muitos movimentos de mímica virão naturalmente aos alunos, sobretudo os que gostam de charadas. Entretanto, pode ser útil sugerir que quando os alunos pensarem em representar mímica eles dividam o corpo em três partes — cabeça, tronco e membros. Cada parte é usada para expressar uma ação ou emoção primária. A cabeça é a parte intelectual do corpo. Levante a cabeça ligeiramente para um lado e bata em cima. Você está dizendo: "Eu sou inteligente". Os braços e pernas são usados para expressar ações físicas. Você aperta o punho e o agita para alguém. Você está dizendo: "Veja. Estou chateado". O tronco expressa emoções. Ombros caídos e costas arcadas parecem dizer: "Estou desanimado".

De acordo com a Teoria de Delicroix sobre mímica, também é possível dividir cada uma dessas três partes em mais três. O topo da cabeça é a parte intelectual. A boca expressa a parte física. Os olhos, claro, exprimem emoções.

Os ombros são a parte intelectual do tronco. A parte física são os quadris. A parte emocional são as costelas que se movem com soluços e suspiros.

Considere os membros. As mãos e os pés são usados para expressar a parte intelectual. As mãos, particularmente, são importantes na mímica para exprimir conceitos cristãos. Elas abençoam, consolam, louvam a Deus. A parte física é a parte superior dos braços e as coxas. A parte emocional é enfatizada pelas pernas e a parte inferior dos braços. Esta configuração pode ser vista nos movimentos de um dançarino de balé.

Em cada um destes casos, a parte física tem conotação sexual — o sorriso leve, o meneio do quadril.

Depois que os alunos foram apresentados ao que é mímica e tiveram a oportunidade de participar em atividades pré-mímicas, eles estarão prontos para utilizá-la. De fato, os passos para uma experiência de mímica bem-sucedida em sala de aula são muito semelhantes a um roleplay (dramatização) bem-sucedido.

Passos para a Mímica Bem-Sucedida

1) Primeiro, examine a mímica para se certificar de que ensinará algo aos alunos sobre o que estão estudando. A mímica tem de enfatizar a meta da lição.

2) Dê aos alunos não mais que cinco minutos a fim de se prepararem para a mímica. Se há muito tempo dedicado à prática, a espontaneidade se perde. Durante a preparação, eles devem ler a mímica para obter a idéia geral. Depois, devem ensaiar uma vez antes de apresentá-la ao grupo — representar o script do modo que o lembram, acrescentando toques pessoais e eliminando estilos que não se coadunam com a personalidade de cada um. O script pode servir como ponto de partida. Ele dá sugestões de ações, mas os atores devem ser incentivados a acrescentarem gestos e expressões ou fazerem adições à linha de história que eles sentem que ajudariam o público a entender o que está acontecendo.

3) O sexo dos atores é de pouca importância para a linha de história da mímica. É freqüente uma personagem, como o Todo-Mundo em "O Dom de Si Mesmo", ser um microcosmo de um grupo maior de pessoas. Todo-Mundo representa todos os cristãos que não estão cônscios ou não aceitam suas responsabilidades para com as pessoas. O Inquiridor Amigo seria qualquer pessoa, homem ou mulher, que já teve uma oferta de amizade repelida.

4) Prepare os alunos para a discussão, dando-lhes sugestões sobre o que procurar quando assistirem à mímica. As sugestões gerais apresentadas a seguir orientam os alunos quando eles assistem a quase toda situação de mímica:

- Identifique-se com uma das personagens ao longo da mímica. Pergunte: "Como a personagem se sente? Por que ela se sente assim?"
- Que símbolos estão sendo usados e o que representam?
- Que mensagem a mímica tem para os cristãos?

Considere como estas sugestões ajudariam os espectadores a entender a mímica "Masks" (Máscaras) mostrada a seguir.

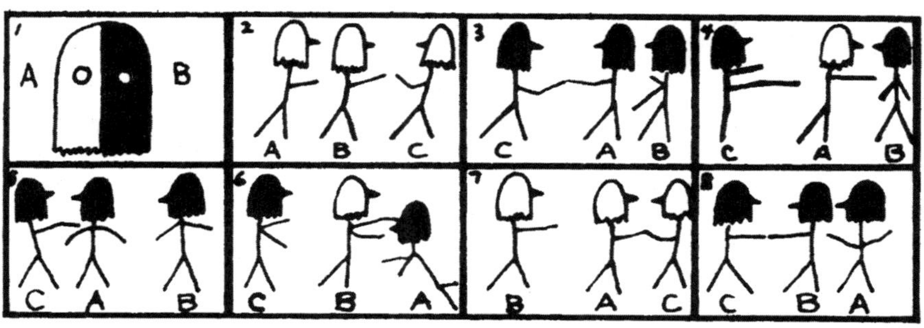

Máscaras

Personagens: Três pessoas (A, B e C).
Material de apoio: Três máscaras. Cada ator usa uma máscara feita de saco de papel com a metade pintada de preto e a outra pintada de branco. A e B têm o lado esquerdo pintado de branco e C tem o lado direito pintado de branco. (Veja Figura 1.) Quando A e B olham para C, o público deve ver apenas uma cor.

A e B brancos olham para C branco e apertam as mãos (Figura 2). Depois, todos mudam de lugar e olham em direção oposta, de modo que só o lado preto é mostrado. Os três apertam as mãos novamente (Figura 3). A se volta e olha para B, fazendo com que as máscaras pretas e brancas olhem uma para a outra. A estende a mão, mas B retrocede. C vem por trás de A e o chuta (Figura 4). A cai. Quando ele se vira para ver quem o chutou, o lado preto aparece. Isto agrada C, e ele ajuda A a se pôr de pé e tira o pó dele. Eles apertam as mãos de novo (Figura 5).

B caminha até A e fica encarando-o. Este movimento coloca o lado branco de B em direção ao público. B coloca a mão na cabeça de A e a abaixa com tanta força que A é forçado a cair à sua frente (Figura 6). A lentamente se levanta e se afasta de B, de forma que o lado branco da sua face se mostra. C se vira para ficar de frente de A e B e apertam as mãos (Figura 7).

Rapidamente mudam de lado outra vez, e A e B pretos apertam as mãos do C preto (Figura 8). Todos saem do palco.

Em "Máscaras", a discussão começaria com estas perguntas:

- As implicações raciais desta mímica são óbvias por causa das máscaras pretas e brancas. Mas que coisas, exceto a cor, fazem as pessoas terem reações não-cristãs umas para com as outras e as afasta de serem amigas?
- Que tipo de máscaras os cristãos usam? O que podemos fazer, primeiro, para nos livrar de máscaras, e segundo, para ajudar a livrar o mundo delas?

À medida que seus alunos começarem a se sentir à vontade com a mímica, eles podem acrescentar acompanhamento musical à apresentação. Músicas gravadas têm de complementar o tom emocional da situação. Quando um instrumento ao vivo, como um violão, for usado, o músico deve estar familiarizado com o script para poder antecipar o que acontecerá e ressaltá-lo.

Mantenha em mente estes passos quando começar com mímica simples, como a seguinte. Freqüentemente dou seminários sobre métodos criativos para professores de Escola Dominical e líderes de mocidade, e uso a mímica "The Guilt Bag" (O Saco de Culpa) para demonstrar como a mímica pode ser usada por quase qualquer pessoa. Para a primeira pessoa que entra pela porta do seminário é dada uma cópia da mímica. Nem por uma única vez a demonstração foi um fracasso. A mímica é simples e dependente de só um ator. Claro que na situação de seminário, as pessoas que vão a uma sessão intitulada "Métodos Criativos" já são abertas a novas experiências e ao desafio de quebrar padrões.

O Saco de Culpa

Personagem: Todo-Mundo.
Material de Apoio: Saco grande amarrado na boca com barbante.

Todo-Mundo entra no palco, obviamente alegre, despreocupado, desinteressado. Faz de conta que assobia, balança os braços, dá uns pulinhos.

Então vê o saco. Pára, examina-o de perto sem tocar. É evidente que está impressionado.

Sua atitude muda rapidamente para uma atitude de discrição. Olha para um lado depois para o outro. Lenta e furtivamente estende a mão. Agarra o saco e sai correndo. Mostra-se tremendamente orgulhoso de si mesmo, empolgado com o que pegou.

Mais uma vez olha para a direita e para a esquerda até ficar satisfeito de não ter sido visto. Senta-se no chão com o saco à frente. Estende a mão para abri-lo, mas quando abre, seu rosto subitamente perde o semblante alegre.

De forma muito lenta e acanhada, olha para cima, assustado. Lembra-se de que Deus o viu. Seus olhos vão do saco para o teto diversas vezes. Mais uma vez sua atitude muda. Estende a mão amorosamente para o saco e o acaricia. Então, levanta a cabeça, demonstrando agressividade e teimosia em seu rosto.

Levanta-se e com o corpo tenta esconder de Deus o saco, mas descobre que isto é impossível e incômodo.

De repente tem uma idéia. Estende uma mão para cima, mas mantém a outra agarrada firmemente ao saco. Mas algo está errado. Evidentemente não consegue encontrar Deus. Protege os olhos e procura para cima. Sacode a cabeça com tristeza, porque não consegue encontrá-lo.

Finalmente, mantendo só um dedo no saco, afasta o corpo inteiro tanto quanto possível. Outra vez olha para cima e procura. Triste, frustrado, enxuga uma lágrima dos olhos.

Olha para o saco uma última vez. Então, com um movimento decisivo, arranca a mão do saco, olha para cima e movimenta a cabeça dizendo sim. Ele tomou a decisão de seguir a Deus.

De costas para o saco, ergue as mãos ao céu. Sorri. Abraça-se e bate os calcanhares. Pela primeira vez desde que avistou o saco, ele parece feliz. Sem nunca mais olhar para o saco, passa alegremente por ele e sai do palco.

Os alunos achariam proveitosas estas perguntas para discussão:

- Que emoções você sentiu enquanto assistia a esta mímica?
- O saco representa coisas que nos separam de Deus. Que pecados específicos o saco pode representar para Todo-Mundo?
- Como seus sentimentos para com Todo-Mundo mudaram durante a luta entre seu desejo de Deus e o amor pelo saco?
- Na sua opinião, que sentimentos você pensa que Todo-Mundo estava tendo no fim da mímica? Você já teve vitória semelhante numa luta com um "saco" em sua vida? Fale como você se sentiu quando decidiu pedir o perdão de Deus e segui-lo.

Você pode adicionar uma Parte 2 à mímica "O Saco de Culpa". Represente-a depois que os alunos tiverem feito a discussão sobre a mímica. Ponha o Saco de Culpa na frente dos alunos. Torne-se Todo-Mundo. Ande em volta do saco. Olhe-o. Estenda a mão quase tocando-o. Afaste-se bruscamente. Pareça envergonhado. Afaste-se, mas olhe para trás. Aproxime-se lentamente e estenda outra vez a mão. Afaste-se abruptamente. Chegue-se uma terceira vez e toque-o brevemente. Afaste-se parecendo ligeiramente satisfeito consigo mesmo.

Agora coloque a mímica em discussão:

- O que acontece quando nós, cristãos, pedimos a Deus que tire o fardo de nosso pecado? Ficamos felizes; Ele tirou. Mas voltamos ao pecado e flertamos com ele. Quais são os perigos nesse procedimento?
- Que soluções práticas para este problema você pode sugerir ? Relacione suas sugestões diretamente com a Escritura.

Tenho feito a Parte 2 em várias salas de aula. Alunos cristãos que se sentem bem com a primeira mímica demonstram embaraço com a segunda. As implicações são óbvias.

Quando ler as mímicas mostradas a seguir, considere que Escrituras poderiam ser usadas com elas. Que faixas etárias se beneficiariam? Que perguntas usar para estimular a discussão? Quais são os temas básicos e em que situações de ensino estas mímicas podem ajudar a atingir o objetivo ?

Luz para o Cego

Personagens:

Dois indivíduos estão presos num quarto totalmente escuro.
Para propósitos práticos, eles são cegos.
Um indivíduo (crente) porta uma "luz" (pedaço de papel amarelo).

Dois cegos vivem a vida em um quarto totalmente escuro. Eles não têm visão e tropeçam pelo quarto com medo e tormento. Mostre esse temor e pânico fazendo uso de uma ou de todas as seguintes ações mímicas:

Tropeçar, cair, bater em coisas e, por conseguinte, machucar-se.

Mostrem medo de tudo ou de todos com quem entram em contato. Quando derem um encontrão um no outro, briguem até se separarem. Mostrem pela expressão facial o quanto vocês estão com medo.

Mantenha a cena por aproximadamente dois minutos para fixar o sentimento de desesperança.

De repente, um terceiro indivíduo entra no quarto escuro. Está levando um pedaço de papel amarelo que representa luz. Ao contrário dos outros dois indivíduos, ele vê para onde vai.

Quando os cegos dão, por acaso, um encontrão nele e começam a lutar para se separarem, ele lhes mostra a luz. A princípio, eles têm medo e se afastam. Mas ele vai atrás de cada um e lhes mostra a luz. Um fica enfurecido. Esforça-se para pegar a luz, mas é evidente que quer despedaçá-la. Não consegue pegá-la.

O segundo indivíduo está assustado, mas interessado em saber mais sobre a luz. Depois de vencer o medo, aproxima-se da luz e o terceiro indivíduo a divide com ele.

A mímica termina com as duas pessoas segurando a luz e a pessoa que a rejeitou agachada, no canto, escondendo-se, longe da luz tanto quanto possível.

A Mímica do Preconceito[4]

Para apresentar esta mímica, você precisa de:

Três alunos.

Quatro quadrados vermelhos de tamanho idêntico, usados em conjunto de dois, um quadrado em cima do outro, fixados com alfinete às costas de dois alunos.

Dois quadrados verdes de tamanho idêntico, um em cima do outro, fixados com alfinete às costas de um aluno.

Parte I

Os três atores se aproximam uns dos outros vindo de direções diferentes. Encontram-se e se apresentam. Eles não devem ver as costas uns dos outros. Sorriem, dão palmadinhas nas costas, talvez imitem alguém jogando bola.

Acidentalmente, um vermelho vê as costas do verde. Ele recua; o sorriso fenece. Vai a outro vermelho e aponta para o verde. Os dois vermelhos se reúnem atabalhoadamente e ignoram o verde.

O verde está hesitante, triste, confuso. Ele faz várias tentativas para restabelecer a amizade. A princípio, os vermelhos somente o ignoram; depois, o repelem.

O verde se afasta lentamente dos vermelhos, fervendo de raiva. Inclina-se para apanhar uma pedra, joga a pedra e atinge um vermelho. Os vermelhos ficam furiosos. Eles começam a jogar pedras também. No fim, todos os três são atingidos e estão feridos, deitados no chão. Ficam ali perfeitamente imóveis por longo tempo.

Parte 2

Lentamente se levantam e voltam ao ponto em que estavam no começo da primeira cena. Outra vez passam pelas ações de reconhecimento. Sorriem, dão palmadinhas nas costas do outro etc.

Acidentalmente, um vermelho vê as costas do verde. Ele mostra para o outro vermelho. Eles se afastam para discutir. O verde mantém-se a distância, olhando assustado e esperançoso.

Depois, os vermelhos voltam. Eles lhe mostram seus vermelhos. Eles tocam com as mãos nos quadrados uns dos outros. Depois, tiram os quadrados de cima e vagarosamente os rasgam em pedaços, deixando-os cair ao chão. Os segundos quadrados permanecem fixos às costas.

Eles continuam as atividades de amizade (sorrir, dar palmadinhas nas costas, etc.). Ocasionalmente, um vermelho ou verde olha o quadrado de outra cor nas costas de outra pessoa, toca-o, examina-o, mostra orgulho disso, sorri.

Os três amigos saem.

Note que a dramatização a seguir mistura mímica com palavras. Pode ser usada em sala de aula, mas há a possibilidade de ser mais profissionalmente desenvolvida para uso em culto de adoração ou sessão de treinamento para toda a igreja.

O Estranho na Igreja[4]

Um estranho entra no santuário, bizarramente vestido, e caminha com reverência inquestionável até à frente da igreja. (Ele está descalço, com roupas fora de moda ou camiseta e jeans [se mulher, com singularidades como tiras nos tornozelos, bolsa de estilo indígena, ruge brilhante nas maças do rosto, etc.)

O Visitante pára respeitosamente diante do púlpito, depois se senta na primeira fila.

Depois de alguns instantes, os adoradores se chegam em grupos, trajados com suas melhores roupas dominicais. Uns riem e encaram o Estranho; todos se sentam em grupos pequenos afastados do sujeito esquisito, sussurrando por trás de mãos, cutucando uns aos outros, etc.

O pastor entra e toma lugar no púlpito. Os adoradores se mantêm em silêncio. O pastor anuncia o texto de abertura em Hebreus 13.1,2 (ARA) e lê: "Seja constante o amor fraternal. Não negligencieis a hospitalidade, pois alguns, praticando-a, sem o saber acolheram anjos".

O pastor chama a congregação para cantar.

Os adoradores se levantam e se agrupam para dividir o mesmo hinário (o Estranho fica sozinho) e fazem de conta que estão cantarolando em uníssono: "Cantai, cantai, cantai".

O Pastor anuncia que é hora de dar as boas-vindas aos visitantes (ou use os termos comuns de sua igreja). Desce do púlpito, dá um aperto de mão nos adoradores convencionalmente vestidos e volta para o púlpito.

Enquanto isto, os adoradores se abraçam, apertam as mãos um dos outros, conversam e, em geral, ignoram o Estranho que está caminhando pelo corredor pacientemente estendendo a mão para alguém. Por fim, todos ficam quietos e se sentam.

O Pastor entrega o sermão cantarolando: "Pregação, pregação, pregação". Encerra com a bênção e cantarola novamente: "Bênção, bênção, bênção".

Os adoradores saem da igreja, ainda fitando ou ignorando o Visitante, dando um aperto de mão no pastor e conversando.

O Estranho se volta ao altar, olhando de maneira desejosa as janelas de vitral (ou qualquer decoração simbólica que seja usada em sua igreja — cruz, bandeira, dizeres, versículos bíblicos, a própria Bíblia etc.) e fica parado por alguns momentos pensativamente. Depois dá de ombros e sai.

Os Alunos Criam Mímica

Depois de terem participado de várias mímicas, os alunos vão querer trabalhar com você para fazer e representar uma mímica inédita. O grupo deve escolher um assunto que se presta para dramatizar — por exemplo, a vida nova em Cristo ou servir a Cristo. Os alunos discutem que situações encenar, as quais levariam a classe a entender melhor a lição. Destas sugestões, eles escolhem a melhor e a desenvolvem. Use um símbolo em sua mímica inédita.

Símbolos não devem ser tão enigmáticos que o significado não seja entendido pela maioria dos alunos. Por exemplo, um símbolo incontestável e ainda eficiente para usar em mímica sobre a salvação é ramos de árvore. Os que estão satisfeitos com a velha vida — a vida sem Cristo —, levam ramos mortos, ao passo que os que fizeram de Cristo o Senhor de suas vidas trocam os ramos mortos por ramos vivos. (A mímica "Luz do Mundo" usou um pedaço de papel amarelo para simbolizar a nova visão que o crente tem.)

Um grupo de adolescentes e adultos da Circle Church, Chicago, trabalhou por vários meses numa mímica inédita, de uma hora de duração, chamada "Norman Newcreature" (A Nova Vida de Norman). Na mímica, um O Peregrino dos dias atuais, Norman lutou com as forças do mal, reagiu às relações interpessoais e cresceu na vida cristã. Os símbolos eram fáceis de entender e eficazes. Por exemplo, sempre que Norman ficava mais interessado nas coisas do mundo do que nas coisas espirituais, ele recebia um fardo (bloco de isopor). Somente através da confiança em Deus, ele aliviava a carga da vida. A mímica causou tamanho impacto na congregação que outros grupos cristãos das redondezas ouviram falar e pediram que o elenco lhes apresentasse "A Nova Vida de Norman".

Em geral, a mímica inédita não precisa ser escrita. Os alunos apenas falam as idéias e praticam a ação uma vez, antes de a apresentarem para a classe.

1) Desencadeador de idéia: "Nova Vida em Cristo".

Um personagem não crente representa várias atividades negativas em que está envolvido. Então, ele conhece a Cristo. (Que símbolo seria usado para mostrar à classe que esse personagem aceitou o Salvador ?) Ele simula algumas disciplinas cristãs positivas, as quais são parte de sua nova vida.

2) Desencadeador de idéia: "Servir a Cristo".

Use uma escada de mão como símbolo de crescimento espiritual pelas obras. O personagem sobe uns degraus, depois desce e faz algo por Cristo ou por seus conhecidos. Um segundo aluno faz o papel dos conhecidos. Depois de cada obra que ele atua por Cristo, o primeiro aluno volta à escada e sobe um ou dois degraus. Ocasionalmente, ele faria algo que desapontasse Deus, fato que o levaria a descer um degrau.

Fazer a Produção de uma Mímica

É eficiente usar aspectos da mímica e do teatro de leitura para fazer uma produção inteira. Os scripts, "Joy to the World" (Alegria para os Povos) e "Light in the Caves of the Lost" (Luz nas Cavernas dos Perdidos), darão bom início a seus alunos. Porém, o sucesso do projeto dependerá do que os alunos levam à apresentação. Antes de os alunos assumirem tarefas como estas, eles devem ter participado de mímica em sala de aula. Eles não precisam ser profissionais ou mesmo excelentes. Mas devem ficar empolgados com o processo de representar sentimentos. Os scripts sugerem movimentos, mas somente pessoas reais podem dar vida às ações.

A mímica "Alegria para os Povos" serve para alunos jovens e adultos. Os professores de cada grupo devem praticar com os alunos, de forma que se torne necessário apenas um ou dois ensaios com os três grupos juntos. Uma pessoa que lê bem deve ser escolhida como Narrador.

Mímica de Natal

Alegria para os Povos[5]

Personagens:

Narrador

Povo Vermelho.

Povo Branco.

Povo Amarelo.

Povo Preto.

Quatro pessoas de chapéu vermelho escarlate.

Quatro pessoas de chapéu azul.

Material de apoio:

Vários mapas-múndi grandes.

Roteiro do Narrador.

Círculo de papel vermelho.
Círculo de papel branco.
Círculo de papel preto.
Círculo de papel amarelo.
Quatro chapéus vermelho escarlate.
Doze chapéus azuis (deixe cinco perto do Narrador).★
Balão.
Cesta de frutas.★
Placa: "R$ 0,10".★
Bolinha.
Moeda.
Boneca numa manjedoura (caixa).★
Bíblia.
Muitos círculos de papel (vermelhos, amarelos, pretos e brancos).

Todos os itens marcados com asterisco são colocados no palco perto do Narrador, a seu alcance. Os chapéus podem ser feitos com cartolina formando um cone. Os círculos devem ter aproximadamente doze centímetros de diâmetro e estar afixados à roupa dos personagens com alfinete. Geralmente, os personagens podem ser homens ou mulheres.

(A cena se abre com o Narrador no lado esquerdo do palco, tendo à frente o roteiro assentado num suporte. Os quatro Povos ficam de pé no meio do palco. Cada um usa um círculo vermelho, branco, preto ou amarelo, respectivamente. Grandes mapas-múndi estão fixados nas paredes do palco.)

NARRADOR: Em nosso mundo, temos pessoas de cores diferentes, mas basicamente muito iguais. Por isto, escolhemos quatro pessoas para representar todos os povos do mundo. Nós o chamamos de Povos e os identificamos pelo círculo colorido que usam. Nossa mímica usa dois outros símbolos. O primeiro é um chapéu vermelho escarlate. Quando a pessoa está usando um chapéu vermelho escarlate, ela representa o mal e o pecado. Quando a pessoa está usando um chapéu azul, ela representa a alegria de falar de Jesus.
(Todos os Povos, exceto o Povo Vermelho, saem do palco.)

CENA I

(O Povo Vermelho vagueia pelo palco parecendo solitário enquanto o Narrador lê.)

NARRADOR: Agora vamos a uma cidadezinha perto de uma reserva indígena, para onde Povo Vermelho há pouco se mudou com sua família indígena. Ela é a única índia na classe escolar, e ela quer desesperadamente fazer amigos com as demais crianças, mas elas só tiram sarro dela.

(Chapéu Vermelho Escarlate entra e, repentinamente, Povo Vermelho o vê. Seu rosto se ilumina e vai a passos firmes para cumprimentá-lo. Chapéu Vermelho Escarlate lhe dá as costas e finge que não o vê. Ele sai em disparada do palco e volta imediatamente com um balão. Povo Vermelho o oferece a ele, mas ele o estoura. Povo Vermelho começa a chorar. Chapéu Vermelho Escarlate caçoa dele, apontando para a cor da pele e do cabelo. Enquanto Chapéu Vermelho Escarlate caçoa, Povo Vermelho fica bravo. No fim, ele corre para o canto distante do palco e se inclina para apanhar pedras. Ele quer jogá-las no Chapéu Vermelho Escarlate. Este se desvia das pedras e corre, rindo, para fora do palco. Povo Vermelho parece muito triste e caminha lentamente para fora do palco.)

NARRADOR: Quando será que a mensagem do anjo atingirá o solitário Povo Vermelho? "Não temais, porque eis aqui vos trago novas de grande alegria, que será para todo o povo."

CENA II

(Ao mesmo tempo em que Povo Vermelho sai do palco, Povo Branco entra.)

NARRADOR: Na Europa e América do Norte, o Povo Branco também não entende a mensagem.

(Povo Branco esfrega o estômago. Está obviamente com fome. Quando fica de costas para o Narrador, o Narrador coloca no chão, perto de si mesmo, a cesta de frutas e o cartaz "R$ 0,10". Chapéu Vermelho Escarlate entra e avista a cesta de frutas e o homem faminto. Ele mostra as frutas a Povo Branco. Por um instante, Povo Branco fica feliz, mas depois vê o cartaz. Ele sacode a cabeça tristemente e tira para fora os bolsos vazios.)

(Chapéu Vermelho Escarlate, rindo com astúcia, aproximasse-se furtivamente da cesta, olha em volta para se certificar de que ninguém esteja olhando e rouba uma fruta. Ele indica ao Povo Branco que roube também. Quando ele meneia a cabeça dizendo não, Chapéu Vermelho Escarlate caçoa dele até que ele concorda em roubar. Ambos saem do palco em direções opostas. Chapéu Vermelho Escarlate está saltitante e batendo as mãos. Povo Branco está triste, evidentemente desapontado consigo mesmo.)

NARRADOR: Povo Branco se sente culpado. Bem no fundo do seu ser, ele sabe que deve haver outro modo de sobreviver. Quando ele vai ouvir a mensagem: "Não temais, porque eis aqui vos trago novas de grande alegria"?

(O Narrador retira a cesta de frutas e o cartaz.)

CENA III

NARRADOR: Agora nos unimos a Povo Preto numa cidade grande. Estamos no período de férias e o Natal se aproxima. Ele tem de ganhar dinheiro a fim de comprar presentes para a família. Nós o vemos batendo em portas tentando achar trabalho.

(Povo Preto entra no palco. Ele se dirige a uma porta imaginária e bate. Ele representa a cena de cortar a grama do jardim. Pelo seu olhar abatido, é óbvio que sua oferta foi recusada. Na próxima porta, ele indica que gostaria de lavar o carro, mas novamente ele é mandado embora. Ele olha com tristeza seu círculo preto e se afasta. Quando está no lado direito do palco, Chapéu Vermelho Escarlate surge e anda a curta distância atrás dele, rindo e apontando ao triste Povo Preto. Povo Preto não percebe a presença de Chapéu Vermelho Escarlate até ser alcançado no centro do palco.)

(Povo Preto se alegra ao ver Chapéu Vermelho Escarlate. Ele encena o que acabou de acontecer, e Chapéu Vermelho Escarlate parece mostrar simpatia. De repente, Chapéu Vermelho Escarlate estala os dedos. Tem uma idéia. Enrola a manga e encena tirar uma agulha do bolso. Faz a representação de estar se drogando. Depois oferece a mesma coisa a Povo Preto. Ele dá de ombros como se não se importasse com o que quer que acontecesse. Os dois

saem do palco com o braço de Chapéu Vermelho Escarlate em cima do ombro de Povo Preto.)

NARRADOR: Não há ninguém para repetir a mensagem? Ninguém para cantar a canção angelical ?

CENA IV

NARRADOR: Na Ásia, Povo Amarelo planta arroz sob o sol escaldante como seus antepassados sempre fizeram.

(Povo Amarelo entra no palco. Senta-se no chão e tira os sapatos. Anda sobre o leito de arroz úmido. Inclina-se para plantar mudas imaginárias na terra molhada. Ele vai de um lado para o outro do palco plantando fila após fila de arroz, parando de vez em quando para enxugar o rosto e esfregar as costas. Chapéu Vermelho Escarlate entra em cena e caminha em silêncio até o lado direito do palco. Ele fica de pé com as mãos sobre a cabeça e as pernas viradas para fora como se fosse um ídolo. Povo Amarelo vê o ídolo e adquire um olhar de esperança no rosto. Ele se dirige até ele, se curva e reza. Depois, se levanta e sacode a cabeça tristemente. Nada aconteceu. Ele regressa lentamente aos campos de arroz e continua plantando mais uma carreira. Em seguida, ele e Chapéu Vermelho Escarlate deixam o palco.)

CENA V

(O palco está vazio com exceção do Narrador. Ele coloca uma boneca numa manjedoura [caixa] no centro do palco. Depois retorna ao enredo e começa a ler o parágrafo seguinte. Enquanto o lê, todos os atores entram no palco em grupos de dois e três. Ninguém está usando chapéu ou círculo. Eles estão de pé — ou sentados — em semicírculo em torno da manjedoura. Uns parecem felizes, outros amedrontados. Eles apontam com o dedo para o bebê e cutucam uns aos outros. Alguns encenam falar, decidindo entre si o que significa esse bebê.)

NARRADOR: Não temais, porque eis aqui vos trago novas de grande alegria, que será para todo o povo, pois, na cidade de Davi, vos nasceu hoje o Salvador, que é Cristo, o Senhor. E isto vos será por sinal: achareis o menino envolto em panos e deitado numa manjedoura.

(De repente, o grupo está feliz. Eles se abraçam e batem palmas. Alguns se ajoelham ao lado do bebê. Outros começam a dizer uma palavra, ALEGRIA. Este é o único momento na peça teatral que alguém, exceto o Narrador, fala. O grupo todo começa a dizer a palavra cada vez mais alto até que o Narrador levanta a mão. Em seguida, todos voltam a ficar em silêncio enquanto se viram para encarar o narrador e ouvir o que ele tem a dizer.)

NARRADOR: A mensagem do anjo é ouvida por alguns que aceitam a Cristo, o Filho de Deus, como Senhor e Salvador. Eles também aceitam a responsabilidade de levar esta mensagem a todos os povos. Agora quem contará aos outros que Jesus veio ao mundo?

(Os que farão o papel de Chapéu Azul aproximam-se e o Narrador dá um chapéu azul a cada um. Enquanto eles os recebem, todos os outros que estavam em torno da manjedoura saem do palco.)

NARRADOR (aos que estão a seu lado com os chapéus azuis): Ide por todo o mundo, país, cidade, vizinhança e falem da mensagem de Natal. Jesus veio ao mundo para nos salvar de todos os nossos pecados. Alegrai-vos, todos os povos.

(Os Chapéus Azuis concordam com a cabeça. Em seguida, todos saem do palco, exceto um Chapéu Azul.)

CENA VI

(Povo Vermelho entra em cena, ainda chorando. Chapéu Azul se achega a ele. Oferece a mão, mas Povo Vermelho parece assustado, desconfiado, e retrocede. Depois, enfia a mão no bolso e tira uma bolinha. Bate com ela no chão muitas vezes, indicando que quer jogar. Eles ficam jogando a bolinha de um lado para o outro. O medo de Povo Vermelho lentamente desaparece. Ele começa a se divertir. Depois de estarem jogando por um pouquinho, Chapéu Azul indica que o outro deve se sentar a seu lado. Ele conta a história do nascimento de Jesus, gesticulando e fingindo que estão falando enquanto o Narrador lê.)

NARRADOR: Regozijai-vos, o Senhor vem; Ó Rei, seja bem-vindo: Venha reinar em nossos corações. Céus e terra cantem.

(Chapéu Azul aponta para Povo Vermelho. Ele diz que sim com a cabeça e os dois inclinam a cabeça como se estivessem orando. Depois, levantam-se sorrindo. Jogam a bolinha um para o outro enquanto saem do palco.)

Cena VII

(O Narrador coloca a cesta de frutas e o cartaz no palco outra vez. Povo Branco entra. Ainda está esfregando o estômago e parecendo faminto. Aproxima-se furtivamente da cesta e está pronto para morder uma fruta quando Chapéu Azul entra correndo no palco, agarra a mão dele e sacode a cabeça dizendo não. Povo Branco fica assustado, porque foi pego. Chapéu Azul lhe sorri e dá ao Narrador uma moeda para pagar duas maçãs. Depois vão ao centro do palco para comer. Enquanto comem, Chapéu Azul fala da mensagem de Cristo ao Povo Branco gesticulando enquanto o Narrador fala.)

NARRADOR: E ela dará à luz um filho, e lhe porás o nome de JESUS, porque ele salvará o seu povo dos seus pecados.

O salário do pecado é a morte, mas o dom gratuito de Deus é a vida eterna, por Cristo Jesus, nosso Senhor.

A escolha é sua.

(Povo Branco acena com a cabeça dizendo sim e os dois oram juntos. Enquanto Chapéu Azul e Povo Branco andam para fora do palco, o braço de Povo Branco está no ombro de Chapéu Azul.)

Cena VIII

(Povo Preto e Chapéu Azul entram provenientes de lados opostos do palco. Chapéu Azul vai ao centro do palco e fica de pé perfeitamente imóvel olhando o lado esquerdo do palco. Povo Preto se aproxima de uma porta imaginária em frente de Chapéu Azul. Ele vai bater à porta, mas hesita. É óbvio que tem medo de conseguir trabalho depois de tantos fracassos. Mas, por fim, bate. Chapéu Azul abre a porta. Povo Preto encena seu desejo de trabalhar como babá e ganhar dinheiro para o Natal. Chapéu Azul concorda com a cabeça e entrega a Povo Preto um bebê imaginário. Ele se senta e o embala enquanto Chapéu Azul observa, sorrindo.

Depois, Chapéu Azul vai apanhar sua Bíblia. Enquanto olham a Bíblia juntos, o Narrador fala.)

NARRADOR: E, no mesmo instante, apareceu com o anjo uma multidão dos exércitos celestiais, louvando a Deus e dizendo: Glória a Deus nas alturas, paz na terra, boa vontade para com os homens! E foram apressadamente e acharam Maria, e José, e o menino deitado na manjedoura. E os pastores voltaram, contando aos outros o que haviam descoberto. Eles acharam o Cristo que salvará a todos de seus pecados. Eles tinham descoberto a alegria para o mundo.

(Povo Preto aponta para si mesmo e Chapéu Azul concorda. Oram juntos. Depois Povo Preto devolve o bebê a Chapéu Azul e recebe seu pagamento. Ele vai embora. Eles acenam com a mão. Depois repentinamente Povo Preto volta correndo e aponta para o chapéu de Chapéu Azul. Ele indica que ele também quer ter um chapéu para testemunhar aos outros. Chapéu Azul lhe dá o seu e imediatamente obtêm outro do Narrador. Chapéu Azul e Povo Preto saem.)

CENA IX

(Povo Amarelo e Chapéu Vermelho Escarlate entram. Chapéu Vermelho Escarlate retoma sua posição de ídolo no lado direto do palco. Povo Amarelo retoma a plantar sob o sol escaldante. Chapéu Azul entra em cena e tristemente sacode a cabeça quando vê o ídolo. Depois de ver Povo Amarelo plantando, ele tira os sapatos e entra no campo de arroz. Os dois plantam juntos. Enquanto plantam, é evidente que estão conversando.)

NARRADOR: Os deuses que não fizeram o céu e a terra serão exterminados da terra. Eles são desprezíveis, obra de escárnio; eles perecerão. E Maria dará à luz um Filho, e lhe porá o nome de Jesus, porque Ele salvará o seu povo dos seus pecados. E ele será chamado pelo nome de Emanuel, que quer dizer Deus conosco.

(Povo Amarelo sacode a cabeça dizendo não e corre para o ídolo. Lança-se aos pés dele. Chapéu Azul vai para o lado oposto do palco e ora. Depois volta para falar com Povo Amarelo novamente. Ele olha

para o ídolo com tristeza e ouve Chapéu Azul enquanto o Narrador repete a mensagem de Natal.)

NARRADOR: E ele será chamado pelo nome de Emanuel, que quer dizer Deus conosco. Regozijai-vos!

(Povo Amarelo concorda com a cabeça e os dois oram juntos. Enquanto oram, Chapéu Vermelho Escarlate se mostra desgostoso, põe as mãos na cintura e sacode a cabeça. Por fim, ele sai furtivamente do palco. Chapéu Azul e Povo Amarelo se levantam e se viram para saudar os outros que estão entrando no palco.)

CENA X

(Todos os personagens voltam ao palco. Cada um está usando um chapéu azul e levando vários círculos coloridos de cartolina vermelha, amarela, preta e branca. Um ator deve dar a Povo Amarelo um chapéu azul e círculos para ele e Chapéu Azul. Os personagens descem do palco e se dirigem a diferentes partes do auditório enquanto o Narrador fala.)

NARRADOR: Sabemos qual é o verdadeiro significado do Natal e fazemos parte da celebração maravilhosa do nascimento de Cristo. Temos de falar o que sabemos a todos os homens. Se você está disposto a se unir a nós para falar desta mensagem às pessoas com quem tem relação, as quais não sabem que esta mensagem pode mudar-lhes a vida, levante a mão. Um dos personagens lhe dará um círculo que servirá como lembrança de sua promessa a Deus de levar as boas-novas dEle ao mundo.

(Enquanto os personagens entregam círculos, o Narrador conclui a dramatização dirigindo a congregação com o hino "Alegria para o Mundo".)

"Luz nas Cavernas dos Perdidos", peça teatral para a Páscoa, é uma combinação de jogral e mímica. A narração é feita por um narrador e pelo jogral, cujos integrantes seguram os scripts em pastas. A encenação é feita por outro grupo, que não fala, só utiliza a mímica para representar emoções, sentimentos e ações.

Luz nas Cavernas dos Perdidos[6]

de Karen Burton Mains

Personagens:

NARRADOR — *capaz de ler com expressão. A narração não deve ser veloz, mas deliberada, a fim de que os atores tenham tempo para expressar bem as palavras que estão sendo lidas.*

JOGRAL — *lê como um coral harmonizado, pode se colocar um fundo musical .*

NARRADORES (UM, DOIS E TRÊS) *fazem solo para ênfase dramática.*

NARRADOR UM *lê as palavras do Homem (Cristo).*

ATORES — *são os intérpretes do drama. Sete ou nove compõem bom grupo.*

O HOMEM — *vestido como um personagem comum, mas suas ações mostram que Ele não é cego.*

DIREÇÕES DE PALCO: *A ação ocorre nas CAVERNAS DOS PERDIDOS. Metade do palco é atribuída às CAVERNAS (Palco Esquerdo — PE) e a outra metade à TERRA DA LUZ (Palco Direito — PD). A ação para os atores será sugerida em itálico. Amplie estas sugestões para se ajustar à personalidade e habilidade de cada ator.*

MATERIAL DE APOIO:

Vendas pretas para os atores, colocadas de certo modo que eles possam ver o suficiente para cumprir as orientações de palco. Pastas para os scripts destinadas ao narrador, o jogral, os outros narradores. Tudo o mais é representado.

JOGRAL: A verdadeira Luz veio ao mundo! E o julgamento é este: os homens amaram mais as trevas do que a luz, porque as suas ações eram más.

NARRADOR: Estas são as Cavernas dos Perdidos. Elas se estendem por quilômetros infindáveis — uma série de cavernas subterrâneas habitadas por homens que nunca viram a luz. Sempre é noite nas Cavernas.

(Os atores entram usando vendas. Eles andam às cegas, tropeçam, abrem caminho no PE. Cada ator está sozinho nas trevas, com medo de ser tocado. Se tocado, recua ou empurra freneticamente.)

NARRADOR: Os Habitantes das Cavernas ficam se perguntando para que servem os olhos. Eles sentem o caminho com as mãos que ficam feridas pelas paredes de granito e com os pés que tropeçam em pedras não vistas. Nas trevas, todos os homens são inimigos. É impossível distinguir entre amigo ou inimigo. Os Habitantes das Cavernas não tocam uns nos outros, exceto para lutar. Eles estão cheios de medo.

(Os atores assumem várias posições. Alguns procuram com as mãos um caminho ao longo de uma parede não vista; outros rastejam de joelhos; uns se precipitam nas trevas; outros em desespero enfiam a cabeça nos braços que envolvem os joelhos.)

JOGRAL: Todos nós nos desgarramos como ovelhas, nos desviamos para o caminho que escolhemos.

NARRADOR: Pelo meio das cavernas flui um grande e terrível rio. (Todos os atores olham para o Centro do Palco — CP.) Existe uma lenda entre os Habitantes das Cavernas que diz que de outro mundo emana um mundo completamente diferente de tudo o que já conheceram. Mas não houve ninguém que os levasse para esse mundo. Eles sabem que não podem encontrá-lo por conta própria.

(Os atores representam atividades da existência das Cavernas: procurar comida, beber água, embalar bebê nos braços, dormir, subir em pedras, enquanto o narrador continua lendo. Dois dão um encontrão um no outro, se exasperam e fazem ameaças mútuas. Os atores mudam de ação. Outros atores dormem ou procuram comida. Todos os movimentos devem expressar solidão, medo, cegueira. Os atores estão representando almas perdidas nas trevas do pecado.)

NARRADOR (continua): Assim os Habitantes das Cavernas permanecem nas trevas, na noite eterna. Eles procuram nas paredes de granito comida, sanguessugas e lesmas que penetram nas fendas . Bebem água de poças estagnadas, porque temem o rio traiçoeiro. Acima de tudo, não ajudam uns aos outros. Não dividem a comida que acham ou guiam os outros ao longo das saliências estreitas da caverna. Não tiram um Habitante das Cavernas que caiu num buraco ou avisam: "Cuidado! O caminho é áspero".

Alguns amam as trevas, porque não há ninguém que veja as ações más que praticam. Mas outros almejam que alguém encontre a saída no grande rio que vai das Cavernas dos Perdidos para um mundo diferente e novo. Anelam o dia em que alguém lhes mostre uma saída do cativeiro desta noite eterna.

JOGRAL (A primeira frase é lida em série de três partes e é repetida duas vezes):
Na plenitude dos tempos...
Na plenitude dos tempos...
Na plenitude dos tempos...

NARRADOR DOIS: Deus enviou seu Filho, nascido de mulher, nascido sob a lei...

JOGRAL: Para guiar os que estavam nas trevas.

NARRADOR UM: O Espírito do Senhor é sobre mim, pois que me ungiu para evangelizar os pobres, enviou-me a curar os quebrantados do coração, a apregoar liberdade aos cativos, a dar vista aos cegos.

NARRADOR: Um rumor varreu as Cavernas dos Perdidos. Os homens estão se movendo furtivamente das saliências das rochas, rastejando-se para fora dos buracos. Tropeçam pelo caminho. Andam às cegas nas trevas. "Um Homem entrou nas Cavernas dos Perdidos", ressoa o rumor por todas as cavernas. "Ele não tropeça nas trevas ou acha seu caminho apalpando as paredes! Ele fala de uma Terra de Luz."

(Os atores fingem estar ouvindo o rumor. Param o que estão fazendo e começam a andar às cegas para o CP.)

NARRADOR DOIS: As pessoas ficaram maravilhadas com Sua doutrina.

NARRADOR TRÊS: E Sua fama entrou em todos os lugares das Cavernas dos Perdidos.

JOGRAL *(Cada integrante repete uma frase cinco vezes ao mesmo tempo em que os outros integrantes estão falando; o ruído parecerá uma multidão)*:
Venham ver o Homem.
Ele está aqui.
Ele me disse tudo que fiz.

Venham correndo!
Não tenham medo.
Quem é o Homem?
Por que Ele está aqui?

NARRADOR UM (fala do meio do ruído do Jogral. Eles param. Os atores, um por um, vão ao CP, sentam-se e escutam. O Homem entra e faz movimentos de ensinar enquanto o narrador diz): Você não deve empurrar seu irmão para fora do caminho, mas abrir passagem para ele. Na verdade, guie-o por onde você já passou. Pegue sua mão na saliência estreita das rochas e vá diante dele para que ele não caia.

Se você achou comida na parede das cavernas e seu companheiro não tem nada, compartilhe com ele o que você tem.

Se alguém caiu num buraco, alcance-o e tire-o dali. Depois, console-o.

A terra de Meu Pai é uma Terra cheia de Luz. Está cheia de cor e brilho, de beleza e calor. Todos os que moram naquele lugar me enxergam e eu a eles.

JOGRAL (novamente como uma multidão, mas desta vez repetindo as mesmas palavras): Como chegamos lá ? Qual é o caminho?

NARRADOR UM: Eu sou o Caminho. Eu sou o Caminho, a Verdade e a Vida. Eu sou a Luz do Mundo; quem me segue não andará em trevas.

JOGRAL: Nele estava a vida e a vida era a luz dos homens.

NARRADOR DOIS: A luz resplandeceu nas trevas, mas as trevas não a compreenderam.

NARRADOR: Os Habitantes das Cavernas ficaram maravilhados com as palavras do Homem. Eles ficaram estupefatos com as coisas que Ele fez. Ele andou ereto, não encurvado para que não batesse a cabeça na escuridão. Ele não teve medo de rio e tirou água fresca dali para os que estavam doentes. Ele andou pelas passagens estreitas e escuras buscando os que estavam escondidos e falando-lhes sobre a Terra de Seu pai.

(Os atores se dividem em dois grupos durante esta narração. Alguns se sentam no CP aprendendo aos pés do Homem. A mímica tem

de mostrar uma atitude de resposta — alguns com as mãos estendidas buscando mais verdade. Eles começam a se sentar mais eretos, mantendo a cabeça erguida.)

(Os outros atores obviamente odeiam o Homem. Eles se retiram do CP. Conspiram, curvando-se em grupo. Apertam a roupa sobre si, indicando cautela e segredo. Um sacode o punho em direção ao CP.)

NARRADOR (continua): Ele parecia ter um brilho estranho em torno de Si; esse brilho iluminava as trevas. Pela primeira vez, os Habitantes das Cavernas conheceram a luz e quase não entenderam o que era.

Alguns odiaram o Homem. Menosprezaram Suas ações amáveis e gentis. Detestaram a luz que o cercava. Tinham inveja dEle, porque Ele nunca teve de andar às cegas ou tropeçar ou cair nas trevas.

TODOS: Os homens amaram mais as trevas do que a luz.

NARRADOR TRÊS (leia cada palavra deliberadamente): Porque... as... suas... obras... eram... más.

TODOS (eco sussurrante): Más, más, más.

NARRADOR UM: Venham, sigam-me! Eu lhes darei a luz eterna. Se vocês confiarem e crerem em Mim, vocês habitarão na Terra de Luz. Vejam! A luz está aqui!

Primeiro, entrarei no rio, atravessarei a saída para o mundo lá fora. Depois, voltarei para vós.

(Os atores no CP fingem horror, surpresa, medo. Os conspiradores no PE tomam nota das palavras do Homem, simulam satisfação, chegam-se mais perto do CP e escutam. O Homem se dirige para o meio do PD e, enquanto o narrador lê, Ele se ajoelha e toca a cabeça no chão. Permanece completamente imóvel nessa posição de agachamento.)

NARRADOR: O Homem estava na margem do grande rio subterrâneo. Andou em direção ao rio. Mergulhou nas águas. Pedregulhos se lançaram sobre Ele. A corrente rasgou Suas roupas. Sua cabeça desapareceu sob a superfície. O rio era morte certa. De repente, as Cavernas dos Perdidos voltaram a ficar na mais absoluta escuridão.

(Os atores no CP põem as mãos e os braços sobre a cabeça curvada em lamento.)

NARRADOR (continua): A noite eterna tinha voltado e caído novamente sobre as Cavernas.

(Os atores no PE começam a andar às cegas nas trevas, se batendo, se empurrando, caindo de joelhos.)

NARRADOR (continua): O Homem foi embora!

(Todos ficam imóveis. Os atores no PE se tornam estátuas. Contem lentamente até quinze antes de prosseguirem.)

NARRADOR UM (suavemente): Venham, sigam-me.

NARRADOR DOIS (em eco): Venham, sigam-me.

NARRADOR TRÊS: Venham, sigam-me.

(Os narradores repetem, chamando um pouco mais alto a cada vez.)

NARRADOR UM (mais alto): Venham, sigam-me!

(Ator Um — Uma cabeça se ergue, escutando.)

JOGRAL (dividindo-se em três grupos): Venham, sigam-me. Venham, sigam-me.

(Mais atores no CP olham para cima.)

JOGRAL (continua): Venham, sigam-me!

TODOS: Venham, sigam-me!

(Todos os atores no CP olham para cima. Os atores no PE continuam como estátuas.)

NARRADOR UM (em voz baixa): Venham, sigam-me.

(O Homem de repente está em pé.)

NARRADOR: De repente! As Cavernas ficaram cheias de luz! O Homem tinha voltado! Ele estava na orla do rio! "Venham, sigam-me", chamou Ele, e alguns dos Habitantes das Cavernas entraram nas águas e o seguiram.

(O narrador lê, enquanto os atores do CP se levantam, um por um. Simulam andar até à beira do rio; uns se apressam, outros vão devagar. Entram nas águas. O Homem os ajuda. Ainda vendados, estendem as mãos, tocam nos outros, seguram as mãos. Os atores do PE ficam imóveis em atenção à direção que eles estão indo, mãos ao longo do corpo, pés juntos.)

NARRADOR: As águas os engolfaram. Um remoinho de água os engoliu, engoliu, engoliu e depois os lança para a superfície e para fora da água.

(Os atores do CP giram em torno de si, mãos apertadas ao peito. Enquanto o narrador continua falando, o Homem retira as vendas deles. Eles dão uma olhada em volta, depois jogam as vendas para cima, cheios de alegria! Os atores do CP agora atuam como se estivessem vendo pela primeira vez na vida.)

(Olham a bonita Terra de Luz no PD, olhos amplamente abertos de espanto. Olham o céu azul, estendem as mãos para cima. Olham o solo, viram-se. Olham as mãos, mantendo-as em frente dos olhos, virando-as. Olham o próprio corpo, erguem um pé, olham-no! Vêem uns aos outros, tocam o rosto.)

NARRADOR: As cabeças se arremessam para trás; os olhos se esbugalham. Luz! Luz em todos os lugares! Cor — beleza — a Terra de Luz! O Homem os tirara das Cavernas dos Perdidos através das águas para a Terra de Seu Pai, a Terra de Luz!

(Os atores do CP se dirigem para o PD. Eles dão as mãos, fazem um círculo em torno do Homem, depois giram em volta dEle, alegremente, como crianças brincando. Não há narração por enquanto. Depois de um tempo, o Narrador Um começa a ler.)

NARRADOR UM: Qualquer que procurar salvar sua vida perdê-la-á, e qualquer que a perder salvá-la-á. Se alguém me serve, siga-me; e, onde eu estiver, ali estará também o meu servo. E, se alguém me servir, meu Pai o honrará.

(Os atores do PD se sentam e ficam em frente do Homem sem bloquear a visão que o público tem dEle.)

JOGRAL: Deus é luz, e nele não há treva alguma. Se andarmos na luz...

NARRADOR DOIS: Temos comunhão uns com os outros, e o sangue de Jesus Cristo, seu Filho, nos purifica de todo pecado.

NARRADOR TRÊS: A luz resplandeceu nas trevas, e as trevas não a compreenderam.

(Os atores do PE simulam atividades sem sentido, como pôr e tirar pedras de um recipiente. Um por um, ficam desgostosos e saem do palco.)

NARRADOR UM (sem pausa entre esta porção e a anterior): Tenham bom ânimo; Eu venci o mundo.

NARRADOR DOIS: E a todos quantos o receberam deu-lhes o poder de serem feitos filhos de Deus.

NARRADOR: E assim, os que outrora eram Habitantes das Cavernas, mas agora habitam na Terra de Luz, tornaram-se filhos do Pai das Luzes. Eles comem à Sua mesa.

NARRADOR UM: Quem come do meu pão jamais terá fome . Eu sou a Água da Vida; aquele que beber de Mim nunca terá sede.

(Todos os atores do PE agora estão fora do palco.)

(Os atores do PD, ainda sentados, fazem a mímica de abrir livros, ler e mostrar aos outros o que encontraram.)

NARRADOR: E depois de tantos anos nas trevas, eles estão aprendendo a andar.

(Um dos atores do PD faz de conta que está andando numa linha imaginária, estendendo os braços para se equilibrar. Os outros aplaudem seus esforços. O Homem ajuda quando ele tropeça.)

NARRADOR (continua): Eles estão aprendendo que caminhos escolher, com quem caminhar, como correr.

JOGRAL: Os que esperam no Senhor renovarão as forças.

NARRADOR DOIS: Subirão com asas como águias.

NARRADOR TRÊS: Correrão e não se cansarão.

JOGRAL: Caminharão e não se fatigarão.

(Os atores do PD formam uma fila reta, de frente para o público. Lentamente, à medida que o Homem lhes mostra como fazer, eles imitam Seu exemplo das disciplinas da fé cristã. Ele ergue as mãos ao Céu fazendo um amplo círculo — louvor. Eles o imitam. Ele junta as mãos e inclina a cabeça — oração. Ele dobra os joelhos para o grupo — obediência. Ele derrama água e dá aos outros — serviço. Ao término desta mímica, todos os que participaram na produção sobem ao palco e dão as mãos simbolizando unidade. O Homem está no centro da fila.)

TODOS: Embora antigamente seu coração estivesse cheio de trevas, agora está cheio da Luz do Senhor.

NARRADOR UM: Fale da Luz.

NARRADOR DOIS: Fale da Luz.

TODOS (suavemente, ficando cada vez mais alto): Nós falaremos do que encontramos. Falaremos da Luz.

ADAPTAÇÃO AO TEATRO

A dramatização na maioria das salas de aula é mais um caso de adaptação criativa do que tentativa de real dramatização. Apenas afastamos as cadeiras um pouco e, no espaço aberto, os alunos fazem a mímica ou a encenação ou outra ação dramática.

É de se esperar que seus alunos ampliem seu ministério dramático, de tempo em tempo, compartilhando com a congregação o que prepararam durante a semana ou apresentando uma ilustração dramática talvez como parte do culto de adoração. Lembre-se de que não importa quão bom seja o material que você apresente, a menos que as pessoas vejam e ouçam, o impacto se perderá e tempo será desperdiçado. Em sala de aula, muito movimento pode ser feito no chão (lembra "O Saco de Culpa"?), mas esse movimento executado no nível inferior não dará certo num santuário.

"Fiz um curso sobre teatro e adoração", disse um professor de adultos. "A tarefa que me foi mais difícil e mais proveitosa foi a construção de uma mímica inédita que teve de ser adaptada a três igrejas diferentes. O sucesso do projeto dependia da mímica trabalhar numa igreja grande com um santuário elevado, uma igreja em casa onde as pessoas se sentavam em círculo e uma igreja que tinha uma plataforma no mesmo nível que os assentos da congregação. A flexibilidade foi o fator chave. Tive, na verdade, de reestruturar minha mímica ligeiramente para cada situação."

O palco pode ser dividido em nove áreas. O movimento em algumas destas áreas mostra-se mais forte que em outras. Na realidade, podemos comunicar mensagens sobre nosso tema baseado no lugar do palco em que apresentamos as falas.

As direções de palco às vezes são confusas. Ainda falamos sobre upstage (literalmente, encima do palco; o último plano do palco) e downstage (literalmente, embaixo do palco; a boca de cena), porque durante o tempo de Shakespeare o palco era na verdade construído em um declive tendo o público embaixo. Assim, quando a pessoa está upstage, ela está tão longe do público quanto o palco a permitirá ficar. Downstage põe a pessoa bem na frente do público.

Divida a área do palco em um tabuleiro grande de Jogo da Velha.

lado esquerdo (atrás)	Atrás do palco central	lado direito (atrás)
	centro do palco	
lado esquerdo (frente)	Frente do palco central	lado direito (frente)
	Público	

A parte mais fraca do palco é o lado esquerdo (atrás). Este é o lugar em que os olhos vão por último. Assim, se você quiser que alguém entre furtivamente no palco, essa pessoa deve entrar pelo lado esquerdo (atrás) do palco. Esta ação seria apropriada para a mímica "Luz nas Cavernas dos Perdidos". Enquanto as pessoas em trevas andam às cegas pelo palco, a pessoa com a luz se aproxima quase sem ser percebida proveniente do lado esquerdo (atrás) do palco.

A frente do palco central é um ponto forte do palco. Um narrador ou mímico que fica ali, interage melhor com o público. É como se o ator estivesse dizendo: "Estou com vocês. Sou seu amigo".

A frente do lado direito também é um ponto forte. A ação que ocorre neste bloco e no bloco do centro prenderá a atenção da congregação com mais rapidez do que a ação em outro bloco do palco.

A posição do corpo do ator é outra ferramenta de comunicação. Quando a pessoa está de frente para o público com o peito pleno para ele, o ator se mostra como pessoa muito aberta e franca. Mas esta também é uma posição banal para o ator; permite apenas uma dimensão.

Quando a pessoa vira um pouco para a esquerda ou para a direita, ela muda o estado de espírito da cena. Estas são posições muito livres. Elas dão nuanças de significado a serem comunicadas.

É muito freqüente em sala de aula, e talvez numa apresentação mais formal, os alunos ficarem completamente de costas para o público. Esta ação é apropriada para o ator que deseja retratar abatimento total. Na mímica de amizade, por exemplo, esta seria boa posição com as costas dobradas, os ombros caídos, a cabeça ligeiramente abaixada, os pés afastados uns centímetros. Mas em geral a posição de costas não é útil. Comunicamo-nos melhor com o rosto, assim, quando representamos com as costas viradas, perdemos nossa ferramenta de comunicação mais útil.

Quando um ator fizer isto, você precisará corrigi-lo. Normalmente menciono o problema antes de os atores começarem a encenar. Depois, se a classe está perdendo a maior parte das ações, porque todos só vêem as costas do ator, posso sussurrar: "Costas", e a pessoa corrigirá o problema imediatamente. Minha dica silenciosa não arruína a mímica ou o roleplay, e o momento de ensino não é perdido por termos de refazer toda a atividade.

Notas

[1] Neta Jackson, professora de Escola Dominical da Reba Place Church, na região urbana de Evanston, Illinóis, conta como a dança foi usada em uma classe de Escola Dominical: "A cada dois domingos, uma das classes de crianças faz uma apresentação para toda a congregação a fim de que esta participe no que elas estão aprendendo na Escola Dominical. Quando foi a vez dos meninos da sétima série, o professor prefaciou a apresentação assim: 'O que vocês verão hoje foi idéia dos meninos. Eles quiseram usar o break dance (estilo de dança comum na cultura urbana negra, caracterizada por movimentos improvisados de grande virtuosismo atlético) como forma de eles apresentarem a escolha que enfrentam a cada dia como adolescentes entre o bem e o mal, entre Deus e o mundo. Mencionei a idéia deles a alguém da igreja, que disse: "Que escolha excelente para esse conceito! Porque o break dance se originou para crianças de rua como esse tipo de escolha. Todo aquele que estiver envolvido em break dance na YMCA [Associação Cristã de Jovens] ou centros de bairro não pode estar envolvido numa gangue ou usando drogas. Esta é a regra. Assim, os que escolhem break dance estão fazendo a escolha de ficar fora das ruas e fazer algo criativo com sua energia".'

"Dois meninos representaram as escolhas do mundo e do mal; dois outros representaram a escolha por Deus. Um quinto menino dançou o break dance entre as duas escolhas, e finalmente com a ajuda de 'amigos crentes', focalizou a dança no lado de Deus. A congregação lhes ovacionou de pé."

[2] Mark Stolzenberg, *Exploring Mime* (Nova York: Sterling Publishing Company, 1979).

[3] Herbert Brokering, *I Opener*, copyright de 1974, Concordia Publishing House, p. 6. Usado com permissão.

[4] Barbara Huehn escreveu "Prejudice Mime" (A Mímica do Preconceito). "Stranger in the Church" (O Estranho na Igreja) foi escrito por Carol Amen e dramatizado por Neta Jackson. Ambos faziam parte de um currículo de ensino criativo para alunos do ensino médio e uso em sala de aula de Escola Dominical (Elgin, Illinóis: David C. Cook Publishing Company, 1979).

[5] Marlene LeFever, "Joy to the World", Junior High and *Senior High Creative Teaching Aids*, copyright de David C. Cook Publishing Company, 1979.

[6] Karen Burton Mains, "Light in the Caves of the Lost", *Junior High Creative Teaching Aids*, copyright de David C. Cook Publishing Company, 1973.

7

Jogos de Simulação

Como podemos cantar o cântico do Senhor em terra conhecida?

— Lois Wilson, em Like a Mighty River

Certa revista cristã fez uma revisão de meu livro escrito em 1973, *Turnabout Teaching* (Ensino Rotativo), comentando que havia um capítulo interessante sobre jogos de estimulação. Trata-se de errata divertida, mas com certa verdade. Jogos de simulação podem lançar adrenalina nas veias de uma classe de Escola Dominical apática.

Muito amplamente, há dois tipos de jogos. Primeiro, há jogos competitivos. Os participantes seguem as regras e trabalham para alcançar um alvo específico. Segundo, há jogos conhecidos pelos termos interativos de sociodrama, jogos de faz-de-conta e jogos de simulação. Estes jogos tentam reproduzir um aspecto da realidade – situação de pobreza, lutas de poder no governo, problemas ecológicos etc. Assim, as pessoas participantes serão mais capazes de entender essa área específica, e, ao entender, talvez tomem decisões melhores e mais sábias dentro dessa área.[1]

Criar um Jogo Competitivo Inédito

Olhemos primeiramente nos tipos mais tradicionais de jogos nos quais as pessoas trabalham individualmente ou em equipes para vencer. Obviamente há muitos jogos no mercado, mas os adolescentes gostarão de desenvolver e criar seus próprios jogos bíblicos competitivos.

(Muitas vezes os adultos não fazem. Eles se sentem ameaçados pelo valor colocado no conhecimento do tema.)

Leia as instruções do Basquetebol Bíblico para sua classe depois de ter completado uma unidade de estudo. Faça com que cada aluno complete o jogo escrevendo três perguntas relacionadas ao tema das lições bíblicas que a classe acabou de estudar. Depois, jogue o jogo como uma revisão. Ou a classe pode usar as idéias no Basquetebol Bíblico como ponto de partida e criar um jogo de revisão inédito. Por exemplo, pergunte aos alunos que regras são necessárias para fazer um jogo de Hóquei Bíblico, Futebol Bíblico ou Damas Bíblico. A imaginação dos alunos será a única limitação nestas possibilidades de jogos inéditos.

Basquetebol Bíblico

Cada aluno deve escrever três ou mais perguntas de revisão. O professor as embaralha e escolhe perguntas ao acaso.

A classe se divide em duas equipes. O professor faz uma pergunta fácil e, a primeira equipe que a responder corretamente tem a primeira chance de fazer cesta.

O professor lê a primeira pergunta do jogo à equipe que respondeu a pergunta fácil. Se os jogadores da equipe responderem sem serem bloqueados pela outra equipe, ganham dois pontos. Se não responderem, não ganham nem perdem pontos.

Depois da pergunta fácil, as equipes alternam as oportunidades de fazer cesta.

Bloqueio: Depois de cada resposta, o professor dá à equipe adversária a oportunidade de dizer se a resposta está errada. Se os alunos disserem que está errada, eles bloquearam a resposta. Se a denúncia estiver certa, a outra equipe não ganha ponto e a equipe que bloqueou ganha um ponto e a oportunidade de responder a pergunta corretamente. Se derem a resposta certa, ganham outro ponto. Se derem resposta errada, não ganham nem perdem ponto. Porém, se bloquearam incorretamente e a resposta da outra equipe estava certa, a equipe que bloqueou comete falta e perde dois pontos.

Se a resposta original estiver errada, mas a equipe adversária não a bloqueou, o professor dá a resposta certa e é permitido que a equipe que deu a resposta errada fique com os dois pontos marcados.

(Regra adicional para jogadores avançados: cada integrante da equipe tem de responder a pergunta na sua vez. Nenhum integrante pode responder uma segunda vez até que cada jogador tenha respondido uma vez).

Ao término de um tempo designado ou quando a equipe obtém certo número de pontos, uma equipe é declarada vencedora.

Jogos de Simulação: Designados para Exploração

Basicamente, todos os jogos de simulação são jogos de faz-de-conta que tentam simular a realidade, tornando-a mais simples do que é, e reduzindo seu tamanho para que os jogadores entendam melhor o aspecto da realidade tratada pelo jogo. Por exemplo, a World Vision (Visão Mundial) criou um jogo de simulação para adolescentes que lhes permite experimentar um pouco do que é passar fome. A simulação, chamada "Let It Growl" (Deixe Roncar), pede que os jovens não comam nada, exceto um pouco de suco, durante trinta horas.

Nancy Kelly falou sobre sua experiência com trinta adolescentes em uma igreja do centro da cidade de Los Angeles. "Entrei no programa esperando aprender mais sobre a fome no mundo quando descobri o que era ficar sem comida". Durante a primeira noite, a discussão se concentrou em torno das necessidades das nações do Terceiro Mundo. Ficar a manhã sem comer não foi tão ruim quanto pensou. Ela fala mais sobre a experiência:

> Sinto que estou flutuando. Sorrio quando ouço um estômago de alguém roncar no saco de dormir próximo do meu, mas não tenho fome.

Minha boca tem um gosto terrível – seca e rançosa. Quase não posso esperar para escovar os dentes. No sanitário público das meninas, alguém diz: "Experimente Colgate. É a melhor sensação o dia inteiro."

Estamos todos vestidos e prontos para o café da manhã. Mas não há café da manhã. Ao invés disso, jogamos mais uns jogos para passar o tempo.

Sábado, meia-manhã.

Como aperitivo, jogamos um jogo com os nomes das comidas. Ervilhas em terra. Nabo no nariz. As Montanhas da Maçã-achin.

Estou bocejando. Provavelmente é hora do almoço. É engraçado como passo o dia calculando pelas refeições que faço. É difícil para mim não pensar em termos de hora do café da manhã, hora do almoço e hora do jantar.

Sem refeições, o tempo passa lentamente. Estamos ficando inquietos com toda essa conversa, assim cantamos umas músicas de ação.

Depois, converso com algumas das crianças mais velhas. Daniel, aluno do ensino médio, me fala sobre sua relação com o Senhor. Ele está ansioso para falar, pois é evidente que está crescendo.

"Não estamos jejuando porque temos", me diz ele. "Estamos jejuando porque queremos." Eis a questão da escolha outra vez. Todos admitimos que jejuar é nossa escolha.

Tarde de sábado.

Estou relaxada e faceira. O grupo também está moderando as atividades. Sinto como se estivesse me movendo em câmara lenta.

Estou com fome? Fico me perguntando. A resposta é sempre não. Já passei vinte e quatro horas sem comer nada. Acho que tirarei um cochilo.

Meu cochilo é inquieto. O barulho ao meu redor parece nunca diminuir. Continuo ouvindo batidas de bola, risadinhas e música de piano. O barulho está começando a me irritar.

É hora de um jogo de simulação. (Este é um jogo de simulação dentro do jogo de simulação de fome) Charmi nos divide em grupos de nações ricas e nações pobres. Cada grupo recebe feijões secos para representar sua provisão de comida e dinheiro para representar sua riqueza. Na hora seguinte, o grupo vive, por vários meses, de comprar, vender, dar e roubar. Vemos que equilíbrio tênue há entre a vida e a inanição.

> Estou no grupo dos Estados Unidos. Nossa tigela está cheia do dobro de feijões que precisamos. Muitos dos outros países vêm a nós para comprar comida, mas afinal não temos de vender se não queremos.
>
> Num ato súbito de agressão, a China rouba a maior parte de nosso feijão e, durante alguns minutos, entramos em pânico. A frágil balança se inclina. Mas logo colhemos outra safra e temos bastante. Parece que não podemos perder.
>
> Chegou a vigésima nona hora de nosso jejum. Larry nos pergunta como nos sentimos.
>
> "Estou com fome. Quero uma pizza."
>
> "Estou muito cansado para sentir fome."
>
> "Estou cansado. Não tenho forças."
>
> A maioria de nós concorda que nosso jejum só arranhou a superfície da verdadeira fome. Foi uma experiência simbólica que nos abriu os olhos para as coisas que damos por certo.
>
> Depois destas trinta horas sem comida, estou face a face com minhas bênçãos. Como resposta, tenho muitas perguntas a fazer sobre como usarei os recursos que o Senhor me deu.[2]

Muitos grupos diferentes, cristãos, judeus e seculares, estão usando jogos de simulação para ensinar experimentalmente. Paula E. Hyman, professora de história judaica em Colúmbia, escreveu sobre jogos de simulação usados por professores do ensino médio e superior para transformar as salas de aula em campos de concentração.[3] Max Nadel, da Associação Americana para a Educação Judaica se especializa na preparação de cursos de estudo do Holocausto. Vários acampamentos de verão judaicos também promovem teatralização e jogos de simulação. "O acampamento criativo personaliza o Holocausto", diz um slogan.

O aluno, através de jogos de simulação, faz experiências com a vida.

Um jogo de simulação, chamado "Gestapo", busca transmitir o que aconteceu durante o Holocausto envolvendo seus jogadores em decisões de vida e morte como vítimas de perseguição de nazistas. A maioria das pessoas não "sobrevive" no jogo.

Claro que há reações mistas para certos jogos de simulação, incluindo os que levam a pessoa face a face com o Holocausto. Mas se eu fosse judeu adolescente e meus avós tivessem passado por esta experiência, o que eu poderia aprender revivendo em um jogo de simulação algumas coisas que eles enfrentaram na realidade? Certamente, eu entenderia melhor a mim, minha família e minha herança. Como cristão ou judeu messiânico que passa por este jogo de simulação, eu seria forçado a me fazer perguntas importantes sobre a obra de Cristo através de mim, tivesse eu sido parte daquele mundo. Quanto vale minha vida? O que eu faria para sobreviver? O quanto eu estaria disposto a ser o guardador de meu irmão e de minha irmã? Sim, posso me fazer estas perguntas enquanto leio um livro sobre o Holocausto ou assisto a um programa de televisão. Mas as perguntas ficam mais reais quando "vivo" o pânico e a ameaça de morte – reais de modo que não posso experimentar de outra forma.

O aluno, através de jogos de simulação, faz experiências com a vida. Por exemplo, ele pode fazer o papel de um político que tem de agradar a consciência e o eleitorado, ou de um cientista que tem de lidar com problemas de poluição. Jogos de simulação, como a dramatização, estão a um passo da realidade. Estas práticas minimizam a sensação de risco. Um aluno se sente livre para participar e aprender por envolvimento, porque ele percebe que a situação não é a vida real.

Os jogos de simulação levam o aluno a pensar com profundidade em assuntos que antes eram apenas palavras. É fácil um adulto bradar: "Eu fiz isso sozinho. Por que eles não podem?", até que essa pessoa participe de um jogo de simulação de pobreza nas favelas da cidade e se dê conta das pressões e frustrações de ser manipulado pelos que têm dinheiro e influência. Quando os alunos aprendem a examinar os assuntos em vez de bradar slogans, eles estão desenvolvendo a habilidade de tomar decisão, comunicar e entender as pessoas.

Por exemplo, tente o jogo de simulação "The Lifeboat" (O Barco Salva-Vidas). Aqui os alunos são forçados a fazer perguntas de vida e morte. Embora provavelmente nunca venham a passar por situação idêntica, eles aprendem muito sobre si mesmos e a maneira como as pessoas reagem a escolhas difíceis ao participarem desta simulação.

A premissa básica é que um grupo de pessoas está à deriva, num barco salva-vidas, fora das rotas regulares de navios. Este barco pode sustentar apenas cinco pessoas e existem seis (ajuste os números a seu grupo). Dê uma identidade para cada pessoa. Todos estão convencidos de que o barco salva-vidas afundará em meia hora. O grupo assemelha a situação a Jonas, mas nenhum Jonas concorda em ser lançado ao mar.

Entre as identidades das pessoas no barco salva-vidas, estariam um médico, um adolescente de dezesseis anos, uma mãe com um bebezinho, um marinheiro, um criminoso, uma compositora famosa. (Ajuste as identidades ao tamanho do grupo. Uma coisa que tenho notado em grupos cristãos é que se uma das personagens é identificada como pastor, essa pessoa se sente responsável em ser lançada ao mar. Assim, deixei de incluir essa personagem para ajudar as pessoas a lidarem melhor com a situação)

A simulação é um transformador potencial de atitude.

Depois de meia hora, faça uma discussão sobre "O Barco Salva-Vidas". Eis algumas sugestões de perguntas:

- Que princípios bíblicos entram em jogo numa situação como esta? Como esses princípios são implementados? Em que tipo de situação, princípios como estes entram em jogo?
- É possível dizer que a vida de uma pessoa valha mais que outra? Prove seu ponto de vista usando as Escrituras.
- O que você aprendeu sobre si mesmo com a simulação?

(Um grupo de obreiros cristãos de tempo integral participou na simulação do barco salva-vidas. Na discussão, o médico, o pintor e o marinheiro, todos que na vida real eram pastores, explicaram como tinham sobrevivido. "Não íamos deixar ninguém nos jogar para fora do barco, assim fizemos um pacto com o criminoso. Imaginamos que ele saberia como tomar conta de si, e se fôssemos amigos, ele nos protegeria também").

A simulação é um transformador potencial de atitude. Se, depois de jogar um jogo, o aluno entende melhor como o governo trabalha, pode ser que ele venha a querer participar de suas funções. Ou quando o aluno toma parte numa simulação cristã, como o jogo "Guidance" (Direção) incluso neste capítulo, a pessoa ganha a confiança necessária para passar a ajudar os outros. A simulação leva a crescimento pessoal, quando os alunos praticam as coisas positivas que aprenderam no jogo, ou trabalham para eliminar as coisas negativas como o preconceito e o abuso de poder que viram demonstrado.

Entretanto, há vários problemas associados ao uso de jogos de simulação em ambiente de Escola Dominical:

- A maioria dos jogos de simulação requer pelo menos uma hora de duração, além de tempo para fazer a discussão logo após o jogo.
- A maioria dos jogos exige muito espaço e grande número de pessoas.
- Muitos jogos de simulação estão além do orçamento da igreja.
- Embora muitos jogos de simulação seculares tenham muito que ensinar a cristãos, os alunos e professores terão de estruturar uma discussão própria para incluir as implicações cristãs do jogo, visto que em tais jogos não são dadas diretrizes para este tipo de investigação.

Entretanto, é bastante comum o professor achar que os benefícios que os alunos ganham com a experiência de simulação excedem em valor os problemas a serem superados.

"Choque Cultural" – Tente uma Simulação

Só para começar, use o jogo de simulação "Culture Shock" (Choque Cultural[4]) para ajudar as pessoas a entender o que os missionários enfrentam quando entram numa nova cultura.

O que acontece a um missionário quando ele entra numa cultura estranha e pouco conhecida? "Choque Cultural" é um jogo divertido e simples, pois foi projetado para ajudar os participantes a sentirem simpatia pelas pessoas que Deus chama para servi-lo deste modo singular e difícil. Uma coisa é certa! Se as pessoas levarem a sério este jogo de simulação, os novos missionários de sua igreja serão apoiados em oração como nunca antes. Esta simulação inclina as pessoas para missões de maneira inédita porque durante meia hora elas estiveram no campo missionário!

Neste jogo de simulação, uma nova experiência cultural é reduzida de tamanho, de forma que por alguns minutos as pessoas participam e obtêm compreensão do que é choque cultural. Nesta simulação missionária, você não faz as pessoas sentirem toda a frustração de aprender outro idioma e novos costumes, mas permite que sintam por uns minutos algumas das frustrações de ser diferente, de não pertencer e se adequar a um grupo, de estar só e ser ineficiente.

Escolhi criar um jogo de simulação sobre diferenças culturais, porque esta é uma área na qual tive frustrações. E julgo que os que viveram em culturas diferentes concordam comigo.

Lembro-me de estar na Venezuela como missionária por determinado período de tempo. Achei que seria excelente se eu organizasse os meninos da Escola Bíblica de Férias em times de beisebol. Usamos os braços como tacos de beisebol e limões duros como bolas. Foi muito divertido até o líder da missão explicar que o beisebol era algo proibido! Na Venezuela, as pessoas apostam em jogos de basebol da mesma maneira que os americanos apostam em cavalos. Para um testemunho a não-crentes, os cristãos não jogam beisebol.

Claro que a mesma coisa acontece às pessoas que entram em nossa cultura ocidental. Um filho de missionários, que tinha passado sua adolescência no Japão, voltou aos Estados Unidos para fazer faculdade. Poucos dias depois de ter chegado, ele foi expulso de uma loja de calçados porque falou ao gerente que usava sapato tamanho vinte e oito. O gerente pensou que ele fosse um desses rapazes mal-educados, que gostam de bancar o espertalhão. O rapaz passou por maus bocados até reunir coragem e ir a outra loja.

Experiência de Simulação Missionária

CHOQUE CULTURAL

Explicação

Quando os missionários entram numa nova cultura, tentam se conformar aos hábitos e costumes do povo, contanto que estes não violem os princípios ensinados na Bíblia.

Este procedimento pode ser terrivelmente difícil, porque estamos muito habituados a nossos velhos hábitos culturais. Sem mencionar, a pressão de aprender um novo idioma, habituar-se a novas situações de vida, acostumar-se com alimentos diferentes e sentir-se destituído de amigos íntimos e lugares familiares. Somente com a ajuda de Deus é que os missionários sobrevivem no primeiro ano.

Hoje vamos passar por um choque cultural, façamos de conta que somos missionários no insólito país de Flockland. Claro que nesta simulação nosso idioma permanecerá o mesmo, mas tornaremos a experiência difícil montando uma série desenfreada de imperativos culturais. São coisas que os recém-chegados têm de fazer para se comunicar eficientemente com o povo de Flockland.

A lista é simples, claro, mas quem vai dizer que as regras culturais são mais estranhas que as nossas? Estamos apenas mais acostumados com as nossas.

Regras Culturais

(Aqui você pode fazer sua própria lista ou usar mímica. Ou combinar a sua com a minha. Coloque estas regras na lousa ou folha grande de papel para que permaneçam em frente de todos durante esta primeira parte da simulação)

- Em Flockland, a pessoa culta nunca usa pronomes – somente nomes completos.
- Quando as pessoas se encontram, elas dão dois pulinhos e batem palmas uma vez. Quando se despedem, esfregam os narizes.
- Nas conversas, é considerado maus modos rir ou mostrar os dentes. O prazer é mostrado passando a língua rapidamente de um lado para o outro pelo lábio inferior.
- As conversas em Flockland são limitadas a dois minutos.

Conversas mais longas indicam que a pessoa é preguiçosa e faz mal uso do tempo e vocabulário.
- Ninguém se senta com as pernas tocando uma na outra.
- As pessoas estalam os dedos em ritmo regular, quando estão falando com alguém do sexo oposto, até com o cônjuge, se estão em público.
- A pessoa refinada nunca dá passos maiores que vinte e cinco centímetros por vez.
- Sinal de amizade é tirar um fio de cabelo da cabeça e apresentá-lo à pessoa com quem você está falando. Este também pode ser sinal de que você está dizendo a verdade.
- Ao se despedir de uma pessoa, você deve desejar algo para ela. Por exemplo: "Desejo chuva para sua plantação de batatas."
- Quando a pessoa de Flockland senta-se, é impróprio apoiar as costas. Normalmente a pessoa senta-se na ponta da cadeira.

Passe cinco minutos acostumado-se às regras. Interaja como o povo de Flockland. Ao término deste tempo, a lista de regras culturais é tirada e todos devem representar sem vê-la. Note os equívocos que os outros fazem e corrija-os. Esta não é a parte principal do jogo de simulação, trata-se de um treino.

Será impossível para a maioria das pessoas passar cinco minutos sem cometer muitos erros de etiqueta de Flockland. Claro que as regras são ridículas, mas em muitos países – Japão, Zaire, França etc. – se um missionário desobedece às regras culturais, a credibilidade é diminuída. Menos pessoas ouvirão a mensagem e, em algumas culturas primitivas, a própria vida do missionário pode estar em perigo.

Ao término dos cinco minutos, dê tempo para as pessoas compartilharem seus sentimentos e experiências. Se necessário, alongue a conversa com mais algumas perguntas:

- Como você se sentiu depois dos cinco minutos? Tolo? Cansado? Um fracasso?
- Para nós, estas coisas são tolas. Mas considere o aluno estrangeiro que vem a nosso país. Que coisas em nossa cultura ele consideraria engraçadas e estranhas?

O Jogo de Simulação

Divida os participantes em dois grupos iguais. Um grupo será o povo nativo de Flockland. Essa gente se sente inteiramente à vontade consigo mesma e sua cultura.

Para ilustrar, seus integrantes devem agir com naturalidade. Todos presumimos que eles estão fazendo a lista de coisas que são culturalmente corretas em Flockland.

A responsabilidade acha-se sobre o segundo grupo. Seus integrantes são os missionários, os quais têm de se lembrar de todas as regras de Flockland. (Tire as regras postadas.)

É a responsabilidade do segundo grupo de pessoas tentar fazer amizade com o povo de Flockland, enquanto se lembra de todas as regras culturais e procura segui-las.

Sempre que o missionário comete um engano, o nativo deve apenas se afastar dele. Nativos e missionários interagem por aproximadamente cinco a oito minutos.

Lembre-se de que um grupo age perfeitamente normal e damos por certo que está obedecendo a todas as regras. O outro grupo representa o missionário que se debate culturalmente.

Se tiver tempo, troque os grupos.

Depois do final da simulação, faça a discussão. Estas perguntas ajudarão:

- Quem acha que estabeleceu base de amizade? Você se concentrou mais em fazer amigos ou em ser culturalmente correto?
- O quão realista você acha que é presumir que os nativos não ouvirão a mensagem de Cristo se o missionário violar suas regras culturais?
- Que parte o Espírito Santo desempenha na comunicação de Cristo numa verdadeira experiência transcultural?
- O que você aprendeu com esta experiência?

"Direção" — Um Jogo de Simulação de dramatização

"Direção" combina dramatização com jogo de simulação. Pode ser encenado em alguns minutos, usando apenas algumas das situações de dramatização, ou pode se tornar a base para uma sessão de meia hora de Escola Dominical ou reunião de clube, na qual é estimulada a reação a situações da vida real.

"Direção" foi desenvolvido em torno de situações de dramatização. Em cada situação, uma pessoa com problema pede ajuda a um cristão. O modo como o ajudador cristão lida com a pessoa e o problema é avaliado e julgado por cada aluno da classe.

Incorpore este jogo em seus planos de ensino, quando as lições se referirem à maneira como os cristãos podem pôr em ação princípios bíblicos nas situações de vida dos dias de hoje.

"Direção" foi projetado para ajudar seus alunos a:

- Analisar as oportunidades que eles têm de ajudar os outros e reagir corretamente a estas oportunidades.
- Desenvolver sensibilidade para com os outros.
- Descobrir mais acerca de como Deus trabalha através dos cristãos para realizar Seus propósitos.
- Aprimorar o conhecimento que os alunos têm da Bíblia, de modo que eles o usem eficazmente nas situações do dia-a-dia.

Direção

Detalhes do Jogo

Faixa etária: Do ensino médio ao adulto. (Antes do jogo, o professor deve ler todos os Cartões de Situação e deixar de lado o que não se aplica à faixa etária)

Número de Jogadores: Dois encenadores de roleplay e qualquer número de avaliadores.

Tempo de Jogo: Mínimo, quinze minutos; sem limite máximo.

Preparação:

Recorte os Cartões de Situação e os Cartões de Atitude impressos ao longo das páginas mais adiante.

Reproduza muitos Cartões de Pontuação do exemplo impresso abaixo. Cada avaliador precisará de um Cartão de Pontuação para cada situação de dramatização que ele testemunhar.

Esteja inteiramente familiarizado com a execução do jogo antes de passá-lo aos alunos. Se necessário, revise os princípios eficientes de dramatização com os alunos (Veja Capítulo 5).

Orientações para o Jogo

Embora toda a classe participe no jogo "Direção", a responsabilidade de cada situação de desempenho se concentra em dois alunos. Um encenará o ajudador cristão e o outro o aluno com problema. O aluno com problema escolhe um Cartão de Situação e o lê para o ajudador e o grupo. Depois, o aluno com problema pega um Cartão de Atitude. Sem revelar a informação do cartão até que a atividade termine, a pessoa assume a atitude sugerida no cartão.

Cada situação faz ou implica numa pergunta. A sessão deve começar com o ajudador cristão fazendo ao aluno com problema, duas ou três perguntas para ter maior compreensão e obter uma idéia da atitude do aluno problemático. Depois de ele conseguir esta informação básica, a pessoa está pronta para lidar com a situação problemática.

Embora o aluno com problema tenha parte mais forte na encenação, o que está sendo julgado pela classe é a habilidade do ajudador cristão em colaborar com o aluno problemático e arquitetar uma solução cristã.

A cada integrante da classe deve ser dado um Cartão de Pontuação, pelo qual se avalia o ajudador de um a cinco pontos em quatro categorias. Cinco é a pontuação mais alta que um ajudador pode ganhar em qualquer categoria, com exceção de dois pontos de gratificação por usar um versículo bíblico pertinente à atividade.

CARTÃO DE PONTUAÇÃO

Os pontos são marcados nas áreas seguintes:
A pontuação perfeita é vinte.

- ☐ *Uso eficaz da Bíblia:* .... Cinco pontos ou menos (gratificação de dois pontos por uso eficaz de referência bíblica).
- ☐ *Compreensão da personalidade:* ..... Cinco pontos ou menos.
- ☐ *Transporte bíblico:* .... Cinco pontos ou menos.
- ☐ *Sugestões Práticas:* .... Cinco pontos ou menos.
- ☐ *Total*

Antes de começar o jogo, explique o significado de cada categoria de pontuação:

Uso Eficaz da Bíblia – Em "Direção", o ajudador tem de usar princípios bíblicos corretamente. O ajudador não pode citar o versículo literalmente, mas o jogo dá por certo que se o ajudador sabe o que a Bíblia diz sobre o assunto, numa situação de vida real ele usaria uma concordância para achar o versículo específico. Porém, se o ajudador usar um versículo pertinente, explicar a mensagem que contiver e der a referência, o ajudador marca dois pontos de gratificação.

Pelo menos uma referência bíblica é dada em cada Cartão de Situação. Entretanto, estes versículos não contêm as respostas totais aos problemas. Eles podem ser usados como base iniciante se o aluno quiser estudar a situação detalhadamente. Os princípios encontrados na Bíblia, quando aplicados à situação de vida real, oferecem base sadia na qual decisões cristãs podem ser tomadas e problemas resolvidos.

Compreensão da Personalidade — Esta categoria demanda que o ajudador entenda a atitude do aluno. Impede que o ajudador fique mais interessado no problema do que na pessoa que é ajudada. É um exercício de consciência.

O aluno com problema aceita ou rejeita o conselho baseado no modo em que o ajudador aborda o problema. A atitude do aluno com problema determina a abordagem do ajudador.

Transporte Bíblico – Isto significa transportar ou pôr a Bíblia na vida dos dias de hoje. É a parte da aplicação do jogo. O ajudador tem de mostrar primeiro qual é o princípio bíblico e depois mostrar como o princípio se ajusta ao problema do outro aluno.

Sugestões Práticas – Nesta área, o ajudador dá ao aluno com problema alguns passos positivos para a ação. Por exemplo, se o problema é a vida devocional, o ajudador pode sugerir que os dois façam devocionais juntos por algumas semanas para compartilhar o que aprenderam de alguma parte específica da Escritura.

Depois que a atividade for encerrada – o roleplay comum dura de três a quatro minutos –, os observadores preenchem suas fichas. Estas são dadas ao ajudador, e, a partir delas, o jogador pode saber as maiores áreas de força e fraqueza.

Avaliação dos Pontos

20-22 — Muito bom para ser verdade.

18-19 — Excelente.

16-17 — Bom.

14-15 — Regular. Trabalhe mais nas áreas em que recebeu baixa pontuação.

12-13 — Aceitável. Pratique mais uns roleplays para aumentar a pontuação.

11 ou menos — Ruim. Trabalhe com afinco para melhorar a pontuação, de forma que quando surgir uma oportunidade, você dê a Deus o melhor de si.

Discussão

Para que os alunos obtenham o benefício máximo do jogo de simulação "Direção", logo após cada situação deve haver a discussão. O valor da situação para o grupo e o que aconteceu determinam a quantidade de tempo a ser gasto na discussão – em geral, de três a dez minutos. A discussão deve incluir perguntas como estas:

- (Para o ajudador cristão) Que dicas você identificou no aluno com problema que lhe mostrou como lidar com ele? (Para a classe) Que outras dicas vocês viram?
- De que modo o ajudador demonstrou que entendeu o problema?
- Qual foi a coisa mais eficaz que o ajudador fez nesta situação? Por quê?
- O que você teria feito de modo diferente? Por quê?
- Se você fosse o aluno com problema, como teria reagido ao ajudador? Por quê? Como você acha que a pessoa com este problema na vida real teria reagido? Por quê?
- Que princípio (ou princípios) para ajudar pessoas você viu demonstrado neste roleplay? (Se for fazer várias situações de "Direção", aliste estes princípios em um quadro-negro.)
- Que outras referências bíblicas você sugere? Explique a escolha (Considere escrever estas sugestões no Cartão de Situação).

Fazendo Acréscimos ao Jogo

Quando os alunos estiverem familiarizados com esta simulação de roleplay, eles podem elaborar outros Cartões de Situação e Cartões de Atitude para ajudá-los a ganhar prática de simulação em outras áreas da vida cristã.

Por exemplo, "Direção" não trata diretamente de situações de testemunho e apenas menciona brevemente situações de relação interpessoal. Estas seriam excelentes áreas nas quais seus alunos ampliariam o jogo. Sugira que eles escrevam cada situação em um lado de um cartão medindo 12,5 x 7,5 centímetros e cada atitude na metade de um cartão medindo de 12,5 x 7,5 centímetros. Assim, o tamanho das situações ficará limitado e os novos cartões do jogo ficarão uniformes.

Desafie os alunos a escreverem situações que sejam complexas o bastante para estimular situações da vida real. Nenhum Cartão de Situação deve se incluído no jogo até que pelo menos uma referência bíblica relevante também seja incluída. Este procedimento forçará os alunos a se empenharem em pesquisa bíblica e, no mínimo, a começar a reagir aos seus problemas de simulação.

Recorte os Cartões de Atitude para uso na simulação de roleplay "Direção".

DIREÇÃO

UM JOGO DE ROLEPLAY (RPG)

ATITUDE	ATITUDE
ATITUDE	ATITUDE
ATITUDE	ATITUDE
ATITUDE	ATITUDE
ATITUDE	ATITUDE
ATITUDE	ATITUDE

Pronto para mudança de vida. Ansioso para fazer perguntas.	Impressionado com o próprio conhecimento da Bíblia. Desatento.
Desesperado para encontrar uma resposta. Ansioso por ouvir.	Ansioso por encontrar solução fácil. Preguiçoso, não disposto a se empenhar para encontrar solução.
Desanimado. Duvida da salvação por causa do problema. (Leve o ajudador a este problema mais profundo)	Argumentativo. Quer argumentar mais que encontrar solução.
Desinteressado em encontrar solução. Meramente falador.	Ressentido. Luta com as mudanças em sua vida que você sabe que Deus quer.
Maravilhado por encontrar alguém que realmente se importe.	Cansado de lutar. Fica esperando a solução.
Feliz por encontrar alguém que se importe. Ansioso por ouvir.	Sarcástico. Determinado a se opor a todas as sugestões do ajudador com observações mordazes.

ATITUDE	ATITUDE
ATITUDE	ATITUDE
ATITUDE	ATITUDE
ATITUDE	ATITUDE
ATITUDE	ATITUDE
ATITUDE	ATITUDE

Preocupado. Ansioso por encontrar alguém que o ajude a mudar esta atitude.	Brincalhão. Apenas brinca com o ajudador sobre o problema. Tudo não passa de fingimento.
Argumentativo. Incapaz de acreditar que haja uma resposta.	Com raiva. Culpa Deus pelo problema.
Com medo de que o ajudador o rejeite como pessoa por causa de seu problema.	Infeliz. Muito preso em si mesmo para ver a saída de Deus.
Pessimista sobre a vida. Convicto de que nenhuma solução dará certo.	Empolgado com a possibilidade de solução.
Preocupado de que a solução apenas levará a outro fracasso.	Determinado a não ser influenciado pelo ajudador cristão.
Cortês, mas não sobejamente interessado em encontrar solução.	Chateado consigo mesmo por ter compartilhado. Ressentido com o ajudador.

ATITUDE	ATITUDE
ATITUDE	ATITUDE
ATITUDE	ATITUDE
ATITUDE	ATITUDE
ATITUDE	ATITUDE
ATITUDE	ATITUDE

Inibido. Sente-se tolo por não poder resolver os próprios problemas.	Física e emocionalmente cansado. Dificuldade em se concentrar.
Envergonhado com a conversa sobre religião. Tenta mudar de assunto.	Vacilante. Incapaz de acreditar que Deus dirige a vida.
Com medo de se expor muito. Ansioso por mudar de assunto.	Infeliz consigo mesmo e com a vida em geral.
Assustado. Com medo de fracassar.	Com medo. Quer que Deus dirija a vida, mas tem medo de tentar.
Com vergonha. Brinca para esconder do ajudador a importância do assunto.	Ocupado, com pressa, ansioso por ouvir a solução mais simples no menor espaço de tempo.
Com dúvida de que a sugestão dê certo. Disposto a tentar.	Ressentido com todos que tentam ajudar.

ATITUDE	ATITUDE

Recorte os Cartões de Situação para uso na simulação de roleplay "Direção".

SITUAÇÃO	SITUAÇÃO
SITUAÇÃO	SITUAÇÃO

Otimista. Procura uma solução exeqüível ao problema.	Com dúvida de que haja uma solução que dê certo nesta situação difícil.

Sempre pensei que Deus estava me dirigindo para ser missionário médico, mas hoje descobri que reprovei em biologia. Agora nenhuma escola maternal vai se arriscar comigo. O que aconteceu com o que achei que fosse a vontade de Deus? Sinto como se Deus tivesse falhado comigo. Tomara que você me prove que estou errado. (Tiago 1.5; 1 Pedro 4.10)	Antes de me tornar crente, eu tinha o hábito de praticar pequenos furtos em lojas. Desde que encontrei Jesus, venho reembolsando os comerciantes de quem roubei. Mas conheço vários amigos meus não-crentes que ainda estão nessa prática. Se eu os denunciar, perco a oportunidade de lhes testemunhar; e se não os denuncio, vivo como se aprovasse o que estão fazendo. Como é que o cristão lida com um problema no qual, pouco importando o que faça, parece que está meio errado? (Efésios 4.28; 1 João 5.4)
Não me lembro de uma única oração em que Deus tenha me respondido. De fato, Ele está tão calado que nem sei se Ele existe. Bem no fundo do meu ser, eu creio, mas parece que Ele não faz parte de minha vida. O que fazer a fim de que Deus fale alto o bastante para eu ouvir e entender? (Hebreus 11.6)	Meu irmão menor está envolvido em drogas, e nossa família não sabe. Detesto ser responsável pela vida de meu irmão, embora saiba que ele a está arruinando. Ele afirma ser crente, mas com certeza ele não está vivendo como crente. Eu o amo, porém se eu contar à família sobre as drogas, ele me odiará para sempre. Como Deus pode me ajudar a orientar meu irmão? Cumprir meu dever é mais importante do que conservar seu amor por mim? (2 Tessalonicenses 3.14,15)

SITUAÇÃO	SITUAÇÃO
SITUAÇÃO	SITUAÇÃO
SITUAÇÃO	SITUAÇÃO

Prometi ao Senhor que faria meu devocional todas as manhãs mesmo que dormisse, e para ser honesto, quase sempre durmo. Passo o tempo todo chateado. Com certeza, quero conhecer a vontade de Deus para minha vida, mas como posso conhecê-lo bem sem cair no sono durante o processo? (Salmos 71.23)	Trapacear é um meio de vida para mim. Ainda que eu saiba que é errado, não sei como parar sem comprometer meu testemunho. Veja bem, as pessoas me respeitam porque sempre tenho sucesso. Elas me ouvem quando falo sobre Deus, e se descobrirem que minha vida inteira foi uma farsa, nunca confiarão em outro crente. Minha vida seria um testemunho menos eficaz se eu for honesto. Sei que é errado relativizar, mas o que fazer para impedir que meu pecado prejudique o modo como os não-crentes se sentem acerca de Deus? (Efésios 4.28; Romanos 2.21,24)
Não há maneira de eu estudar na faculdade. Meus pais não podem me mandar; não sou inteligente o bastante para ganhar uma bolsa de estudos por mérito ou pobre o bastante para ganhar uma bolsa de estudos de ajuda. Tenho dificuldade em tirar boas notas, por isso não posso trabalhar e estudar ao mesmo tempo e esperar me formar. Acho que isso limita o que posso fazer para Deus, mas imagino que se Ele não pode me dar uma educação superior, minha obrigação para com Ele diminui. Se a vida é injusta comigo, por que cooperar com um Deus que permite que as coisas sejam assim? (Mateus 25.14-30)	Evito e até tenho medo de pessoas que são diferentes de mim em raça, cor ou até a região da cidade de onde vêm. Sei que Deus não gosta de minha atitude. Mas todos os meus amigos sentem a mesma coisa, e não vejo como posso quebrar um padrão no qual vivo desde minha infância. Sei que ser crente deveria me ajudar, mas como exatamente? (Lucas 18.9-14)
Não acredito que todas as coisas que meus amigos crentes dizem sejam realmente erradas. Deus espera que eu pense exatamente como eles? Ele falou com eles e não comigo? Às vezes, tenho certeza de que Deus não se importaria se eu fizesse certas coisas as quais eles estão convictos de que Ele se importaria. Como saber o que Deus pensa? (1 Pedro 2.21; 1 João 3.20,21)	Sou amigo de um casal de não-crentes que moram juntos. Eles resolveram se casar e me pediram que comparecesse na cerimônia. Se eu aceitar, tenho medo de meus amigos adolescentes que sabem que sou crente pensem que tolero sexo pré-marital. Por outro lado, tive várias oportunidades de falar de Jesus para este casal. Não quero destruir nossa amizade me recusando a fazer parte do casamento deles. O que devo fazer? (Tito 2.7,8)

SITUAÇÃO	SITUAÇÃO
SITUAÇÃO	SITUAÇÃO
SITUAÇÃO	SITUAÇÃO

Estou seriamente interessado em entrar na política. Sei que há poucas pessoas que podem dar um testemunho cristão no mundo político. Você acha que isso pode ser indicação de que esta ocupação não é da vontade de Deus? Nesse caso, por que Deus teria me dado a habilidade e o desejo que tenho? Como saber qual é a vontade de Deus? (Romanos 12.2; Salmos 18.4-9)	Fico furioso por pouca coisa. Basta as pessoas fazerem um movimento errado, e estouro de raiva, fazendo inimigos pelo resto da vida. A menos que eu possa controlar meu temperamento, sou de pouca serventia para Deus. Mas esta atitude significará mudança completa de personalidade. Portanto, como fazer isso? (Provérbios 10.14,31,32)
A maioria de meus amigos de escola não goza de popularidade. Sei que Deus me deu a habilidade de me entrosar com todos os tipos de pessoas, inclusive com os líderes de classe. Mas se eu me empenhar em me unir ao grupo "que está no poder", meus velhos amigos ficarão ressentidos. Como posso ampliar meu círculo de amigos sem machucar ou perder meus velhos amigos? (Mateus 25.40)	Neste momento, me é muito importante fazer parte de meu grupo. Li que esta necessidade de identidade de grupo diminui à medida que a pessoa envelhece. Sei que se me dedicasse inteiramente a Cristo, eu perderia meus amigos e ficaria muito só. Por que hoje não posso apenas ser crente por dentro e deixar para depois a dedicação completa até que eu fique mais velho e seja mais fácil assumir uma posição? (Provérbios 1.10)
Parece-me que os cristãos mais dinâmicos que conheço têm boa aparência ou facilidade de sociabilizar-se. Não tenho nenhum nem outro, mas quero realmente servir Deus. Na sua opinião, como Deus usaria uma pessoa como eu? (Romanos 12.4,5)	Não acho que eu tenha um único amigo que não saiba que sou crente. Mas mesmo que eu fale muito sobre Deus e no que creio, nunca levei uma pessoa sequer para Jesus. Meu testemunho nunca se mostrou do modo como ocorre na maioria das histórias cristãs que li. Será possível que Deus não quer que eu testemunhe? Mas se não é isso, por que Ele não torna meus esforços mais bem-sucedidos? (Gálatas 2.20; Atos 4.20)

SITUAÇÃO	SITUAÇÃO
SITUAÇÃO	SITUAÇÃO
SITUAÇÃO	SITUAÇÃO

Tenho uma doença cardíaca e o menor esforço que faço me deixa extenuado. Quero fazer o que puder para Deus, mas por causa de minha condição física, fico imaginando o quanto Ele espera de mim. Quando considero a energia que as pessoas dedicam ao Senhor, sinto-me derrotado antes de começar. De que maneira posso ser útil a Deus, que pode usar qualquer crente saudável que Ele quiser para fazer o trabalho mais rapidamente?

(Salmos 94.17,18; 1 Pedro 4.10)

Não acredito que eu deva viver por dinheiro, mas penso que é burrice não tentar ter sucesso financeiro. Este é meu problema. Por um lado, sinto que Deus não quer que eu me conforme com menos do que posso, e disto eu lhe darei o dízimo. Mas por outro lado, sempre senti que havia algo espiritual em ser pobre. Como deixar de sentir culpa por ser bem-sucedido?

(Mateus 25.14,15,19-21)

Faz anos que sou crente, e para mim é um pouco difícil levar Deus tão a sério quanto as pessoas que recentemente o encontram. A vida dessas pessoas estava numa confusão só, mas Jesus fez grandes mudanças. Deus trabalha na vida dos novos crentes, e minha vida se arrasta no mesmo passo monótono de sempre. O que faço para ficar mais empolgado com minha vida cristã?

(Salmos 51.8,12)

Em minha mente, sou extremamente conversador. Mas quando tenho de me expressar com palavras para outra pessoa ouvir, fico calado e até retraído. Gostaria que Deus me fizesse mais como sou por dentro para que eu aproveitasse as oportunidades que Ele me dá. Por exemplo, em vez de testemunhar, eu me porto friamente. O que fazer para ajudar Deus a me transformar no tipo de pessoa que quero ser?

(Salmos 28.7)

Não acredito que eu deva viver por dinheiro, mas penso que é burrice não tentar ter sucesso financeiro. Este é meu problema. Por um lado, sinto que Deus não quer que eu me conforme com menos do que posso, e disto eu lhe darei o dízimo. Mas por outro lado, sempre senti que havia algo espiritual em ser pobre. Como deixar de sentir culpa por ser bem-sucedido?

(Mateus 25.14,15,19-21)

Ouvi dizer que devo amar a Deus mais do que tudo na vida. Mas para ser honesto, sei que não o amo assim. Não passo tempo com Ele ou penso nEle como deveria se Ele fosse realmente de extrema importância para mim. Como Deus quer que nos importemos com Ele tanto quanto nos importamos com as pessoas que vemos e tocamos? Será que Ele não está fixando um padrão que ninguém pode atingir?

(1 João 5.1-3)

SITUAÇÃO	SITUAÇÃO
SITUAÇÃO	SITUAÇÃO
SITUAÇÃO	SITUAÇÃO

Nunca cheguei a dizer que odeio meus pais, mas dentro de mim sei que odeio. Deus nos diz que devemos honrá-los, e nos promete vida longa se o fizermos. Pedi a Ele que me ajude a vê-los como pessoas amáveis, mas sempre que estamos juntos, brigamos. O que tenho de fazer para mudar ambas nossas atitudes? (João 13.34)	Sempre soube que Deus cuida daqueles que o amam. Cri nisso até que descobri que meu pai (ou mãe, ou marido, ou mulher) tem câncer. Se não houver um milagre, ele (ou ela) vai morrer. E preciso dele (ou dela). Que bem faz ser crente se não posso depender de Deus para aplainar meu caminho? Por que Deus não é melhor para mim do que para as pessoas que consideram Seu nome nada mais que uma palavra para fazer juramento? (1 Pedro 5.8-10)
Um dos integrantes de nosso grupo acha que Deus é importante em todas as áreas da vida, menos na parte sexual. Hoje ele contraiu uma doença venérea e está doente, envergonhado e preocupado. Ele acha que Deus nunca o perdoará e tem certeza de que as pessoas a quem ele ama também não. O que fazer para ajudá-lo a voltar ao lugar onde Deus possa usá-lo novamente? (2 Crônicas 30.9; Romanos 6.19)	Os trechos que leio da Bíblia nunca parecem ter algo a ver com a vida que levo depois de fazer meus devocionais. Sinto como se eu estivesse sendo hipócrita em fazer devocionais – não são tão bons quanto as pessoas me dizem que deveriam ser. Mas me sinto culpado se deixo de meditar por um dia. Afinal, o que são os devocionais e como fazê-los? (2 Timóteo 2.15)
Considerando que meus pais não são crentes, senti que Deus me incumbiu a tarefa de ganhá-los para Ele. Mas tenho vivido a vida cristã por dois anos sem ver um único resultado. É como se Deus não estivesse me ajudando e estou começando a pensar que Ele é injusto em não responder minha oração pela salvação deles. Por quanto tempo Deus espera que eu ore e como continuar dando um testemunho consistente? (Colossenses 4.2)	Durante os últimos anos de escola tenho saído com a mesma pessoa. Estamos planejamos nos casar depois de nos formarmos. Mas meus pais sentem que não demos tempo suficiente para Deus nos mostrar qual é Sua vontade perfeita. Não acha que em três anos Deus já teria tido tempo para nos mostrar se estivéssemos errados? O fato de nos amarmos não basta como indicação da vontade de Deus? (Provérbios 15.21,22)

SITUAÇÃO	**SITUAÇÃO**
SITUAÇÃO	**SITUAÇÃO**
SITUAÇÃO	**SITUAÇÃO**

Desejo que Deus reine em toda minha vida. Acho que sou honesto quando digo que Ele reina em minhas ações. Mas o que fazer para que Ele reine em todos os meus pensamentos? Passo tanto tempo pensando em sexo que sobra pouco para outros pensamentos. Há algo pecaminoso no impulso sexual? Devo tentar controlar o que penso ou não importa?
(Filipenses 4.8)

Sou o tipo de pessoa que sempre fica em segundo plano. Se receber um convite para ir a uma festa, é porque outra pessoa disse que não ia. Consigo cantar no coro da escola se alguém fica com a garganta dolorida. Não tenho um único dom que eu possa usar para Jesus que outra pessoa não tenha em melhor qualidade. Estou desanimado. Como uma pessoa como eu se ajusta no plano de Deus?
(Lucas 22.27)

Antes de permitir que Deus reine em minha vida, tenho de voltar e corrigir todas as coisas erradas que já fiz? Qual é minha associação com meu passado, agora que nasci de novo?
(Salmos 32.5)

Não gosto de mim. Na verdade, não há uma coisa em mim que eu admiro. Ouço as pessoas dizerem que Deus me ama e pode me conduzir a uma vida de serviço bem-sucedida e útil. Mas não consigo crer que Ele realmente se importa. Se se importasse, Ele me ajudaria a me gostar mais de mim. Desejo que você me prove que vale a pena eu gostar de mim.
(Marcos 3.35)

Semana passada, arruinei tanto meu testemunho que pessoas que eu nem mesmo conhecia fizeram observações maldosas como: "Se você é crente, eu não quero ser". A obra de Deus teria avançado muito mais sem mim. Como ser usado por Deus de novo? Deus jamais me perdoará por fracassar em meu testemunho?
(Salmos 25.7,11,18; 1 João 2.1,2,12)

A mim me parece que Deus escolheu os preferidos, como todos os outros no mundo. Considere o dinheiro, por exemplo. Não tenho o bastante para fazer uma refeição decente amanhã, e presume-se que eu aceite isso com um sorriso. Como Deus espera que um crente com fome realmente o ame e o siga?
(Filipenses 4.19; Atos 2.44,45)

SITUAÇÃO	SITUAÇÃO
SITUAÇÃO	SITUAÇÃO

É maravilhoso estar na direção de um carro possante. Sei que muitas vezes ultrapasso o limite de velocidade, mas é raro eu fazer algo que realmente seja perigoso. Um amigo me disse ontem à noite que visto que eu não obedeço às leis de trânsito, provavelmente não obedeço às leis de Deus. Como foi que ele relacionou meu gosto por velocidade com o cristianismo? Ele não está sendo demasiadamente piegas? (João 12.26)	Não tenho desejo de fazer um trabalho cristão de tempo integral, e às vezes tenho o sentimento de que isto me faz menos cristão do que as pessoas que sentem esta chamada. O trabalho de tempo integral sempre é o melhor de Deus para uma pessoa? Nesse caso, eu quero, mas como ter o desejo de fazê-lo? Se não há como ter o desejo, como me livrar de meu sentimento de culpa? (Gálatas 6.4)
Se Deus nos deu amor, como pode ser que qualquer expressão de amor seja errada? Que mal há em dormir com alguém que amo, sobretudo agora que gravidez não desejada já não é problema como antes? Por que não posso satisfazer minhas necessidades e ao mesmo tempo viver uma vida cristã completamente proveitosa? (Hebreus 13.4)	A maioria dos cristãos em minha igreja é hipócrita. Não tenho a menor vontade de me associar a eles. Acho que seria mais proveitoso eu me afastar da igreja e servir a Deus em casa. Não é possível que uma vez que eu fique longe dessas pessoas que me aborrecem Deus teria melhores condições de falar comigo? Que valor há no fato de eu continuar indo à igreja? (1 João 4.20; Romanos 14.10)

Idéia: Em vez de usar os Cartões de Atitude, reúna fotos de revistas e jornais com expressões faciais. Cole estas fotos em cartões de 7,5 x 12,5 centímetros. Se em seu grupo há um fotógrafo, peça que ele tire fotos de pessoas com expressões diferentes no rosto – ou até da uma única pessoa com expressões variadas. O cristão com problema assumiria a atitude mental sugerida na foto. Dependeria do ajudador cristão descobrir a atitude e lidar adequadamente com essa pessoa. Considere estes exemplos:

  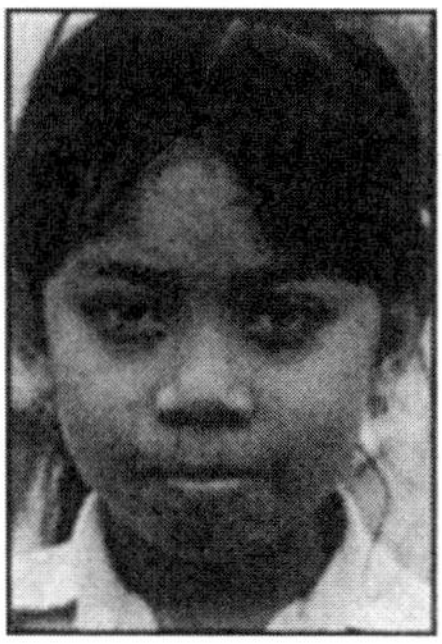

"Problemas na Igreja" — Simulação e Plano de Aula

Jogos de simulação devem ser usados como parte de um plano de ensino para serem mais eficientes. A meta do professor é usar os jogos para ajudar os alunos a aprender algo novo ou ganhar prática em área importante da vida cristã. "Problemas na Igreja" é uma simulação para favorecer os alunos a entender o princípio: "Deus ordena que todos os que compartilham de Sua comunhão amem uns aos outros". Pode ser usado em classes de Escola Dominical para adolescentes e adultos. Também pode ser usado por líderes de igreja para demonstrar de modo não-ameaçador como amar quando a situação fica difícil.

A simulação começa com o líder lendo em voz alta para os participantes a seguinte situação.

Problemas na Igreja[5]

Construir ou não construir um ginásio. Foi o que desencadeou a discussão.

Alguns da congregação abraçaram a idéia. Um ginásio seria importante centro de mocidade para os jovens cristãos. Seria um lugar perfeito para trazer amigos não-crentes. Atualmente eles não tinham lugar supervisionado onde se reunir. O ginásio também poderia ter um palco que seria usado para programas musicais especiais e peças teatrais com temas cristãos.

Outros membros da igreja foram contra. Sua opinião era que envolveria muito dinheiro. A igreja não poderia dispor dessa importância. Muitos opinavam de que se tratava de mal uso do dinheiro da igreja construir um edifício caro. Este grupo, incluindo integrantes do Departamento de Missões, julgava que todo dinheiro levantado deveria ser dado aos pobres que não tinham o suficiente para satisfazer as necessidades diárias. Ou o dinheiro poderia ser doado a programas missionários para construir igrejas no exterior ou comprar literatura cristã para doar a não-crentes.

Os lados estavam estabelecidos. Alguns jovens ameaçaram deixar de ir à igreja se os membros adultos não se importassem o bastante para ver o valor do ginásio. Alguns adultos ameaçaram cortar toda doação à igreja se tal plano extravagante fosse implementado. Se levassem a cabo esta ameaça, não haveria bastante dinheiro para sustentar os programas existentes na igreja.

Joe Lemon, o líder da mocidade, julga que o plano de construir um ginásio é bom, e, por certo tempo, parecia que o programa seria realizado no peso do seu apoio. Os jovens o amavam. Sob sua liderança o grupo de mocidade tinha triplicado de tamanho. Em suas horas de folga, ele até trabalhava como treinador de meio período na escola pública. Mediante seu convite, muitos jovens do seu time foram pela primeira vez à igreja.

Agora, de um momento para o outro, começaram a suceder coisas que estavam fazendo as pessoas duvidarem da competência de Joe como líder de mocidade. Alguns, que a princípio tinham apoiado o programa, desistiram. Outros já estavam dando a entender disfarçadamente que Joe deveria deixar o cargo.

Joe fez péssimos investimentos financeiros e está muito endividado. Phil Parker, responsável pelo Departamento de Missões, lhe emprestou dinheiro para que ele não deixasse de fazer seus pagamentos. Phil disse a Joe que achava que seria mau testemunho para a igreja ter um líder que não podia pagar as contas.

Em seguida, Sherry McFarling, membro do grupo de mocidade desde a adolescência, rejeitou Jesus depois de apenas um semestre na faculdade. Ela escreveu explicando que ainda cria em Deus, mas já não aceitava Jesus como o Filho de Deus.

Para aumentar os problemas de Joe, seu filho adolescente estava num carro quando o motorista foi detido por dirigir bêbedo. Joe teve de buscar o filho na delegacia de polícia. O menino, Robert, se recusa a ir à igreja desde então.

A grande reunião para tomar a decisão final sobre o ginásio é hoje à noite. Quase toda a igreja comparecerá.

Seguindo a leitura, discutam perguntas como estas:

- Quais são os temas-chave?
- Neste momento, que escolhas possíveis você vê para a igreja?

Peça ao grupo que trabalhe junto para estudar indutivamente 1 João 3.10 a 4.21. Como parte deste estudo, os alunos podem fazer gráficos de fatos sobre pessoas que obedecem ao mandamento de Deus acerca do amor, nestes versículos, e de fatos sobre pessoas que não obedecem. Estes versículos não são difíceis de entender, só são difíceis de viver. O objetivo da simulação é dar aos alunos prática na difícil área da vida. Como eles vivenciam o mandamento de Jesus numa situação complexa em que a obediência é difícil?

Nesta simulação, dê a sete alunos identidades especiais. Os outros representam o papel das pessoas que são contra ou a favor da construção e de Joe Lemon. Cada um dos sete alunos que encena estes papéis especiais receberá somente sua parte da informação.

As Personagens

Joe Lemon — Líder de Mocidade

Você é dedicado a seu grupo de jovens. Segundo seu parecer, este ginásio pode ser usado para a glória de Deus. Você também é de opinião de que o grupo precisa de sua liderança forte.

Você está chateado por causa de seus maus investimentos financeiros. Está grato a Phil Parker por ele tê-lo ajudado financeiramente. Sem ele, você não ter conseguido pagar suas contas. Você sabe que ele é contra o ginásio. Você não se sente bem em ir contra ele.

Você não entende a escolha de amigos que seu filho faz. Você ama seu filho e se recusa a acreditar que ele tenha feito algo de errado, embora ele recentemente tenha estado em dificuldade. Ele estava no carro quando o motorista foi preso por dirigir bêbedo.

Phil Parker — Responsável pelo Departamento de Missões

Você está extremamente preocupado em fazer bom uso do dinheiro do Senhor. Você sente que os crentes devem fazer doações aos pobres e aos que estão em necessidade. Você está muito interessado na obra missionária e faz contribuições avantajadas para missões em terras nacionais e estrangeiras.

Você tem opinião forte. O seu parecer é que o Senhor ficaria mais contente com dinheiro para missões do que com dinheiro para ginásios. Você está determinado a usar todo método à mão para vetar o ginásio. Você tem dúvidas da liderança de Joe e do seu valor como exemplo cristão para os adolescentes. Você teve de lhe emprestar dinheiro para ele pagar as contas. Eventualmente ponha em votação para descobrir quantos também são de opinião de que ele deixe o cargo.

Sandra Farraway

Você foi salva pelo ministério de Joe Lemon. Ele é seu pai espiritual. Você está determinada a fazer com que o grupo de mocidade não perca Joe. Você fala em sua defesa.

Karen Holdings

Por ser excelente atleta, você está empolgada com a possibilidade de ter um ginásio. Você está certa de que a maioria dos jovens com quem você é amiga na escola virá à igreja se um ginásio for construído. Você espera ansiosamente que muitos não-crentes venham a conhecer Jesus. Você é extremamente franca.

Kenneth Fitz

Você é repórter do jornal da cidade, e, embora não seja crente, você está interessado em melhorar a comunidade com um ginásio que proporcionaria lugar para entretenimento bom e saudável e diversão para uma geração que, na sua opinião, tem tantas influências ameaçadoras. Fale com ardor em favor do seu lado. Você não tem voto na reunião, mas trabalhe com afinco para persuadir as pessoas a votar a favor do ginásio.

Linda Williams

Você é assistente social e passa grande parte da vida tentando ajudar famílias que mal têm o que comer. Você pensa que é descarada vergonha que os adolescentes mimados desta igreja precisem de um ginásio quando eles têm o ar livre e as ruas seguras e casas cristãs para se reunirem. Você ameaça deixar a igreja se o voto tender a favor do ginásio. Trabalhe com entusiasmo contra isso.

Mary McFarling – Mãe de Sherry

Você quer que Joe Lemon saia. Você imagina que sua filha deve ter recebido pouco treinamento dele para ter se afastado tão depressa do cristianismo. Você acha que muito tempo está sendo gasto em jogos esportivos e programas especiais e não bastante em estudos bíblicos. O ginásio agravará este problema.

Passos na Simulação

- Faça com que as partes principais declarem suas posições. Depois abra de oito a dez minutos de discussão franca. Faça uma votação preliminar para permitir os alunos verem quem está votando em quê.

Se todos votarem em favor do ginásio, acrescente o fato de que os filhos de trabalhadores migratórios em fazendas próximas estão deixando de ir à escola, porque não têm a ajuda especial de que precisam. Phil Parker ressalta que custaria mais ou menos a mesma quantia contratar tutores para estas crianças durante os próximos cinco anos quanto se gastaria para construir um ginásio. Ele pede que o grupo vote em favor do futuro destes jovens e contra a construção do ginásio.

Se todos votarem contra o ginásio, diga que devido a uma redução nos fundos públicos da escola, todas as atividades atléticas foram suspensas. Durante o dia, o ginásio da escola está sendo usado como creche. A votação para fazer estas mudanças venceu apenas porque as pessoas estavam convencidas de que a igreja construiria um ginásio. Joe Lemon enfatiza o quanto o atletismo é valioso para desenvolver qualidades de liderança.

- Depois da votação preliminar, permita discussão livre. Os alunos falam entre si durante alguns minutos. Não há regra. Eles devem usar o tempo para falar com todo aquele que possa mudar de posição. Eles estão tentando ganhar votos para o seu lado.

- Faça uma votação final.
- Faça perguntas. Os alunos devem falar de seus sentimentos e opiniões sobre a simulação. As pessoas que representaram os papéis específicos devem falar sobre como se sentiram com a personagem. Eles permaneceram na personagem? Numa real situação, como esta pessoa poderia se comportar?

Identifique momentos em que os princípios bíblicos que o grupo estudou foram praticados e quando foram violados.

Se os alunos estivessem numa situação real semelhante a esta, o que eles fariam? Por quê?

Discuta o valor de uma simulação como esta. Para encerrar a sessão, peça aos alunos que expressem amor a Deus e lhe agradeçam por um cristão que demonstrou o amor de Cristo em ação. Por exemplo: "Senhor, obrigado por Raymond. Ele passou horas me ajudando com as matérias de biologia para que minhas notas melhorassem".

Notas

[1] Há alguns jogos que não se ajustam a nenhuma categoria. Um dos mais valiosos para pais e mestres é The Ungame, desenvolvido por Thea Zackac (Garden, Califórnia:The Ungame Company, 1975).The Ungame é um jogo de mesa, não competitivo, que pede que os participantes respondam a várias perguntas acerca de experiências de vida, tradições familiares, sentimentos e idéias. São oportunidades de responder perguntas que dão aos outros jogadores informação sobre si mesmos, de comunicar-se a respeito de tópicos que poderiam não surgir durante uma conversa corriqueira. O grupo também tem a oportunidade de fazer perguntas inéditas a outros jogadores. Ninguém ganha no sentido tradicional, mas todos ganham em realidade. Amizades são feitas, e as pessoas ficam mais eficientes em comunicar sentimentos.

[2] Nancy Kelly, "Let It Growl", reimpresso em parte da revista World Vision, fevereiro de 1979. Usado com permissão.

[3] Paula E. Hyman, "New Debate on the Holocaust", in: New York Times Magazine, 14 de setembro de 1980.

4 Marlene LeFever, "Project: Mission Awareness", in: Creative Hospitality (Wheaton, Illinóis: Tyndale House Publishers, Incorporated, 1980), pp. 120-122. Usado com permisssão.

5 Marlene LeFever, "Trouble Down at the Church", extraído de Friendship Like You've Never Known, de Ruth Senter e David R. Mains, parte da série Christian Growth Electives, publicado por David C. Cook Church Ministries, 1978.

8

Nunca Velho Demais para Contar Histórias

Jesus não era teólogo. Ele era Deus que contava histórias.

— Madeleine L'Engle

Quem já não teve a experiência de ouvir um sermão ou palestra e se desligar? As palavras ecoam monotonamente e nossa mente perambula por outras paragens... perambulam, até que nossa atenção é despertada por frases como: "Agora, vou lhes contar uma ilustração que...", ou "Descobri o quanto estas palavras são verdadeira dia destes enquanto eu estava..." Voltamos a aguçar nossa concentração para ouvir o relato, a história.

História continua sendo ferramenta de ensino ao longo de nossa vida, contudo é muito freqüente que, se não estamos ensinando crianças, não a usamos com eficiência.

Meu primeiro contato com a história viva se deu pela irmã Bennett. Encontrava-me no início de minha adolescência, um produto de Escola Dominical domingo após domingo. Conhecia todas as histórias e até as praticava contando à classe pré-escolar. Não me lembro quando as palavras flanelógrafo e quadro-de-pregas não eram parte de meu vocabulário. Mas a irmã Bennett não só contava histórias. Ela as vivenciava. Ela era velha e enrugada, com os óculos pendurados no nariz, equilibrando na cabeça um pequeno chapéu engraçado com um véu. Quando a vi pela primeira vez soube que não haveria jeito de ouvi-la – mas aí ela começou a falar. Sem lançar mão de qualquer coisa, ela despertou meu interesse na longa estrada até ao Calvário e me fez participar da dor, e pó, e mosquitos, e cheiros daquele dia terrível em Jerusalém. Esta adolescente esnobe, e aluna sofisticada de Escola Dominical, foi pega pela realidade de uma história.

Histórias – ilustrações pessoais, experiências de vida das pessoas, fragmentos de livros, contos, parábolas, mitos – pouco importa a forma (e não interessa se o escritor é cristão ou não), a história nos ajuda a participar da realidade da experiência cristã.[1] As metas primárias deste capítulo são: a) sensibilizar os professores para a importância de usar histórias com adolescentes e adultos; b) incentivar os professores a fazer um arquivo de histórias para serem usadas em sala de aula; c) proporcionar habilidade em resumir histórias longas a um tamanho que possa ser usado num espaço de tempo limitado.

"Minha própria experiência me ensinou o quanto as histórias são importantes", disse um professor de adultos. "Minha mãe lia livros para mim quando eu era menino e continuou nessa prática até que entrei na faculdade de outra cidade. Não que eu não pudesse ler, mas a experiência compartilhada deixou profunda impressão em mim e foi um dos fatores que nos uniu durante meus turbulentos anos de adolescência. O Manto Sagrado foi o primeiro livro adulto a que fui exposto. Minha mãe lia todas as noites até que sua voz começava a falhar e então eu caía no sono. O que não descobri, senão anos mais tarde, foi que depois que eu estava dormindo, ela pegava o livro e o lia para si. Então, na noite seguinte, ela fazia um resumo rápido do que tinha lido até que chegávamos à parte nova, e o procedimento se repetia."

Certo pastor falou sobre sua experiência com história. "Nós nos reunimos uma hora antes do culto da noite para lermos juntos. Jovens e velhos igualmente se deliciam com a leitura. Não há discussão ou dissecação dos livros, só a história simples e gloriosa. Todos nós, dos meninos aos aposentados, lamentávamos a brevidade da hora."

História — que importante ferramenta para professores cristãos.

Diretrizes: Como Ler e Contar Histórias

1) Primeiro, leia sozinho. Leia as histórias da Bíblia outra vez, talvez em voz alta e numa versão moderna ou numa paráfrase. Leia livros que outros acharam excelentes. "Uma das coisas que mais senti falta quando estava longe do ambiente universitário", disse certo professor cristão de escola de ensino fundamental, "foi as sugestões de bons livros para ler. Até que entrei em contato com alguns professores e pedi as listas de livros que eles estavam dando aos alunos. Gosto de perambular pelas livrarias, porque encontro livros de vanguarda. Encontrava-me numa, quando o vendedor me propôs Ridley Walker,[2] um livro experimental no qual o autor brinca com a degeneração do idioma. 'Compre este', disse o vendedor. 'Se não gostar, eu o aceito de volta e lhe devolvo o dinheiro'. As pessoas que lêem quase lhe pagam para ler livros que elas gostam!"

"Recentemente descobri a ficção científica",[3] disse um professor de adulto. "Sou leitor, mas sempre considerei ficção científica indigna de mim. Então li Duna[4] e um mundo inteiro se me abriu. Concentrei-me mais em ficção científica, mas os livros que escolhi eram muito ruins. Fui à minha livraria e pedi ao vendedor que me indicasse alguns de seus favoritos. Saí com oito livros, cada um deles melhor que o outro. Até usei fragmentos de vários deles em minha classe de Escola Dominical, e incentivei meus alunos a debaterem as questões que eles levantavam."[5]

As pessoas que lêem quase lhe pagam para ler o que elas gostam!

Certa professora de adolescentes ressaltou que uma das melhores coisas que ela encontra nas histórias nunca é compartilhada com seus alunos. "Freqüentemente encontro algo que me serve de advertência como professora. Não leio essa advertência para meus alunos, mas faz diferença em minha maneira de ensinar. Li The Diviners[6] (Os Adivinhos), um best-seller canadense de ficção que contém exemplo negativo de uma professora de Escola Dominical que falhou ao incentivar seus alunos a encontrarem forças no pensamento.

"A autora, Margaret Laurence, cria uma personagem forte e solitária, Morag Gunn. Criada pelo coletor de lixo da cidade, Morag não tem quase nada na vida exceto sua consciência e determinação ferrenhas em vencer problemas. Morag ama Jesus e tem respeito pela esposa do pastor, a Sr.ª McKee, que 'não passa pito nas pessoas, nem olha para as roupas'. Depois de fazer algumas considerações, ela decide se arriscar e mostrar à professora um poema que ela escreveu. Começa assim:

> Apesar do pé-de-vento frio e invernal,
> Para Belém eles foram afinal.
>
> A professora fica surpresa e corrige o poema, dizendo: "Era um país desértico do Oriente Médio, querida, assim eles não poderiam ter um pé-de-vento invernal, não é?"
>
> O rosto de Morag – ruboriza de vergonha. Ela arranca o papel da professora.
>
> "Espere! Vou consertar."
>
> Corrige-o e o devolve à Sr.ª McKee. Durante a aula, a Sr.ª McKee diz: "Hoje, quero ler para vocês um poema".
>
> O coração de Morag dispara. O dela? Vai desmaiar. Um poema talentoso escrito por alguém de nossa classe. Os outros ficam olhando. Quem poderia imaginar!... A Morag?!
>
> Porém, o poema foi escrito pela poetisa inglesa Hilaire Belloc.
>
> Em casa, Morag tira as galochas e o casaco. Vai até o fogão.
>
> "O que é que você está queimando, Morag?"
>
> "Nada! Nada mesmo!"
>
> Morag vai para o quarto. Fica sentada, pensando. Quer chorar.
>
> Ela mostrou "Os Sábios" para a Sr.ª McKee, e não há modo de desfazer o que fez.

"O pequeno trecho do romance lampeja muitas vezes em minha mente enquanto ensino. Não quero perder uma oportunidade sequer para afirmar e desafiar um jovem a ser até mais do que sonhou. Depois daquele domingo, o interesse de Morag na igreja diminuiu e, subseqüentemente, ela deixou de ir à igreja. É um romance – Morag e a Sr.ª McKee são personagens de ficção. Mas a mensagem desse pequeno segmento passou para esta professora de Escola Dominical."

Na Autobiography of Malcolm X (Aubiografia de Malcoln X), um escritor inglês lhe perguntou qual era sua alma mater (fonte inspiradora). Ele respondeu: "Livros... Toda vez que pego um avião, tenho um livro comigo que quero ler. [...] Posso passar o resto de minha vida lendo, só satisfazendo minha curiosidade".

2) Grave sua voz enquanto lê ou conta uma história. Comece com a história infantil, por exemplo, uma das obras do Dr. Seuss.[7] Um dia qualquer, ouça o que gravou. Avalie-se decidindo o quão próximas as declarações apresentadas a seguir são suas. Use uma escala de dez (totalmente verdadeira, descreve-me com perfeição) a um (opa! Acho que sou horrível aqui).

______1. Captei o sentimento da história. Quando as coisas eram engraçadas, minha voz cintilou com diversão. Quando as coisas eram tristes, minha voz também refletiu esse estado.

______2. Variei a velocidade da leitura. As coisas não se movimentaram no mesmo passo. Falei mais rápido e mais devagar, da mesma maneira que faço quando converso normalmente.

______3. Diversifiquei minha expressão de modo que os ouvintes podem dizer qual personagem estava falando.

______4. Fiz pausas para criar expectativa.

______5. Gostei de ler a história (Quando a pessoa está envolvida na história, seu entusiasmo se mostra na leitura).

______6. Se for ler esta história outra vez, sei o que faria para tornar minha leitura mais eficaz. (Leia a história de novo. Grave e avalie uma segunda vez. Se você for realmente ousado, peça a um amigo honesto que o avalie nos primeiros cinco pontos).

3) Lembre-se do contato visual. Se você estiver contando uma história, o contato visual pode ocorrer mais naturalmente do que quando você está lendo. De qualquer modo, o contato visual é importante. Você precisa conhecer bem a história, e estar suficientemente à vontade com a apresentação, a fim de poder olhar para os alunos.

4) Permita que sua expressão facial transmita parte da mensagem. Por exemplo, se algo terrível acaba de acontecer, você não deve estar sorrindo. Não, você não está expressando a história com o rosto como se estivesse num roleplay ou peça teatral. Neste caso, você reflete a seriedade, a felicidade ou a tristeza – uma das grandes categorias da emoção – em vez de mostrar as nuanças das emoções que o ator ou a atriz tentaria captar.

5) Permita que sua voz reflita as emoções da história[8]. Leia o seguinte trecho extraído de The Wounded Land (A Terra Ferida). Enquanto lê, deixe a voz sentir a dor do gigante que estava tentado fazer com que Thomas Covenant contasse a história de como os gigantes foram assassinados. Covenant não sabe falar sobre como os gigantes se deixaram matar, porque alguns tinham violado a verdade que promulgavam. Os outros não sabiam viver como estavam. Em tempos mais felizes, os gigantes tinham feito poder, beleza e riso pela história, e muitas vezes se queixavam de histórias curtas que tinham de ser exprimidas em apenas três dias!

O gigante implora que Covenant conte a história.

> "Tais contos têm de ser compartilhados para nascerem. Um conto não contado fenece no coração. Mas não peço que você alivie o coração. Peço por mim. Seu conto diz respeito a meus parentes. [...]
>
> "Thomas Covenant, preciso do seu conto porque tenho de escolher. Somente nas histórias é encontrada a verdade para me guiar. A falta de conhecimento que move seu coração, eu careço de meios para julgar seu caminho e seus desejos. Você precisa falar."
>
> Abaixando-se ao nível das árvores, o gigante Pitchwife começou a cantar. Sua voz era rouca, como se tivesse passado grande parte da vida cantando trenodias (composição de caráter fúnebre), não obstante,

sua canção era de entusiasmar o coração como trombetas. Sua melodia era cheia de vento e ondas, de sal e correnteza, e de triunfo sobre a dor. Tão claramente quanto o novo dia ele cantou: [...]

"Somos os Gigantes,
nascidos para navegar,
e ousados para ir onde quer que o sonho vá."[9]

Mude de tom enquanto pratica esta leitura de The Manticore. Tente captar um pouco do humor e sarcasmo que o escritor quer transmitir. Termine com um desafio.

Só porque você não é um egoísta estrondeante, não precisa cair na tagarelice moderna e fashion do anti-herói e da mini-alma. É o que chamaríamos a sombra da democracia. Torna-o bem louvável, bem cômodo, certo e fácil de ser um nanico espiritual e, apóia-se em todos os outros nanicos em busca de apoio e aplauso numa apoteose esplêndida de naniquismo. Pense nanicamente – é claro –, sim, pense tanto quanto um nanico pode, sem entrar em perigo. Mas ainda há os heróis. O homem moderno é o homem que conquista a luta interior. Como você sabe que não é esse tipo de herói?[10]

Arquivo de Histórias

Se você tem o hábito da leitura, é freqüente deparar com algo que faça soar a campainha: "Se eu tivesse sabido desta ilustração domingo passado, teria sido perfeita para a lição". Domingo passado já se foi, mas haverá outro. Mas se você não fizer um arquivo dessas ilustrações, quando a segunda chance aparecer, você não conseguirá encontrá-la.

Crie seus tópicos de arquivo. Eis algumas sugestões, mas faça você outros tópicos que se ajustem às necessidades específicas da faixa etária de seus alunos. Para cada tópico faça dois arquivos – um para histórias especificamente cristãs, e outro para histórias seculares.

Morte — Histórias Seculares/Histórias Cristãs
Sexo — Histórias Seculares/Histórias Cristãs
Casamento — Histórias Seculares/Histórias Cristãs

Medo — Histórias Seculares/Histórias Cristãs
Feriados — Histórias Seculares/Histórias Cristãs
Vida — Histórias Seculares/Histórias Cristãs
Estilo de Vida — Histórias Seculares/Histórias Cristãs
Futuro — Histórias Seculares/Histórias Cristãs

Edição para o Tempo de Sala de Aula

É difícil saber quanto tempo leva exatamente para contar uma história. A decisão final é do professor. Sempre leve em conta a meta da sessão de sala de aula. Essa meta nunca deve ser "contar uma boa história". A história é modo eficaz de ajudar os alunos a examinarem a verdade e aprenderem a aplicá-la em sua vida.

Mesmo contar uma história bíblica não deve tomar todo o tempo de ensino. É fácil isso ocorrer. Que dramática é a história de Ananias e Safira! Desdobre-a numa conversa; inclua o pano de fundo da história da igreja primitiva; acrescente comentários prováveis dos cristãos que viram esta demonstração do poder de Deus – e quarenta e cinco minutos terão passado. Seus alunos ficarão conhecendo a história da Bíblia. Porém, você não queria que fossem mais adiante? Eles entendem a lição que Deus estava ensinando para a igreja primitiva? Eles têm perguntas sobre os atributos de Deus que o permitiriam matar pessoas por causa de uma meia-mentira? O que diz esta história sobre o modo em que vivemos para Deus hoje em dia? Numa situação de ensino, nunca estamos interessados apenas na história pela história.

O guia do professor tem histórias que podem ser lidas ou contadas em sala de aula. Têm exatamente o tamanho certo, normalmente editadas para durar de três a cinco minutos. Você também pensará em ilustrações próprias enquanto prepara a lição – algo que aconteceu no trabalho, ou as palavras que seu neto disse que esclarecem perfeitamente o ponto. Estas ilustrações duram em geral de três a cinco minutos para serem contadas. Mas algo mais longo é descartado? Não, mas terá de ser editado.

Um dos problemas primários para o contador de histórias ou leitor será encurtar uma ilustração ou história para ter determinado tamanho. "Christbirth" (Nascimento de Jesus) ilustra perfeitamente uma atitude para com a vida, mas é claro que não podemos ler essa história de onze páginas para a classe.[11] Podemos resumi-la (mas grande parte da excelente narrativa se perderá). Podemos usá-la por inteiro (para uma ilustração perfeita). Ou, podemos diminuí-la para se ajustar a determinado espaço de tempo. Trata-se de edição. Este procedimento nos permite manter a qualidade da narrativa, e ainda usar a história ou partes de um romance em sala de aula.

Você também pode editar. Siga este padrão:

1) Leia a história ou seção em voz alta. Marque quanto tempo leva. Quantos minutos precisam ser cortados para que a leitura continue eficaz dentro do espaço de tempo que você tem?

2) Procure trechos que possam ser suprimidos. Comece com parágrafos inteiros. Claro que estes trechos são bons, e você quer incentivar seus alunos a lerem a história inteira, mas, para sua meta de ensino, estes trechos não são totalmente necessários. Sugestão: suprima parágrafos do meio da história e não do começo ou do fim.

3) Mantenha o tom da história. O escritor normalmente fixa o tom da história no começo. Se você cortar todo o brilho e cor que são a assinatura do escritor, estará perdendo a própria coisa que o atraiu para a história.

4) Antes de suprimir um trecho, releia a última coisa que você lerá em voz alta antes do corte. Os trechos um e três se harmonizam se eu suprimir o trecho dois? Não é incomum ser necessário acrescentar palavras de transição: "Três semanas depois..." "Ele disse..." "Enquanto isso, atrás do rancho..."

5) Pratique sua versão editada. Ainda vale a pena ser lida para a classe? A edição eficaz deve ter leitura sem ressaltos, fazer seu ponto sem que os ouvintes sintam a ausência dos trechos retirados.

"How Shall We Remember John?" (Como nos Lembraremos de John?) é uma pequena história designada a ajudar jovens e adultos a entenderem melhor a comunhão. A história leva aproximadamente seis minutos para ser lida. Sua tarefa é editar a história para levar cerca de quatro minutos. As partes da história que estão em tipo itálico sugerem uma maneira pela qual a edição pode ser feita.

Como nos Lembraremos de John?[12]

De Joseph Bayly

Meu irmão mais velho John e eu éramos grandes amigos. De fato, todos nós da família nos dávamos muito bem, inclusive Mamãe e Papai, minha irmã, o irmão sobre quem estou lhes contando e eu. Éramos chegados uns aos outros de um modo que poucas famílias o são hoje em dia.

O desjejum sempre era ocasião especial. Sentávamos em torno da mesa redonda de carvalho com uma tolha de pano vermelho-xadrez. Mamãe quase sempre servia a mesma coisa: mingau de aveia quente e fumegante pulverizado com açúcar mascavo (púnhamos muito mais por conta própria) e leite.

Conversávamos sobre o que íamos fazer durante o dia e, às vezes, até fazíamos troça. *Não que nos divertíssemos – não era isso, mas tínhamos bastante o que dizer antes de Papai sair para o trabalho e nós, crianças, irmos para a escola.*

John estava duas séries à minha frente na escola. Era um tanto difícil para mim, porque os professores que ele tinha sempre estavam nos comparando quando eu entrava na sala de aula. E a comparação também não me era tão lisonjeira.

Não me entendam mal. John não era o predileto ou o rato de biblioteca do professor. Ele era um sujeito comum, e todos os colegas gostavam dele, inclusive as meninas. Talvez o sujeito que fosse valentão não gostasse, mas todos os outros sim.

A vida continuava assim – desjejum de mingau de aveia e leite, ir a pé à escola, aulas, voltar a pé para casa, afazeres domésticos, jantar, estudar na mesa da cozinha – e nunca se pensava em mais nada. Exceto nas férias. As férias sempre estavam em mente.

Você conhece esse tipo de vida, dia após dia, quando tudo é tão maravilhoso que você espera que nunca termine. Talvez você chore à noite, às vezes, ao pensar na morte de sua mãe ou pai – você sabe que um dia eles se vão. Então você vai dormir, perto de John que já está ferrado no sono.

Foi nas férias de Natal, quando eu estava na sexta série e John na oitava, que tudo subitamente chegou a um fim. Na verdade, foram dois dias depois do Natal.

John e eu tínhamos ido patinar no gelo no Grande Lago. *Era um dia muito frio, tão frio que sua respiração formava gelo na manta.* Coloquei os patins apressadamente e saí patinando para o meio do lago. *Ouvi um leve som de rachadura no gelo, mas não era muito e eu não estava preocupado. Fazia uma semana mais menos que estava bastante frio. Fiz umas exibições para John que ainda estava amarrando os patins, sentado num tronco,* e fui à margem oposta.

John se levantou e ia com muita rapidez, direto para o meio do lago. No mesmo instante em que lá chegou, ouvi de novo o repugnante ruído de rachadura, o gelo se abriu e John caiu.

Fiz uma volta longa e fui até onde pude no gelo. Mas não via John em lugar algum. Ele tinha desaparecido. Gritei por ele e cheguei ainda mais perto, porém não o encontrei.

Devo ter entrado em pânico, porque a primeira coisa que me lembro é estar correndo para casa gritando por Mamãe, com lágrimas nos olhos, berrando que John estava no lago. Foi terrível.

Eles encontraram o corpo mais tarde naquele dia.

Poucos dias depois do enterro, estávamos sentados à mesa tomando o desjejum. Ninguém dizia nada. Todos estávamos pensando naquela cadeira vazia oposta à parede.

Parecia que Mamãe estava tentando dizer algo. Por fim, ela meio que falou sem pensar: "Todos nós sentimos falta de John, terrivelmente. Nós o amávamos – o amamos, e sempre sentiremos saudades dele. Tenho uma sugestão a fazer. Lembram-se do quanto ele gostava de mingau de aveia e leite?"

"Lembro!", disse eu. "Lembro bem. Ele costumava colocar mais açúcar mascavo até..."

"Sim! Ele gostava de mingau de aveia doce e você também gosta. O que quero sugerir é isto. Vamos pensar em John toda vez que tomarmos o desjejum. Vamos nos lembrar dele sempre que comermos mingau de aveia e bebermos leite. Falemos sobre ele..."

"Sim, como na vez em que ele e eu fomos nadar no Grande Lago e..." Sabia, antes que minha Irmã falasse, que eu tinha dito algo que não devia. Todo mundo quase estava a ponto de chorar.

"Hora de ir à escola", disse ela.

E Papai disse no momento em que todos deixamos a mesa: "Continuaremos este assunto mais tarde."

E continuamos. E concordamos com a sugestão de Mamãe.

Assim, toda manhã, quando o grande jarro de leite frio ia à mesa, e nossas tigelas de mingau de aveia fumegante eram postas à nossa frente, falávamos sobre John.

Não era uma conversa triste, mas alegre. Lembranças. Não quero dizer que nunca dizíamos algo que nos deixava com a voz embargada – outras pessoas além de mim diziam. Mas primariamente era uma conversa alegre. E ainda falávamos sobre o que íamos fazer durante o dia, e até – depois de um tempo – dizíamos algo engraçado e espirituoso.

Certo dia, meses depois, Mamãe disse: "Sabe, não acho que o que estamos fazendo seja suficientemente respeitoso para a memória de John."

"Respeitoso?", disse eu. "Como! É divertido. Às vezes é quase como se John estivesse aqui com a gente. Gosto disso."

"Também gosto", disse Mamãe. "Mas acho que estamos sendo muito casuais. Por isso acho que devemos dedicar um tempo quando não estamos com pressa como no desjejum. Digamos sábado de manhã. E nos lembraremos de John em um lugar mais adequado do que na cozinha. Nós nos sentaremos na sala de estar, e passaremos momentos especiais dignos da memória de John."

"Ah, Mamãe!", disse eu, "John sempre gostou do desjejum na cozinha. Bastante mingau de aveia com bastante açúcar mascavo. E leite. Por que fazer grande questão disso?"

"Basta, Filho", disse Papai. "Faremos como sua mãe diz."

Assim todas as manhãs de sábado, depois de termos comido nosso desjejum regular na cozinha, íamos à sala de estar e nos lembrávamos de John. Mamãe tinha comprado pequenas xícaras de prata para o leite, e pratos minúsculos para o mingau de aveia.

Mais tarde, íamos à sala de estar somente uma vez por mês, ao invés de uma vez por semana. E agora, fazemos a cada três meses. Não me parece certo, mas logo estarei fora de casa, por isso não importa.

"Não podemos dizer a Deus onde Ele pode ou não pode ser visto."

Ainda desejo que nunca tivéssemos começado essa lembrança "adequada", e só tivéssemos continuado a nos lembrar de John toda vez que tomávamos o desjejum.

E quanto às Histórias Seculares?

Quando eu ensinava literatura contemporânea em uma escola cristã de ensino médio, comecei a perceber o quanto eles e eu podíamos aprender com a ficção secular. "Não há nada tão secular que não possa ser sacro", declara Madeleine L'Engle em Walking On Water (Andando sobre as Águas). "E esta é uma das mensagens mais profundas da encarnação."

Uma tarefa que dei a meus alunos girava em torno de O Senhor das Moscas, de William Golding.[13] Tarefa: "Ao ler o livro, façam uma lista de todas as questões sobre a vida e uma lista de todas as pressuposições que este livro faz sobre ela". Na história, um grupo de meninos de coro sobrevive a uma queda de avião numa ilha deserta. Eles formam sociedades que modelam toda a dor, mal e superstição das sociedades dos adultos. Os fracos ficam mais fracos; os fortes, protegem ou destroem.

Os alunos de minha classe eram filhos de missionários que estavam servindo no Japão. Eles levavam muito conhecimento bíblico para a aula de literatura. A ficção secular os forçou a usar esse conhecimento para estruturar e responder algumas perguntas difíceis. "E se tivesse havido uma criança cristã no grupo?" "Como o escritor poderia ver o quanto as crianças são pecadoras e não são atraídas ao cristianismo?" "Na sua opinião, como os meninos lidaram com o medo e o ódio depois que a experiência na ilha terminou?" "O que significa salvação para crianças como estas?" "Como elas são diferentes de nós? Elas são diferentes?"

Os jovens foram desafiados a fazerem uso de seu conhecimento, porque eles sabiam que estavam estudando um livro secular. Eles sabiam que o escritor não iria inserir respostas certas no último capítulo.

Muitas vezes, é mais fácil encontrar excelentes histórias seculares que excelentes histórias cristãs. "Sabe, leio as histórias no meu material de Escola Dominical, até ao ponto em que as crianças são salvas", contou-me um garoto. "Depois disso o livro é chato. Nada empolgante acontece." Madeleine L'Engle escreve em Walking On Water:

> Fato triste que precisa ser encarado é que um cristão profundamente dedicado que quer escrever histórias, pintar quadros, ou compor música para a glória de Deus pode não ter o talento, o dom que o não-cristão, ou até um ateu, tem em abundância. Deus não faz acepção de pessoas, e isto é algo que relutamos em aceitar.
>
> Gostaríamos que os caminhos de Deus e os Seus julgamentos fossem como os nossos. É-nos difícil entender que ele dê prodigamente talentos enormes a pessoas que consideraríamos indignas em vez de escolher Seus santos![14]

Veja também o argumento de Bruce Lockerbie:

> Sempre haverá artistas cuja experiência não é necessariamente cristã, mas cujos dons, por graça comum, os permitem contar tanta verdade quanto sabem. Também há artistas cuja visão é torcida, cujos propósitos podem ser até degradantes, cuja arte por conta disso é muito retorcida e mutilada. Contudo, apesar da decadência e corrupção, deles também podemos obter vestígios momentâneos da verdade. [...] Não podemos dizer a Deus onde Ele pode ou não pode ser visto.[15]

"Fui criado em lar cristão e nunca tinha sido exposto a uma pessoa realmente inteligente que tivesse rejeitado o cristianismo", disse um universitário. "Mas encontrei tal pessoa no livro O Velho e o Mar.[16] Nele, Ernest Hemingway apresenta um velho pescador lutando para levar um peixe grande à sua aldeia. Mas o velho tinha ido longe demais no mar em busca dele. Quando chegou à praia, os tubarões tinham comido o peixe. Nada mais havia senão a carcaça. Sei que Hemingway rejeitava a noção de que seu livro fosse realmente uma parábola do que acontece quando as pessoas procuram a verdade no cristianismo. O peixe (o cristianismo [?]) é maravilhoso, mas não prático. Até que o pescador pegue o peixe e o leve à praia, onde possa alimentar as pessoas famintas, nada mais resta senão ossos limpos. Quer Hemingway estivesse ou não fazendo uma declaração, para mim a história ilustra por que algumas pessoas rejeitam o cristianismo. Gostaria de ter uma mente que estruturasse a resposta cristã tão habilmente quanto senti que

Hemingway estava formulando a questão. Gostaria de ter falado com ele sobre o meu cristianismo prático. Gostaria de ter respondido o seu 'Sim, mas...'"

O novelista Anthony Burgess, no artigo "Modern Novels: The 99 Best" (Romances Modernos: Os 99 Melhores), dá aos cristãos uma perspectiva interessante sobre o romance como ferramenta moral:

> Um romance deve deixar na mente do leitor um tipo de resíduo filosófico. Uma visão de vida foi indiretamente proposta, a qual parece nova e até surpreende. O romancista não prega. O didático não tem lugar na boa ficção. Mas ele esclarece algum aspecto da moralidade, particular ou pública, que antes nunca esteve tão clara. Visto tratarem das maneiras que refletem o comportamento humano, os romances pressupõem um julgamento que significa que ele é o que a sinfonia, a pintura, ou a escultura não são. Quer dizer, uma forma encharcada de moralidade.[17]

João Calvino advertiu os cristãos contra ignorar a verdade, mesmo a verdade parcial, como a encontrada no mundo secular: "Toda verdade é proveniente de Deus; e, por conseguinte, se ímpios disseram algo que é verdadeiro e justo, não devemos rejeitá-lo, pois é proveniente de Deus". Calvino também disse:

> Sempre que entramos nesta questão de escritores seculares, que brilhe sobre ela essa luz admirável da verdade para nos ensinar que a mente do homem, embora caída e pervertida de sua inteireza, foi revestida e ornamentada com os excelentes dons de Deus. Se considerarmos o Espírito de Deus como a fundação exclusiva da verdade, não rejeitaremos a própria verdade, nem a menosprezaremos onde quer que ela apareça, a menos que desejemos desonrar o Espírito de Deus. Pois, ao manter os dons do Espírito em baixa estima, condenamos e reprovamos o próprio Espírito.[18]

Contudo, há o outro lado também. Temos de escolher cuidadosamente o que usaremos como parte de nosso plano de ensino. Aquilo com que o professor é maduro o suficiente para lidar pode ser muito prejudicial a um aluno imaturo. Considere a advertência de Lionel Trilling:

> Todo historiador da literatura da era moderna praticamente tomará por certo a intenção do adversário, a intenção subversiva vigente que caracteriza a literatura moderna – ele perceberá seu propósito claro de separar o leitor dos hábitos de pensamento e sentir o que a cultura maior impõe, de lhe dar uma base [...] da qual julgar e condenar, e talvez revisar, a cultura que a produziu.[19]

Escolha histórias seculares com cuidado. Rejeite a que é imprópria para discussão. Edite problemas para a faixa etária ou nível de maturidade espiritual de seus alunos. (Se você é professor de adolescentes, desqualifique de seu material de ensino todo trecho de ficção secular que você não lhes recomendaria em sua totalidade).

Os próximos dois trechos lidam com temas bíblicos: criação e crucificação. Ambos podem ajudar os alunos a lidarem, de maneira inédita, com matéria abertamente conhecida. Ao ler este trecho editado de O Silmarillion, de J. R. R. Tolkien (mito secular com implicações religiosas), considere que perguntas usar para incentivar a discussão entre alunos universitários.

> Havia [...] Iluvatar; primeiro ele fez os Ainurs, os Santos, que eram a descendência do seu pensamento e eles estavam com ele antes de qualquer coisa ter sido feita. Ele falou com eles, propondo-lhes temas musicais. Eles cantaram diante dele e ele se alegrou. [...]
>
> Sucedeu que Iluvatar chamou todos os Ainurs e lhes declarou um tema poderoso, revelando-lhes coisas maiores e mais maravilhosas do que ele já tinha revelado. A glória do seu começo e o esplendor do seu fim deixaram boquiabertos os Ainurs, de forma que eles se curvaram diante de Iluvatar e ficaram em silêncio. [...]
>
> Então as vozes dos Ainurs, como em harpas, e alaúdes, e flautas, e trombetas, e violas e órgãos e como em coros incontáveis, que cantam com palavras, começaram a formar o tema de Iluvatar para uma grande música. Um som surgiu de melodias infinitas e profusas, harmoniosamente entretecidas, que foi além da audição, nas profundezas e nas alturas, e os lugares da habitação de Iluvatar fica-

> ram cheios até transbordar. E a música, e sua propagação saíram para o Vazio, e não estava vazio. [...]
>
> Mas agora Iluvatar se sentou e ficou ouvindo, e por muito tempo lhe pareceu bom, pois na música não havia falhas. Mas à medida que o tema progredia, entrou no coração de Melkor entretecer temas de sua própria imaginação que não estavam de acordo com o tema de Iluvatar, pois com isso ele buscava aumentar o poder e a glória da parte que lhe fora designada. [...]
>
> Alguns destes pensamentos ele entreteceu agora na música, e imediatamente a discórdia surgiu nele, e muitos que cantavam perto dele se desesperaram, e o pensamento deles estava transtornado e a música que cantavam vacilou; mas, outros começaram a sintonizar a música com a dele em vez de sintonizá-la com o pensamento que tiveram no princípio. Então a discórdia de Melkor se espalhou cada vez mais, e as melodias que anteriormente tinham sido ouvidas se afundaram num mar de som turbulento. [...]
>
> No meio desta discussão, [...] Iluvatar surgiu [...] e sua face era terrível de se ver. Então levantou ambas as mãos e, num acorde mais profundo que o Abismo, mais alto que o Firmamento, perfurante como a menina dos olhos de Iluvatar, a música cessou.[20]

Este trecho editado leva cerca de dois minutos para ser lido em voz alta. O trecho original leva aproximadamente sete minutos. Um trecho como este pode ser usado como introdução a um estudo bíblico sobre Satanás e sua interação na criação, neste mundo e em nossas próprias canções espirituais. Onde mais pode ser usado? (O Silmarillion é mais apropriado para alunos universitários. Pratique-o cuidadosamente antes de usá-lo em sala de aula. É difícil de ler).

Perguntas que podem desencadear discussão em "A Música dos Ainurs":

- De que modo esta história é semelhante às idéias bíblicas da queda de Satanás? O que há de diferente?
- Como "Melkor" influencia as canções das pessoas no mundo não-cristão? Como – se é que o faz – ele influencia nossas canções cristãs? (Se os alunos leram o livro O Cantor, de Calvin Miller [veja Capítulo 4], comparem as canções do Cantor e do Inimigo do Mundo com as canções de Iluvatar e de Melkor.)

- Depois que a música cessou, Iluvatar falou. O que você acha que ele disse? O que você acha que Deus diz sobre a "música" que nossa igreja está produzindo em nossa comunidade imediata?

The Jesus Incident (O Incidente Jesus) é um livro secular de ficção científica que se desdobra em um enredo complexo do qual a história nunca é desembaraçada. Porém, em determinado trecho, Hali é mandado de volta do futuro para a crucificação. Não é uma história cristã, contudo da seqüência "Você Está Ali" jovens e adultos podem sentir como nunca a realidade do que Cristo fez por eles. Pessoas que crescem indo à Escola Dominical podem ficar tão acostumadas aos horrores pelos quais nosso Salvador passou que nosso quadro mental perde o sangue e a dor e se torna um bonito pôr-do-sol no qual as três cruzes são mostradas em silhueta.

Este trecho é menos que a metade da duração do trecho da história original.

> Abruptamente, ela se sentiu caindo lentamente nas trevas. À frente de sua consciência estava a promessa de Ship de lhe dar outro corpo para esta experiência. O corpo de uma mulher velha.
>
> Como se sentirá?
>
> Não houve resposta exceto o túnel. [...]
>
> Mas agora houve uma palpitação. Era no peito. Ela pôs a mão, sentiu a textura áspera e olhou. A mão era escura, velha e enrugada.
>
> Esta não é minha mão!
>
> [...] Ela podia sentir a consciência esgueirando-se por encadeamentos de parada. Sandálias estavam nos pés; ela sentia as correias. O solo áspero sob os pés quando tentou dar dois passos arrastados. O tecido assobiou contra os tornozelos – um saco de roupa grosseiramente entretecido; [...] Havia um pedaço de pano enrolado em volta do cabelo. Ela estendeu a mão e o tocou, virando-se enquanto o fazia para olhar morro abaixo.
>
> Via-se uma multidão de várias centenas de pessoas – talvez tantas quantas trezentas pessoas. Ela não tinha certeza.
>
> Ela sentiu que este corpo poderia ter estado em funcionamento antes de ela assumir seu lugar nele. Respirar era difícil. Um fedor de transpiração velha assaltou-lhe as narinas.

Agora ela podia ouvir a multidão: um ruído murmurante e animal. Eles se movimentavam lentamente para cima em direção a ela. As pessoas rodeavam um homem que, em cima do ombro, arrastava o que parecia um pedaço de árvore. À medida que se aproximava cada vez mais, ela viu sangue no rosto, um aro estranho na testa [...] era semelhante a uma faixa ramosa de suor. Parecia que o homem tinha sido surrado; contusões e cortes podiam ser discernidos através do manto rasgado.

[Ele caiu.] [...]

Agora a multidão movia-se em círculos, escondendo dela a figura caída. Deles partiu um grande brado e grito – um conflito que ela não entendia.

Alguns exigiam: "Ergam-no! Por favor, ergam-no!"

E houve uma voz estridente ouvida acima de todos os outros: "Apedrejem-no aqui! Ele não conseguirá chegar ao topo".

Uma fila de homens armados empurrou a multidão para trás, deixando um homem alto e escuro ao lado do caído. [...]

Um dos soldados sacudiu a ponta afiada da lança em direção ao homem escuro, gritou algo que Hali não pôde fazer. O homem escuro se inclinou e apanhou a árvore, erguendo-a do homem caído.

O que está acontecendo aqui?

Observe e não interfira.

[...] Por que Ship tinha insistido que ela testemunhasse esta cena?

Eles se aproximaram. O homem surrado cambaleava e, no momento, parou perto das mulheres que gemiam. Hali viu que ele mal podia ficar de pé. Uma das mulheres se esgueirou pelo anel de contenção dos soldados e limpou a face sangrenta do homem ferido com um pano cinza. Ele tossiu em espasmos longos e difíceis, segurando o lado esquerdo e fazendo uma careta a cada tosse.

O treinamento médico de Hali dominou-lhe a consciência. O homem estava muito ferido — com costelas quebradas, no mínimo, e talvez com um pulmão perfurado. Havia sangue no canto da boca. Ela quis correr até ele, usar suas habilidades especializadas para aliviar-lhe o sofrimento. [...]

Ela fechou as mãos fortemente, deu vários suspiros profundamente ofegantes. Estas ações trouxeram em foco o cheiro da multidão. Era a experiência sensória mais asquerosa que ela jamais tinha sentido. Eles eram malcheirosos com uma pústula não lavada. Como eles conseguiam viver com as coisas que as narinas dela informavam? [...]

Virando-se para trás, o homem ferido olhou Hali em cheio. Ele ainda apertava o lado e ela viu nos lábios a espuma vermelha característica de perfuração pulmonar.

Ship! O que eles estão fazendo com ele?

Observe.

O homem ferido disse: "Você viajou muito para ver isto". [...]

O pó da multidão a envolveu e ela se engasgou antes de poder falar: "Como... como você sabe o quanto já viajei?"

Era a voz de taquara rachada de uma velha que ela ouviu sair da boca. [...]

Uma mão tocou-lhe o braço e ela deu um pulo para trás de susto, virando-se para ver a seu lado um jovem em um manto marrom. O hálito dele cheirava esgoto. E a voz era um ganido insincero.

[...] O sujeito de hálito pútrido disse: "Você o conhece?"

O olhar nos olhos do jovem de hálito pútrido a deixou intensamente cônscia da velha carne vulnerável que alojou sua consciência. Este homem era perigoso... muito perigoso. O olhar nos olhos a lembrou que ele poderia causar grande dor.

"Era melhor você me responder", disse ele, e havia veneno na voz.[21]

Perguntas que poderiam ser usadas depois desta leitura:

- Na sua opinião, como um adolescente não-crente se sentiria ao ler este conto?
- Que idéias novas lhe surgiram enquanto lia? Segundo seu parecer, que coisas você teria sentido ou visto ou entendido se você tivesse sido um ancião na cena da morte de Jesus?
- Se esta história tivesse sido escrita para o público cristão, que coisas você acha que os escritores poderiam ter incluído? Suprimido?

Nem toda resposta à leitura de uma história ou segmento de história deve estar no formato de pergunta e resposta. Eis duas outras maneiras em que os alunos podem interagir com o texto:

- Faça um roleplay sobre o que Hali falou a um amigo quando ela voltou a Ship.
- Trabalhe em duplas para se colocar em qualquer segmento da história da vida de Jesus.

Discuta em duplas o que você ouve, vê e sente. Planeje uma peça satírica em forma de conversa com duração de dois minutos para compartilhar com os outros alunos.

O Incidente Jesus e O Silmarillion são paralelos diretos das histórias bíblicas. Quando usar extrações como estes em sala de aula, certifique-se de que os alunos tenham consciência de que o que você está compartilhando é ficção, não a verdadeira história bíblica. Quanto mais jovens forem os alunos, mais importante será esta advertência. "Fiquei abismada", disse uma professora de Escola Dominical depois que muitos de seus alunos assistiram à versão hollywoodiana de Os Dez Mandamentos. "Meus alunos não souberam separar o fato da ficção. Eles me fizeram perguntas sobre personagens importantes no filme que não fazem parte da história bíblica. Houve um benefício ao verem o filme. Fez com que lessem a Bíblia por conta própria. Alguns ficaram bastante chateados com o fato de os escritores terem ousado fazer tantas mudanças na história real."

A conversa pequena, mostrada a seguir, foi tirada de O Lobo da Estepe, de Hermann Hesse. Não haverá dúvida em qualquer classe universitária ou de adultos que esta é situação totalmente secular, e nisso se acha seu valor pedagógico. Tarefa: Se você fosse um amigo adulto cristão, como entraria nesta conversa e ajudaria a personagem principal a entender seus sentimentos? E como ela poderia lidar com eles se Jesus fosse o seu centro?

> "O que tenho é muito bonito e delicioso, um grande prazer, um grande consolo. Sou realmente feliz..."
>
> "Então, o que mais você quer?"
>
> "Quero mais. Não estou contente em ser feliz. Não fui feito para isso. Não é o meu destino. Meu destino é o oposto."
>
> "Ser infeliz, então? Você já foi e para encurtar, aquela vez em que você não pôde ir a casa por causa da navalha de barbear."

> "Não, Hermine! É outra coisa! Aquela vez, eu admito, eu era muito infeliz. Mas era uma infelicidade estúpida que não dava em nada."
>
> "Por quê?"
>
> "Porque eu não deveria ter tido aquele medo da morte quando desejei tudo ao mesmo tempo. A infelicidade de que preciso e anseio é diferente. É o tipo que me deixa sofrer com anelo e desejo pela morte. Isso é a infelicidade, ou felicidade, que estou procurando."[22]

E Quanto às Histórias Cristãs

Está em voga falar sobre o quanto a literatura cristã é terrível. "O material santo de baixa qualidade ainda é material de baixa qualidade", zomba Elton Trueblood. Bruce Lockerbie ressalta que os cristãos, às vezes, se esquecem de fazer com menos pressa e com mais cuidado.

> O custo de ser escritor é o compromisso com a qualidade e a integridade. Mas para o escritor que professa ser cristão, há uma sobrecarga a ser paga. É a chamada ao sacrifício, serviço e sacramento – um reconhecimento de que usando o expediente do idioma, estamos na verdade empregando representações simbólicas da Palavra Viva.[23]

A escrita criativa de muitos cristãos derrota-se a si mesma porque os autores têm uma grande mensagem a comunicar. A mensagem se torna a razão total para contar histórias, e os resultados são contos maçantes e simples. Você conhece o tipo. Os autores começam com o problema, um problema seguro com o qual a maioria dos cristãos esteja lutando. A solução vem perto do fim da história quando as personagens descobrem um versículo da Bíblia ou finalmente se lembram de orar pelo problema. A fórmula é usada muitas vezes. Conheço, porque li este paradigma inúmeras vezes em obras free-lance que os cristãos submetem ao material didático da mocidade de Escola

"Para o escritor que professa ser cristão, há uma sobrecarga a ser paga."

Dominical que editei. A mensagem nunca se torna parte da própria história. É grudada no final, ou obviamente enfiada num parágrafo ridículo e pequeno entre cenas de ação.

A história verdadeiramente centrada em Cristo é, em primeiro lugar, uma história boa. Também é, primeiramente, um trabalho projetado para levar os leitores a um entendimento mais profundo, ou mais claro, de algum aspecto da vida. Pôr juntos esses dois primeiros princípios é tarefa difícil. Nossa ficção, ilustrações e poemas têm de ter valores cristãos entretecidos ao longo de sua trama. Eles não dão a leitores inteligentes lições fáceis do que o escritor acha que os leitores devem saber, mas antes, apresentam-lhes idéias e possibilidades que eles podem expandir e, criativamente encenar.

E quanto à literatura cristã? Não sejamos demasiadamente pessimistas. Muitos escritores cristãos, como também muitos escritores seculares, são mestres. Suas obras aumentam nosso entendimento pessoal acerca do mundo e nossa habilidade de preparar os cristãos para viverem nesse mundo. Talvez o maior desafio não tenha de estar no lado dos escritores cristãos: "Ei, vocês, que tal aprimorarem sua arte?" Ao invés disso, está no lado dos cristãos que não estão dedicando tempo para ler o que é excelente: Dorothy Sayers, C. S. Lewis, Flannery O'Connor; e os recém-chegados, Harold Fickett, Joseph Bayly, Calvin Miller, Madeleine L'Engle – e acrescente seus contadores de histórias favoritos à lista.

Só por diversão e porque Robert Farrar Capon chama sua história da criação uma analogia grosseira ("Eu lhes dou a verdade central de que a criação é o resultado de um esmagador golpe trinitário, e deixo os detalhes da analogia se ordenarem como melhor puderem"), considere este excerto de The Third Peacock (O Terceiro Pavão), um livro sobre Deus e o problema do mal:

> Deixem-me contar-lhes por que Deus fez o mundo.
>
> Uma tarde, antes de qualquer coisa ter sido feita, Deus Pai, Deus Filho e Deus Espírito Santo sentaram-se juntos na unidade de Sua deidade para discutir uma das fixações do Pai. A partir de toda a eternidade, parece que Ele tinha essa coisa de ser. Ele continuava

> inventando todos os tipos de coisas desnecessárias – novos modos de ser e novos tipos de seres para ser. Enquanto falavam, Deus Filho subitamente disse: "De fato, esse material é absolutamente maravilhoso. Por que eu não saio e nos misturamos ao grupo?" E Deus Espírito Santo disse: "Ótima idéia, eu o ajudarei". Assim, todos eles se atiraram ao trabalho e, depois da ceia daquela noite, o Filho e o Espírito Santo encenaram para o Pai este tremendo show de ser. Estava cheio de água e luz e rãs; pinhas continuavam caindo por todos os lados... Havia cogumelos e uvas, rábanos-rústicos e tigres – e homens e mulheres em todos os lugares para os experimentar, fazer prestidigitações com eles, os unir e os amar. Deus Pai olhou a festa barulhenta e disse: "Maravilhoso! É justamente o que eu tinha em mente! Tov! Tov! Tov! E... eles riram pelos séculos dos séculos, dizendo coisas como o quanto era maravilhoso as coisas serem, o quanto o Pai foi inteligente em ter a idéia, o quanto o Filho foi amável em se dedicar a ter o trabalho de montar tudo e o quanto o Espírito foi atencioso em passar tanto tempo dirigindo e coreografando.[24]

Perguntas como estas ajudam a atrair seus alunos jovens e adultos a uma discussão:

- Na sua opinião, como aconteceu a verdadeira criação? Como você se sente acerca desta analogia?
- Qual sua parte favorita na criação de Deus? Por quê?
- Você é parte da criação de Deus. Que coisa acerca de você, você acha que Ele mais se agrada? No seu parecer, que qualidade Ele gostaria que você trabalhasse durante a semana que vem?
- Algumas pessoas ensinam que Deus apenas nos criou e depois nos deixou entregues a nós mesmos para trabalhar nossa vida. O que você pensa dessa idéia? Como você vê pessoalmente o trabalho de Deus em sua vida?

Esta última pergunta é a deixa perfeita para outro parágrafo na inteligente história de Capon:

> O que acontece não é que a Trindade fabricou o primeiro pato e depois os patos assumiram o negócio de pato como um tipo de indústria caseira. É que todo pato, desde os primórdios do seu ser, no

> nível em que o que é preciso não é a capacidade de fertilizar ovos de pato, mas a audácia de surgir do nada — ser quando não há necessidade de ser — todo pato, nesse nível, é uma resposta ao ato criativo de Deus. Em termos da analogia, significa que Deus Pai inventa o pato n.º 47.307 durante o mês de maio de 1970 d.C., que Deus Espírito se lança sobre a extremidade do vazio informe e, com gemidos indescritíveis, choca o pato n.º 47.307, e que durante a ninhada Deus Filho, a Palavra eterna, grita triunfalmente: "Pato n.º 47.307!" E pronto! Temos um pato. Não um — você notará — feito às pressas em resposta a algum decreto descuidado que tanto produziria patos quanto jacarés, mas cada um nitidamente posto em campo em um jogo de prazer. [...] O mundo não é o excessivo inventário de Deus de Seus artefatos; é um barril cheio de meninas de Seus olhos, com prestidigitações, apreciações e trocas constantes feitas pelas pessoas da Trindade. Não admira que gostemos de circos, jogos e mágicas. Eles provam que fomos feitos à imagem de Deus.[25]

Que historinha maravilhosa para lembrar as pessoas da maravilha da própria criação. Somos amados o bastante para individualmente sermos chamados à existência por Deus.

História é um termo amplo. Pode significar analogia, como nas duas ilustrações de O Terceiro Pavão; pode significar ficção, como em O Incidente Jesus; pode significar vida surgida diretamente dos que a viveram. E este tipo de história pode estar entre a mais pungente de todas as ferramentas de ensino. Aleksandr I. Solzhenitzen é difícil de usar em sala de aula, porque suas histórias são longas. Se tiramos fragmentos de seu texto, como o mostrado aqui, tais trechos ainda causam forte impacto no leitor.

Solzhenitzen fala de suas observações pessoais em O Arquipélago de Gulag, Dois o que acontece quando crianças são lançadas em campos de prisão russos:

> Tão cedo e tão estranhamente começou a maioridade – com este passo pela porta da prisão!
>
> E sobre as cabeças de doze a quatorze anos de idade se desencadeou um estilo de vida que era muito mais para valentes por serem experientes e maduros. Mas os jovens, pela lei de sua vida jovem,

> não deviam ser achatados por este estilo de vida, mas, antes, deviam ter crescido e se adaptado a isso. [...]
>
> Desta vida eles tomaram para si toda a essência mais inumana, todo o suco podre e venenoso. [...]
>
> Eles cresceram na vida da prisão tão rapidamente – não em semanas, mas em dias! – como se não tivessem ficado nem um pouco surpresos com isso, como se essa vida não lhes fosse completamente nova, mas uma continuação natural da vida livre de ontem. [...]
>
> Crianças aceitaram o Arquipélago com a impressionabilidade divina da infância. E em poucos dias as crianças se tornaram animais! [...] As crianças dominam a verdade: Se os dentes dos outros são mais fracos que os seus, então arranque os deles. Pertencem a você! [...]
>
> Quanto mais fracas as vítimas, mais impiedosas eram as crianças. Elas abertamente arrancavam a ração de pão das mãos de um velho muito fraco. O velho chorava e lhes implorava que a devolvessem para ele. "Estou morrendo de fome." "Então de qualquer maneira você vai bater as botas logo – que diferença faz?" Certa ocasião, as crianças decidiram atacar os inválidos no edifício frio e vazio na frente da cozinha, onde sempre havia uma turba de pessoas. A gangue lançava a vítima ao chão, se sentava em cima das mãos, pernas e cabeça dela, vasculhava os bolsos, roubava o makhorka e o dinheiro, e depois desaparecia.[26]

A interação com este trecho literário varia com a faixa etária, mas estes excertos podem ser usados com todas as faixas etárias, de adolescentes a adultos.

- Adolescentes: "Faça de conta que nossa classe foi levada a um campo de prisão por sermos cristãos. Que coisas faríamos e que coisas não faríamos para sobreviver?"
- Jovens: "Até onde você acha que o cristão deve ir para sobreviver? O quanto é importante a vida? Baseado no que você sabe sobre a vida de cristãos em outros países, como você acha que a visão de vida que eles têm difere da sua? Que coisas você acha que um cristão soviético, que vive numa situação como a narrada há pouco, poderia nos ensinar?"

- Adultos: "O que você acha que aconteceria às crianças de nossa igreja se de um momento para o outro elas se achassem em situação como a que lemos? Que tipos específicos de treinamento temos de lhes dar para terem a fé fortalecida?"

Ficção curta, especialmente as histórias que são publicadas em boletins semanais de domingo escolares, é extremamente difícil de escrever. Têm de ser curtas, perfeitamente adaptadas à faixa etária e, facilmente usadas em plano de aula. A obra mostrada a seguir é condensação de uma ficção para adolescentes.

O Rev. Algebra B. Coons Era um Amante[27]

A Sr.ª Schmale, que era tão velha que viver lhe era um hábito, foi a primeira a desconfiar. Ela ficou na igreja depois que a fila de pessoas que cumprimentava o reverendo tinha se dispersado pelos carros, depois que as mulheres de chapéu e cabelos curtos penteados para frente tinham terminado de convidar a família umas das outras para depois do culto da noite. Ela ficou na igreja para guardar o estojo com os utensílios da Ceia do Senhor. Então, quando ela se aproximou sem ser vista, vindo da escada dos fundos, ela o viu arrancar a hera de plástico do vaso de plástico pelas raízes de plástico. Ela contou aos outros, que contaram aos outros. Aquele domingo era o oitavo domingo do reverendo em nossa igreja.

Algebra B. Coons tinha subido altaneira e entusiasticamente em nosso púlpito em junho. Seus olhos azuis tinham vida própria. Sua pele estava estendida a esmo por cima dos ossos como se ele estivesse acampado em seu corpo.

"Jesus era um amante", disse ele do púlpito. Com a boca torta e olhos apaixonados, ele repetia essas palavras diariamente.

Ele acostumava aparecer na prisão. Fui lá uma vez com ele para ver homens arruinados fustigá-lo pelas costas e fazer pilhérias até chegar um ponto em que eu quase não sabia dizer quem era o homem livre e quem eram os condenados. A caminho da saída, um sujeito de uniforme cutucou o dedo em meu estômago e disse: "Ei, companheiro, você é amigo dele?"

Eu disse: "Sim, ele é meu pastor."

"Ele é louco, é o que ele é", disse o homem de uniforme, fazendo círculos elaborados no ar com o dedo em volta do ouvido. "Temos de deixá-lo entrar aqui", disse ele. "Por mim, eu não deixaria, mas temos de deixá-lo entrar visto que ele é pastor." Disse-me estas palavras pelo canto da boca. "Certa ocasião, ele me pediu que o trancafiasse. Pode entender isso? Ele queria que eu o trancafiasse com estes outros idiotas."

Olhei para o Rev. Coons para ver se ele faria isso. Ele estava com um pé na frente do outro, esticando o corpo para acenar para um homem que estava no fundo da cela. Sim, pude ver que ele faria isso.

Quando estávamos sob a luz do sol, eu disse: "Por que você quis ser trancafiado?"

"É a única maneira de passar tempo com eles", disse ele. "Eles me dão trinta minutos", disse, e riu. "Você não pode ser natural."

E isso também se espalhou. A Sr.ª Schmale ficou na frente da igreja no domingo seguinte e falou com minha mãe sobre o Rev. Algebra Coons. "Ele vai visitar a prisão", disse ela. "Mas ele nunca compareceu uma vez sequer na assistência social de nossas senhoras. Qual é o trabalho do ministro senão ajudar sua congregação?" Ela apertou a bolsa e se inclinou para coçar a perna. "Só tenho medo que ele seja louco e que isso se abata sobre nossos jovens." Ela me encarou, os olhos duros e avermelhados como covas de ameixa seca. "Neste aqui, já podemos vê-lo no rosto; já aconteceu."

Dois meses mais tarde, em setembro, o Rev. Coons anunciou que seu irmão estava vindo. Ele disse que seu irmão também era pregador e que ele faria o sermão domingo que vem.

Aquela semana de setembro foi quente e a escola já tinha começado; qualquer coisa era suficiente para nos afastar de estudar – uma formiga num formigueiro ou uma criança num carrossel. Por isso, quando Lenny entrou e nos disse que um sujeito louco estava numa esquina do centro da cidade num uniforme de engenheiro gritando coisas sobre o inferno, fomos vê-lo. Corremos a maior parte dos dois quilômetros e meio até o centro da cidade, e o encontramos, olhando fixa e tristemente algo ao longe, arqueado como se por muitos anos os suspensórios do seu uniforme de engenheiro estivessem muito apertados. Ele dizia: "Jesus pode salvá-lo da maldade do mundo. Ele pode dar descanso ao seu coração. Jesus pode lhe dar paz. Ele é o amante do mundo".

Do outro lado da rua, em um agrupamento de pessoas, estava a Sr.ª Schmale, com rosto enrugado em volta dos olhos como uma boneca de maçã. Ela sabia, como eu sabia quando o ouvi pregar, que ele era o irmão do Rev. Algebra Coons.

Não pude ficar na esquina. Meus pés me impeliam pelas ruas em direção à casa do Rev. Coons.

Na varanda de tela, ele estava sentado na ponta da cadeira, escrevendo.

"É seu irmão", disse eu àqueles ombros ossudos, calças esfarrapadas e tênis sujos.

Ele ergueu os olhos e disse: "Está dizendo que Jesus é um amante?"

"De uniforme de engenheiro", gritei.

"Ele é engenheiro", disse.

"Você disse que ele é pregador."

"E engenheiro", completou. "O que você está fazendo aqui em hora de escola?"

"Não sei", foi o que pensei, mas eu disse: "E ele é louco, não é?"

"Você faz coisas loucas pelo que acredita", disse ele, sentado na ponta da cadeira baixa com os joelhos apontando para cima.

O Rev. Coons foi despedido de nossa igreja. Foi despedido antes que seu irmão pregasse no domingo pela manhã, antes que qualquer pessoa ficasse sabendo que todo mundo faz coisas loucas pelo que acredita.

Parábola — Ferramenta de Ensino

Há vários estilos literários usados nos Evangelhos. Talvez a mais óbvia seja a narrativa, tanto o esboço simples de acontecimentos quanto as histórias detalhadas do que aconteceu. Usamos este estilo para renovar nossa fé falando das narrativas de nossa vida, o testemunho de momentos em que permitimos que Jesus seja parte de nossos dias.

Outra forma usada nos Evangelhos é o diálogo. Por exemplo, o diálogo complexo registrado em Marcos 9.14-29.

Também há discursos como o Sermão da Montanha, em Mateus 5, ou o Discurso do Monte das Oliveiras, em Mateus 24.

Mas talvez o dispositivo literário mais proeminente nos Evangelhos seja a parábola. Parábolas entram em duas categorias básicas. Na primeira, a parábola é uma história pequena que ilustra apenas um ponto importante. Nenhum dos outros detalhes tem significado especial: são apenas adornos para o ponto principal. A Parábola do Fermento, em Mateus 13.33, é um exemplo. Na segunda categoria, as parábolas são histórias pequenas que ilustram um ponto principal, mas também têm detalhes com significado específico. Veja Mateus 13. Esta forma de parábola, com seus significados amplos, também pode ser chamada alegoria.

A parábola tem o propósito de chocar ou surpreender: um samaritano viola um código social; uma moeda que representa fidelidade é perdida numa terra onde adúlteras são apedrejadas. Usa o que William A. Beardslee chama deformação de idioma. Em outras palavras, as parábolas espicham o idioma de forma que dão ao ouvinte ou ao leitor uma visão novo e ampliada. Quando a parábola se torna muito conhecida, os leitores já não se surpreendem.

Talvez, junto com as parábolas bíblicas familiares, precisamos chocar com parábolas contemporâneas que contenham verdade espiritual. Podemos espichar o pensamento das pessoas usando o mesmo estilo literário pelo qual Jesus era tão apaixonado. Pode ser que as parábolas nos ajudem a fazer que nossos alunos parem de bocejar e substitua bocejos por entendimento maravilhado.

Em certa escola cristã, a professora mandou que seus alunos da oitava série escrevessem uma parábola que ajudasse seus amigos a verem uma verdade espiritual de maneira diferente. Dawn Berg, de treze anos de idade, escreveu esta parábola:

Marvin, a Tartaruga Cega

Certo dia, enquanto atravessava um pasto extenso, Ben achou Marvin, uma pequena tartaruga cega que estava passando fome porque não podia achar comida. Ben achou Marvin, por isso ele lhe pertencia.

Era o trabalho de Ben prover as necessidades de Marvin orientando-o e controlando-o. Dia após dia, Ben colocava a comida de Marvin onde ele podia localizá-la usando o sentido do olfato. Às vezes, Marvin tinha sucesso, mas, às vezes, ele ignorava o sentido do olfato e se desviava.

> Um dia, Marvin se cansou de estar sob a orientação de Ben. "Posso me dar bem sem Ben", pensou. Ele não percebeu que enquanto se afastava, Ben continuava vendo.
>
> Toda manhã, Marvin andava. "Fiz um longo caminho sem Ben", pensava orgulhosamente. Mas Ben via que Marvin tinha andado em círculos.
>
> À medida que o tempo passava, Marvin ficava com fome; seu orgulho começou a vacilar. O ar ficou mais fresco, e Marvin percebeu que era quase noite. Por fim, ele admitiu seu erro. "Ajude-me, Ben", chamou.
>
> A voz de Ben estava muito perto dele. "Estou aqui."
>
> E quando Marvin voltou, ele descobriu que Ben tinha guardado sua refeição para ele.
>
> "Me desculpe, Ben", disse Marvin. "Obrigado."

Qual é a mensagem desta parábola escrita por uma adolescente? Que pistas interiores podem ser encontradas que mostram que a jovem escritora entendeu o conceito que ela estava explicando?

O quanto é importante apresentar a mensagem do Evangelho de maneira que as pessoas entendam. Nossa mensagem sempre é nova, contudo, às vezes, esquecemos, ficamos entorpecidos pela maravilha de nossa posição em Cristo.

> Fixando-se indevidamente em frases legítimas e dignas, que outrora causaram impacto enorme em seu uso original, podemos desgastar a expressão de nossa fé – o que não podemos fazer face. O mundo precisa desesperadamente ser detido em sua trajetória através de nosso novo estiramento de idioma, nossa justaposição do divino e do humano para distrair, apontar e fazer os outros olharem. Temos de arriscar ser mal-entendidos às vezes pelas massas, de forma que alguns verdadeiros inquiridores sejam atingidos em cheio e encontrem a vida. Mediante nossa participação interativa na Escritura e nosso uso contínuo da linguagem criativa para falar sobre a vida espiritual, cumprimos o espírito do ministério de Cristo.[28]

Quando ler esta próxima parábola, identifique a mensagem primária e sua reação à mensagem.

Segunda-Feira de Ramos[29]

O burro acordou. A mente saboreando algo agradável. Arqueou o pescoço, deu uns passos requebrados.

"Esse grupo de pessoas junto ao poço", disse. "Eu irei e me mostrarei a eles."

Eles nem repararam.

"Joguem suas roupas ao chão", disse ele de mal-humor. "Não sabem quem sou eu?"

Eles o encararam com assombro. Alguém jogou uma pedra.

"Infiéis miseráveis", murmurou, enquanto se afastava irado. "Eu irei ao mercado livre. Lá deve haver pessoas boas."

Mas foi a mesma coisa.

"Os ramos de palmeiras! Onde estão os ramos de palmeiras?", gritou. "Esqueceram?"

Confuso, ele voltou à sua mãe.

"Tolinho", disse ela, com carinho. "Sem Ele você nada pode fazer."

A boa parábola é como uma correia de chicote ruim, de acordo com Gloria Durka e Joanmarie Smith. "A função da parábola é nos enervar, criar uma contradição para estraçalhar nossa visão do mundo. [...]"

Rowan: O que você gostaria de fazer com sua vida?

Martin: Gostaria de alimentar todos os famintos, suprimir a pobreza, manter a paz no mundo e achar a cura para o câncer.

Rowan: E se você não fizer isso, o que fará?

Martin: Gostaria de aprender a dançar.

"[...] Parece quase obsceno colocar lado a lado algumas das grandes misérias do mundo e mencionar lições de dança. Mas a raiz da palavra parábola significa pôr ao lado de, ou, mais precisamente, atirar para o lado de.[30]

Você sente a correia de chicote na parábola a seguir, escrita por Naomi Yunker, filha de missionários no Japão, que a escreveu quando estava na oitava série?

As Árvores e a Tempestade

A boa parábola é como uma correia de chicote ruim.

O Rei de todas as terras era excelente plantador de árvores. De fato, Ele passou muitas horas treinando Suas árvores a crescerem fortes e retas.

Um dia, Ele notou um lugar vazio ao longo das margens de um grande rio. O Rei imediatamente transplantou cinco de Suas árvores para uma margem do rio e cinco para a outra. Ele sabia que elas teriam problemas em se ajustar à nova situação, mas o Rei estava certo de que elas eram suficientemente fortes para lidar com as dificuldades.

O Rei disse às árvores que crescessem e espalhassem sementes para que novas árvores começassem a crescer. Durante algumas semanas, as árvores estavam contentes com a nova tarefa. Elas até fizeram uma competição para ver qual margem podia conseguir mais novas árvores primeiro.

De repente, surgiu uma tempestade. O vento bateu contra os troncos das árvores até que praticamente os vergou. Algumas árvores lutaram contra ele, mas, muitas pensaram que a luta seria muito difícil. Elas se renderam, e o vento arrebentou os troncos.

Depois da tempestade, descobriu-se que só duas árvores tinham caído na margem ocidental do rio, e todas menos uma tinha caído na margem oriental.

"É terrível", pensou a árvore solitária na margem oriental. "Com certeza o grande Rei não espera que eu fique aqui e espalhe sementes sozinha." Assim, ela empacotou o tronco e foi embora. "O grande Rei nada pode fazer sem árvores novas nesta pequena margem do rio", disse ele.

Onde achar parábolas para usar em suas classes? Primeiro, procure-as nos guias do professor e no material do aluno. Procure-as em revistas e jornais. Em geral, as fontes serão cristãs. Arquive as que encontrar.

Escreva uma, ou peça a seus alunos que escrevam. Às vezes, tudo o que se precisa é o desafio, seu entusiasmo pessoal e alguns exemplos.

Antes de decidir que seus alunos não sabem fazer algo tão criativo, lembre-se de que "Marvin, a Tartaruga Cega" e "As Árvores e a Tempestade" foram escritas por adolescentes.

Quando escrever, siga estes quatro passos:

1) Primeiramente, decida que verdade espiritual a parábola comunicará. Por exemplo: testemunho, amor ao próximo, confiança no Rei dos Reis, viver como o povo do Reino, lidar com a crítica, ajudar nossa igreja a crescer, aprender a estudar a Bíblia. Robert Ludlum aconselhou os escritores em O Arquivo de Chancellor: "Saiba para onde você está indo, dê a si mesmo direção para que não tropece, mas não restrinja a inclinação natural de divagar".

2) Resolva que situação problemática em torno da qual a parábola será construída. Parábolas são sobre pessoas comuns que fazem coisas comuns. São verdadeiras à vida, mesmo se as personagens retratam animais ou plantas. Suspeito que Jesus ensinou sobre parábolas, porque são realistas, concretas e compactas na aplicação à vida contemporânea.

3) Limite suas personagens. Uma ou duas personagens são mais que suficientes.

4) Conte a parábola antes de escrevê-la. Faça algumas anotações e conte a parábola a um amigo. Sobretudo se você não se considera escritor, esta é maneira eficaz de apurar a mensagem que você quer transmitir.

Escrever a parábola pode não ser a parte mais difícil do desenvolvimento. Contar a parábola à classe pode ser – é o momento em que você se expõe para avaliação. Se a parábola for boa, compartilhe-a com outros professores, ou até com a igreja. Ao contrário da maioria das composições literárias criativas, as parábolas não respeitam faixas etárias. Por exemplo, com a mudança de poucas palavras publiquei a parábola a seguir em uma revista para adolescentes – Trails –, e em uma revista para mulheres, Today's Christian Woman.

A Parábola do Potencial

Era uma vez, um menino chamado Gregory que colecionava potenciais – grandes, de metal brilhante, miniaturas e até uma com uma caixinha de música.

Foi sua mãe que começou tudo. "Você tem grande potencial em matemática", disse ela um dia quando ele entendeu como cortar uma gema de ovo em dezessete porções iguais.

Gregory removeu o ovo dos dedos esfregando as mãos e pôs o potencial numa estante. Ele tinha oito anos de idade.

Também havia seu tio caduco. "Você tem grande potencial para ajudar as pessoas", disse meigamente, quando Gregory se ofereceu para lavar a louça para a mãe. Gregory, de doze anos de idade, tirou o potencial das espumas, secou-o, poliu-o e agregou-o à coleção crescente.

Quando ele tinha trinta anos, ele possuía uma das melhores coleções em sua igreja – potencial para escrever, falar em público, tocar instrumentos musicais – e até potencial para ensinar. Ele passava horas meditando em sua coleção, espanando-a, contando-a. Cada vez mais ele encontrava tempo para olhar em seus potenciais, porque ultimamente não havia muitas pessoas que estavam interessadas em contentar-se com ele.

Ele estava notando com certa inquietude que outras pessoas recebiam mais oportunidades de falar, escrever, ensinar, do que ele – pessoas que não tinham a metade do seu potencial. Rapaz, elas tinham de trabalhar no que faziam! Mas ele tinha de admitir que elas melhoravam cada vez que faziam algo.

Entra a vilã. Ela tinha uma coleção de mini-potenciais, segundo a opinião de Gregory. Assim, ele decidiu impressioná-la mostrando-lhe sua coleção.

Ela bocejou.

"Mas tenho grande potencial." Gregory não estava acostumado a estar na defensiva.

"Você tem de pô-la em prática", disse ela sem olhar a coleção uma segunda vez. "Todas as noites depois do trabalho eu leio para uma senhora idosa que ensinava na Faculdade da Comunidade. Ela está perdendo a visão, e ler é o que ela mais sente falta."

"Mas você não tem o potencial para boa leitura!", falou com veemência. "Não tem expressão!"

"Ainda não", concordou ela sabiamente. "Mas logo terei."

Desencadeadores de Parábolas

Escolha um destes desencadeadores de parábola que trata de um assunto que você estará ensinando e peça aos alunos que o desenvolvam como lição de casa. No domingo em que a tarefa deve ser apresentada, dê oportunidade para cada aluno contar o que escreveu e para a classe discutir a mensagem encontrada em cada parábola.

Incentive os alunos com habilidade nesta área a continuarem escrevendo parábolas inéditas. Considere compilar esse trabalho criativo em uma brochura com as parábolas escritas pela classe.

1) Meta: Ajudar os alunos a entenderem o quanto é importante seguir a Deus. Um jovem ganso canadense se recusa a seguir o líder, e decide que em vez de voar para o sul ficará no norte do Canadá durante o inverno. Escreva o que acontece ao ganso tolo e como ele aprende que, embora envolva trabalho seguir o líder, também é muito importante.

2) Meta: Ajudar os alunos a entenderem que, para que a igreja de Deus avance, cada crente tem de fazer a sua parte. Escreva sobre um cavalo preguiçoso que entra numa fazenda. Ele puxa só a metade da carga e freqüentemente se finge de doente. Conte como as ações do cavalo afetam a vida na fazenda. Inclua como o fazendeiro lida com o problema.[31]

3) Meta: Ajudar os alunos a reconhecerem o quanto é importante continuar testemunhando até mesmo quando parece não haver resultado positivo. Escreva sobre um jardim no qual todas as plantas estão morrendo, exceto uma. Essa planta descobriu que se ela erguer as folhas, pega o sol; e, se aprofundar as raízes, ela encontra água. Estas descobertas estão lhe salvando a vida. O que acontece quando ela tenta falar o que descobriu para as outras plantas?

À medida que ler as duas parábolas mostradas a seguir, verbalize mensagem (ou mensagens) que você encontra em cada uma delas. Com quais textos bíblicos você usaria cada uma mais adequadamente?

Você não vai Adivinhar o que aconteceu na Igreja esta Manhã[32]

O pregador subiu ao púlpito e cem rostos olharam para ele. Ele colocou na boca uma pastilha contra tosse para que a voz ficasse doce e homogênea. Sorrindo, disse: "Vamos dar graças". E cem vozes murmuraram: "Amém". Mas não havia alegria.

"Vamos dar graças", disse o pregador, "pela saúde de nosso corpo."

E tristemente, sem dizer palavras, levantaram-se os cegos e aleijados, e dez pessoas saíram da igreja.

Mas o pregador continuava dizendo: "Vamos dar graças por nossos pulmões que inspiram ar fresco e porque todos temos o prazer de comer e beber".

E se levantaram e saíram os que estavam com câncer pulmonar e os que passavam fome. Dez pessoas deixaram a congregação.

Mas o pregador continuou dizendo: "Vamos dar graças porque todas as pessoas de nossa igreja desfrutam os confortos deste mundo".

E saíram mais dez pessoas – os pobres que tinham visto os filhos morrerem de desnutrição.

Mas o pregador, com olhos elevados contemplando pensamentos aconchegantes, não vendo nada disso, falou: "Vamos dar graças porque todos temos casa e família".

E saíram os refugiados, o velho da casa de convalescença, a jovem cujos pais eram alcoólatras.

E o pregador persistia: "Vamos dar graças porque todos temos amigos!"

E da congregação saíram todos os solitários, os dolorosamente tímidos que comiam todas as noites em restaurantes baratos, os que tinham sido rejeitados, porque eram de raça diferente.

Mas o pregador, chupando a pastilha contra tosse, disse: "Vamos dar graças porque todos somos bonitos".

E Sally, que sabia que seu queixo era retraído, e George, que era estrábico, se levantaram e saíram daquele lugar.

Contudo, o pregador prosseguia: "Vamos dar graças por nossas mentes maravilhosas".

E várias pessoas de inteligência abaixo da média se ruborizaram e uma criança mentalmente retardada fitou o vazio. Elas se levantaram e saíram porta fora.

Mas o pregador, sem olhar para baixo, quase cantou quando disse: "Vamos dar graças por nossas virtudes".

E havia os que se torturavam com temperamentos ruins, se destroçavam por ciúme, se enchiam de vaidade, e saíram da congregação.

"Vamos dar graças porque todos experimentamos justiça!", continuou o pregador.

E todos os que tinham sido privados de bons advogados e de dinheiro para pagar fiança e outros que nunca tinham tido remédio ou educação levantaram-se e saíram.

"Vamos dar graças porque trabalhamos pela paz!"

E saíram mais dez pessoas, vítimas de guerra.

E o pregador olhou para a congregação.

Não havia ninguém.

A pastilha contra tosse que o pregador chupava acabou. Já não havia suavidade na voz.

Ele clamou e sua voz falhou: "Oh Senhor! Meu Senhor, onde eles estão?"

E uma voz falou do céu, dizendo: "Sabe o que você fez? Você ficou se elogiando a si próprio! Quando foi que Eu lhe disse que Eu amo só os ricos, só os bonitos, só os inteligentes? Quando foi que Eu lhe disse que a justiça, a paz e a cura surgiriam por conta própria? As pessoas de sua congregação têm passado por amarguras, e você nem mesmo parou para reconhecer esse fato. É por isso que as pessoas foram embora".

A voz fez uma pausa e depois falou mais uma vez. "Lembre-se de meu servo Jó. Lembre-se de Meu Filho, Jesus. Quando foi que lhes prometi uma solução fácil?" E o pregador clamou: "Então, Senhor, o que foi que Tu nos deste?" E a voz respondeu: "Eu".

O pregador correu para a porta e chamou as pessoas de volta. Ele subiu ao púlpito e cem rostos olharam para ele. E o pregador disse com voz desafinada: "Vamos dar graças porque o próprio Jesus está conosco até o fim do mundo!"

E cem vozes clamaram: "Amém!"

E houve alegria no céu.

O Mendigo[33]

Certo mendigo vivia perto do palácio do Rei. Um dia, ele viu uma proclamação afixada no portão do palácio. O Rei estava dando um grande banquete. Todos os que trajavam vestes reais estavam convidados para a festa.

O mendigo prosseguiu em seu caminho. Olhou os trapos que vestia e suspirou. Com certeza, somente reis e suas famílias usam vestes reais, pensou.

Lentamente uma idéia se esgueirou em sua mente. A audácia o fez tremer. Ele ousaria?

Voltou ao palácio. Aproximou-se do guarda no portão. "Por favor, Senhor! Gostaria de falar com o Rei."

"Espere aqui", disse o guarda.

Em alguns minutos, ele regressou. "Sua majestade o verá", disse. E conduziu o mendigo para dentro do palácio.

"Você deseja me ver?", perguntou o Rei.

"Sim, Sua Majestade. Quero muito participar do banquete, mas não tenho roupas reais para usar. Por favor, Senhor! Se me permite a ousadia, posso usar uma de suas roupas velhas, de forma que eu também possa ir ao banquete?"

O mendigo tremia tanto que nem viu o sorriso lânguido que estava na face do Rei.

"Você foi sábio em vir a mim", disse o Rei. Ele chamou o Filho, o jovem Príncipe: "Leve este homem a seu quarto e lhe dê uma de suas roupas."

O Príncipe fez como lhe fora dito, e logo o mendigo estava na frente de um espelho, trajado com roupas que nunca tinha ousado sonhar em usar.

"Agora você é elegível para comparecer ao banquete do Rei amanhã à noite", disse o Príncipe. "Mas... E isso é mais importante. Você nunca mais precisará de outra roupa. Estas roupas durarão para sempre."

O mendigo caiu de joelhos. "Oh, obrigado", chorou. Mas enquanto saía, olhou para trás e viu no chão a pilha de seus trapos imundos. Hesitou. E se o Príncipe estivesse errado? O que aconteceria se ele precisasse de suas roupas velhas? Depressa as recolheu.

O banquete era muito maior do que jamais tinha imaginado, mas ele não pôde desfrutar como deveria. Ele tinha feito uma trouxa pequena com os seus trapos velhos e a trouxa ficava caindo ao chão. A comida foi passada muito depressa e o mendigo perdeu alguns dos melhores manjares.

O tempo provou que o Príncipe tinha razão. As roupas duraram para sempre. Contudo, o mendigo pobre ficava cada vez mais aficionado pelos seus trapos velhos.

À medida que o tempo passava as pessoas pareciam esquecer das vestes reais que ele usava. Elas só viam a pequena trouxa de trapos imundos com a qual ele andava agarrado por onde quer que fosse. Elas até o chamavam o velho dos trapos.

Um dia, quando ele estava à beira da morte, o Rei o visitou. O mendigo viu o olhar triste na face do Rei quando olhou a pequena trouxa de trapos sobre a cama. De repente, o mendigo se lembrou das palavras do Príncipe e percebeu que sua trouxa de trapos tinha lhe custado toda uma vida de verdadeira realeza. Ele chorou amargamente por sua loucura.

E o Rei chorou com ele.

Notas

[1] "Contar histórias não é apenas nossa arte mais antiga. É, também, nossa maneira mais antiga de expulsar demônios e invocar anjos. A história faz, muito simplesmente, parte essencial de nossa humanidade", diz Jane Yolen em "Storytelling — An Art for All Ages", de Norma J. Livo, *Media & Methods*, setembro de 1983, p. 25. Você não concorda com Michael Hague, que disse: "Imaginar e acreditar são as únicas formas de magia que nos restou no mundo"? (Ibid., p. 24.)

[2] Russell Hoban, *Ridley Walker* (Nova York: Summit Books, 1981).

[3] James A. Michener, em seu best-seller, *Space* (Nova York: Fawcett Crest, 1982), apresenta uma de suas personagens sugerindo uma razão para lermos ficção científica: "Mott ressaltou que todos os engenheiros que ele tinha conhecido, praticamente nenhum tinha se preocupado com ficção científica, ao passo que quase todos os cientistas tinham. 'Por quê?', perguntou ele para seus dois visitantes. "'Acho que é porque você sempre se preocupou com o modo de fazer', sugeriu Pope. 'Os cientistas sempre estavam em alto grau, fixando metas para tentar atingir'" (p. 492).

[4] Frank Herbert, *Dune* (Radnor, Pensilvânia: Chilton Book Company, 1965).

[5] Este professor usou um trecho de *The Jesus Incident*, de Frank Herbert e Bill Ransom.

[6] Margaret Laurence, *The Diviners* (Nova York: Bantam Books, Incorporated, 1975).

[7] Dr. Seuss, *Yertle the Turtle and Other Stories* (Nova York: Random House, Incorporated, 1958).

[8] Durante os últimos 15 anos, Carolyn Thomas-Davidoff trabalhou como contador de histórias. Ela foi entrevistada por Anne Newell May, da Chicago Tribune Magazine (17 de julho de 1994, p. 33). Carolyn disse: "Na minha opinião, há grande virtude em oferecer algo às pessoas que não tenha custado cinqüenta milhões de dólares para produzir. É essencialmente humano. Precisa acontecer entre pessoas; não acontece bem na televisão. Permite que você, o ouvinte, seja tirado de você mesmo, mas quando acaba você não tem uma ressaca ou está sem dinheiro. E são boas as chances de você ter se beneficiado com uma imagem que o impressionará e ficará com você".

[9] Stephen R. Donaldson, *The Wounded Land*, Livro Um da Segunda Crônica de Thomas Covenant (Nova York: Ballantine Books, 1981), p. 471.

[10] Robertson Davies, *The Manticore* (Nova York: Viking Press, 1972).

[11] Harold Fickett, *Mrs. Sunday's Problem and Other Stories* (Old Tappan, Nova Jersey: Fleming H. Revell Company, 1979), pp. 39-49.

[12] Joseph Bayly, *The Gospel Blimp and Other Modern Parables* (Colorado Springs, Colorado: LifeJourney Books, 1983). Usado com permissão.

[13] William Golding, *Lord of the Flies* (Nova York: Pittman Publishing Group, 1978).

[14] Madeleine L'Engle, *Walking On Water* (Wheaton, Illinóis: Harold Shaw Publishers, 1980), p. 30.

[15] Bruce Lockerbie, *The Timeless Moment* (Westchester, Illinóis: Cornerstone Books, 1980), p. 68.

[16] Ernest Hemingway, *Old Man and the Sea* (Nova York: Scribner Book Companies, Incorporated, 1952).

[17] Anthony Burgess, *The New York Times Book Review*, 5 de fevereiro de 1984, p. 37.

[18] John Calvin, *Institutes of the Christian Religion*, conforme foi citado por Samuel F. Rowen, in: Moral Development Foundations, editor Donald M. Joy (Nashville: Abingdon Press, 1983).

[19] Dale Vree, "Sex in the Service of Capitalism", in: *New Oxford Review*, Maio de1983.

[20] Extraído de *The Silmarillion*, de J. R. R. Tolkien, copyright de 1977, por George Alien & Unwin (Publishers) Ltd. Reimpresso com a permissão de Houghton Mifflin Company.

[21] Reimpresso com a permissão de Berkley Publishing Group, de *The Jesus Incident*, de Frank Herbert e Bill Ransom, copyright de 1979, por Frank Herbert e Bill Ransom.

[22] Hermann Hesse, *Steppenwolf* (Nova York: Bantam Books, 1969), pp. 169, 170. Usado com permissão.

[23] Lockerbie, *The Timeless Moment*, p. 108.

[24] Robert Farrar Capon, *The Third Peacock* (Garden City, Nova York: Image Books, 1972), pp. 12, 13. Usado com a permissão do autor.

[25] Ibid., pp. 13, 14.

[26] Aleksandr I. Solzhenitzyn, *The Gulag Archipelago* (Nova York: Harper & Row, 1973). Extraído das pp. 451, 452, 458 de The Gulag Archipelago, Two, de Aleksandr I. Solzhenitzyn, traduzido para o inglês por Thomas P. Whitney, copyright de 1974 por Aleksandr I. Solzhenitzyn. A tradução para a língua inglesa tem copyright de 1975 por Harper & Row, Publishers, Incorporated. Com a permissão da editora.

[27] Jeanne Walker, "Rev. Algebra B. Coons Was a Lover", publicado em *Christian Living*, semanário para sala de aula e para casa direcionado a alunos adolescentes.

[28] Isabel Anders, "The Rules and the Stories: Imagination and Scriptural Language" (Tese para mestrado, Mundelein College, 1980).

[29] Eileen Lageer, "Palm Sunday". Reimpresso com a permissão de *His*, revista dos alunos da Inter-Varsity Christian Fellowship, copyright de 1970.

[30] Gloria Durka e Joanmarie Smith, "Is Art Necessary?", in: *Religious Education*, Janeiro-Fevereiro de 1981.

[31] Escrevi várias parábolas sob encomenda. Um pedido me deixou perplexa. Fiquei matutando nesse pedido até que o prazo final estava muito perto. Então lembrei que certa feita eu havia reunido alguns desencadeadores de parábolas – os que estão impressos aqui. Foi assim que concluí meu desencadeador de parábola "Silvestre, o Preguiçoso":

Silvestre saiu correndo com todos os outros cavalos para dar as boas-vindas ao recém-chegado. Mas antes de terminar seu relincho de oi, o fazendeiro disse: "Ele vai usar sua baia, Silvestre. Você vai ficar no pasto".

O nariz de Silvestre ficou vermelho de vergonha. Ele nem mesmo se voltou para dizer adeus a seus colegas de trabalho, e nenhum deles trotou atrás dele para dizer que estavam tristes por vê-lo ir embora.

Depois de superar a humilhação, Silvestre passou a gostar do pasto. Era divertido correr livremente pelo campo. Durante dias, ele alternou entre comer pasto fresco e correr de uma cerca à outra.

"Estou me divertindo muito", dizia ele para si muitas vezes ao dia. Mas, finalmente, teve de admitir que estava cansado de só comer e correr. A vida não tinha mais propósito. Ele tentava evitar ficar olhando os cavalos trabalhando nos campos. Eles lhe faziam sentir-se mais inútil.

"Se ao menos eu tivesse outra chance para mostrar ao fazendeiro que mudei", pensou. "Eu o faria ter muito orgulho de mim."

[32] Richard Hunter, "You'll Never Guess What Happened in Church This Morning", copyright de 1965, *Presbyterian Life*. Usado com permissão.

[33] "The Beggar", de Ruth A. Walton. Reimpresso com a permissão da *Eternity Magazine*, copyright de 1972, Evangelical Ministries, Incorporated, 1716 Spruce Street, Filadélfia, Pensilvânia.

9

Debate : Um Imperativo de Aprendizagem

Se você ganhar o mundo inteiro e perder a mente do mundo, logo descobrirá que não ganhou o mundo. Na verdade, pode vir a ser que você tenha perdido o mundo.

— Charles Malik

Pode ocorrer aprendizagem sem que os alunos interajam com o conteúdo? Claro que pode. Um conferencista excelente pode apresentar grande conteúdo em espaço resumido de tempo. Os ouvintes assimilam a matéria. Aprendem. Mas os alunos aprendem muito mais quando tomam parte ativa na classe, quando fazem comentários, elaboram perguntas e respondem as perguntas dos colegas. Quando os alunos compartilham em voz alta, eles ficam mais seguros em que acreditam e mais confiantes nas aptidões que têm para viver o que acreditam. Eles também aprendem com a sabedoria e a experiência de mais de uma pessoa, tradicionalmente o professor. O impacto é muito maior.

Quando já fazem sete, doze ou vinte anos que os alunos têm aula de educação cristã, eles conhecem a maioria dos fatos. Contudo, têm um conhecimento superficial do que significa ser semelhante a Cristo.

As histórias bíblicas permanecem as mesmas, contudo seu impacto nos alunos muda à medida que as perguntas dos alunos ficam mais complexas e suas decisões de vida menos óbvias. Eles precisam verbalizar o que está acontecendo com eles na jornada da fé. Eles precisam ficar empolgados com os sucessos que os outros compartilham. Eles precisam se envolver com questões éticas em uma situação segura para estarem preparados para encarar a realidade nada segura. O debate em sala de aula de Escola Dominical é muito mais que só conversa. Muito poucos métodos educacionais funcionam sem isso. Considere a dramatização, por exemplo. Certa classe de adultos tem pensado no que acontece em um bairro onde valores de propriedade estão caindo. Questões cristãs, preconceito racial e econômico, desorganização e corrupção em governos de pequenas cidades têm desempenhado sua parte. A dramatização termina. A menos que haja um espaço para debate – um debate no qual os alunos falem sobre as implicações desta dramatização –, a classe só teve uns momentos alegres. Mas depois da dramatização, têm de aparecer os verdadeiros assuntos. "Encontrava-me muito menos endividado antes de eu afundar o último centavo que tinha em uma casa?" "Mas o que acontece se os cristãos procuram se infiltrar em nosso governo municipal? Com certeza não é o que vejo Jesus fazendo. Qual deve ser nossa reação ao poder?" O debate é parte de todo bom plano de ensino. Ele pode ser amplo para a aprendizagem de jovens e adultos.

Benefícios do Debate

1) O debate estimula o interesse e o pensamento, e ajuda os alunos a desenvolverem as habilidades de observação, análise e lógica.[1]

2) O debate ajuda os alunos a esclarecerem e revisarem o que aprenderam.

Por exemplo, depois de uma classe de adultos ter estudado a vida de Cristo, os alunos podem se dividir em grupos pequenos para discutir o tema principal que eles encontraram no ensino de Jesus e como esse tema deve afetar a vida dos cristãos hoje em dia. Através deste debate, os alunos organizam os pensamentos e obtêm novos esclarecimentos sobre a vida de Cristo que podem ter sido negligenciados anteriormente. Alguns aprendem novos fatos sobre a vida de Cristo. Mas o propósito primário do debate raramente é ensinar nova informação factual. A menos que os alunos tenham uma base de conhecimento sobre a qual falar, seus comentários têm pouco significado.

3) Às vezes os alunos resolvem os próprios problemas através do debate.

"O pai de minha namorada está tentando estuprá-la", anunciou um aluno em minha classe de escola de ensino médio. A unidade era sobre situações de crise que os adolescentes enfrentam, assim sua declaração estava dentro do tema. Minha primeira resposta como professora foi entrar em pânico. Nunca tinha enfrentado um problema assim antes, e aqui estava eu no meio de uma classe de onze meninos e duas meninas. Os alunos ficaram calados, absolutamente em silêncio. "Que sugestões vocês dariam?" Reprimi meus sentimentos para a classe. "Lembrem-se dos princípios que estamos estudando." Muitas vezes disse a essas crianças que se Deus não for grande o bastante para tratar dos problemas, Ele – ou antes o conceito que elas tinham dEle — se torna pequeno. A reação dos companheiros foi interessante e variou de nervosismo e muito humor impróprio a comentários genuinamente pensativos. Antes da aula terminar, a menina sabia que tinha o apoio de oração dos demais da classe. Eles também tinham apresentado algumas idéias úteis. Depois da aula, a menina e eu conversamos mais, tendo certeza de que ela tinha um plano de ação e o apoio de vários adultos cristãos.

4) O debate permite os alunos ouvirem opiniões que são mais maduras e talvez mais cristãs do que as deles.

Não há garantia de que uma vez ouvidos estes comentários, os alunos os adaptem às próprias situações, mas pelo menos eles poderão escolher de um corpo maior de informação.[2]

5) O debate estimula a criatividade e ajuda os alunos a aplicarem o que eles aprenderam nas situações do dia-a-dia.

Por exemplo, o professor dá a cada aluno um pedaço de arame de trinta centímetros. É dito aos alunos que façam de conta que o

O debate permite aos alunos ouvirem opiniões que são mais maduras [...] que as próprias.

arame é a linha do tempo da vida que eles viveram na semana passada. Toda vez que os alunos lembram de terem falhado com Deus, eles fazem uma dobra no arame. Depois de alguns minutos, a maioria dos arames dos alunos deve estar torcida. Depois, os integrantes da classe formam pares e debatem os problemas que os impedem de viver em comunhão contínua com Deus. O estudo da Bíblia se centraliza na solução de Deus para este dilema.

Claro que o professor pode suprimir a parte do arame e ir diretamente para o debate. Afinal de contas, o debate é parte importante da situação. Contudo, os dois métodos juntos permitem que os alunos pensem primeiramente em novos padrões e agrupem os pensamentos de outra forma. As pessoas que pensam em símbolos ou que pensam melhor quando manipulam materiais estarão preparadas para falar acerca do que fizeram. A mistura criativa dos dois métodos tornará o processo de aprendizagem mais bem-sucedido.

6) Quando os alunos verbalizam o que acreditam e são forçados a explicar ou defender o que dizem, suas convicções são fortalecidas e sua capacidade de emitir opinião é aumentada.

Desencadeadores de Debate

A pergunta ou comentário que o professor usa para iniciar um debate é muito importante, porque fixa a direção para o que jaz à frente. Desencadeadores de debate que começam com as palavras por que, explique e o que você acha são normalmente bons, porque estas palavras indicam que há algo que discutir.

Considere este desencadeador de debate: "Reconte a história da multiplicação dos pães e peixes segundo a perspectiva do menino". A resposta do aluno pode proporcionar à classe uma revisão criativa, mas a pergunta provavelmente não desencadeará um debate. Contudo, para a mesma história, o professor poderia perguntar: "Quando Jesus alimentou os 5.000, Ele provou que podia alimentar muitas pessoas com um orçamento muito baixo. Mas o que significa esta história para os cristãos que raramente vêem milagres evidentes como este ocorrerem hoje em dia?" Aqui os alunos têm de fazer mais que repetir fatos que aprenderam. Há algo que discutir. Não só eles têm de revisar mentalmente a história, mas são forçados a analisar o que ela significa.

Os alunos podem interagir enquanto respondem: "Diga os nomes dos doze discípulos de Jesus e comente um fato importante sobre cada um deles". Entretanto os comentários só indicam que eles prestaram atenção ao que você disse. A pergunta: "De que modo os doze discípulos de Jesus eram como somos hoje em dia?", pede que os alunos não só revisem o que lhes foi ensinado, mas também analisem como o que aprenderam se aplica à situação contemporânea.

Os seguintes desencadeadores de debate são muito gerais. Podem ser adaptados para uso em muitas situações diferentes de lição:

- Na sua opinião, se Jesus estivesse aqui hoje, que ilustração ou parábola da vida contemporânea Ele usaria para ajudar os que o cercam a entender a lição de hoje? Explique sua escolha.
- Discutamos modos diferentes para que nesta semana ponhamos em prática as lições que aprendemos no estudo bíblico de hoje.
- Como você explicaria esta passagem para um não-cristão? Para uma criança do ensino fundamental?

Os jovens adolescentes diferem grandemente em sua capacidade de entender. Quando lhes é dito que expliquem algo como se estivessem explicando a uma criança, eles estão na verdade ajudando a ensinar os que não são tão mentalmente maduros como a maioria do grupo. É um meio de simplificar o conteúdo sem os adolescentes sentirem que estão sendo tratados como bebês.

Lição Errada

Ocasionalmente algo será dito num debate que o alerta para uma necessidade que um aluno tem, a qual não se ajusta à lição que você tinha planejado. Pelo fato de os alunos sempre terem precedência sobre o plano de lição, você deve mudar a ênfase da lição para ajudar a satisfazer aquela necessidade. Suponha que durante um debate sobre a vida cristã, uma menina de escola do ensino médio diga: "Não sinto que posso participar, não conheço Jesus e não estou certa se quero conhecê-lo. Ainda não compreendo o que é ter compromisso". A menina não foi tímida quanto aos seus sentimentos, e o professor sábio pode embarcar nas questões implícitas pela menina sem a envergonhar. "Tem razão. Como os demais respondem à pergunta: 'O que significa ter Jesus como parte de nossa vida?'"

Às vezes, não é apenas a direção da lição que precisará ser mudada para satisfazer as necessidades; será toda a lição. "Tommy foi o segundo garoto a morrer na escola de ensino médio em dois meses", disse um estudante. "O primeiro morreu num acidente de automóvel, e Tommy foi eletrocutado quando jogou uma pedra presa a uma linha sobre um fio da rede elétrica. Tínhamos nosso clube de estudo bíblico na noite em que ocorreu a fatalidade, e muitas crianças que normalmente não vinham, vieram. Nosso líder só ficou sabendo da segunda morte quando chegou para iniciar a reunião. Ele apenas pôs de lado todos os jogos e coisas divertidas que normalmente fazíamos e falamos sobre a morte. Os meninos tinham muitas perguntas. Era sobre isso que todos nós queríamos falar. Foi uma reunião terrível, mas foi bom poder falar sobre o assunto." Aquele líder de mocidade percebeu que tinha de enfrentar as necessidades imediatas dos seus alunos. Pouco importando o quanto era bom o evento que ele tinha planejado, ele teria falhado como líder se não tivesse lidado com a morte de Tommy.

Por vezes o assunto tomará o professor de surpresa. Quantos professores estão perfeitamente preparados para falar sobre qualquer assunto que surgir? Não há nada de errado em dizer: "Não sei, mas farei algumas pesquisas até nossa próxima reunião". Esta também é a oportunidade perfeita para destacar o fato de que o professor não é o único que pode pesquisar as Escrituras. Os alunos podem aprender a usar concordâncias bíblicas.

Os Participantes

Nenhum dos integrantes do debate é precisamente igual ao outro. Todos têm suas necessidades biológicas e psicológicas, impulsos, padrões de vida, experiências vividas e criatividade. Cada um deve ser incentivado a contribuir de modo pessoal e único.

Alguns alunos hesitam em falar em sala de aula, porque são tímidos ou sentem que suas contribuições são menos valiosas do que as dos seus colegas. Atraia-os ao debate fazendo-lhes perguntas. Considere fazê-los desenvolver algo que outra pessoa disse, ou peça-lhes que compartilhem suas opiniões sobre um assunto específico. "Mariana", o professor poderia dizer a uma aluna tímida, mas inteligente, "como você se sente sobre o fato de o teatro de nossa cidade estar apresentando pré-estréias de filmes para maiores de 18 anos perante uma platéia livre?"

Por vezes o assunto tomará o professor de surpresa.

Quase toda classe tem pelo menos um integrante cujas contribuições não parecem tão valiosas quanto as dos demais. Os alunos devem aprender pelo exemplo o quão importante é mostrar respeito pelos comentários de cada pessoa. Às vezes, um aceno ou sorriso é tudo que é necessário para fazer com que o falante e os demais da classe saibam que você aprecia a contribuição. Ou, talvez seja possível salvar algo que valha a pena do que a pessoa disse e pedir que outro aluno comente ou desenvolva o ponto.

A ninguém deve ser permitido monopolizar a conversa. Se ficar óbvio que tal está ocorrendo, o professor deve cortar educadamente as observações daquele aluno e direcionar a conversa para outra pessoa: "Obrigado, João, pela contribuição. Silvana, o que você acha deste ponto?"

Mesmo que todos os alunos estejam participando, um debate não pode ter êxito total a menos que você mantenha uma atmosfera de liberdade e investigação. Cada um precisa estar cônscio de que não tem a obrigação de dar uma "resposta de Escola Dominical". Antes, os alunos devem ter a liberdade de compartilhar seus verdadeiros sentimentos e opiniões durante o debate, mesmo que essas opiniões difiram das posições tradicionais. Essas opiniões desafiam o professor e os outros alunos: "Que pessoa lógica acreditaria na encarnação?" "Como você pode dizer que Deus é amor se Ele permitiu que seis milhões de pessoas morressem?"

Num debate livre, você tem de assumir o papel de guia e participante em vez de fazer o papel de instrutor ou ditador. Você orienta e não empurra para manter o debate pertinente ao tema da reunião.

Uma Sala de Aula Interativa

O sucesso de um debate depende do tema e das pessoas envolvidas nele, e não de variáveis externas como o arranjo da sala. Mesmo assim, o líder deve propiciar um ambiente adequado tanto quanto possível. Círculos ou semicírculos são a melhor forma de arrumar a sala, porque eliminam o assento de autoridade. Os alunos reagem diretamente entre si. Já não é o professor a figura central na sala por quem todos os comentários e perguntas têm de passar. Também, nestas arrumações, cada pessoa pode ver as expressões e reações de todos os colegas. Isto dá uma dimensão adicional ao debate.

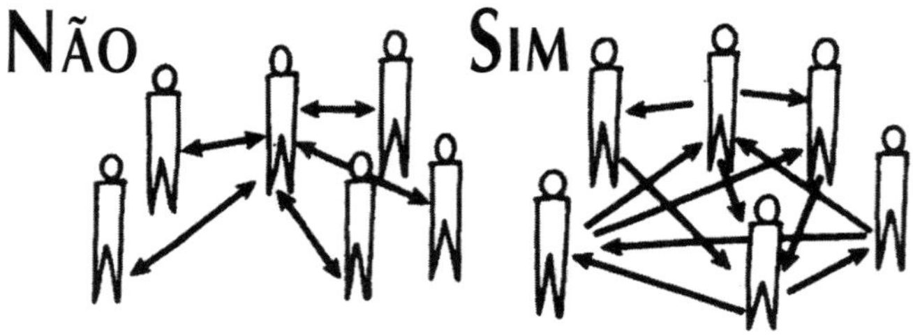

Numa situação de sala de aula edificante, os alunos interagem com o líder e entre si. O líder não se torna o ponto central para qual todo discussão deve ser direcionada.

Não há situação de sala de aula que não possa ser adaptada ao debate. Claro que algumas dessas adaptações serão um pouco mais eficazes que outras. A pior situação que já enfrentei foi numa convenção de Escola Dominical na Califórnia. O seminário foi anunciado como seminário dramático participativo. Esperava uma sala grande, um tapete e não muitas cadeiras. Tive fileiras de cadeiras fixas no chão e 300 pessoas. Lembro-me de fazer uma oração rápida pedindo orientação e prometendo que se Deus me ajudasse naquela sessão, eu pararia de abusar da palavra criativo. Fizemos algumas ilustrações "frente-verso" e colocamos nossos corpos em círculos para debate e dramatização. "Círculos" foram formados por três pessoas em uma fila virando-se na cadeira para interagir com as três pessoas afortunadas da fila de trás que conseguiram se sentar normalmente. Deu certo, não de modo excelente, mas foi adequado.

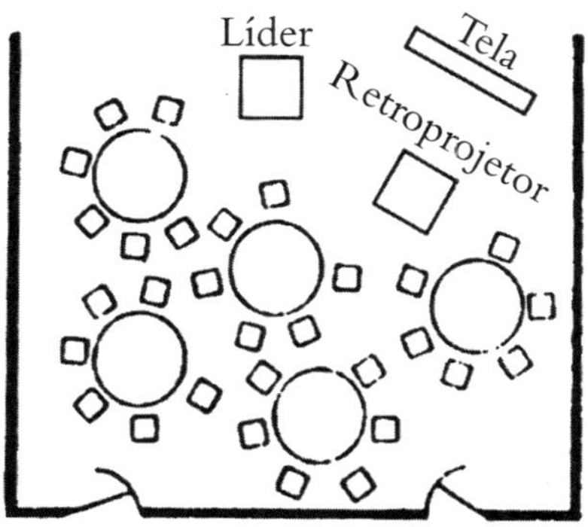

Algumas classes de adulto são bastante grandes. As pessoas que têm medo de falar em uma classe de trinta pessoas sentem menos medo em grupos menores com cinco ou seis. Uma sala pode ser estabelecida assim, o que permitiria boa flexibilidade.

Conscientize-se de que se os alunos estejam à vontade, pois assim eles estarão mais aptos para interagir. Certifique-se de que a sala esteja tão confortavelmente mobiliada quanto possível, bem iluminada e moderadamente aquecida.

Estruture um Debate

Há muitos modos de estruturar um debate. Todos os modos têm a interação grupal como meta. Todos os modos fornecem a oportunidade de compartilhamento no processo de aprendizagem. Usar estrutura diferente gera surpresa ao debate. Mistura as pessoas de maneira singular. Permite que pessoas caladas falem.

1) *Debate em classe total.*

Em algumas classes pequenas, todos os alunos participam num debate eficaz. Há a formação de senso de unidade de classe e a possibilidade de todos ouvirem a opinião dos colegas. Mas na maioria dos grupos, o debate em classe total é, por si só, insatisfatório, porque normalmente há tempo só para alguns alunos falarem.

2) *Grupos em burburinho*

Pequenos grupos de três a dez pessoas recebem um tema para debate. Eles rapidamente escolhem um presidente e um secretário. O presidente é o responsável em manter o debate dentro do tema, e o secretário registra as idéias esparsas do grupo e relata as idéias pertinentes para a classe total.

3) *Dinâmica de grupo*

É dado aos alunos, normalmente em grupos pequenos, um problema diante do qual eles têm de apresentar tantas soluções diferentes quantas possíveis. A ênfase aqui está na quantidade e não na qualidade. A quantidade cria a qualidade. É mais fácil modificar uma idéia criativa do que dar corpo a uma idéia não-criativa. Os participantes devem reter o julgamento até que todas as sugestões sejam oferecidas, ou até que cerca de dois terços do tempo designado à sessão de dinâmica de grupo se esgote. Depois de um pequeno intervalo, o grupo deve escolher a melhor contribuição entre as sugeridas (ou talvez uma combinação de várias idéias) e aprimorá-las. (Para mais informações, revise o processo de dinâmica de grupo apresentado no Capítulo 2).

Cada grupo da dinâmica apresenta sua solução no debate em classe total. Se for indicada ação de classe, os alunos decidem qual idéia gostariam de fazer mais aprimoramentos e encenar.

Considere usar problemas como estes para a dinâmica de grupo:

- Faça de conta que nós, como cristãos, queremos causar impacto no governo. Temos somente os recursos que nos estão disponíveis nesta classe. Qual a melhor forma de causar este impacto?
- Temos a forte consciência de que nós, como cristãos, somos responsáveis pelos pobres e nos é exigido que demos uma resposta ativa para melhorar sua condição. O que faremos?
- Gostaríamos de melhorar a comunicação com pais (ou filhos, ou vizinhos, ou outras igrejas). Como empreender essa tarefa?

4) Foro de debate.

Foro de debate é especialmente valioso quando:

- O assunto é difícil e os alunos não podem fazer um debate significativo sem um pouco de plano de fundo.
- As pessoas com treinamento ou experiência especial têm idéias que os alunos comumente não teriam. Dependendo do tema, nem sempre é necessário que os participantes de um foro de debate sejam cristãos.

Cada integrante do foro deve preparar um discurso de três a cinco minutos, e receber tempo ininterrupto para apresentar o discurso que preparou. Depois, os alunos devem ser incentivados a interagir com os discursadores, quer diretamente quer mediante um foro moderador – em geral, o professor.

Adapte à classe os delineamentos de foro apresentados a seguir substituindo os participantes sugeridos por pessoas de sua igreja e comunidade:

- Foro sobre drogas:
  1. Pessoa que tentou e abandonou o uso de drogas.

2. Médico ou policial que tenha experiência com pessoas viciadas em drogas.
3. Amigo (ou pais) de pessoa que é (ou era) viciada em drogas.

- Foro sobre sexo:
  1. Pastor ou líder de mocidade.
  2. Médico cristão.
  3. Pais cristãos (pai e mãe, preferentemente com filhos adolescentes).
- Foro sobre o futuro:
  1. Empresário.
  2. Cientista que trabalha em campos onde ocorrem mudanças rápidas – espacial, genética, etc.
  3. Leitor que já leu livros sobre o futuro.
  4. Crente com forte formação sobre o que a Bíblia tem a dizer sobre Escatologia.

Você provavelmente vai fazer temas de foro mais específicos do que os fornecidos aqui. Adapte-os para que os discursadores lidem com problemas que ajudem os alunos a entender melhor como o tema se aplica especificamente a eles. O foro, quando usado na Escola Dominical, deve, é claro, dizer respeito ao que está sendo estudado nas Escrituras. Por exemplo, se o estudo bíblico trata da dificuldade do apóstolo Pedro em aceitar os cristãos gentios, planeje um foro sobre mudar a comunidade que cerca sua igreja. Depois, designe a discursadores temas específicos que se apliquem diretamente à Escritura.

- Foro sobre a comunidade que cerca sua igreja.

Meta: Ajudar a vivermos juntos e ministrarmos eficazmente uns aos outros durante este tempo de mudança.

1. Líder minoritário (Tema: O que nós – que somos novas pessoas na comunidade adjacente à igreja — podemos levar a esta igreja e o que precisamos receber dela).
2. Integrante da sala de aula (Tema: Por que tenho orgulho desta comunidade e desta igreja).

3. Líder majoritário (Tema: Áreas nas quais suspeito que podemos ter problemas e minhas sugestões para lidar com essas áreas).

Às vezes, é impossível que a pessoa que faria contribuição importante ao foro esteja presente. Suponha que você queira que o chefe da Divisão de Narcóticos do Distrito Policial da cidade participe do foro dirigido a alunos universitários, mas o policial está de serviço no domingo pela manhã. Durante a semana anterior ao foro, você ou um aluno deve entrevistar o policial e gravar o que ele disser. Claro que esta não é a situação ideal, pois o policial não estará presente para responder as perguntas levantadas no debate. Mas os alunos poderão obter esclarecimentos do policial, junto com os dos outros integrantes que comparecerem no foro. (Em certas situações é possível filmar em vídeo o contribuinte em vez de gravar uma fita de áudio. Isto pode ser extremamente eficiente[3])

5) Painel de debate.

Painéis de debates são feitos de modo muito similar aos foros de debate, mas são menos formais. Os integrantes do público podem interromper os discursadores a qualquer tempo depois de terem sido reconhecidos pelo moderador. E os integrantes do painel interagem entre si.

6) Debate.

Ocasionalmente um tema da lição se presta para debate. Há muitas formas de estruturar um debate, mas durante a sessão de Escola Dominical o seguinte padrão é bastante eficiente. Pelo menos uma semana antes do debate, os participantes devem receber o tema do debate, declarado na forma de resolução. Exemplos:

- Resolução: Nossa igreja deve assumir posição ativa nesta comunidade no assunto da falta de moradia.
- Resolução: Nossa classe deve começar um ministério de mocidade centralizado fora da igreja para alcançar os adolescentes que nunca participariam num programa organizado na igreja.

Enquanto os alunos se preparam antes da aula para sua parte no debate, eles devem se lembrar que os que são favoráveis têm a responsabilidade de provar que a resolução está correta. Os desfavoráveis têm de provar que não está. Claro que o lado desfavorável também pode apresentar uma proposta alternativa.

Por exemplo, no debate sobre o departamento de mocidade, o lado favorável pode se opor à posição afirmativa com uma objeção como esta: "Os integrantes de nossa classe que trabalhariam neste departamento não são suficientemente fortes na fé para fazer frente a crianças espertas criadas nas ruas. Pode ser que eles acabem sendo influenciados pelos líderes negativos em vez de eles os influenciarem para Cristo". Ou o lado desfavorável primeiro desacredita a resolução e depois oferece outra sugestão:"Acreditamos que podemos iniciar extenso programa esportivo na igreja que atrairia os jovens para nossa igreja. Haveria identificação imediata com quem somos e o que defendemos".

Os debatedores devem fazer seus discursos na seguinte ordem:

1. Primeiro discurso do lado favorável.
2. Primeiro discurso do lado desfavorável.
3. Segundo discurso do lado favorável.
4. Segundo discurso do lado desfavorável.

(Breve intervalo enquanto cada lado discute e planeja a refutação.)

5. Primeira refutação do lado desfavorável.
6. Primeira refutação do lado favorável.
7. Segunda refutação do lado desfavorável
8. Segunda refutação do lado favorável.

Considerando que o ônus da prova se acha com a equipe do lado favorável, seus integrantes têm a vantagem de apresentar os primeiros e últimos discursos. Os vencedores do debate são determinados pela habilidade de os debatedores apresentarem suas posições. Dito de modo simples, para vencer, a equipe do lado favorável tem de provar que a resolução está correta. Para vencer, a equipe do lado desfavorável tem de provar que não está.

Em um debate de sala de aula é bom abrir espaço para comentários e perguntas logo após a última refutação. O moderador deve ajudar a dirigir estas observações dos alunos.

7) *Painel flutuante.*

Às vezes, você tem um tema para o qual quase todos na sala terão algo a contribuir, por exemplo: casamento, amor, trabalho, relacionamento social. Para uma mudança de andamento, anuncie que você terá um painel flutuante; quatro ou cinco pessoas cujos nomes são escolhidos ao acaso (de uma caixa, talvez) se tornarão os "peritos". Estes "peritos" se sentam em cadeiras na frente da sala, enquanto você e os outros integrantes da classe lhes fazem perguntas. Estas perguntas devem ser anedóticas (relacionadas à experiência). Quando o painel estiver na frente por vários minutos, tempo o suficiente para que cada um faça diversos comentários, tire outros nomes e substitua os primeiros participantes.

Suponha que o tema seja relacionamento com os pais e os participantes do painel sejam universitários. Estas são perguntas as quais quase todo aluno poderia responder:

- Na sua opinião, quais são as qualidades que um pai perfeito deve ter? Explique a escolha.
- Quando você pensa nas coisas especiais que seus pais fizeram por você, qual é a coisa específica que surge subitamente em sua mente?
- Por que você acha que os jovens têm dificuldade em se relacionar com os pais?
- Quando seus filhos forem adolescentes, qual é a coisa que você vai fazer para se certificar de que as linhas de comunicação permaneçam abertas?

8) *Debate em grupo heterogêneo.*

Muitas vezes, a Escola Dominical é tão etariamente segregada que os adolescentes não conseguem interagir com os pais e outros adultos. Os adolescentes perdem amizades que poderiam se formar entre eles e os adultos, não sendo dessa forma expostos à riqueza de experiência que os adultos têm. Os adultos perdem as novas idéias e perspectivas e o entusiasmo que os adolescentes têm em abundância.

Considere planejar um debate em grupo heterogêneo, quando os objetivos de ambas as lições são parecidos. Por exemplo, você poderia usar a seguinte idéia de debate em grupo homogêneo ou estruturar algo semelhante para classes de adultos e de adolescentes.

9) Troca de sabedoria entre pais e adolescentes.

(Adultos que não são pais de adolescentes devem participar do debate do modo em que participariam se fossem pais de adolescentes. Talvez possam adotar "adolescentes" naquele domingo cujos pais não freqüentam a classe de adultos.)

A dupla meta para este programa é engajar adultos e adolescentes em debate significativo sobre problemas contemporâneos, e desenvolver maior entendimento e apreciação uns pelos outros e pela sabedoria registrada no Livro de Provérbios.

Os participantes devem ser desafiados antes da sessão a serem honestos em seus comentários e irem preparados para participar.

Para a primeira parte da reunião, os alunos devem permanecer em seus grupos de classe. Dê a cada grupo a mesma lista de referências sobre relacionamentos entre pais e filhos e peça aos alunos que os revisem. A lista pode incluir Provérbios 3.12; 10.13; 13.22,24; 15.5; 19.18,26; 20.7; 22.6,15; 28.7; 29.15-17; 30.11-17; Efésios 6.4.

Enquanto ainda estão separados nos seus grupos de classe, ambos os grupos devem discutir como eles completariam declarações como estas:

- A lição enfatizada nestas referências que neste momento me é mais útil é..., porque...
- (Classe de adultos) Se eu pudesse ensinar a um adolescente uma lição destes versículos, eu ensinaria...
- (Classe de adolescentes) Se eu pudesse ensinar a um pai uma lição destes versículos, eu ensinaria..., do seguinte modo...

Logo após os debates separadamente, os grupos se reúnem para resumir como eles responderam as perguntas. Depois, o debate em grupo heterogêneo está pronto para começar.

O líder do debate tem de fazer perguntas para os adolescentes e para os adultos. Caso contrário, é provável que a sessão se degenere em uma conferência direcionada a adolescentes em vez de ser um tempo de compartilhamento. O professor pode usar perguntas como estas para iniciar o debate:

- Pais, em que áreas seus filhos ainda precisam de instrução? Como isto pode ser dado de modo que os adolescentes aceitem?
- Adolescentes, em que áreas problemáticas da vida vocês acham que os pais e os adultos cristãos podem ser mais úteis a vocês? Por quê e como?
- Adolescentes, que tipo de correção vocês acham que é mais útil a vocês? Por quê?
- Pais, sua responsabilidade em corrigir nunca termina? Justifique a resposta.
- Adolescentes, qual é a relação ideal entre pais e adolescentes? Que coisas impedem que esse ideal se torne realidade?

Adolescentes e adultos interagem com as respostas entre si. Permita que este debate continue por aproximadamente dez minutos. Depois, inverta os papéis. Peça que os adolescentes façam de conta que são adultos, e os adultos representem o papel de adolescentes. (Talvez os grupos precisem de alguns minutos para revisar os versículos de Provérbios.)

A sessão deve ser concluída com uma revisão do debate dada por adultos e por adolescentes. Este resumo pode declarar que conteúdo foi aprendido ou revisado, e na opinião de quem fala, o que a troca entre pais e adolescentes obteve.

10) Entrevista.

A entrevista pode ser usada pelo professor de vários modos eficientes.

a) Entrevista como lição de casa.[4]

Peça que os alunos entrevistem alguém durante a semana e apresentem no domingo seguinte o que aprenderam na forma de pequenas reportagens. Na estrutura mais simples de entrevista como lição de casa, os alunos fazem à pessoa que estão entrevistando uma única pergunta que foi fornecida pelo professor. Depois, eles escrevem ou verbalmente relatam em poucas palavras as respostas que receberam.

Grande parte do sucesso desta mini-entrevista depende do tipo de pergunta que o professor designar. A pergunta deve ser projetada de maneira que as pessoas entrevistadas sejam forçadas a dar uma resposta por extenso em vez de respostas com uma palavra ou frase. Adapte as seguintes idéias para se ajustar às metas de sua lição.

- Converse com uma pessoa da comunidade que não freqüenta nossa igreja e peça-lhe que opine sobre nossa igreja e em que tal opinião se baseia.
- Entreviste alguém que trabalhe voluntariamente em nossa igreja. Pergunte a essa pessoa qual seu trabalho e como poderíamos tornar esse trabalho mais fácil.
- Entreviste alguém cuja vida cristã você admira. Peça a essa pessoa que compartilhe o que a levou a deixar Jesus Cristo assumir o controle.

Adolescentes mais velhos e adultos são capazes de fazer entrevistas mais completas e detalhadas, mas, em geral, pelo fato da aula ser limitada, o tempo em que os alunos têm para se engajarem na lição é limitado, o que torna a entrevista com uma única pergunta a ferramenta pedagógica mais eficaz.

b) Entrevista em sala de aula.

Ocasionalmente é proveitoso programar uma entrevista em sala de aula, talvez, com um missionário visitante ou com alguém que tenha experiências singulares para compartilhar com o grupo. Uma entrevista pode ser mais proveitosa à classe do que uma palestra dada por essa pessoa, porque, em primeiro lugar, a entrevista exige a participação dos alunos. E, em segundo lugar, quando os alunos fazem as perguntas, eles estão chamando a atenção do visitante a áreas nas quais eles têm interesses e necessidades.

Uma pessoa pode se encarregar da entrevista inteira, estruturando-a e fazendo perguntas. Mas sempre que possível, toda a classe deve participar. Cada aluno deve escrever uma pergunta para ser feita ao convidado. As perguntas têm de exigir que o entrevistado fale a fundo sobre o assunto, e, sempre que possível, lide com particulares em vez de generalidades.

Um aluno poderia perguntar a um missionário: "Como você compartilhou o estilo de vida cristã, ao invés do estilo de vida ocidental, com as pessoas do país anfitrião?" Ou a classe pode se beneficiar ao saber a resposta de um aluno estrangeiro a: "Que problemas especiais os cristãos têm em seu país?"

Os membros de grandes classes de Escola Dominical podem entrevistar uns aos outros. Eles separariam cinco minutos de cada período de aula no qual fariam perguntas a um colega diferente a cada semana. É um modo interessante de se conhecerem melhor uns aos outros.

c) Entrevista em grupos.

Divida a classe em grupos de três, chamados tríades. Dê a todos os grupos a mesma pergunta ou tema de debate. A no grupo entrevista B enquanto C fica ouvindo. Depois, B entrevista C enquanto A fica ouvindo. Por fim, C entrevista A enquanto B fica ouvindo. Cada entrevista deve levar de um a três minutos. Quando a turma se juntar novamente, cada pessoa relata o que ouviu em vez de falar o que disse.

Em debates em tríades podem ser usadas perguntas como estas:

- Que história na Bíblia tem mais significado para você atualmente? Explique a razão.
- Que problema você acha que os cristãos de sua idade mais enfrentam, e que soluções sugere?
- O que nossa igreja pode fazer para que os solteiros se sintam mais bem-vindos, sobretudo o pai solteiro ou a mãe solteira que é chefe de casa?

Avaliação

Após cada período de classe no qual se usou debate, faça a si mesmo estas perguntas para determinar o sucesso do debate:

- De que modo este debate contribuiu para que meus alunos compreendessem a lição de hoje? (Considere cada aluno individualmente.)
- De que modos específicos os alunos se ensinaram durante o debate?
- Se cada pessoa não estava envolvida, o que fazer semana que vem para corrigir a situação?
- De que modo o conteúdo desempenhou um papel no debate? (Em outras palavras, as pessoas não estavam apenas compartilhando opiniões superficiais e comuns.)
- Que acompanhamento, se houver, deve ser feito no debate? (Por exemplo, se os alunos mostraram falta de conhecimento ou mal-entendimento em alguma área bíblica, trate deste assunto logo durante a hora de aula. Ou, se os alunos discutiram decisões que estavam tomando ou projetos nos quais eles perceberam que a classe deve estar envolvida, acompanhamento fora da hora de aula pode se fazer necessário.)

Notas

1 Alguns professores hesitam em afastar o debate de respostas, de preencher os espaços em branco para o compartilhamento de idéias genuínas, porque uma vez que a classe esteja envolvida, o professor já não tem um roteiro a seguir. Ele não tem mais o controle total da classe. Suspeito que nesse ponto o professor se sente como o pastor descrito por Barbara Brown Taylor, em "*The Preaching Life*" (A Vida de Adoração), e citado por Eugene Taylor Sutton, em "And for Preachers..." (E para os Adoradores...) (Perspectives, 1993, p. 24). "Ver um pregador subir ao púlpito é muito semelhante a ver um equilibrista subir na plataforma sob o rufar dos tambores. O primeiro limpa a garganta e dissemina anotações; o segundo solta os ombros e estende o pé para testar a tensão da corda. Depois ambos dão passos no ar, confiando em tudo que fizeram para preparar este momento enquanto se entregam, agora confiando em algo além de si mesmos para ajudá-los a fazer o que amam e temem mais querem fazer. Se alcançam o outro lado sem cair, é habilidade, mas também é graça – a decisão benevolente de Deus deixar estes corajosos andarem nos lugares altos, onde os mortais comuns têm o bom senso de não ir."

2 Lawrence Kohlberg é um nome secular primário no campo do desenvolvimento moral. De acordo com suas declarações iniciais (que atualmente estão sendo reavaliadas por pedagogos e pelo próprio Kohlberg), as pessoas são atraídas a raciocínios maduros ligeiramente mais desenvolvidos que os próprios. Quando os adolescentes, por exemplo, ouvem outros alunos e adultos falarem modos mais abstratos de pensar mediante tomada de decisão, eles podem começar a participar de um processo de raciocínio mais maduro. Kohlberg faz a pressuposição de que as pessoas têm a tendência natural a serem atraídas por raciocínios mais altos, e depois, talvez, a ações mais maduras. Como cristãos, cremos que cada indivíduo não pode achar por conta própria, em uma experiência total de vida, o que é moralmente bom. Donald Joy, professor de desenvolvimento humano e educação cristã no Asbury Theological Seminary, Wilmore, Kentucky, disse: "Critico Kohlberg; também o agradeço. Ele ofereceu o primeiro modelo o qual tem de se tornar uma fonte de modelos teológicos necessários no mercado, onde o desenvolvimento moral é uma prioridade sublime". Joy enfatiza que Martinho Lutero disse que os papistas fizeram dele um bom teólogo. Também podemos dizer que Kohlberg, ao forçar os cristãos a olharem o desenvolvimento moral, pode estar fazendo de nós bons desenvolvimentistas.

3 Com mais de três milhões de câmeras de vídeos nos Estados Unidos, muitas delas em igrejas, há a necessidade de achar meios mais criativos de usá-las. Uma pesquisa feita pela Corporação de Radiodifusão Pública e pelo Centro Nacional de Estatísticas de Educação, órgãos americanos, demonstrou que mais de quinze milhões dos quarenta e cinco milhões de alunos de escola do ensino fundamental e médio dos Estados Unidos recebem instrução regularmente de professores que usam televisão em salas de aula. (A pesquisa também demonstrou que muitos destes professores estão usando televisão de maneira inadequada.) Alguns alunos estão aprendendo a ler imagens e sucessões de imagens com mais habilidade que palavras. O mandamento que recebemos não é "ir e fazer leitores". É fazer discípulos, e se uma câmera de vídeo nos ajuda, é melhor desenvolver nossa habilidade nessa área.

4 Sugira a possibilidade de usar correio de voz como ferramenta de comunicação, talvez como continuação pós-aula de um debate. A maioria das casas tem telefone. Cada adolescente – talvez os adultos também – pode receber uma caixa postal particular com um número de informação pessoal (PIN). De qualquer telefone, alunos, professores e até pais de alunos podem acessar as caixas postais. Os professores seculares usam este arranjo para fazer comentários, dar lições de casa, marcar hora, etc. (Veja "From Lagging to the Leading Edge", de Vicki Hancock e Frank Betts, *Educational Leadership*, Abril de 1993.) O método de comunicação é singular o bastante para prender a imaginação dos jovens.

10

Estudo de Caso: Fragmento de Realidade em Sala de Aula

Não basta dizermos que somos discípulos de Jesus porque lemos, estudamos ou memorizamos a Bíblia. Ser discípulo tem de ser traduzido em estilo de vida.

— Herbert E. Epp

Cerro os dentes diante do comentário que Madeleine L'Engle fez sobre Escola Dominical em Walking On Water (Andando sobre as Águas), mas talvez muitas de nossas escolas mereçam o pontapé que ela dá:

> Fui afortunada (de modo estranho, no qual a tragédia traz consigo bênçãos como também dores), porque os pulmões doentes de meu pai ditavam um horário incomum; ele trabalhava melhor à tarde e à noite, e dormia quase a manhã inteira. Por isso, não havia ninguém para me levar à Escola Dominical. Tenho falado com um número tão surpreendente de pessoas que tiveram de passar a maior parte da vida desaprendendo o que pessoas bem-intencionadas lhes ensinaram na Escola Dominical, que me alegro de não ter podido ir![1]

Precisamos treinar nossos alunos para pensar. Temos de desafiá-los a lidar com os aspectos mais difíceis da vida cristã. A verdade do Evangelho é simples, mas nunca simplista. A vida cristã é cheia de conflitos, decisões multifacetadas e assuntos que permanecem mal definidos. Se nossos alunos não estão aprendendo a lidar com o complexo, vamos acabar perdendo-os para um mundo secular que lhes desafiará o pensamento. Ou, pateticamente, abafaremos o desenvolvimento mental e moral em uma atmosfera que permite somente perguntas para as quais há reações previsíveis e respostas simplistas.

Estudos de caso desafiam nossos alunos a pensar, a lidar com uma gama e complexidade crescente de experiências de vida, e, dentro da estrutura cristã, a lidar com o aumento de intencionalidade e responsabilidade pessoais.

O que é um Estudo de Caso?

Paul Lawrence, de Harvard Business School, declara: "Um bom caso é o veículo pelo qual um fato real é levado à sala de aula para ser trabalhado pela classe e pelo instrutor."[2]

Um estudo de caso não é apenas um exemplo do que poderia acontecer ou acontece em determinada situação. Não é somente um bocado da vida, nem uma situação, na qual todos os detalhes são apresentados como uma fotografia. O bom caso não é um jogo de adivinhação da resposta certa, no qual o professor pergunta qual curso de ação os alunos devem estudar, A ou B – e depois anuncia: "Não, vocês erraram, a resposta certa é C."[3]

Um caso deve ser uma situação verdadeira na qual um problema é apresentado. Nomes e lugares podem ser mudados, se necessário, mas os fatos essenciais têm de permanecer os mesmos. O problema não é um problema simplista. Raramente há dificuldade em saber se Deus quer ou não quer façamos pequenos furtos em lojas. Portanto, uma situação simples na qual uma adolescente luta contra furtar um batom do balcão de cosméticos não é um bom caso para discussão. As leis de Deus deixam pouca dúvida a esse respeito.

Entretanto, há situações em que nossos jovens tropeçam e nós tropeçamos também. Um estudo de caso é uma pequena situação dramática baseada em fatos que envolvem personagens reais que são confrontados com problemas reais que precisam ser resolvidos.

Considere os primeiros parágrafos do seguinte caso "Questão de Vida ou Morte",[4] de Robert Evans. Veja se consegue terminar a leitura sem pensar em sua própria posição e nas ramificações de sua posição acerca desta garota e seu bebê, se ela estivesse em sua classe de Escola Dominical.

> O cheiro de anti-séptico de hospital sempre fazia Sue Ann Thomas sentir dor de estômago. Enquanto esperava sozinha na fria sala de recepção, sua mente rememorava duas semanas atrás quando ela contara a Danny que estava grávida. Ele não ficou tão bravo quanto ficou confuso e um tanto quanto perplexo. Eles falaram a respeito do que ela poderia fazer.
>
> Sue Ann tinha dezesseis anos, cursava o ensino médio e tinha medo de contar aos pais sobre o bebê. Danny tinha terminado a escola secundária ano passado e arranjara um trabalho satisfatório numa oficina mecânica na zona sul de Chicago a cerca de vinte e cinco quilômetros de distância. Juntos puderam juntar os cento e setenta e cinco dólares necessários para o aborto.[4]

Quer parar? Não se você for como a maioria dos leitores. Você quer saber se a menina é crente, se ela levou em conta o ensinamento bíblico e pastoral. Você quer saber mais sobre os pais dela. Você quer ajudá-la a tomar a decisão certa e a atravessar com sucesso as dificuldades que seguirão a decisão. Você foi fisgado pelo caso.

Em um estudo de caso, a classe lê o caso (ou ouve a leitura) e o discute. O cristianismo se torna vivo a alunos que consideram apenas de modo abstrato as histórias bíblicas e os princípios que elas contêm. Dramatizações dão prática ao que acontece na vida real, mas estudos de caso são as experiências de pessoas reais. Estudos de caso são experiências de campo que permitem os alunos aplicar os valores cristãos.

Adolescentes e adultos reagem positivamente a estudos de caso. Provavelmente os exemplos mais dados de educação de estudo de caso são a Faculdade de Direito de Harvard e as escolas de comércio. A escola de comércio é quase cem por cento estudo de caso. As pessoas aprendem a resolver problemas reais, e, ao fazê-lo, aprendem passos que lhe serão de ajuda na resolução de problemas quando estiverem no mundo dos negócios. Elas também aprendem a usar as fontes que lhes estão disponíveis.

As escolas de ensino médio americanas estão começando a usar estudos de caso. Na Newton High School, em Massachusetts, uma classe de economia experimentou estudo de caso como abordagem à aprendizagem. De um momento para o outro, os jovens que não se relacionavam com livros didáticos estavam empolgados com economia. A abordagem de história os cativou. A economia deixou de ser uma matéria na escola e se tornou uma história de vida real que eles tinham de resolver.

Alunos e professores envolvidos em casos de estudo entram no que se chama suspensão voluntária de descrença. A frase literária significa que os envolvidos não são totalmente lógicos quanto a situação. Eles estão propensos a esquecer que no momento em que o caso lhes é apresentado uma solução já foi escolhida pelos participantes reais. Por exemplo, Sue Ann tomou sua decisão (o caso tem muitos anos). Mas os jovens e pais em classes de Escola Dominical ainda estão quebrando a cabeça com essa gravidez não-desejada. Os alunos entram no caso como se a decisão tivesse de ser tomada esta semana; eles se tornam as pessoas envolvidas no caso.

Gostaria de saber o que Sue Ann decidiu e como a decisão mudou sua vida? É o que gostariam centenas de alunos que usaram sua história como ferramenta de estudo, mas nenhum de nós jamais saberá. Um dos aspectos mais fortes de um estudo de caso é que os participantes raramente descobrem o que de fato aconteceu. Os alunos permanecem se envolvendo com a questão. Os participantes dizem: "Se fosse comigo, eu teria tomado esta decisão..." Ou: "Não gostaria de estar no lugar dela. Se eu não mudar o modo em que estou agindo, o mesmo pode acontecer comigo".

Se cada caso tivesse um fim e os alunos o conhecessem, eles também saberiam que você tem uma conclusão para a discussão. Por que os alunos deveriam se preocupar com Sue Ann, se eles sabem que o professor lhes dirá a "resposta certa" ao término da aula? Por que pesquisar as Escrituras se o último parágrafo revela a solução do escritor?

Este é o final para "Questão de Vida ou Morte", o único final que sempre teremos.

> Fazer um aborto parecia a única coisa certa a fazer. Era tudo tão fácil. Sue Ann começou a tremer. Ela desejava saber se o bebê era menino ou menina.
>
> Enterrando os dedos nos lençóis da cama, ela começou a sentir as lágrimas brotarem nos olhos. Ela tinha chegado até aqui. O que ela faria se voltasse atrás? A assistente social se voltou para Sue Ann e esperou.

Benefícios para os Alunos

Quando usamos estudos de caso com adultos e adolescentes, uma ou outra das seguintes conseqüências ocorre como parte do processo de ensino.

1) As pessoas são expostas a outras pessoas que têm problemas semelhantes aos seus, e, ao perceberem as semelhanças, elas podem aplicar a solução bíblica às próprias situações.

2) Os alunos reavaliam a Escola Dominical. Estudo de caso é ferramenta de treinamento para o mundo real.

Estudo de caso é ferramenta de treinamento para o mundo real.

3) Os alunos ouvem opiniões diferentes das próprias. É fácil as pessoas pensarem que há apenas uma solução possível e uma ramificação viável à solução.

4) Os alunos ficam mais tolerantes. Quando os cristãos, por exemplo, debatem sobre a situação que levou uma adolescente a ficar grávida fora do casamento e exploram os sentimentos que a jovem e os pais têm, eles nunca mais se sentirão tão hipocritamente presunçosos consigo mesmos acerca das próprias situações. O lembrete: "Lá, mas pela graça de Deus, vou eu", é o que todos precisamos de vez em quando.

5) As Escrituras se tornam reais para alunos que se envolvem no estudo amplo. O que disse Deus a respeito deste assunto? Há princípios que precisam ser aplicados? Quando alguém em um caso toma uma decisão baseada no entendimento bíblico que possui, que responsabilidades o restante de nós, como família cristã, temos para com essa pessoa? Um debate poderia ser assim:

"Aqui diz que Deus nos conhece antes de termos nascido. Já éramos pessoas reais. Sue Ann não pode nem mesmo imaginar em fazer um aborto!"

"Mas como ela fica? O que acontece se ela quiser continuar estudando e seus pais não a ajudarem? E se eles a ajudarem e ela voltar a estudar? Como você vai tratá-la?"

"Há uma garota em nossa escola que vende produtos da Tupperware para sustento próprio e de seu filho. Talvez nossa classe de Escola Dominical deva fazer uma reunião."

"O que temos a ver com os produtos da Tupperware? É ela que teve o bebê e é ela a responsável por ele — não nós."

"Ei, qual sua base bíblica para essa idéia?"

E o debate continua. As respostas em bons estudos de caso não são simples, e nunca são do tipo de preencher os espaços em branco.

6) Como ocorre numa dramatização, as pessoas que participam no estudo de caso aumentam suas habilidades em tomar decisão. Elas aprendem a analisar o caso, tomar uma decisão e considerar as conseqüências da decisão.

Examine os dois casos apresentados a seguir: "Justiça para Quem?"[5] e "Dança da Vida". O primeiro caso, analisaremos da perspectiva do professor. Como este estudo de caso seria usado com adolescentes e adultos? O segundo caso, analisaremos da perspectiva do escritor. Muitos casos seguem um padrão previsível. Se você tem aptidão para escrever, estruture os casos que você e conhecidos viveram e use-os em sua classe.

Conheça as Personagens

A primeira coisa que um professor vai querer fazer com o caso é lê-lo pelo menos três vezes para ficar familiarizado com as personagens. Quais são suas personalidades? O que elas fazem no caso? Com qual personagem você se simpatiza? Com qual personagem a maioria dos alunos vai se identificar?

Familiarize-se com as personagens no trecho a seguir:

Trecho de

Justiça para Quem?[5]

Ele estava a caminho de casa vindo de um jogo de basquetebol no pátio de recreio da escola, driblando a bola pela Arthur Avenue, no Bronx, quando um adolescente branco o abordou e o apunhalou uma vez na barriga. O garoto negro estava morto antes de cair ao chão.

O detetive levou quase um mês para destrinchar o caso. A princípio era um mistério total, sem motivo aparente para o assassinato e nenhuma pista decente para seguir.

Ele tinha dezessete anos quando foi morto e estava no último ano da escola do ensino médio.

[Finalmente uma testemunha ocular falou.] O assassino tinha uns dezoito anos de idade e trabalhava como garoto de entregas de uma pastelaria.

O suspeito morava com os pais idosos em um apartamento de dois quartos em cima da loja de um sapateiro, não distante quatro quadras da cena do crime.

O pai do menino atendeu a porta. Ele era um homem fraco, de fartos cabelos brancos, na casa dos sessenta anos, e falava com forte sotaque italiano. Perguntado o que queria, o detetive disse que tinha de falar com o garoto sobre um crime que fora cometido. Enquanto estava ali, o detetive se sentiu sem jeito com o velho. Ele percebia que o pai do garoto não fazia a mais vaga idéia do que estava acontecendo, e o detetive tinha pouca disposição para o que sabia que estava a ponto de acontecer.

"Trata-se de um assassinato. Um garoto negro foi morto há três semanas na Arthur Avenue. Tenho de falar com seu filho a respeito disso."

"Você vai prender meu menino?"

"Vou, sim", disse o detetive suavemente.

O velho olhou firme para o detetive. Seus olhos se alargaram, mas pareceu recuperar o controle. Ele chamou o garoto.

O menino saiu do quarto e aproximou-se do pai e do detetive. Ele era baixo e esbelto, quase de constituição frágil, trajava jeans azuis e camiseta branca. O menino olhou o detetive diretamente e depois abaixou os olhos. Ele sabia do que se tratava.

O velho falou primeiro.

"Este homem diz que você matou um garoto negro na Arthur Avenue há três semanas."

O menino pendeu a cabeça e começou a chorar. "Papai, eu matei, mas não queria ter matado. Quis lhe contar, mas não pude. Só aconteceu e estou arrependido." O velho estava em estado de choque. Os três ficaram em silêncio e depois o velho também começou a chorar. O detetive esperou um minuto para pôr as algemas no garoto e o levar.

Determine os Assuntos

Que assuntos são óbvios neste caso? Se seus alunos forem de regiões suburbanas ou rurais, com que questões você acha que eles estarão lidando? É freqüente um estudo de caso que faz parte de um currículo lhe apresentar um plano de ensino que seleciona os assuntos apropriados para o objetivo do dia. Se você retirou o estudo de caso de jornais, revistas ou escreveu um caso baseado na vida de pessoas de sua relação, você vai precisar escolher entre as muitas possibilidades um ou dois assuntos para discutir em classe.

Neste estudo, debatamos a questão da justiça. O que significa ser justo com todas as pessoas na sociedade de hoje? Em certas situações, a injustiça é óbvia. É errado julgar as pessoas pela cor, família ou pelo comprovante de rendimento. É errado passar por cima das pessoas para chegar ao topo. É errado tratar os outros com rudeza e cultivar uma atitude "sou melhor que você". Mas, às vezes, no mundo de hoje, não é tão fácil saber exatamente qual atitude é a mais correta, a mais justa, a mais cristã.

A situação em "Justiça para Quem?" provavelmente estará longe da situação real da maioria da vida diária de seus alunos, mas atingirá conceitos com os quais eles se questionarão:

- Qual é a resposta certa e cristã para o garoto na escola que estava em dificuldade com a lei?
- De que maneira "matamos" as pessoas — na escola ou no trabalho?
- Como aprendemos a examinar assuntos de maneira ampla, em vez de ver apenas a miscelânea emocional dos assuntos?

No método de estudo de caso, os professores abrem mão de sua soberania enquanto ainda mantêm o controle da discussão.

Preparando-se para Ensinar um Caso

Certos novos professores pensam que ensinar um caso é simples. Basta ler a história e fazer os alunos falarem a respeito. Grande maneira de depreciar o estudo.

Não é assim. De fato, é muito difícil ensinar um caso, porque o professor nunca está seguro que direção os alunos tomarão. Com certeza é mais trabalho que palestra. Contanto que o professor fique falando, ele está em pleno controle. O professor determina que matéria está sendo apresentada e em que ordem. Porém, no método de estudo de caso, os professores abrem mão de sua soberania enquanto ainda mantêm o controle da discussão.

Robert W. Merry, de Harvard Business School, dá este conselho a professores que estão interessados em ensinar estudo de caso: "Seria um erro o novo instrutor presumir que ele só tem de ler e reler o caso e depois entrar em sala de aula e fazer uma ou duas perguntas capciosas. Antes, ele deve estar tão inteiramente familiarizado com o caso que ele está pronto a lidar com qualquer ângulo que a classe apresente, modificar sua abordagem a qualquer tempo ou mudar de repente seu esboço conforme novas idéias lhe forem ocorrendo.[6]"

Vários anos atrás numa classe de Escola Dominical para adultos, encontrava-me ensinando um caso que envolvia uma família que teve de tomar uma decisão sobre o pai ser mantido num sistema de apoio à vida. O aula estava indo bem, ou pensei que estivesse. Depois de uns quinze minutos, um novo integrante disse: "Não quero que falemos mais sobre este caso. É triste, e se continuarmos, sairei". Paramos de falar imediatamente sobre o caso. Pessoas sempre são mais importantes que planos de lição. Quando ele percebeu que tínhamos ouvido e atendido seu pedido, ele ficou à vontade para falar. Ele tivera um ataque de coração menos de um ano antes, e o médico lhe dera muito pouca esperança de recuperação. Falar sobre a morte o assustou. A classe inteira o cercou com apoio, e, é claro, com coisas muito maiores que a continuação de minha lição planejada teria realizado.

Quando o professor não está preparado ou não orou pela aula, quando ele não está aberto a ser um "fracasso", quando o inesperado acontece, o estudo de caso é perigoso.

Nem todos os professores apresentarão o estudo de caso do mesmo modo. Cada um de nós individualizou padrões que funcionam para nós, que nos são confortáveis. Mas há certos passos que todo professor precisa tomar para tornar bem-sucedida a experiência do estudo de caso:

a) Domine os fatos do caso.

b) Leve em conta coisas específicas que seus alunos vão querer expor. O que você sabe acerca de seus alunos será mais útil do que o guia do professor diz. Você é a pessoa que Deus escolheu usar.

c) Decida quais serão seus objetivos particulares de aprendizagem. Você é o diretor do caso. Em "Justiça para Quem?" você poderia estar falando sobre pobreza ou raça. Mas para esta discussão, você está considerando justiça. É seu trabalho como líder manter a discussão nos trilhos. Contradição: também é seu trabalho como líder deixar o caso sair dos trilhos se perceber que a classe tem necessidades especiais que não estão sendo satisfeitas pela direção que você escolheu antes da sessão.

d) Elabore perguntas para o caso que provoquem discussão. Se estiver usando um caso que veio com o currículo, haverá perguntas disponíveis. É uma excelente maneira de começar. Também é limitante quando você encontra uma história ou artigo que é um caso se você acha que não pode usá-lo porque não está acompanhado de um planejamento de lição. Em "Justiça para Quem?", o escritor do artigo original não forneceu perguntas. Era um artigo impresso em uma revista.

Eis algumas possíveis perguntas que seriam usadas se o assunto discutido fosse justiça:

- Que coisas você pode saber do adolescente negro? Do adolescente branco?
- Baseado no que você sabe até aqui sobre o caso, qual a melhor maneira de ser feita a justiça?
- O que você acha que vai acontecer com o adolescente branco? Quais são as possibilidades justas e injustas?
- Suponha que este jovem fosse julgado por um jurado composto por negros. O que você acha que aconteceria? Suponha que o jurado negro fosse composto por cristãos. E aí?

e) Apresente o caso à classe. Mais uma vez, uma palavra de Merry direcionada a professores seculares também é útil a professores de educação cristã: Na sala de aula, "algo entre estes dois extremos – rígido controle e nenhum controle – é comumente exigido. E talvez o novo instrutor julgue que pode alcançar prontamente este objetivo, se ele se livrar da confiança restrita de suas anotações. Tendo elaborado o detalhado esboço de ensino, bem que ele pode pô-lo de lado em favor de uma mera lista de áreas críticas – tal lista cabe em uma ou duas fichas de arquivo, a qual o instrutor pode olhar durante a aula só para se certificar de que nenhuma área importante foi desprezada. Quanto aos detalhes do desenvolvimento ele confiará na eficácia de sua preparação".[7] Considere apresentar o caso à classe usando estas técnicas:

1. Use a Bíblia

"Justiça para Quem?" foi retirado de uma revista secular; não havia referências bíblicas. Contudo, o estudo da Bíblia deve fazer parte da Escola dominical. Em uma classe de alunos altamente motivados com forte formação bíblica, os alunos podem selecionar as passagens bíblicas por conta própria para enfatizar os pontos. Mais tarde, a classe estudaria as passagens sugeridas, certificando-se de que as pressuposições feitas sobre o versículo são verdadeiras e foram desenvolvidas no contexto. Avalie como esta passagem de Miquéias ajudaria os alunos a lidar com "Justiça para Quem?"

> Ouvi agora vós, chefes de Jacó, e vós, príncipes da casa de Israel: não é a vós que pertence saber o direito? A vós que aborreceis o bem e amais o mal[?] [...] Ouvi agora isto, vós, chefes da casa de Jacó, e vós, maiorais da casa de Israel, que abominais o juízo e perverteis tudo o que é direito, edificando a Sião com sangue e a Jerusalém com injustiça. Os seus chefes dão as sentenças por presentes, e os seus sacerdotes ensinam por interesse, e os seus profetas adivinham por dinheiro; e ainda se encostam ao SENHOR, dizendo: Não está o SENHOR no meio de nós? Nenhum mal nos sobrevirá. Portanto, por causa de vós, Sião será lavrado como um campo, e Jerusalém se tornará em montões de pedras, e o monte desta casa, em lugares altos de um bosque (Miquéias 3.1,2,9-12).

Considere o próximo segmento do caso:

> O juiz fixou a fiança na soma modesta (para um assassinato) de quinze mil dólares. A quantia foi paga em menos de uma hora. O jovem saiu do tribunal depois de passar somente uma noite na prisão, e o caso foi remetido ao júri principal.
>
> O advogado de defesa reconheceu imediatamente que seu cliente era culpado e admitiu que não ousava levar o caso a julgamento. Ele tinha de declarar seu cliente culpado, e não se importava de que crime particular ele se declarasse culpado, contanto que não fosse por assassinato, o que trazia consigo uma sentença obrigatória de prisão perpétua. Ele se preocupava com a sentença que seu cliente receberia, e sob esta consideração, tinha dois pedidos. Antes de

discutir a questão da condenação, ele me pediu que lesse um relatório sobre seu cliente preparado a pedido da família e feito por um psiquiatra forense. Depois, ele me pediu que eu conhecesse o menino e formasse minha opinião sobre ele. Concordei.

O relatório do psiquiatra dizia, em parte, o que segue:

[O garoto], cujo inglês é evidentemente fluente e sem sotaque, e cuja pessoa é em grande parte produto desta sociedade, tem vergonha dos sotaques carregados dos pais e do que ele descreveu como os "hábitos estrangeiros dos velhos". Por outro lado, [o jovem] os ama profundamente e tem grande dificuldade em lidar com a vergonha que sente da "velha guarda" dos pais.

[...] Ele também tem sérias dificuldades em lidar com a pressão do grupo de colegas. Ele ainda não precisa se barbear com freqüência e sua aparência juvenil lhe faz alvo de quantidade considerável de implicância do grupo de colegas. É bastante notável que ele tenha se dado tão bem nos estudos. Ele é aluno de nota B, fato que reforça minha impressão de que é rapaz sensível e inteligente.

[...] Faz dois meses que o tenho visto mais amiúde, e mesmo neste curto espaço de tempo houve progressos extraordinários. Ele começou a falar sobre seus sentimentos e a enfrentar de modo direto os problemas que tão veementemente o perturbam. Seus pais, que estão intensamente preocupados, cooperaram inteiramente em sua terapia, e minhas sessões com eles e o jovem têm sido frutíferas.

É meu julgamento profissional que com cuidado continuado [este jovem] se tornará membro ajustado e valioso da sociedade. Encaro com horror o prospecto de sua ida à prisão. Tal eventualidade provavelmente o destruirá.

Duas semanas depois, o advogado trouxe o rapaz e seus pais a meu escritório.

O rapaz me pediu permissão para ir ver os pais do rapaz que ele matou. Ele queria pedir perdão a eles, dizer-lhes o quão terrivelmente arrependido ele estava pelo que tinha feito. Eu lhe disse que não seria sensato ele tentar ver a família do rapaz morto.

A maioria dos casos é bastante longa. Esta versão editada é aproximadamente a metade do tamanho original. Por causa de sua extensão, planeje todo o período em torno da maioria dos casos, usando o estudo da Bíblia e a discussão de todos os princípios bíblicos envolvidos.

2. Interrompa o caso em diferentes pontos para debater.

Ao ler para os alunos, também interrompa a leitura do caso fazendo perguntas para debate ou outros processos grupais. (Em alguns raros casos, pode ser que você tenha uma classe de Escola Dominical em que os alunos lêem o caso antes da aula, estando preparados para discuti-lo imediatamente. Muito bom quando isso acontece, mas a maioria dos professores não conta com este milagre — lição de casa feita!)

Perguntas como as seguintes podem ser usadas neste ponto da leitura:

- Como sua opinião sobre as personagens mudou?
- Se Jesus fosse o profissional na história, o que você acha que Ele teria feito?
- Ser cristão mudaria a decisão que você acha que é justa neste caso?
- E se você descobrisse que o rapaz negro e sua família são cristãos? Isso faria diferença em sua decisão de julgamento sobre o resultado justo?
- Que problemas você vê com uma punição severa? Com uma punição branda?
- Como o profeta Miquéias teria lidado com este caso?
- Consegue pensar em algo que Jesus fez ou disse que poderia lançar luz sobre como tratar este caso? Leia a passagem e diga como ela se aplica.

Continue lendo o caso para os alunos.

> Naquela tarde, falei ao telefone com o pai do rapaz morto, e marquei uma hora para ele vir ao meu escritório no dia seguinte. Demos um aperto de mão firme, e ele me olhou com olhos resolutos.
>
> Quando falou, foi com grande força. Disse que não estava inclinado a facilitar as coisas para mim e a dizer para não ser duro com o garoto branco. Até onde lhe dizia respeito, "aquele garoto branco" tinha de ser preso e por muito tempo, quanto mais melhor. Disse-me que a morte do filho quase tinha matado sua esposa. A

morte a envelhecera antes do tempo e ele sabia que ela nunca mais seria a mesma.

E também havia o filho mais novo. Ele estava se dando muito bem na escola, quase como seu irmão que morrera. Mas desde o assassinato, o conhecimento de que o assassino de seu irmão estava livre corroia-lhe a alma. Ele estava ficando amargo, negligenciando os estudos, e pela primeira vez estava tendo dificuldades com a lei. Era justo que o único filho que lhe sobrou fosse condenado a crescer com tal ódio?

Também havia a questão racial. Ele me perguntou se um jovem negro que insensatamente tivesse matado um honrado aluno branco estaria fora da prisão, solto sob fiança, recebendo tal tratamento gentil.

3. Interrompa o caso para atividades de aprendizagem.

Depois das interrupções anteriores no caso, tratamos de perguntas para debate que poderiam ser usadas para envolver os alunos. Mas o debate não é o único método que pode ser usado com o estudo de caso. Leve em conta as seguintes variações:

- A classe é dividida em dois grupos para debater o que deve acontecer. O professor dá pontos por argumentos bons e uso eficiente da Bíblia.
- A classe faz uma votação por mãos erguidas para ver qual lado tem mais pessoas a favor. Os grupos têm cinco minutos para tentar convencer os outros às suas idéias. Fiz isso com um grupo de universitários. Os lados estavam equilibrados — alguns a favor de punição severa e outros a favor de tratamento indulgente. Um aluno deteve o processo ao anunciar: "Eu não vou participar. Obviamente não há dois lados justos aqui. Estamos fingindo que as coisas sejam simples, mas elas nunca são. Não há justiça aqui. Sei, porque um de meus bons amigos está na prisão. Falemos em alternativas e não em debate".
- A classe ou o professor desenvolve um teste que ajuda os alunos a qualificar o que sentem. Por exemplo:

  Direções: Marque a linha com um X no ponto em que melhor indica como você se sente.

Sentença de Morte/Vida ______________________________
Liberdade Condicional

- A classe faz uma dramatização sobre como as pessoas nesta situação poderiam reagir. Por exemplo, faça uma dramatização sobre como o pai do garoto morto explica o que acha que têm de acontecer em sua família para a esposa e o filho mais novo.

A dramatização funciona perfeitamente como parte de muitos casos. Encontrava-me dando um seminário sobre estudo de caso para médicos e enfermeiras da Nova Inglaterra que trabalhavam num hospital para pacientes em fase terminal. Eles encenaram a família no caso, trabalhando na dramatização o papel da culpa, medo e tristeza que a família dos pacientes sentem. Lágrimas verdadeiras brotaram. As pessoas que fizeram a dramatização explicaram que era difícil impedir as emoções, quando se trabalha diariamente com a dor e a perda. Para elas, era importante lembrar o quanto sentiram numa situação artificial, pois muito mais as pessoas sentem quando a dor é real.

Muitos casos terminam neste ponto. A maioria dos casos que é escrito como estudos de caso termina sem apresentar soluções. Contudo, "Justiça para Quem?" era um artigo de revista com um final para o leitor. Mas talvez este final deixa o caso com mais necessidade de interação cristã do que seria sem ele.

> Inúmeras vezes fiz perguntas retóricas. Eu não sabia o que ia acontecer ao jovem na prisão?
>
> Eu não sabia que oitenta por cento da população carcerária é negra ou hispânica? Assim que descobrissem a razão de o jovem estar preso, eles provavelmente lhe cortariam a garganta.
>
> Quando chegou a hora, fiz uma recomendação condenatória ao juiz. Mais tarde, na hora de ouvir a sentença, ele a seguiu.
>
> O rapaz está cumprindo pena de quinze anos numa prisão estatal. Ele estará suscetível a liberdade condicional em três anos. Dois meses depois da sentença, o pai do rapaz branco sofreu um enfarto. Hoje ele é deficiente físico. O irmão do menino morto foi indiciado sob a acusação de roubo à mão armada. Não houve diminuição notável na quantidade de crimes ou violência racial no Bronx.

Após um estudo de caso, leve o que aconteceu a uma conclusão. Mais uma vez, perguntas são ferramenta excelente:

- Você mudou sua idéia de justiça para o assassino? Nesse caso, como e por quê?
- Se você tivesse de tomar a decisão pessoalmente, o que decidiria? (Esta pergunta leva as pessoas do caso para a vida real.)
- Que injustiças não foram corrigidas pela decisão tomada?
- Como você se sente quanto à decisão?
- A justiça seria mais fácil se tudo fosse mais simples. Quanto os cristãos são ousados ao agir em situações complexas como esta?

Aprendendo a Escrever um Caso

"Dança da Vida" segue o padrão de típico estudo de caso que é usado pela maioria dos escritores de estudos de caso. Examinaremos esse padrão ao longo deste pequeno caso.

Dança da Vida[8]

Introdução

Lágrimas escorriam pelo rosto de Tracy Graham quando ela revelou seus sentimentos ao Dr. Adams. "Não quero dizer à minha irmã que está certo ela morrer. Mas se eu amo Sara de verdade, talvez seja isso que eu tenho de lhe dizer."

Transição

Falando com o Dr. Adams, o médico de Sara, ela quis reconstituir os acontecimentos dos últimos meses para tentar entender a escolha de Sara de sair do hospital. Sem a limpeza artificial do sangue pela diálise, ela viverá só por algumas semanas. Se ela continuar o tratamento, há a chance de ela viver por, no mínimo, mais alguns anos.

Flashback

Tracy, hoje com dezessete anos, e Sara, que faria dezesseis no mês que vem, sempre tinham sido muito chegadas. Já fazia quase seis meses que Sara começara a perder peso e ficar muito fraca. O médico da família disse que era uma doença renal e recomendara o Dr. Adams, um especialista. Quando ambos os

Você tem de fazer com que os alunos que vão trabalhar no caso se interessem pelas personagens.

rins de Sara deixaram de funcionar, ela foi posta numa máquina de diálise que se liga ao sistema de circulação sangüínea e limpa o sangue das impurezas, trabalho que os rins fariam. O Dr. Adams procurou um doador para dar a Sara um rim saudável.

1) Introdução.

A introdução de um caso é uma seção pequena, geralmente de um ou dois parágrafos. Pode ser mais longa se tiver conversa.

A introdução começa no ponto de crise. O caso abrirá caminho pela transição e pelo flashback até voltar a este ponto de crise. Não será dada resolução, mas, quando o caso voltar ao ponto de crise apresentado na introdução, os alunos saberão o suficiente sobre a situação e as pessoas envolvidas para lidar com as complexidades do assunto.

Como escritor, use um estilo teatral em vez de analítico. Você está contando uma história. Você não está apenas esboçando um assunto ou cortando um pedaço reto de vida. Você está escolhendo pedaços para formar uma história, e a história deve ter vida. Você tem de fazer com que os alunos que vão trabalhar no caso se interessem pelas personagens.

2) Transição.

A transição não é uma seção longa. É uma ponte que os escritores usam para afastar os alunos do ponto de crise – o final emocionante e incerto – para os acontecimentos que conduziram até a crise.

Há muitas frases que fazem bem esse processo:

"A história começou seis meses atrás, quando..."

"Para entendermos melhor o dilema, voltemos ao ponto de partida..."

O autor de "Dança da Vida" foi bastante polido na transição. Ele entra sorrateiramente nesta fase da história, e a maioria das pessoas nem perceberá que está numa transição: "...ela quis reconstituir os acontecimentos dos últimos meses..."

3) Flashback

O flashback será a parte principal e volumosa do caso. Aqui você compartilha a história com os alunos. Eles têm de sair desta seção sentindo com os principais personagens da história e podendo focalizar os principais acontecimentos. Considere esta parte do flashback de "Dança da Vida:"

> Tracy relembrou os argumentos com os pais. Ela queria ser a doadora, mas sua mãe, pai e Sara, como também o Dr. Adams, disseram que não. Finalmente um doador foi encontrado, o transplante feito, mas depois de dez dias de espera os sinais eram evidentes de que o corpo de Sara rejeitara o rim transplantado. Ela foi colocada de volta na máquina de diálise. Tracy insistiu novamente que ela fosse a doadora. Como havia uma chance ligeiramente maior de o rim dela ser aceito, os pais das meninas e Sara relutantemente concordaram. Três semanas mais tarde, o rim transplantado de Tracy também foi rejeitado pelo corpo de Sara.
>
> Tracy entrou de mansinho no quarto de Sara. Como Sara parecia imóvel e pálida com todos aqueles tubos e máquinas em volta dela. Quase não havia sinal da garota risonha e alegre que aos sete anos contara a Tracy que queria ser bailarina.
>
> O Dr. Adams chamara o Sr. e a Sr.ª Graham e Tracy ao quarto de Sara para uma reunião. Ele disse à família que certas realidades insensíveis tinham de ser enfrentadas. "Depois de duas rejeições, já não devíamos considerar neste momento um transplante de rim como possibilidade. Em poucos dias, quando Sara ficar mais forte, ela poderá ir para casa e retomar muitas de suas atividades normais. Mas ela tem de voltar ao hospital três dias por semana para fazer diálise durante seis a oito horas. Caso contrário, o próprio sangue dela a envenenará.
>
> "Atualmente não há remédio que tome o lugar desta máquina. Porém, sempre há a esperança de que mediante novos avanços médicos aprendamos como combater a rejeição de um transplante de órgãos." Ontem, o Dr. Adams falara à família confidencialmente que Sara viverá por pouco tempo mesmo com a diálise, por causa da possibilidade de várias complicações que poderão surgir.

Afaste-se do caso e examine a habilidade do autor. Ele escolheu um foco do qual contar a história. Ele está dando ao aluno muitos fatos com que trabalhar, mas não está jogando tudo num saco. Parte de sua habilidade como escritor é contar fatos o suficiente para os alunos pensarem nas questões que a história apresenta, e não um monte de fatos para que eles fiquem aborrecidos antes de chegar ao assunto.

O melhor modo de obter este equilíbrio é estabelecer uma meta para o caso. Desconsidere tudo que não promova essa meta. Pergunte: "Isto é importante para a história?" Livre-se de tudo que não for. Tudo! Elimine todos os detalhes, por exemplo, sobre máquinas de fazer diálise e seus efeitos. Tudo o que não seja imperativo para o caso tem de ser suprimido.

Seja objetivo. Isto significa que você não pode fazer um bom trabalho de escrever a história de um caso no qual você também esteja muito envolvido. O casamento de sua melhor amiga acabou, e ela foi morar com sua família até poder refazer a vida. Claro que pode dar um excelente caso, mas você provavelmente também está envolvido. Fique longe, pelo menos durante algum tempo. As pessoas que lêem seu caso têm de lutar com questões e as próprias conclusões sobre essas questões – e não captar suas preferências e afirmá-las ou negá-las.

Mantenha a narrativa curta. A maioria é muito longa para ser útil em Escola Dominical ou como parte de estudos bíblicos à noite. Para revistas cristãs e a maioria dos materiais de Escola Dominical, um caso de cerca de mil e quinhentas palavras é adequado. Claro que se você estiver escrevendo um caso para ser usado em uma escola de direito, você pode pegar um livro para recontá-lo. Mas quando escrever, leve em conta sua audiência – as pessoas que você quer que leiam e interajam com o caso. E quase sempre, encurte ainda mais seu caso curto.

Prossiga com mais flashback de "Dança da Vida:"

> Os Grahams começaram a fazer planos para o futuro. Neste momento, a compra de uma máquina de diálise lhes era financeiramente impossível, e na região do estado em que moravam não havia máquinas para aluguel. Assim, pelo fato de a família morar a mais de cem quilômetros do hospital, o Sr. Graham, que tinha um

> pequeno negócio em Oak Town, passou a procurar um apartamento mais perto da cidade. Tracy sabia que os custos médicos do tratamento de Sara tinham colocado a família em muitas dívidas. Os membros da igreja da cidade em que moravam, muitos dos quais fizeram visitas regulares no hospital durante os últimos meses, falaram de suas orações por ela e fizeram dois bazares para levantar dinheiro para as despesas de Sara. O dinheiro cobrira só fração dos custos vigentes.
>
> A Sra. Graham, que passava os dias com Sara no hospital, começara a aceitar trabalho de secretária para fazer em casa à tarde. Tracy, agora no último ano da escola de ensino médio, disse que não queria deixar os estudos no outono, mas os adiaria para arranjar um emprego.
>
> Sara disse para Tracy que estava consciente do amor e apoio da família e amigos. Ela disse que estava muito ciente da tremenda fé que eles tinham em coisas que trabalhassem para o melhor. Recentemente Sara falara com Tracy muitas vezes sobre suas crenças cristãs comuns e a garantia de uma vida depois da morte. O Dr. Adams tinha lhe falado o quanto ela era afortunada por ter acesso à máquina. Mas Sara confessou a Tracy que a idéia de viver dependendo da máquina era muito dura de aceitar, e pensar na vida sem dançar e correr era quase impossível.

Até este ponto, o caso não continha uma questão real para a maioria dos cristãos. Sara está menosprezando o que ela pode ser e fazer. A vida não terminou, só porque ela não pode dançar. O que ela está pedindo, na opinião de algumas pessoas, é o direito de cometer suicídio.

Mas nesta próxima parte do flashback, o caso assume nova dimensão. As questões não são tão simples quanto eram. Certifique-se de que os casos que você escreve não sejam apenas boas histórias com soluções difíceis, mas possíveis. Um caso deve ser uma história multifacetada, uma na qual várias opiniões sejam possíveis.

> Sara estava bastante magra e levou muitos dias para se recuperar da segunda cirurgia. Ela conhecera Mike, um garoto que estava hospitalizado no mesmo andar, e contara a Tracy sobre ele. "Ele é apenas um menino. Tem doze anos, mas parece que tem uns nove.

> Ele está esperando por um doador de rim, mas, a menos que uma pessoa apareça em breve, ele precisará fazer diálise. Eu até lhe expliquei o que a máquina faz. Mas ouvi por acaso duas enfermeiras conversando. Hoje não há vaga para Mike fazer diálise. Sabia que apenas uma em cada dez pessoas que precisam dessa máquina tem chance, e que nosso hospital possui uma das poucas máquinas como estas nesta região do estado?"

4) Ponto de Crise

O flashback terminou. É hora de o escritor levar os alunos de volta ao ponto onde a história começou.

> Ponto de crise (Volta à introdução).
>
> Isso ocorreu há mais de uma semana. Mas nesta manhã, Sara se voltou para Tracy e em voz clara e firme, disse: "Trace, não suporto pensar em viver o resto da vida ligada a esta máquina. Isso não é vida para mim. Quero ir para casa agora — e não quero voltar mais para o hospital. Já falei com Mamãe e Papai. Eles estão muito tristes, mas acho que entenderão. Mas o mais importante para mim é que você entenda e apóie minha decisão".

As palavras do primeiro parágrafo não têm de ser repetidas, mas a ação do caso volta diretamente à primeira seção na qual a decisão difícil foi apresentada.

Um caso deve ser uma história multifacetada na qual várias opiniões sejam possíveis.

Para revisar, a maioria dos casos tem estas quatro seções:

a) Introdução ao ponto de crise

b) Transição de volta ao ponto de partida do caso, ao lugar onde o escritor escolhe começar.

c) Um volume de material cronológico que conta a história do começo até o ponto de crise. Este flashback contém aspectos selecionados que contribuem para o foco do caso.

d) Volta à crise ou ponto de decisão.

Esta fórmula simples é fácil de lidar. Claro que há padrões mais complexos (por exemplo, em "Justiça para Quem?"). Mas até que você tenha escrito vários casos e se sinta seguro no padrão regular, não faça experiências muito distantes do padrão.

Depois de escrever seu primeiro caso, peça que alguém o critique. Para melhores resultados, escolha alguém que não seja obrigado a gostar do que você escreveu por causa de seu relacionamento com ele. Preste atenção a qualquer sugestão e, se necessário, reescreva.

Por causa da natureza da maioria dos casos, será necessário manter nomes e pontos identificadores em confidência. O encobrimento é procedimento aceitável, mas certifique-se de que você não está mudando a direção ou o tom da história. Por exemplo, faria pouca diferença no caso de "Dança da Vida", se a garota fosse um garoto que não quisesse abandonar os esportes. As questões teriam sido tão verdadeiras quanto importantes, mas as pessoas que conhecem as verdadeiras personagens teriam menos probabilidade de identificá-las. Por outro lado, se ambos os garotos na história "Justiça para Quem?" fossem negros, algumas das questões básicas da história teriam sido mudadas. Ainda seria um caso, talvez até um caso valioso, mas um caso diferente. A menos que a segunda versão seja verdadeira, você estará violando uma regra no desenvolvimento de estudo de caso — a história essencial deve ser verdadeira.

Se você estiver contando a história de alguém, precisará obter a autorização dessa pessoa para publicação da mesma. Todas as personagens principais devem dar sua autorização. Por exemplo, em "Dança da Vida", você precisaria da autorização por escrito dos pais.

"A maioria das habilidades de um escritor de um bom caso tem de ser obtida na base de tentativa e erro", disse Paul A. Lawrence, em "Preparation of Case Material" (Preparação de Material para Casos). "Um último conselho seria que o escritor de um novo caso se beneficiaria grandemente de extensa experiência com casos na qualidade de aluno e, se possível, de instrutor. Tal experiência dá familiaridade com casos e seus usos, aos quais nenhum artigo pode ser substituto."

A Questão das Perguntas

Há duas opiniões sobre escrever planos de ensino para estudos de caso que você escreveu.

Se você está publicando um caso, ou oferecendo um à biblioteca de sua igreja, lembre-se de que os planos de ensino limitam os assuntos que normalmente serão discutidos. Talvez você resolva não incluir planos de ensino, mas, antes, uma lista de possíveis áreas de assunto para as quais os usuários desenvolveriam planos próprios.

Se você for usar seu próprio caso, tenha um plano de ensino organizado. Se você está escrevendo um estudo de caso como parte do currículo da Escola Dominical, escreva as perguntas para os professores de forma que os ajudem a alcançarem a meta da lição. O lema do escritor de currículo deve ser: "Dê aos professores toda a ajuda que eles puderem obter!"

Eis algumas perguntas que foram usadas em "Dança da Vida". As perguntas foram estruturadas para adultos jovens que participam num currículo de estilo de vida: "Se eu Morresse antes de Acordar — Um Cristão encara a Morte, a Mortalidade e a Tristeza".

- Quais são as pressuposições ou implicações teológicas que se destacaram neste diálogo?
- Você acha que, no afinal das contas, Sara pode não estar pedindo aprovação para seu plano de morrer? É possível que ela só esteja testando a família para ver se eles a consideram um fardo ou se querem realmente que ela permaneça com eles?
- O mandamento "Não matarás" se aplica a uma situação médica como esta na qual a morte ocorrerá sem o aparato de apoio à vida? (Lembre-se do caso de Karen Ann Quinlin, em 1975, quando os pais de uma jovem mulher em coma lutaram num tribunal de Nova Jersey pelo direito de desligar as máquinas que mantinham Karen viva).
- Jesus disse: "Eu vim para que tenham vida e a tenham com abundância". Estas palavras têm algum significado na qualidade de vida – de Sara ou de uma pessoa velha num asilo?
- O conceito de Sara em sacrificar a vida por Mike é cristão?

Onde encontrar Material para Casos

1) Viva um caso

Isto acontece com freqüência, mas o escritor raramente será a figura central da história. É mais fácil ser objetivo se você for uma das pessoas nas partes de uma situação difícil. Por exemplo, eu era membro de uma igreja suburbana na qual um staff composto por pessoas de formação econômica e racial muito diferentes estava tentando mostrar que as igrejas do século XX não têm de ser homogêneas. O que aconteceu quando essa situação veio à tona me afetou, porque eu amava as pessoas e o trabalho em que estávamos todos envolvidos. Mas eu não fazia parte do staff; minha vida não foi destruída. Eu podia olhar as miscelâneas da história com mais objetividade do que se eu tivesse feito parte do staff. O caso que se originou com essa experiência segue o esboço dos quatro pontos tradicionais, de forma que a introdução apresentada a seguir não é apenas os primeiros três parágrafos, mas o ponto de crise ao qual o caso, depois de um longo flashback, voltará.

Igreja Central[9]

"Existe a igreja aberta?"

O grupo de anciãos sentou-se em silêncio depois que Daryl Fetter, pastor-presidente, fez a pergunta. Em seguida, Kenneth Russell lentamente se levantou.

No passado, ele verbalizara sua convicção na igreja aberta, uma igreja que modelava o amor de Cristo quando pessoas de todas as raças cultuavam e se entregavam à verdadeira fraternidade. Ele amava, respeitava e crescera sob os ministérios de um pastor branco, Peter Jones, e de um pastor negro, Robert Thomas. Várias semanas antes desta reunião de anciãos, Kenneth dissera a Daryl: "Na qualidade de única pessoa negra não pertencente ao staff da mesa diretora de anciãos, percebo que minha posição é única. Minha esposa é branca e tenho uma posição de alto nível em uma organização cristã branca. Sinto-me muito visível na Igreja Central, muito dividido por toda a polarização que ocorre entre os membros negros e os membros brancos". Outros membros da mesa diretora tinham lhe falado que sua resposta ao atual problema poderia determinar a direção que a igreja tomaria.

2) Leia artigos em revistas seculares que fazem bons casos.

"Justiça para Quem?" foi artigo publicado na revista Psychology Today.

3) Os jornais são grandes fontes de estudo de caso.

Procure artigos onde a decisão certa não seja óbvia. O caso "Alunos Boicotam Aulas" foi retirado de um artigo de jornal.[10] Não é um caso completo, mas faz excelente ferramenta de discussão. As perguntas foram acrescentadas por um escritor de currículo.

> WYOMING, Michigan (AP) — Seiscentos alunos boicotaram aulas numa escola de ensino médio da região de Grand Rapids, segunda-feira, em defesa de professores e conselheiros que perderam seus empregos devido a cortes de orçamento.
>
> Cantando: "Queremos Nossos Professores", os alunos afluíram em massa em frente da Wyoming Park High School e se recusaram a voltar às aulas até que os dez membros do staff fossem readmitidos.

- Na sua opinião, os cristãos devem tomar parte em protesto público? Explique seus motivos. E se você soubesse que o protesto ajudaria alguém em necessidade?
- Fale de uma ocasião em que você foi envolvido numa experiência de ajuda. Em que foi igual ou diferente desta situação? Faça uma lista de maneiras que nossa classe pode ajudar pessoas em necessidade.

4) A história está cheia de estudos de caso.

A história de Perpétua foi pesquisada por Judy Dodd, escritora free-lance.

> Perpétua era uma mulher jovem, bonita e rica, que foi presa porque creu em Cristo. Teria sido questão simples, porém, ela se livrar. Tudo o que ela tinha de fazer era negá-lo, e ela possuía razão de sobra para querer a liberdade. Ela tinha um bebê pequeno que precisava dela e uma família que a amava e estava em angústia por causa dela. Seu pai foi visitá-la na prisão e lhe implorou que rejei-

tasse a fé. A resposta de Perpétua está registrada no seu diário datado de 200 d.C.: "Alguém pode chamar algo por outro nome senão aquilo que é? Então nem eu posso me chamar por outra coisa senão aquilo que sou: cristã". Perpétua foi lançada na arena e morta como um dos mártires cristãos primitivos.

- Se você fosse Perpétua, o que teria feito?
- Faça um roleplay da conversa que Perpétua poderia ter tido com sua família quando ela tentou explicar a decisão que tomou.

Notas

[1] Madeleine L'Engle, *Walking on Water* (Wheaton, Illinóis: Harold Shaw Publishers, 1980), p. 58.

[2] Paul Lawrence, "Preparation of Case Material" (Harvard Business School).

[3] "O 'exemplo', que remonta à coleção de exemplos medievais, usado por escritores religiosos para expressar um preceito moral, não é, na minha opinião, o que deve ser um caso. [...] E um caso não é, acho, uma competição de simples adivinhação — um tipo de coisa cega na qual você repetidamente pergunta a um aluno: 'O que é isso?', ou: 'O que você faz nesta situação?' 'Não, errado!' Este é o tipo de coisa em que você diz: 'Adivinhe o que eu tenho na mão?', e depois que muitas pessoas adivinham, você diz: 'Não, não está certo; é isto o que tenho na mão'", diz Malcom P. McNair, em "McNair on Cases", reimpresso com a permissão de Harvard Business School Bulletin, Julho-Agosto de 1971.

[4] Robert Evans, "A Matter of Life and Death" (McCormick Theological Seminary). Usado com permissão. (Publicado anteriormente em *Introduction to Christianity: A Case Method Approach*, John Knox Press, 1980.)

[5] Steven Phillips, "Justice for Whom?" Reimpresso com a permissão de Wallace & Sheil Agency, Incorporated, copyright de 1977 por Steven Phillips. "Justice for Whom?" foi condensado para reimpressão no semanário de Escola Dominical para sala de aula e para casa, *Christian Living*, e no guia do professor foi incluído um plano pedagógico completo para alunos de escola de ensino médio. Porções não apropriadas para discussão geral em sala de aula foram omitidas da condensação (por exemplo, estupro homossexual em prisões), ao mesmo tempo em que os editores foram cuidadosos em manter a essência do debate.

[6] Robert W. Merry, "Case Instruction for the Beginning Instructor", 1954, pelo Reitor e Companheiros de Harvard College.

[7] Ibid.

[8] Robert Evans, "Dance of Life", usado com permissão. (Publicado anteriormente em *Introduction to Christianity: A Case Method Approach*, John Knox Press, 1980.)

[9] Marlene LeFever, "Central Church", escrito como exigência de aula para o Case-Study Institute Summer Workshop (The Association of Theological Schools), 1976.

[10] Reimpresso com a permissão de Associated Press, 50 Rockefeller Plaza, New York, Nova York 10020.

11

Escrita Criativa: Ajudando os Alunos a Registrar os Pensamentos

Se eu ler e sentir fisicamente como se o topo de minha cabeça fosse tirado, então eu sei que é poesia.

— Emily Dickinson

"Meus alunos odeiam escrever." Talvez, mais provavelmente, os alunos tenham medo de escrever. O que seus colegas vão pensar do que eles escreveram? Como o professor vai reagir? Também pode ser que tenham medo de que a ortografia e a pontuação estejam erradas. Escrever em sala de aula de Escola Dominical traz recordações de folhas de teste escolar cobertas com marcas vermelhas e um professor vociferando: "Como você acha que vai se dar bem neste mundo se não sabe diferenciar um sujeito de um predicado?" Contudo, ainda defendo desafiar os alunos a escrever algo em sala de aula. Há meios de transpor os sentimentos negativos dos alunos para descobrirem a alegria de se comunicar pelo papel.

Transponha os Sentimentos Negativos

1) Comece com uma idéia divertida para escrever.

Mantenha a tarefa pequena e sem importância. Este capítulo fornecerá alguns desencadeadores de idéias para você adaptar à sua situação de ensino. A escrita criativa que ocorre na Escola Dominical não se aventura a ser semelhante à utilizada na escola secular.

2) Enfatize que escrever em sala de aula é apenas escrever o que se fala.

Pelo fato de escrever levar mais tempo que falar, as pessoas que precisam de mais tempo para pensar em idéias que sejam contribuintes importantes para a classe. Faça com que as pessoas saibam que você não está esperando textos excelentes, apenas compartilhamento individual.

3) Dê a opção de escrever ou pensar, e depois falar.

Alivie a pressão. Às vezes, a pessoa que começa falando escreverá o que pensou sem você sugerir que escreva. "Ei, isso está bom", alguém dirá ao ouvir o acróstico dito por outro aluno. "Fale de novo."

"Ih, já esqueci o que disse!" E, de um momento para o outro, pessoas que nunca escreveram passam a escrever.

4) Não faça comentários negativos sobre a ortografia ou a pontuação.

Se um aluno pedir ajuda, revise o trabalho fora da classe. Coloque num painel os melhores trabalhos de escrita criativa. Neste caso, digite o que as pessoas escreveram, ou peça-lhes que a reescrevam. Corrija os erros.

O Benefício da Auto-expressão pelo Ato de Escrever

Alunos que se consideram maus comunicadores através do papel mudam de opinião quando têm uma experiência bem-sucedida. Descobrir a habilidade que eles têm para se comunicar pela escrita dá aos alunos uma sensação de realização que muito poucos métodos pedagógicos podem proporcionar.

1) Escolha tarefas que ajudem os alunos a assentar na mente o que eles acreditam.

Incentive os alunos a escrever na primeira pessoa: "Acredito", "Sinto". Isto os ajuda a se comunicar de maneira mais pessoal e honesta, e os força a ficar longe de generalidades seguras: "Acreditamos", "Sentimos".

2) Incentive os alunos a manterem muitas destas tarefas como um registro permanente dos seus pensamentos, idéias e decisões.

É claro que a maior parte do que os alunos escreverem em sala de aula não terá valor duradouro, mas quando criam poemas, canções e orações que tocam a essência da relação que eles têm com Deus, eles poderão guardar essas obras. Eles também podem burilar algumas tarefas e partilhá-las com pessoas fora da classe.

Descobrir a habilidade que têm para se comunicar pela escrita dá aos alunos uma sensação de realização.

Um grupo de adolescentes, filhos de missionários no Japão, fez exatamente isso. Os alunos escreveram parágrafos explicando a razão de terem orgulho dos pais. Depois, só foi necessário um polimento e algumas frases transitivas para transformar os parágrafos em um artigo que eles esperavam que ajudasse outros adolescentes a apreciar mais seus pais cristãos. O seguinte excerto é do artigo "It Takes a Man" (É Preciso um Homem), conforme foi publicado num boletim de Escola Dominical.

> "Meu pai muitas vezes é um completo fracasso", disse Mark DeShazer arreganhado os dentes, um veterano numa escola para filhos de missionários situada perto de Tóquio. "E acho que isso mostra sua coragem, fé e serviço cristão mais do que tudo.
>
> "Veja bem, não é grande coisa ser dedicado a um trabalho quando o mundo diz que é importante e o aplaude verbal e financeiramente. Mas, às vezes, meu pai não vê resultados. O mundo zomba e diz que ele está desperdiçando a vida e os estudos numa tarefa infrutífera. Sua família vive sem coisas que outros homens podem

dar a seus amados. Quando sua única justificativa para estar no campo missionário é o mandamento de Deus, o que o mundo despreza como tolice, isso é coragem."

Susie, da oitava série, resumiu as qualidades necessárias para o sucesso no serviço de Deus no campo missionário, quando descreveu seu pai, Herb Murata. "Meu pai é o tipo de pessoa que fica em segundo plano. Ele faz coisas avulsas que não parecem ter importância real, mas têm, para que tudo em nosso ministério ocorra sem dificuldades. Ele gosta mesmo do que faz e o faz bem. Tenho orgulho dele. Tenho o direito de ter, porque em sua atitude e entendimento, em seu amor a Deus e às pessoas que lhe foram por Ele confiadas para evangelizar, meu pai é o maior homem que conheço."

3) Os alunos são desafiados a pensar com mais originalidade quando ouvem como seus colegas de classe se expressam.

O novo crente [...] escreve de modo mais pessoal e criativo.

O novo crente aumenta seu conhecimento sobre o Salvador e tem idéias esclarecidas e perguntas respondidas quando lê o que os colegas escreveram. Alunos que por muito tempo são crentes, se beneficiam do entusiasmo e nova abordagem que fazem parte da escrita de um novo crente. O novo crente não está familiarizado com os clichês que muitos alunos usam para expressar coisas espirituais, e, assim, ele escreve de modo mais pessoal e criativo.

Uma menina de quinze anos, com pouca formação cristã, escreveu no seguinte poema como se sentia com relação a Deus.

Eu sou a grama no campo, Senhor,
E Tu és o grande céu azul
Ventos tentam me derrubar,
A chuva cai forte.
Mas estou tentando crescer cada vez mais
Em direção ao céu azul, Senhor.

4) Os alunos podem vir a apreciar os modos diferentes através dos quais as pessoas aprendem a se comunicar.

Há alunos que se sentem à vontade comunicando-se verbalmente; outros são mais criativos escrevendo. Pessoas que se comunicam com palavras postas no papel podem ser omissos quanto à discussão ou atividades extemporâneas. Quando isto ocorre, eles se sentem menos importantes que os colegas, e a classe perde insights importantes.

Em 1 João 1.1 (NVI), o apóstolo fala sobre os diferentes modos através dos quais as pessoas se relacionaram com Jesus, a "Palavra da vida". Veja o que acontece quando cada modo é acompanhado pelos métodos que temos hoje em dia. Cada aluno, pouco importando que estilo de aprendizagem ele mais goste, deve ter a oportunidade de aprender sobre Deus da maneira mais eficaz.

> "O que era desde o princípio,
> o que ouvimos,
>   *palestra*
>   *discussão*
>   *encenação de papéis*
>   *grupo de estudo*
>
> o que vimos com os nossos olhos,
> o que contemplamos
>   *recursos visuais*
>   *leitura*
>   *vídeo*
>   *espectador de mímica, de peças teatrais*
>
> e as nossas mãos apalparam
>   *projetos de arte*
>   *escrita criativa*
>
> isto proclamamos a respeito da
> Palavra da vida."

Ouvir, ver, apalpar: precisamos envolver nossos alunos tão completamente quanto possível no processo de educação cristã.

5) Os alunos exortam uns aos outros em termos mais fortes através do que escrevem do que você jamais poderá exortá-los.

Os textos que os adolescentes redigem são fortemente morais. Mesmo que os escritores façam pouco esforço em satisfazer os próprios padrões, eles revelam uma consciência do certo e do errado.

Texto de um aluno da sétima série:

> **Os alunos exortam uns aos outros em termos mais fortes através do que escrevem.**

Uma palavra gentil
Em resposta ao mal,
Um doce sorriso
A alguém furioso:
Se isto faz
Nosso Pai feliz,
Não devíamos dar
O bem pelo mal?

Certo domingo, depois da aula, um menino da oitava série que nunca faltava à Escola Dominical me escreveu uma nota, expressando sua preocupação. "Tive de arranjar outra namorada por sua culpa. Domingo passado convidei minha antiga namorada para vir comigo à Escola Dominical. Você falou sobre namoro. Ela decidiu que devíamos fazer as coisas do modo que você disse que Deus queria. Tive de arranjar outra namorada. E com certeza jamais vou convidá-la para ir a esta classe de Escola Dominical!"

Quando os alunos falam ou escrevem sobre pecados, eles raramente usam generalidades. Ao invés disso, sobretudo nos primeiros anos da adolescência, eles vêem a própria situação de maneira honesta. Repare no testemunho escrito deste aluno da oitava série: "Depois de entregar minha vida a Deus, pensei que nunca mais faria coisas ruins. Eu estava errado. Menti para você semana passada, e tinha de lhe contar".

Um aluno da sétima série escreveu uma história sobre um amigo que tinha roubado um livro de violão. O escritor não estava certo de qual deveria ser sua responsabilidade. A história terminou com uma pergunta ao leitor sobre o que ele devia fazer. Como se mostrou, a história era verdadeira. O autor precisava de uma resposta para o problema, mas ele não achava que deveria o amigo — o ladrão — pedir a alguém diretamente.

6) Observe a maturidade.

Quando se trabalha com adolescentes, quase se pode ver o amadurecimento que experimentam quando passam da aceitação da fé dos pais, mediante um tempo de questionamento, para uma fé pessoalmente madura. Indicações sobre onde os alunos estão neste processo de modelagem de sua fé são facilmente identificadas no que escrevem.

Os adolescentes estão em um estágio de fé comparado por Stephen Jones à sociedade de um clube. Os pré-adolescentes e os adolescentes estão se afiliando à fé que têm. Eles pertencem à igreja, à comunidade da fé que juntos amam a Deus. Quando amadurecem, dão um passo a mais no desenvolvimento espiritual. Eles personalizam a fé. Já não são membros do clube; eles possuem o clube.[1]

Muito freqüentemente, a transição de sociedade para propriedade está cheia de questionamentos, à medida que os adolescentes procuram dar sentido à miscelânea que lhes foram ensinadas. Este questionamento ajuda os alunos a definir para si o que eles tinham aceitado somente porque as pessoas que eles respeitam lhes disseram que era verdade. Note os contrastes, o crescimento no questionamento, que sucedeu com os escritores da sétima série e os escritores da oitava série. As duas faixas etárias estavam escrevendo cartas a um homem que estava morrendo de câncer.

Notas de alunos da sétima série:

a) "Deus tomará conta de você. Se você orar, Ele o curará."

b) "Quando coisas ruins me acontecem, eu apenas oro, e Deus torna a vida mais feliz."

Notas de alunos da oitava série:

a) "Não sei como você se sente, mas tentarei imaginar. Estarei orando por você para que Deus lhe dê força."

b) "Às vezes é difícil entender por que Deus faz certas coisas, mas isto deve estar de acordo com a sua vontade."

Os alunos de treze anos estavam pensando em questões, ao passo que os alunos mais jovens se contentavam em se expressar por platitudes. (Este projeto de escrever cartas começou em sala de aula e os alunos terminaram-nas em casa. Os resultados foram demonstração viva aos adolescentes do quanto são importantes as palavras escritas no papel. Ao longo do curso de três meses, eles enviaram ao homem mais de cento e cinqüenta cartas. Ele sempre quis ter filhos e este projeto de adoção de classe parcialmente satisfez essa necessidade. Antes de morrer, ele escreveu às crianças e lhes contou que se tornara crente, e as cartas que recebeu desempenharam importante papel nessa decisão. Nenhum professor que repete domingo após domingo: "Escrevam sobre Jesus; escrevam sobre Jesus", poderia ter causado o impacto que esta única carta causou.)

Tensão e rebelião fazem parte do processo de desenvolvimento da fé dos jovens. É necessário que os jovens se afastem, pelo menos mentalmente, de certas coisas que lhes foram contadas durante toda a vida para que examinem por conta própria o que estão inclinados a aceitar.

Debby Boone escreveu sobre esta fase de seu desenvolvimento, quando afastou-se da fé de seus pais. "Pensei que não era justo. Senti-me terrivelmente envergonhada na frente de meus amigos, porque eu não fazia as coisas que eles faziam. Eu não tinha permissão de ir aos lugares que eles sempre iam ou assistir aos filmes que eles assistiam ou vestir o que eles vestiam. E quando você chega a essa idade, a pressão da turma é tão forte e você quer tanto se ajustar, que você passa a buscar sua identidade de qualquer maneira; assim eu procurava ser qualquer coisa, menos o que minha família representava."[2]

Repare na preocupação óbvia nos dizeres de uma aluna de treze anos que acaba de começar a trilhar o caminho da fé. Depois de um teste na aula de Bíblia onde lhe fora pedido que alistasse os Dez Mandamentos, a menina japonesa escreveu: "O seu Cristo é um Deus muito duro. Eu gosto das normas que Ele tem, mas nunca viverei assim. Não fui feita como Ele. Sinto muito".

O professor que faz da escrita criativa parte regular do plano de ensino pode identificar os alunos que precisam de mais tempo. Se um adolescente se sente seguro para falar com um professor, este professor recebe do aluno avisos de "Ajude-me!", quando diz algo assim:

"Nunca diria isso a ninguém, mas acho que não amo mais a Deus. Como dizer isso?"

7) Lição de casa.

Não exclua a composição literária criativa dos deveres de casa. Eles ajudam os alunos a se preparar para as lições durante a semana, de forma que quando chegam à classe estão prontos para participar e aprender.

Agora, não sejamos idealistas. Muitos alunos não vão fazer a tarefa de escrever, pouco importando quão criativa seja a idéia. Outros se esquecem a menos que você lhes dê um telefonema no meio de semana ou lhes mande um cartão postal. Portanto, nunca construa toda a aula em volta de uma lição de casa. Esteja preparado para a possibilidade de sequer um aluno escrever uma só palavra.

8) Evangelismo.

Use a composição literária criativa como uma idéia de evangelismo. Pais que nunca vão à Escola Dominical podem ler algo que seus adolescentes escreveram, sobretudo se foi impresso na parte de trás de um boletim da igreja ou numa circular da Escola Dominical. Não exclua a possibilidade de enviar uma excelente composição redacional à sua revista denominacional. Até jornais seculares podem estar interessados em certas redações. Suponha que cada pai de uma classe de Escola Dominical escreva duas frases sobre como planejam criar filhos com princípios morais na sociedade secular e imoral de hoje. Os resultados seriam editados e enviados ao editor de assuntos religiosos do jornal, ou mesmo aos editores da seção de família ou da página de mulher. (Se puder colocar um artigo como este numa página onde não apareçam notícias religiosas, coloque. Você atingirá um público mais amplo, e talvez desperte a curiosidade e o interesse de pessoas que não lêem a seção de assuntos religiosos.)

Recapitulando, use a composição literária criativa em sala de aula de Escola Dominical, porque pode alertá-lo quanto a problemas e questões que são vitais a seus alunos. Pode ajudar seus alunos a se apropriar de conceitos cristãos e implementá-los em seu estilo de vida. Pode dar aos alunos um veículo para comunicar a verdade aos outros.

O Compartilhamento sempre se Segue à Escrita

> **A composição literária criativa ... pode alertá-lo quanto a problemas e questões que são vitais a seus alunos.**

Quando os alunos escrevem em sala de aula, sempre lhes dê a oportunidade de compartilhar o que criaram. Há os que protestam, dizendo que o que escreveram não vale a pena compartilhar, mas na maioria das vezes esse protesto significa: "Peça um pouco mais". Compartilhar, para a maioria dos alunos, faz parte do processo de aprendizagem. Não insista, mas incentive os alunos a se manifestarem espontaneamente. Todos podemos nos sentar em casa e escrever e estudar sozinhos, mas aprendemos mais quando nos reunimos e nos revelamos — bem como nossas ofertas escritas — aos outros.

Pelo fato de o compartilhamento ser importante, dê tempo para que ocorra. Encontrava-me ensinando um curso em certo seminário, e com mais de vinte alunos na classe era difícil dar tempo suficiente para que todos participassem da atividade "mostre e conte". Um dia causei um curto-circuito no processo pedindo que alguém lesse a parábola que escreveu. Quando três alunos corajosos levantaram a mão, imediatamente anunciei que eles seriam os únicos a apresentarem. No dia seguinte, um aluno se aproximou de mim e disse: "Bill não queria que eu lhe contasse, mas ele escreveu uma estupenda parábola e ele queria lê-la ontem. Ele mora fora do campus, por isso não tem muitas oportunidades de compartilhamento conosco como o restante da turma. Na verdade, ele estava doente ontem, mas ele veio assim mesmo, porque queria ler o que escrevera. Acha que teremos tempo hoje?" Sim, com certeza!

Poesia

Realeza[3]

Ele era um homem simples
sem instrução em latim
Tendo deixado para trás toda a glória
Ele distribuía paz
a todos nós, homens bravios
e às intempéries

Ele se alimentava de peixe, pão,
vinho rústico e da vontade de Deus

Com sandálias empoeiradas nos pés
Vestiu vestes púrpuras somente uma vez
e isso foi um escárnio

A poetisa Luci Shaw afirmou a respeito de sua arte: "Há cristãos que consideram a poesia embelezamento de estilo literário dispensável para a parte mais importante da comunicação religiosa. [...] Na vida, podemos olhar uma janela e ver nela os riscos, as bolhas e as impressões digitais, ou olhar através dela o mundo tridimensional do outro lado do vidro. A realidade da experiência plena de Deus é o que está do outro lado. E a poesia nos ajuda a passar para essa dimensão".

Ottone M. Riccio, em seu livro The Intimate Art of Writing Poetry (A Arte Íntima de Escrever Poesia), declara: "Tornar-se excelente poeta requer uma combinação de talento, sensibilidade, orgulho e humildade, conhecimento e insight, e uma fascinação pelo processo de linguagem como fenômeno vivo. Tornar-se grande poeta também requer gênio e o dom da profecia".[4]

Muitos adolescentes mais jovens não gostam de poesia, embora amem poemas humorísticos e palavreados e trocadilhos humorísticos. Eles lidam com padrões de pensamento bidimensionais e concretos. Mas ainda não são capazes de entender a lógica e os aspectos mais profundos do campo espiritual ou metafísico — isso se dá com a compreensão tridimensional. Para adolescentes mais velhos e para adultos, a poesia os ajuda a entender os mistérios desta vida madura e nova.

Os alunos vão gostar de trabalhar com formas poéticas, e o farão muito mais prosperamente se forem expostos à excelência. Eles precisam ler e ouvir excelentes leituras de poemas. Quando escolher poemas para ler a seus alunos:

1) Procure poemas que compartilhem emoções verdadeiras.

Priorize poemas que sejam espiritualmente relevantes.

2) Não exclua poemas que não sejam bonitos.

O poeta Chade Walsh às vezes faz seus alunos visitarem o depósito de lixo da cidade para escreverem um poema sobre o que viram. Precisamos superar a idéia de que poemas são apenas sobre amor e morte, e flores e pássaros.

3) Procure poemas que sejam recentes.

Considere o poema "Realeza", que iniciou esta seção. Shaw nos captura no poema sem um único clichê ou emoção extravagante.

4) Escolha poemas que ensinem sem que as lições se sobressaiam de uma forma desajeitada.

Permita que seus alunos verbalizem alguns dos próprios pensamentos sobre um poema, e seu significado terá valor duradouro para eles.

5) Confira o conteúdo de acordo com as experiências e vocabulário relativos à faixa etária de seus alunos.

Pouco importa quão grande seja o poema e o quão próximo trabalhe em harmonia com a meta da lição, se ninguém o entende, não o use. Outra precaução: leia o poema em voz alta antes de usá-lo em sala de aula. Muitos poemas que são fáceis de entender no papel são difíceis de entender quando lidos em voz alta.

Emily Dickinson (1830-1886) escreveu "Não Sou Ninguém", excelente ferramenta de discussão para adolescentes jovens em processo de formação de sua identidade. Talvez seja um ponto de partida para eles, um modelo a partir do qual escrevam poemas a respeito de sentimentos de si mesmos. Contudo, para ser eficaz, o professor precisa se certificar de que os alunos entendam todas as palavras. O impacto do poema depende de se conhecer todas as palavras.

> Não sou ninguém!
> Quem és?
> És tu ninguém também?
> Há, pois, um par de nós?
> — Não fales!
> Não vão eles contar!
> Que horror ser alguém!
> Que vulgar como rã
> Passar o junho todo a anunciar o nome
> A charco de pasmar!

A maioria do que os alunos chamam poemas não é, em sentido honesto, poesia. Poetas verdadeiramente poetas são poucos. Luci Shaw compara a arte de escrever um poema a um nascimento. Ela faz de quarenta a cinqüenta rascunhos antes de ficar satisfeita. Em sala de aula, a meta do professor é dar aos alunos alguns minutos para se expressarem em torno de um padrão ou forma. A forma torna fácil o ato de escrever. Não faz o poema, mas põe a base para os alunos que têm talento especial nesta área. Lembre-se da meta — não escrever poesia, mas dar às pessoas a oportunidade de compartilhar idéias e sentimentos dentro de um formato estruturado.

Eis uma forma simples com que trabalhar: use o número de seu telefone. Escreva um poema a Deus agradecendo-lhe algo que Ele fez por você entre este domingo e o anterior. Cada linha tem de ter o mesmo número de palavras indicado pelo número na mesma posição em seu número de telefone. Os zeros são palavras de louvor. Os resultados são divertidos, sendo valioso exercício de ensino para pessoas que precisam de uma estrutura ou idéia única para guiar as palavras.

Mas apenas para comparação poética, considere o poema "Nata", no qual a poetisa expressa seus sentimentos sobre o dom que Deus lhe deu.

Nata[5]

Das profundidades brancas
Surge a riqueza do poema,
Coagulando em peles espessas
Através de minha alma.
Eu subo e desnato
As surpresas cheias de espírito
E encho de nata
A tigela vazia do papel.

Formas Bíblicas

Uma das maneiras mais interessantes de envolver os alunos nas formas poéticas, é expô-los a paralelismos e acrósticos simples; ambos, aspectos importantes da poesia hebraica e, sobretudo, da poesia do Antigo Testamento. Estes padrões permitem aos alunos confirmarem e compartilharem o que aprenderam.

A composição literária dos jovens [...] é cheia de [...] um senso delicioso do ego e de Deus.

A poesia hebraica é perfeita para ser usada em sala de aula com não-escritores.

Primeiro, é construída em torno de um padrão de pensamento em vez de uma rima ou métrica. Os autores podem variar o comprimento da linha — de curta para longa — e não precisam se preocupar se as palavras rimam, parte primária da definição de poesia feita pela maioria dos alunos.

Segundo, a língua hebraica é cheia de cor e vitalidade. O verbo, a palavra de ação, é muito importante. A metáfora e a repetição são abundantes. Os escritores hebraicos normalmente rejeitam imagens filosóficas e teológicas abstratas a favor de imagens mais concretas e pictóricas. A composição literária dos jovens, quando não estão tentando fazer com que as frases soem cristãs, é cheia de linguagem colorida e um senso delicioso do ego e de Deus.

Terceiro, o paralelismo é característica essencial da poesia hebraica. Há uma relação entre duas ou mais linhas em cada verso. A declaração dita na primeira linha pode ser repetida em palavras ligeiramente diferentes ou contrastadas na segunda linha.

1) Paralelismo sinonímico.

Até alunos que pouco escrevem com criatividade acharão o desenvolvimento de paralelismo sinônimo uma experiência bem-sucedida. A primeira linha declara um fato completo, e a segunda linha expressa o mesmo pensamento através de sinônimos. Estude-o em Isaías 53.6:

Linha 1: Todos nós andamos desgarrados como ovelhas;

Linha 2 (note a repetição de sinônimos da mensagem da linha 1): Cada um se desviava pelo seu caminho.

Salmos 5.1 é outro bom exemplo:

Linha 1: Dá ouvidos às minhas palavras, ó Senhor;

Linha 2: Atende à minha meditação.

Se você der a seus alunos a linha: "Sinto vergonha perante Deus, quando peco", eles poderiam escrever linhas sinônimas como estas:

Curvo a cabeça diante de meu Senhor quando faço o mal na sua presença.

Encolho-me de tristeza diante de Cristo, porque falhei com Ele.

Dê a seus alunos primeiras linhas como estas, e peça-lhes que escrevam linhas sinônimas:

- Sempre amarei a meu Deus.
- Para mim, é importante fazer a vontade de Deus.
- Sou membro da família de Deus.

2) Paralelismo antitético.

No paralelismo antitético, o pensamento é esclarecido mediante o contraste.

Na verdade, estas linhas são mais fáceis de serem feitas que as linhas sinônimas.

Leve em conta Romanos 6.23:

Linha 1: Porque o salário do pecado é a morte,

Linha 2 (diz exatamente o oposto): Mas o dom gratuito de Deus é a vida eterna...

Provérbios 10.1:

Linha 1: O filho sábio alegra a seu pai,

Linha 2: Mas o filho louco é a tristeza de sua mãe.

Salmos 30.5 demonstra paralelismo antitético duplo:

Linha 1: Porque a sua ira dura só um momento;

Linha 2: No seu favor está a vida;

Linha 1: O choro pode durar uma noite,

Linha 2: Mas a alegria vem pela manhã.

Peça que seus alunos escrevam linhas antitéticas para as seguintes frases:

- Quando sei que tenho comunhão com Deus, fico contente.
- A pessoa que não segue o caminho de Deus está em grande dificuldade.
- Quando o crente faz mexerico, ele arruína o testemunho que dá.

Também incentive seus alunos a escrever paralelismos antitéticos originais.

3) Paralelismo simbólico.

(Esta forma não deve ser usada com adolescentes jovens, porque muitos deles ainda têm problemas com a linguagem simbólica.) Nesta forma, a idéia da primeira ou da segunda linha é reproduzida na linha alternada em termos simbólicos.

Provérbios 26.21:

Linha 1 (linguagem simbólica): Como o carvão é para o borralho, e a lenha, para o fogo,

Linha 2 (o ponto é reproduzido): Assim é o homem contencioso para acender rixas.

Esta forma leva mais tempo que as duas primeiras, e talvez possa ser usada como dever de casa. O símbolo na primeira linha deve explicar a verdade ou a declaração da segunda linha.

- Use um símbolo para descrever algo sobre a vida cristã. (Um aluno escreveu:

Linha 1: Um trem nos trilhos não se chocará em nada,
Linha 2: E o crente que segue a Jesus andará com toda segurança.)

- Use um símbolo para dizer algo sobre o amor.
- Use um símbolo para dizer algo sobre sua identidade.

4) Paralelismo sintético.

Nesta forma, a segunda e última linhas aumentam ou completam o pensamento da primeira linha.

Salmos 2.6:
Linha 1: Eu, porém, ungi o meu Rei
Linha 2 (o pensamento da primeira linha é completado): Sobre o meu santo monte Sião.

Salmos 19.7 é um paralelismo sintético duplo:
Linha 1: A lei do Senhor é perfeita
Linha 2: E refrigera a alma;
Linha 1: O testemunho do Senhor é fiel
Linha 2: E dá sabedoria aos símplices.

Tente completar o paralelismo sintético a seguir fazendo uma declaração em uma linha e usando a segunda linha para completá-la ou aumentá-la.

- Comece com uma declaração sobre a Igreja Universal.
- Comece com uma idéia sobre o crescimento da fé adulta.
- Comece com um conselho para os colegas.

Poemas Acrósticos

Em um acróstico, as palavras são organizadas em certa ordem de forma que letras específicas em cada linha (em geral a primeira ou a última) formam um padrão ou soletram uma palavra ou lema. Sendo forma popular poética do Antigo Testamento, o acróstico foi usado pelo salmista.

Os alunos podem fazer acrósticos seguindo as letras do alfabeto, sendo cada letra a inicial de uma palavra ou de uma frase.

Os alunos também podem identificar a palavra-chave em uma lição ou passagem bíblica e fazer um acróstico em torno dessa palavra. Por exemplo, a palavra AMOR.

O acróstico é excelente ferramenta para usar com adultos (que talvez se sintam constrangidos em pôr as idéias por escrito), porque lhes dá uma estrutura a seguir. Não faça da tarefa um projeto muito grande. Se não conseguem pensar em uma palavra ou frase para seguir uma letra, eles devem ir para a próxima linha. Peça aos alunos que compartilhem apenas uma linha em vez do acróstico inteiro. Este procedimento é menos ameaçador, e os alunos ficam propensos a oferecer a linha que acham ser a melhor.

Em classes grandes, você terá muitas pessoas querendo dar sugestões para cada linha que escreveram. Apenas cite a letra e deixe que todos que desejam dar sugestões que o façam. Depois, passe para a próxima letra. Por exemplo, com a palavra AMOR, cinco alunos podem dizer o que escreveram para a letra A. Quando houver uma pausa, passe para a letra M.

Idéias para Usar Acrósticos em Sala de Aula

1) Depois do estudo da Bíblia, divida a classe em pequenos grupos de Criação Poética.

Peça que cada grupo desenvolva um acróstico original feito em torno do tema da lição; por exemplo, ORAÇÃO, ALEGRIA, SALVAÇÃO, LOUVOR. Depois, faça com que cada grupo leia o poema para a classe.

Esta idéia pode ser adaptada para uso com alunos que tenham dificuldades em ler ou escrever. Escreva a palavra ou frase do acróstico verticalmente no quadro-negro. Faça com que os alunos sugiram frases para acompanhar cada letra, e você as escreve na lousa. O poema terminado pode ser tão significativo para os alunos como se eles o tivessem escrito por conta própria.

2) Use um acróstico no começo de uma lição e no fim para oferecer um estudo em contraste.

Por exemplo, se a lição é sobre a solução de Cristo ao pecado, a classe pode começar escrevendo acrósticos usando e definindo as palavras PECADO ou MAL. O período terminaria com os alunos expressando ação de graças a Deus pela solução por Ele dada, escrevendo acrósticos com as palavras SALVAÇÃO ou DEUS.

Ou o contraste pode ser obtido usando-se a mesma palavra. Por exemplo, no começo da lição sobre a Páscoa, os alunos escrevem acrósticos explicando o que esse feriado significa para os não-cristãos (usando a palavra PÁSCOA).

Depois de estudar a razão de os cristãos celebrarem a Páscoa, os alunos escreveriam o que o feriado significa para eles (também usando a palavra PÁSCOA).

3) Como lição de casa para adolescentes, peça que os alunos escrevam um acróstico em torno da história bíblica que eles estarão estudando na próxima semana.

Este é único modo de fazer com que os alunos revisem a história. Quando chegassem à classe, eles rapidamente compartilhariam os acrósticos e estariam prontos para estudar a lição em um nível mais profundo que a história. Por exemplo, na história de Samuel e Eli, o acróstico seria feito com o nome SAMUEL.

4) Oriente os alunos a criarem um acróstico evangelístico.

Este poema seria escrito em classe para um tipo específico de evangelismo. Se os alunos estão interessados em usar um acróstico para ajudá-los a testemunhar, eles escreveriam o plano de salvação de Deus usando o lema DEUS É AMOR. Faça cópias do poema para cada aluno. Alguns prometem a Deus que falarão o poema e darão seu testemunho a pelo menos uma pessoa não-cristã durante a semana.

Ou, a classe de adultos planejaria um acróstico em torno da frase TEMOS LUGAR PARA VOCÊ e o imprimiria no boletim da igreja como convite a todos os adultos que não freqüentam a Escola Dominical.

Estas quatro idéias começaram com o acróstico básico. Quando ler outras sugestões para os alunos escreverem projetos, pense em pelo menos dois modos criativos em que você pode usar com cada um deles em sala de aula.

Escrevendo Orações

Muitos alunos hesitam em falar em voz alta com Deus, ainda que queiram participar da oração em grupo. Quando escrevem as orações, eles têm tempo para organizar os pensamentos. Já não há a preocupação sobre que palavras falarão a seguir. Eles são livres para se concentrar no que estão dizendo a Deus.

O poema e a oração mostrados a seguir foram pensamentos sinceros e honestos escritos e lidos em classe por alunos da sétima série depois de uma lição sobre batalha espiritual.

POEMA:
Estou no Exército.
O Senhor é o meu Capitão.
Estamos em guerra com Satanás.
Meu Capitão batalhou enquanto eu cochilava.
O Senhor voltou completamente pisado e ferido.
Parou à minha frente e disse:
"Você perdeu".

ORAÇÃO:
Senhor, acabo de perder minha batalha.
Descobri que eu na verdade não queria ganhar.
Ajude-me, Senhor.
Minha batalha é minha lição de casa.
Odeio-a, e sou tão preguiçoso.
Na verdade, não quero ter o trabalho de batalhar.
Ajude-me, Senhor, a estar atento às minhas responsabilidades.

Da próxima vez me faça ficar sentado.
Não me deixe fazer bagunça.

A maioria das lições exige uma resposta dos alunos, e uma maneira imediata e valiosa para eles responderem é escrevendo orações a Deus. Quando estruturar a escrita da oração nas lições, siga estas diretrizes:

1) Informe aos alunos que eles não precisarão falar as orações em voz alta, a menos que desejem.

2) Sugira que escrevam as orações usando a mesma linguagem que usam quando falam.

3) Desafie-os a orar honestamente.

Às vezes os professores incentivam desonestamente presumindo que todos na classe estão preparados para escrever uma oração a Deus. A maioria dos alunos fingirá escrever algo mesmo que eles realmente não creiam, só para evitar serem diferentes. Por isso, sempre forneça uma atividade de escrita alternativa. O professor pede que os alunos escrevam notas de agradecimento a Deus após uma lição sobre ação de graças. Ao mesmo tempo, o professor sugere que os que não se sentem honestamente gratos e os que ainda não têm uma experiência mais profunda de oração completem a frase: "A coisa mais importante que aprendi na lição de hoje é..."

4) Estimule os alunos a orar tão especificamente quanto possível.

Por exemplo, em vez de orar pedindo que o Senhor abençoe todos os missionários, um aluno deve levar a Ele um pedido do missionário Edson, que precisa de uma mula nova para seu trabalho no México. Observe o quanto o escritor da sétima série foi específico na seguinte oração:

Querido Senhor,
Tenho este problema.
Não consigo controlar meu temperamento.
Ontem, no jogo de basquetebol,

Fiz falta técnica.
Eu disse umas verdades ao juiz.
Ajude-me, querido Senhor. Ajude-me no jogo amanhã.

5) Desenvolva meios nos quais as orações escritas continuem fazendo parte da experiência de aprendizagem dos alunos depois de terem falado com Deus.

Os alunos podem levar para casa as orações e lê-las várias vezes durante a semana. Eles podem trocar as orações com um amigo e prometer orar todos os dias um pelo outro durante a semana. O grupo faria cadernos de oração nos quais registrariam os pedidos de oração e suas respostas.

Quando seus alunos estiverem escrevendo orações, sugira que utilizem os assuntos de oração encontrados nos Salmos. Não existe classificação universalmente aceita dos Salmos; porém, a lista mostrada a seguir, retirada de The New Bible Dictionary (O Novo Dicionário da Bíblia; InterVarsity Press), é bom começo para os alunos:

- Orações pedindo a bênção e proteção de Deus.
- Louvor por exemplos específicos da misericórdia e majestade de Deus conforme reveladas na criação, culto e adoração.
- Rogos por intervenção divina ou libertação de doenças, calamidade, perigo.
- Confissões de fé de que Deus é o Senhor, Criador, Rei das nações, Juiz e Regente moral do universo.
- Penitência pelo pecado.
- Intercessão pelo rei, seu povo e outras nações.
- Oração por julgamento sobre os inimigos do povo de Deus.
- Instrução espiritual e religiosa.
- Salmos que lidem com as providências de Deus que são difíceis de entender e questões sobre a vida futura.
- Louvor pela Palavra de Deus.

Os Salmos lidam com as experiências pessoais do escritor, mas também lidam com a experiência coletiva do grupo. Tente escrever uma oração de salmo de classe. Talvez os alunos poderiam louvar ao Senhor por sua presença na vida desta pequena parte da família da igreja.

Em geral, incentive os alunos a escrever orações simples a Deus, mas, ocasionalmente, envolva-os em uma das seguintes experiências de oração mais atraentes:

6) Sugira que os alunos escrevam orações de acróstico ou falem de seus pensamentos com Deus através de uma mistura de paralelismos.

Este tipo de oração é melhor desenvolvida por alunos em casa como parte de suas devoções diárias.

7) Promessas de oração são respostas eficazes de vida.

Por exemplo, após uma lição sobre viver a vida de forma cristã, o professor pede aos alunos que escrevam orações a Deus pedindo-lhe que os ajude a mudar uma área problemática que está dificultando o seu crescimento espiritual. Alunos que desejam participar incluiriam suas orações, lacrando-as num envelope com seu nome. Depois, eles fariam um pacto com Deus para continuar orando e trabalhando na área problemática durante um mês. O professor recolheria os envelopes. Ao término do mês, os envelopes fechados seriam devolvidos aos alunos. A oração serviria como lembrança do que prometeram e como ajuda para avaliar o quanto eles cresceram.

8) A oração pode ser usada em uma lição objetiva.

Depois de uma classe de adultos ter estudado sobre o perdão de Deus, o professor deu aos alunos a oportunidade de escrever orações particulares confessando pecados específicos a Deus e pedindo seu perdão. Depois, o professor disse: "Se você crê honestamente que Jesus o perdoou de seus pecados, rasgue sua confissão em pedacinhos e os jogue fora". A oração serviu como resposta a Deus e uma lição objetiva para cada aluno sobre o perdão de Deus.

Paráfrases

"Como você acha que Davi teria escrito o Salmo 23, se ele morasse no seu apartamento?" O professor da periferia estava pedindo aos alunos que parafraseassem uma passagem da Escritura, não apenas em linguagem contemporânea, mas também em uma situação contemporânea. Alunos, pouco importando onde morem, mostrarão pelo que escrevem o quanto entendem certa passagem bíblica e seus princípios.

> O Senhor está de guarda ao meu lado; não ficarei em pânico.
> Ele me mantém calmo, iluminando o meu caminho como um poste de luz.
> Ele me conduz em segurança pelos becos escuros.
> Ele me aquece no frio e me provê o sustento.
> Ele não me deixa fazer nada que o envergonhe.
> Os criminosos têm armas; os traficantes, drogas, mas eu me desvio do seu caminho.
> Tenho Jesus comigo. Ele nunca me abandona.
> Meus inimigos vêem o meu viver pleno, sem que precise meter-me em brigas ou confusões, e eu lhes conto o que Jesus fez. Tenho alegria.
> A alegria continuará vindo pelo resto de meus dias, e eu tenho um lugar para morar com Jesus para sempre.

Considere uma flexão, talvez depois de os alunos terem entendido o paralelismo antitético. A tarefa seria tomar uma porção da Escritura e escrevê-la do modo em que o mundo secular ou os cristãos modernos a vivenciam. O que os alunos escrevem indica o quanto eles compreendem a mensagem positiva da passagem.

O autor do Salmo 23 contemporâneo apresentado a seguir não é conhecido, mas a mensagem antitética é por demais evidente.

> A TV é o meu pastor,
> Meu crescimento espiritual faltará.
> Ela me faz sentar e não fazer nada em prol do nome de Jesus,
> Porque ela exige todo o meu tempo livre.
> Ela me impede de cumprir meu dever como crente,
> Porque ela me apresenta muitos programas bons que eu tenho de assistir.
>
> Ela restaura meu conhecimento das coisas do mundo
> E me afasta do estudo da Palavra de Deus.

Ela me guia pelos caminhos da apatia
E a não fazer nada no Reino de Deus.

Ainda que eu viva cem anos,
Continuarei vendo minha TV,
Porque ela é minha companheira mais íntima.
Seu som e imagem me consolam.

Ela me apresenta entretenimento,
E me impede de fazer coisas importantes com minha família.
Ela enche minha cabeça de idéias
Que diferem das apresentadas na Palavra de Deus.

Certamente nenhuma coisa boa virá de minha vida,
Porque minha TV me deixa tão pouco tempo para fazer a
vontade de Deus.
Assim eu morarei na casa da inatividade...
E da preguiça para sempre.

Devido a maioria dos alunos precisarem de, pelo menos, quinze minutos para preparar suas versões contemporâneas, faça desta uma lição de casa na semana anterior à passagem que será estudada em classe. Lembre os alunos de estudar toda a passagem bíblica antes de começarem a escrever, de modo que estejam seguros de terem captado o sentimento e a mensagem tencionada pelo autor — ou o seu sentido oposto.

Dê bastante tempo no domingo em que a tarefa é apresentada para que todos os alunos compartilhem o que escreveram.

Escrevendo Cartas

Uma das formas mais simples e menos usadas de escrever na Escola Dominical é a carta. É claro que na maioria das vezes não há tempo o suficiente para terminar as cartas em classe, mas se os alunos começam um projeto que consideram valer a pena, eles a terminam por conta própria. Leve em conta um projeto no qual os alunos escrevam cartas para:

- Missionários ou filhos de missionários, sobretudo os que estão longe da família, em internatos.
- Pessoas em casas para idosos.
- Doentes.
- Membros das forças armadas conscritos e convocados, e os que estão longe de casa pela primeira vez.
- Pessoas que nem sempre recebem crédito pelo trabalho que fazem na igreja (organistas, porteiros, superintendentes de Escola Dominical).
- Pessoas que há pouco perderam alguém que amam.

Às vezes é útil sugerir várias coisas que os alunos podem incluir nas cartas. É claro que as sugestões irão variar de acordo com as diferentes pessoas que receberão a carta.

- Fale um pouco sobre sua família.
- Conte algo divertido que você fez esta semana.
- Diga por que você está escrevendo a carta.
- Compartilhe o que Jesus significa para você e um modo como Ele se manifestou em sua vida nesta semana.

Lembre a todos os alunos que eles estão escrevendo para uma pessoa de verdade que vai ler a carta e vai conhecer melhor outra pessoa de verdade. Quanto mais fatos e histórias em tópicos os escritores incluírem nas cartas, mais viva se torna a correspondência. Quanto menos fatos e toques pessoais, mais ineficiente é a comunicação.

"Houve uma senhora que sempre me enviava o esboço completo do sermão do pastor", disse um missionário solteiro. "Ela pagava as despesas de correio semana após semana. Nem uma única vez ela me falou quem estava tendo filhos ou quem estava saindo com quem ou que novas construções estavam sendo planejadas para serem feitas em nosso bairro. Eu não era de verdade para ela e nem ela era de verdade para mim. Sei que deveria ser grato, mas falando honestamente, desejaria que ela não tivesse se preocupado em escrever. Semana após semana eu era lembrado de todas as coisas que eu queria saber de casa. Ela me ajudou tremendamente nos problemas de adaptação que eu estava tendo em meus primeiros dois anos no estrangeiro."

A carta a seguir foi escrita por um aluno como parte de um projeto de classe:

> Prezado Sr. Myers,
>
> Não costumo escrever cartas, porque minha letra não é boa. Estamos dando uma festa de classe hoje à noite. Vamos pôr biscoitos em saquinhos para as crianças do hospital. Também vamos pôr histórias contando do amor de Jesus por elas.
>
> Meus pais são crentes, assim as pessoas consideravam que eu também fosse. Mas eu sabia que não era crente só porque as pessoas julgavam que eu era. Pensei muito em pertencer a Cristo. Sou realmente feliz por estar seguindo-o. Sei que terei muitas dificuldades, mas agora sempre há Alguém que me ajuda.
>
> Jan

Uma Palavra sobre Projetos

Idéias como escrever cartas são projetos que realmente exigem tempo e participação extraclasse por alunos. Projetos são partes importantes do ensino e o professor sábio sempre está à procura do projeto que seja perfeito para sua classe. Os adolescentes e adultos contribuem com parte de si mesmos ao atuarem nos projetos, que são as coisas mais significativas que os alunos se lembram quando rememoram o que ganharam nos anos em que estudaram.

Considere este comentário sobre projetos da escritora judaica Helen Epstein. A ilustração pessoal que ela dá foi retirada dos anos de seu curso fundamental, mas o impacto dos projetos não diminuiu com o passar dos anos.

> Os montes da Judéia eram diferentes de qualquer monte que eu já tinha visto. Ondulados e fragmentados com a idade, seus tendões arqueavam-se uns sobre os outros como os músculos das costas de um velho. Pareciam não apenas indestrutíveis, mas também infinitamente férteis, capazes de sustentar novo crescimento mesmo depois de séculos de erosão. Novas florestas tinham sido planta-

> das no solo cinza e poeirento e esses bosques de árvores jovens suscitaram em mim recordações de levar moedas de dez centavos para a Escola Dominical e receber, por cada moeda, um selo impresso com uma folha. Tínhamos em nossa sala de aula um cartaz grande de uma árvore — é uma das poucas coisas que me lembro dessas manhãs de domingo — e, um por um, nós, as crianças, lambíamos os selos e os colávamos nos ramos vazios até que a árvore ficasse coberta de exuberantes folhas verdes. Nossas moedas de dez centavos foram gastas em plantar uma árvore em Israel, nos disseram na época, e quando vi a floresta erguendo-se pelos lados dos montes, era como se eu visse minha conhecida árvore magicamente restabelecida e crescendo.[6]

Em um estudo ordenado pelo Conselho Nacional para o Progresso dos Jovens (1980), os pesquisadores americanos descobriram que os jovens dos anos oitenta estavam sofrendo de falta de uma fronteira empolgante. Esta falta, mostrou o estudo, era a questão número um da mocidade durante aquela década. O estudo recomendava que o Progresso dos Jovens implementasse uma missão maior por conta própria, promovendo o mundo do trabalho como a próxima fronteira.

Que oportunidade empolgante para a igreja aumentar o conceito de trabalho incluindo projetos de serviço — serviços importantes para outros que não podem ser feitos sem compromisso, tempo, esforço e a ajuda do Espírito Santo. Que projetos funcionariam em sua classe?

- Escrita de cartas.
- Levantamento de fundos — só o dinheiro especificamente ganho por alunos para este projeto deve ser aceito.
- Trabalho braçal para as pessoas da igreja e da comunidade, que não podem fazer tarefas em casa e não podem pagar pelo serviço.
- Trabalho voluntário com missões nacionais e grupos ultramarinos.

É claro que os melhores projetos são os que os alunos propõem por conta própria.

Termine a História

Introduza a escrita de história criativa em sua classe montando situações do tipo "E se?" para os alunos completarem. Partindo das idéias aqui sugeridas, crie idéias próprias. Dê cerca de dez minutos para esta atividade de escrita.

- E se a menina que Jesus ressuscitou dos mortos tivesse um diário? Escreva o que você acha que ela teria escrito no dia seguinte em que Ele a curou.
- E se você tivesse sido um dos visitantes de Jerusalém no dia da crucificação de Jesus? Você nunca tinha ouvido falar de Jesus, mas por curiosidade você o seguiu até ao Calvário e o viu morrer. Escreva uma carta a seus amigos contando-lhes o que você viu e como se sentiu com a experiência.
- E se você fosse um repórter jornalístico romano que tivesse tido a oportunidade de entrevistar Paulo durante sua prisão domiciliar em Roma? Escreva uns parágrafos sobre a história. Inclua o que você ficou sabendo dele e como se sentiu com o que ele disse.

É freqüente os alunos terminarem uma história como lição de casa. Desencadeadores de história como lição de casa podem ser mais envolventes que situações do tipo "E se?" feitas em sala de aula. É ideal que cada aluno tenha uma cópia do desencadeador de história para levar para casa.

O exemplo a seguir daria excelente dever de casa para os alunos trazerem num domingo de manhã de Páscoa.

De Sentinela

E se você fosse um dos guardas romanos designados a guardar o túmulo de Jesus? Durante o seu turno, houve um terremoto. Alguém trajado em roupas brancas — com aparência de raio — rolou a pedra da porta do túmulo. O selo romano fora quebrado! Você estava com muito medo de que você e os outros guardas se tornassem homens mortos.

Depois que o sumo sacerdote lhe pagou dinheiro e disse:"Você vai dizer às pessoas que os discípulos de Jesus vieram enquanto vocês estavam dormindo e roubaram o corpo dEle".

Você ficou assustado e fez o que lhe fora dito. Mas os anos passaram, e agora você está frente a frente com outra decisão relativa a Jesus. Você se encontra andando de um lado para o outro no quartel.

"Sossegue, Julius", aconselha seu amigo Marcus. "Quais são as novas ordens? Como elas o deixaram tão transtornado assim?"

"Ordenaram-me que prendesse os cristãos, porque eles são inimigos do Estado."

"E ótima refeição para os leões", riu Marcus. "Não é tão mau assim. Você já teve de fazer coisas piores que esta. Você não foi um dos guardas do túmulo do Líder deles?"

"Gostaria de nunca ter ouvido falar de Jesus", disse Julius. "Marcus, vou lhe contar uma história que pode me fazer comida de leão. Depois vou lhe perguntar o que você faria com estas ordens que recebi."

Ele recomeça a andar de um lado para o outro e diz: "...

TERMINE ESTE DESENCADEADOR DE HISTÓRIA.

Jornal Bíblico de Revisão

Depois de seus alunos pré-adolescentes terem completado uma unidade grande de estudo, talvez sobre a vida de Cristo ou sobre os patriarcas, planeje um jornal bíblico de revisão para ajudá-los a revisar o que aprenderam. Divida a classe em duas ou mais equipes jornalísticas. Explique que cada equipe irá competir contra as outras para fazer a cobertura jornalística mais completa e interessante dos acontecimentos que eles acabaram de estudar.

Um professor fez isto como atividade centralizadora de interesse. Os jornais continham piadas bíblicas (nível universitário), receitas de figo, tâmara e caçarola de camelo, e artigos excelentes sobre os eventos bíblicos relacionados à vida de Abraão. Os jovens gostaram de dar personalidade à tarefa.

Outros Projetos de Escrita

Estas tarefas de escrita demandam pouco tempo; adapte-as à sua situação de ensino:

1) Pegue um provérbio, clichê ou poema e peça aos alunos que façam a mesma declaração, mas de maneira original.

Por exemplo: "Certa vez, foi perguntado a dois pedreiros o que eles estavam fazendo. Um disse que estava fazendo uma parede, e o outro disse que estava construindo uma catedral. Mude a imagem, mas mantenha o significado". Um aluno escreveria: "Certa vez, foi perguntado a dois treinadores o que eles estavam fazendo. Um disse: 'Estou dando um treino', e o outro disse: 'Eu modelo Cristo perante os adolescentes'."

2) Amor em caixa.

Coloque uma caixa na frente de cada aluno. Depois dê a cada aluno o mesmo número de tiras de papel conforme o número de alunos na classe. Peça a todos que escrevam uma frase "Você é especial, porque..." para cada uma das pessoas na classe e coloque a tira de papel na caixa da respectiva pessoa. Os alunos levam para casa as caixas e lêem apenas uma frase por dia. (Esta idéia funciona melhor com adolescentes mais velhos e adultos que estão cientes do dano que pode causar uma observação irrefletida.)

3) Troca de orações.

Cada aluno escreve e troca um pedido de oração importante com outra pessoa. Os dois prometem um ao outro que diariamente, durante uma semana, vão orar pelos pedidos trocados.

4) Parede de pichação.

Cubra uma parede ou parte de uma parede com papel de jornal e convide os alunos a escrever nela comentários sobre um tópico específico (o amor de Deus, a presença de Deus, ser cristão, etc.). Estimule-os a registrar slogans originais, versículos bíblicos e pensamentos pertinentes.

Uma parede de pichação é uma excelente atividade pré-classe e pós-classe. A idéia dá certo com adolescentes, mas não exclua os adultos. Assim que se acostumam com a idéia, muitos alunos adultos irão gostar.

5) Caixa de compartilhamento.

Coloque uma caixa na sala de aula e convide os alunos a pôr nela perguntas, problemas e comentários que eles gostariam de compartilhar com você.

As propostas podem ser assinadas ou não.

6) Versículo-chave.

Dê aos alunos tempo para copiar um versículo-chave da lição em um cartão medindo 7,5 x 12,5 centímetros. Sugira que coloquem o cartão onde possam vê-lo todos os dias para se lembrarem da verdade nele contida.

7) Provérbios e lemas.

Faça com que os alunos relembrem as lições que aprenderam e as recitem na forma de provérbios ou lemas. Por exemplo, depois de uma lição sobre a conduta cristã, um aluno escreveria: "Deus é especialista em me ajudar a passar pelas provações da vida" (provérbio), ou: "Minha Meta Cristã —Defeito Zero!" (lema)

8) Geografia espiritual.

Coloque na parede um mapa grande do mundo, país ou região onde você vive, e dê aos alunos pequenas bandeiras de papel e alfinetes. Peça que escrevam seus nomes nas bandeiras, fixando-as no mapa nos lugares onde aconteceram eventos importantes em suas vidas espirituais. Dê aos alunos oportunidades de compartilhar o que aconteceu em certas "bandeiras". Esta é grande maneira de mobilizar as classes de adultos para os alunos se familiarizarem entre si.

9) Parelha de versos humorísticos e quadras humorísticas.

Sugira que os alunos escrevam uma parelha de versos ou quadras humorísticas com rima para enfatizar um ponto importante da lição. Por exemplo:

A roupa nova que alimenta a vaidade
Apenas afasta de Deus a nossa amizade

10) História de reação em cadeia.

Dê a cada aluno uma folha de papel e diga-lhes que completem a frase que você dirá. Os alunos dobram as folhas uma vez para que ninguém as veja e as passam para a pessoa da direita. Esta pessoa desdobra a folha e completa a segunda frase que você dirá. Depois, volta a dobrar a folha uma vez e passa o papel para a próxima pessoa. O processo continua até que a história termine. No fim, os alunos desdobram as histórias e as lêem para a classe.

Por exemplo, se a lição for sobre os problemas de viver para Cristo em uma situação escolar e secular, a história de reação em cadeia poderia ser feita em torno de completar as seguintes frases:

- Joel se tornou crente, porque...
- O maior problema que ele enfrentará na vida cristã na escola será..., porque...
- Joel pode obter ajuda aos problemas da vida cristã, fazendo...
- Joel lhe pergunta qual é, na sua opinião, o segredo para uma vida cristã bem-sucedida, e você responde...

Notas

1 Stephen D. Jones, *Faith Shaping: Nurturing the Faith Journey of Youth* (Valley Forge: Judson Press, 1980).

2 Debby Boone, *Debby Boone* — So Far (Nashville, Tennessee: Thomas Nelson Publishers, 1981).

3 Luci Shaw, "Royalty", reimpresso de *Listen to the Green*, de Luci Shaw. Usado com a permissão de Harold Shaw Publishers, copyright de 1971 por Luci Shaw.

4 Ottone M. Riccio, *The Intimate Art of Writing Poetry* (Englewood Cliffs, Nova Jersey: Prentice-Hall Publishers, 1980).

5 Elizabeth Rooney, "Cream", do capítulo "Elizabeth Rooney", de Luci Shaw, in: *Bright Legacy*, editora Ann Spangler (Ann Arbor, Michigan: Servant Books, 1983), p. 102. Usado com a permissão da autora.

Rooney explica como se lhe ocorrem os poemas: "Meus poemas parecem vir como borboletas. Procuro prendê-las na rede e colocá-las no papel sem desmanchar muitos pedacinhos luminosos de cor de suas asas. Meu problema é saber como melhorá-las sem destruí-las. [...] Espero mesmo que elas me ofereçam mais amizades... e oportunidades de contar às pessoas sobre o Senhor a cujo amor todos nós respondemos" (p. 105).

[6] Helen Epstein, *Children of the Holocaust* (Nova York: Bantam Books, 1980), pp. 233, 234.

12

Celebrai com Júbilo

Muitos historiadores sentem-se razoavelmente à vontade em utilizar literatura, artes visuais e arquitetura para suplementar seu trabalho, mas em geral afastam-se assustados de usar música. Desta forma, uma dimensão importante de expressão humana e criatividade é ignorada.

— John W. Barker

Por amor às missões, pelo menos alguns cristãos são obrigados a aprender a linguagem musical da cultura jovem até que se torne seu meio expressivo natural. A geração mais jovem já está produzindo este tipo de arte como produto orgânico de sua experiência cristã. Hoje, ao mesmo tempo em que os músicos populares seculares estão se repetindo ou buscando a esmo novas maneiras de expressão que vão além do ponto culminante da última década, os músicos cristãos estão abrindo novas trilhas."[1] Este desafio parte de Richard F. Lovelace. A música desempenha uma parte em nossa experiência de adoração, e também deveria ser parte positiva em nosso processo de ensino.

Imagine esta situação. Seus alunos adultos entram e você está tocando a música do artista cristão Tom Howard, "We All Mean Very Well" (Todos Temos Boa Vontade).[2]

Todos temos boa vontade
Às vezes é difícil dizer
Queremos viver como irmãos
Amar e ajudar uns aos outros
Mas de vez em quando a visão se perde.

A igreja está a caminho de tomar decisão importante – construir ou não um novo santuário. As opiniões foram expressas muito enfaticamente. Como usar esta música para ajudar os adultos a lidarem com seus sentimentos? Eis algumas sugestões:

- Discuta o que vocês na função de igreja têm a aprender com esta música.
- Instrua os alunos a escreverem um segundo verso compartilhando o que aconteceria em sua igreja se vocês nunca passassem da frase "todos temos boa vontade".
- Incentive os alunos a escreverem uma visão para sua igreja usando o paralelismo sinonímico.
- Use mímica para mostrar simbolicamente o problema sugerido por esta música e a solução que os alunos imaginam.
- Estabeleça algumas situações de roleplay que lhes permitam praticar a viverem como irmãos e irmãs amorosos durante este tempo de tomada de decisão.

A música é uma linguagem. É aprendida. Muitos adultos e a maioria dos adolescentes de hoje a "falam" sem sotaque. Mas pode haver um problema. Mais de setenta por cento do ouvido humano se desenvolve entre o período de três a sete anos de idade. Os sons que os ouvidos ouvem nesses primeiros anos são os sons nativos que não serão apagados pelas experiências subseqüentes. Isto significa que alguns professores, particularmente em classes de jovens, não falam – ou entendem – a mesma língua musical que seus alunos.

Quando nós, adultos, usamos música como ferramenta de ensino, devemos estar cônscios de nossos preconceitos, e examiná-los cuidadosamente para que não desestimulemos em nossos alunos a possibilidade de desenvolverem seus talentos para uso de Deus.

Escreva uma Música

"Eu usaria mais música em grupo em parte do tempo de aula", disse um professor, "mas nunca acho músicas que sejam perfeitamente adequadas à lição." Jogue o problema para a classe e peça-lhes que proponham palavras originais a melodias conhecidas. Comece com uma melodia simples, ou uma música contemporânea, que todos na classe a conheçam.

Professores, particularmente em classes de jovens, não falam – ou entendem – a mesma língua musical que seus alunos.

Fale sobre o conteúdo que você quer pôr na música. Talvez a lição seja sobre aceitar pessoas que sejam diferentes de nós; talvez seja sobre desenvolver nossa criatividade individual, mas você não conhece nenhuma música que realmente se ajuste a essas metas.

A classe pode trabalhar junta para escrever a música ou trabalhar em grupos menores para produzir muitas estrofes. O processo é simples. Os alunos cantarolam a música baixinho uma linha por vez. Eles fazem Tempestade de Idéias de possíveis frases que se ajustariam à partitura musical. Depois escolheriam aquelas que melhor dizem o que a música comunica. Se os alunos realmente gostarem da música que criaram, eles podem aperfeiçoá-la e cantá-la para o restante da Escola Dominical ou para a congregação.

As seguintes palavras foram escritas para a melodia de "Fé de Nossos Pais" para louvar Deus por nossa criatividade:

Sou criativo
Não duvido
Já que sou Teu filho
E Tu me guias.
Eu te refletirei
Criador, eu sei,
Quando aprimoro habilidades
Que Tu queres que eu cresça.

Vejo novos padrões,
Cérebro direito e esquerdo:
Meus louvores fluem.

Tem razão, não é poeticamente excelente, mas refere-se ao assunto da lição. Os alunos podem usar a música que fizeram como o hino do mês e cantá-la todos os domingos. Se escreverem palavras inéditas para uma música por mês, no final do ano eles poderiam compilar as músicas e fazer um hinário de classe. (Atenção: se a classe usar música protegida por copyright e desejar reproduzir as canções, você deve obter a permissão por escrito da companhia que detém os direitos autorais).

Leitura Coral: Quando não Souber Cantar, Fale

"Mesmo hoje quando se anda por certos bairros ultra-religiosos de Jerusalém – fato que procura de muitas formas perpetuar a vida tradicional européia do oriente – ouve-se um coro de vozes recitando e estudando textos sacros", diz Barry Chazen, da Universidade Hebraica de Jerusalém. "Para alguns ouvidos, isso é barulho; para outros, é a sinfonia de uma comunidade."[3]

> **No coro declamado, as pessoas [...] têm a maioria das opções que um coro cantado tem.**

A leitura de coral é para qualquer um, cantor ou não, veículo maravilhoso para compartilhar louvores uns com os outros na qualidade de classe, e, com a congregação inteira, como parte do culto de adoração coletiva. No coro declamado, as pessoas falam em vez de cantarem. Elas têm a maioria das opções que um coro cantado tem. Pode haver duetos, solos, coral misto. Cada um dos aspectos de um coro que canta, conforme esboçado por Connie Fortunato em Music Is For Children (Música é para Crianças), é verdade acerca do coro que declama:

A música também é uma linguagem. Ela é capaz de comunicar substância bem como sentimento, atmosfera e emoção. E a música é composta de muitas partes complicadas. [...] Sempre há um tom ou melodia. [...]

A harmonia fornece a estrutura de apoio para a melodia. Dá a dimensão de profundidade. E o ritmo é a pulsação, ocorrendo periodicamente com tal precisão que antes que você se dê conta está batendo o pé ou estalando os dedos no compasso da música.

O timbre é a personalidade do som. Ele distingue o som de uma trombeta do som de um violino ou piano. Por fim, há o tom. Embora envolva as vibrações de som por segundo, todos reconhecemos o tom ruim quando ouvimos uma nota desafinada.

A coisa surpreendente sobre música é que não é preciso o entendimento intelectual de cada uma destas partes – ou qualquer uma delas – para desfrutá-la.[4]

Leitura Coral Bíblica

Oriente seus alunos a escreverem e apresentarem uma leitura de coral original desenvolvida a partir das Escrituras. Primeiramente, escolha uma passagem que trata do tópico da lição. Em geral, limite as leituras completadas em classe a apenas alguns versos. Você vai precisar de um quadro-negro ou folha grande de papel e um aluno para escrever o que o grupo sugerir.

Certifique-se de que cada aluno tenha uma cópia da passagem. Peça a cada um que leia três vezes em silêncio. Na primeira leitura, o aluno deve tentar obter o conteúdo geral. Na segunda leitura, deve decidir que linhas são mais importantes. Se possível, o aluno deve achar a frase chave. Na leitura final, o aluno procura sentir a emoção que o escritor deve ter sentido – por exemplo, se tristeza, alegria, coragem, medo.

Agora os alunos estão prontos para estudar a passagem. Você pode usar qualquer método de estudo da Bíblia. Muitas pessoas que participam em leituras coral, e, sobretudo, em leituras coral bíblicas, pulam esta etapa. Não é necessária para a apresentação. É possível fazer uma leitura coral maravilhosa baseada no Salmo 98 sem jamais estudar o conteúdo. Mas a meta em usá-la em classe é dupla:

- Primeiramente, você quer que os alunos estudem a Palavra de Deus por conta própria.
- Em segundo lugar, você quer dar aos alunos um veículo para compartilhar o que eles aprenderam com os outros.

Nenhuma destas metas pode ser atingida honestamente se os alunos não ficarem pessoalmente envolvidos na passagem.

Considere o Salmo 98, a inspiração para o hino "Alegria para os Povos" e declaração veemente sobre a relação entre a música e a adoração. Este salmo pode nos convencer que, se não estamos usando música em nosso programa de educação cristã, estamos ignorando um veículo de adoração que Deus nos deu. Ao longo da Bíblia, há uma relação entre a música e a oração e louvor. Israel era uma nação de músicos. Poucos banquetes em família eram feitos sem música. Fazia parte de toda cerimônia, de todo rito. Deus era louvado com harpa, com trombetas e com o chifre de som áspero e forte. Não sabemos muito sobre o som exato da música judaica, mas sabemos que a voz, normalmente em uníssono, era importante. A música não era escrita, assim podemos presumir que havia espaço para improvisações.

Usando o Salmo 98, o professor começaria a orientar o desenvolvimento de uma leitura de coral fazendo perguntas como estas:

- Que instrumentos musicais melhor expressam seu louvor de quem é nosso Senhor?
- Imagine que você está ouvindo o tipo de música descrito no salmo. Use uma comparação para dizer que sentimentos o salmo desperta em você. "O salmo me faz sentir..."
- Alguém lhe pergunta: "Qual é o lugar da música no culto" Use o Salmo 98 para responder.

Depois de os alunos terem lido e discutido os achados superficiais sobre o salmo, leve-os a participar de um estudo bíblico indutivo simples. Eles devem registrar todas as coisas que sabem do Senhor com base nesta passagem. Devem não apenas procurar coisas que sejam óbvias ("O Senhor é justo"), mas também coisas que sejam depreendidas pela passagem.

Os alunos devem restringir-se a esta passagem. Não faz parte deste método de estudo da Bíblia por exemplo, examinar a nomeação dos levitas, feita por Davi, para que ministrassem com harpas e liras, címbalos e trombetas (1Cr 16.4-6). Esta circunscrição levará os alunos a uma investigação mais profunda.

A maior parte do tempo gasto no estudo indutivo deve ser usada procurando os atributos de Deus. Entretanto, próximo do fim do tempo de estudo, os alunos devem propor títulos originais para o salmo que diferenciem esta passagem de todas as outras na Escritura. Finalmente, os alunos devem passar alguns minutos falando o que a passagem significa para eles hoje em dia.

Somente depois de os alunos estudarem a passagem, é tempo de começar a trabalhar na leitura coral. Explique que na leitura bíblica coral, os alunos não podem mudar as palavras da Escritura, mas podem variar a ordem das palavras e repetir frases para dar ênfase. Dê aos alunos oportunidade para decidirem que frases-chave, se houver, eles usarão e com que frase da Escritura eles começarão. Por exemplo, "Celebrai com Júbilo" pode ser excelente frase-chave com que começar e repetir várias vezes ao longo da leitura, embora apareça só uma vez no salmo que os alunos estão compondo o texto para leitura.

Agora o copista está pronto para começar. À medida que os integrantes da classe forem sugerindo como as frases devem ser organizadas na leitura, o copista registra as sugestões no quadro-negro. Ele deve deixar um espaço em branco à margem esquerda e espaço duplo entre cada seção do texto.

(Se o tempo for curto, escreva de antemão uma leitura de coral para os alunos ou eleja um comitê para fazê-lo. Depois faça uma cópia da leitura para cada aluno. Como no quadro-negro, use espaço duplo e deixe amplas margens à esquerda. Mesmo que toda a classe não seja envolvida em escrever o texto, leve-os a ler a passagem três vezes e estudá-la como previamente explicado).

Depois que o corpo estiver escrito, os alunos estão prontos para desempenhar os papéis. Explique-lhes que as combinações vocais usadas em grupos que cantam também são possíveis na leitura coral. Eles devem deixar que o texto os ajude a decidir que combinações são melhores. Se a leitura é sobre a majestade de Deus, grupos grandes, vozes fortes de homens, ou vozes deliberada de mulheres, podem ser enfatizadas. Se a passagem é sobre tristeza, vozes em solo ou dueto captam melhor a disposição de espírito.

Finalmente, os alunos devem realçar as palavras que desejam falar dando ênfase especial. Devem marcar o volume e, quando necessário, a expressão que sentem que transmite efetivamente a mensagem.

Se a classe fizesse uma leitura de coral baseada em João 3.16,17, poderia escolher "amou de tal maneira" como a frase-chave e compor um texto como este:

João 3.16,17

Solo Feminino	(suavemente): Amou de tal maneira.
Dueto Feminino	(ganhando força): Amou de tal maneira.
Todos:	Porque Deus amou o mundo de tal maneira que deu o seu Filho unigênito.
Solo Masculino:	Para que todo aquele que nele crê não pereça, mas tenha a vida eterna.
Solo Masculino:	Amou de tal maneira?
Solo Feminino:	Vida eterna?
Solo Masculino	(enfaticamente): Amou de tal maneira.
Solo Feminino	(enfaticamente): Vida eterna.
Solo Masculino	(com alegria): Amou de tal maneira.
Masculino e Feminino	(com alegria): Amou de tal maneira! Vida eterna!
Todos:	Porque Deus enviou o seu Filho ao mundo não para que condenasse o mundo,
Dueto	(com alegria): Mas para que o mundo fosse salvo por ele.
Todos	(alto): Porque Deus amou de tal maneira.

TODOS OS HOMENS	(ligeiramente mais suave): Amou de tal maneira o mundo.
DUETO FEMININO	(gradualmente mais suave): Amou de tal maneira.
DUETO FEMININO	(sussurrando): Amou te tal maneira.

REVISÃO

Antes de fazer uma leitura coral com a classe, passe por cada etapa do processo sozinho:

1) *Estude o texto bíblico.* Use o Salmo 98.

2) *Considere como escrever o texto básico da leitura coral.* Ou, se esta é sua primeira vez, use o texto fornecido aqui.

3) *Marque os trechos aos quais quer dar ênfase.* Designe as partes da forma que você acha que comunicaria a mensagem com eficiência.

4) *Pratique com os alunos.* Faça ajustes.

5) *Apresente a leitura coral a um grupo fora do ambiente de sala de aula.* Avalie a reação do grupo ao ouvir a passagem bíblica desta forma.

Usando estas etapas, agora trabalhe o Salmo 98 (escreva no traçado o nome das pessoas).

SALMO 98

________________	Cantai ao Senhor um cântico novo, Porque ele fez maravilhas; A sua destra e o seu braço santo Lhe alcançaram a vitória.
________________	O Senhor fez notória a sua salvação; Manifestou a sua justiça Perante os olhos das nações.

________________	Lembrou-se da sua benignidade e da sua verdade
________________	Para com a casa de Israel;
________________	Todas as extremidades da terra viram a salvação do nosso Deus.
________________	Celebrai com júbilo ao Senhor, todos os moradores da terra;
________________	Dai brados de alegria,
________________	Regozijai-vos
________________	E cantai louvores.
________________	Cantai louvores ao Senhor com a harpa; Com a harpa e a voz do canto.
________________	Com trombetas e som de buzinas, Exultai perante a face do Senhor, do Rei.
________________	Brame o mar e a sua plenitude; O mundo e os que nele habitam.
________________	Os rios batam palmas;
________________	Regozijem-se também as montanhas,
________________	Perante a face do Senhor,
________________	Porque vem a julgar a terra; Com justiça julgará o mundo E o povo, com eqüidade.
________________	Cantai ao Senhor um cântico novo,

_______________ Celebrai com júbilo ao Senhor.

_______________ Celebrai com júbilo

_______________ Ao Senhor.

Use música com a leitura coral se desejar. Considere uma das seguintes idéias ou a combinação delas:

- Peça a um músico de sua classe para tocar uma canção que se ajuste ao tema do que está sendo falado.
- Oriente os alunos para que encontrem música gravada que possa ser tocada como música de fundo apropriada para as palavras faladas.
- Sugira que os alunos escrevam um coro que seria cantado várias vezes durante a leitura para coral. O coro deve ser apenas um texto bíblico. Este é modo excelente de memorizar passagens bíblicas.

Falamos e cantamos salmos em boa companhia. Os peregrinos oferecem um modelo do passado quando partiam para o novo mundo. Este é o relato comovente de Edward Winslow da partida dos peregrinos para tomar o novo mundo:

> Os que ficaram em Leyden nos festejaram dizendo que devíamos ir à casa de nosso pastor; [...] onde nos consolamos, depois de lágrimas, com o cântico de Salmos, fazendo melodias jubilosas em nossos corações como também com a voz, havendo ali muitos de nossa congregação que eram extremamente peritos em música; e foi na verdade a mais doce melodia que meus ouvidos já ouviram.[5]

Notas

[1] Richard F. Lovelace, "The Evangelical Muse", in: *Dynamics of Spiritual Life: An Evangelical Theology of Renewal* (Downers Grove, Illinóis: InterVarsity Press, 1979).

[2] Tom Howard, "We All Mean Very Well". Usado com permissão; copyright de Joyful Road Music.

[3] Barry Chazen, "Holy Community and Values Education", in: *Moral Development Foundations*, editor Donald M. Joy (Nashville: Abingdon Press, 1983), p. 80.

[4] Connie Fortunate, *Music Is for Children* (Colorado Springs, Colorado: David C. Cook Publishing Company, 1978), pp. 11, 12.
Connie Fortunate, Music Is for Children (Colorado Springs, Colorado: David C. Cook Publishing Company, 1978), pp. 11, 12.

[5] Edward Winslow, *Hypocrisie Unmasked* (1646), citado por Margaret P. Hannay em "'Psalms Done Into Metre': The Common Psalms of John Milton and of the Bay Colony", in: *Christianity & Literature*, Primavera de 1983, p. 20.

13

Arte: Quais São as Cores de Deus?

Nossos pais eram propensos a rir bastante e a examinar tudo em busca das impressões digitais de Deus.

— John Updike

"Odeio estudos bíblicos!" Meu marido, Jack, fechou o notebook com uma pancada e não se importou em pegar a caneta que rolou na mesa. "É bom para pessoas como você, que gosta de livros e palavras, todavia meu processo de pensamento é diferente. Eu poderia lhe dizer quais são as cores de Deus, mas ninguém jamais me perguntou."

Quais são as cores de Deus? Apanhei a caneta e pensei: "Fico imaginando qual seria a resposta. Acho que aprendo algo sobre Deus fazendo essa pergunta a Jack". Jack é artista e se comunica por meio de cores, texturas e formas. Ele não gosta de escrever respostas a perguntas bíblicas em linhas brancas ao longo de páginas vazias. No entanto, se houvesse essa coisa de estudo de cores da Bíblia...

Deus é criativo. Ele faz diversos desenhos no céu todos os dias. Seus flocos de neve são uma extravagância de desígnio. Ele se divertiu colocando bossas e listras em animais. E você já notou quantos tipos diferentes de nariz Ele põe nas pessoas? Por que não pensar em criatividade? Nossas mentes são distintas, e há pessoas que se beneficiam ao estudar a Palavra de Deus de diferentes modos – em cor, forma e padrão.

Este capítulo sugere algumas maneiras de você usar cor e forma no ensino. Os professores precisam dar aos outros a oportunidade de mostrar as cores de Deus. Pelo fato de sermos professores, a maioria de nós é muito verbal e tem a tendência de escolher métodos para as nossas classes com os quais nos sintamos à vontade. Métodos verbais parecem mais certos. Talvez nossas escolhas estejam falando aos alunos de nossas classes: "Vocês não pensam da mesma maneira que eu; vocês estão errados – ou pelo menos não tão certos assim". Nós limitamos a nós mesmos e a nossos alunos quando usamos somente recursos conhecidos e seguros para ensinar.

"Olhe, Jack" (posso imaginar o sorriso de Deus), "pegue minhas cores e compartilhe-as. Eu me diverti fazendo você."

Um Estudo sobre Cores para Professores

Um bom modo de se expor às cores é participar do seguinte estudo bíblico de cores. Este estudo foi projetado para os professores de adultos. Claro que nesta análise há idéias que você pode usar com seus alunos um dia desses, mas por ora, você precisará da Bíblia, de creiom e de sete folhas de papel em branco.

Orientações:

1) Leia três vezes Atos 4.32-37 e 5.1-6.

2) Depois desenhe as respostas para as setes perguntas feitas a seguir — uma resposta em cada uma das sete folhas.

A escolha de cores e padrões ou desenhos que você rabiscar, deve trabalhar em conjunto para expressar disposições de espírito, emoções e atitudes.

a. Leia Atos 4.32. Escolha uma cor e use uma reta contínua para expressar como você acha que os cristãos primitivos se sentiam sobre a situação em que viviam.

b. Leia Atos 4.33. Escolha uma cor e use quatro retas para expressar como você acha que as pessoas se sentiam quando ouviam pela primeira vez a mensagem de salvação.

c. Leia Atos 4.34-37. Escolha uma cor e, usando qualquer padrão, expresse como você acha que os cristãos de hoje se sentem acerca de dar ofertas para a igreja.

d. Leia Atos 5.1-6. Escolha uma cor e use uma reta para descrever a personalidade de Ananias.

e. Decida qual foi o pecado de Ananias. Escolha uma cor e um desenho que descrevam como os cristãos deveriam se sentir a respeito desse pecado.

f. Escolha uma cor que descreva como você acha que os cristãos se sentiam quando Deus matou Ananias. Expresse esse sentimento em círculos.

g. Leia Atos 5.7-11. Escolha uma cor e um desenho simbólico que mostrem a maneira correta em que devemos dar ofertas a Deus.

Agora vem a parte difícil. Fale com outra pessoa verbal o que você fez. Explique seu pensamento.Verbalize o que você sentia quando estava trabalhando neste projeto. Pense em seus alunos. Quais alunos você acha que se beneficiariam desta atividade?

Usando a "Verdadeira" Arte

A maioria de nós não usa arte suficientemente genuína no ensino. Nas faixas etárias mais jovens, os professores mostram figuras do que se parece uma ovelha e como o tabernáculo era coberto. Entretanto, quando os alunos ficam mais velhos, usamos cada vez menos visualizações como parte do plano de ensino. Alguns cartazes podem estar pontilhando as paredes para criar um ambiente. Mas na maioria das vezes, reproduções de arte excepcional e reflexões mais novas de nossa cultura desempenham papéis insignificantes. Nós nos esquecemos do quanto Alice estava certa, na famosa história infantil de Lewis Carroll, quando disse: "E pra que serve um livro sem figuras?"

Karen Mains relata uma experiência que desenvolveu sua "visão artística":

> Sempre que sinto a necessidade de fugir, fujo para o museu de arte. Sou uma dessas pessoas estranhas que não tem de ser pressionada,

ameaçada ou bajulada para passar tempo em armazéns do mundo de grandes pinturas. Suponho que é porque fiz a descoberta surpreendente de que estas obras de arte supostamente inanimadas têm vida própria. Eu só tinha de ficar olhando por tempo suficiente para ver. Algumas peças se tornaram tão reais, que na verdade pareciam respirar.

Lembro-me do dia em que fugi para o Instituto de Arte de Chicago. Havia uma exibição especial sobre as obras de Georges Braque, artista francês. Com Pablo Picasso, no início do século XX, ele desenvolveu um novo estilo de pintura chamado cubismo. Não sou particularmente inclinada a estas dissecações geométricas, mas encontrava-me determinada a ver se, debaixo do meu escrutínio, essas obras também respirariam.

A vida numa pintura não pode ser detectada até que se procure por no mínimo quinze minutos. Por isso, joguei-me num banco e dediquei meia hora para ficar olhando o primeiro quadro que capturou minha fantasia. À primeira vista, parecia um quarto que ficara violentamente em desordem em conseqüência de um furacão.

Mas efetivamente, depois de um tempo, eu entrara no ser daquele quadro. Havia ordem entre os ângulos aparentemente discrepantes, cubos amontoados e retângulos quebrados. A desorientação, de repente, entrou em foco e o quadro passou a respirar.

Cativado por esta metamorfose, fixei minha atenção ainda mais e desejei: "Puxa, se houvesse um guia que me ensinasse mais acerca do que estas pinturas significam!"

Como se tivesse recebido ordem, outro grupo entrou desajeitadamente na sala e parou em frente de uma pintura. "Nesta peça, Braque estava tentando...", ribombou uma voz. Eram alunos guiados por um professor. "Observe a relação das formas umas com as outras dentro do quadro", continuou ele. Os jovens bocejaram. Apertaram casacos de inverno. Moveram-se desarranjadamente. Almejaram o almoço na lanchonete.

Era a resposta ao meu desejo. Levantei-me, e furtivamente me enfiei em silêncio à extremidade do grupo distraído, e gesticulei uma pergunta: "Posso me unir a vocês?" O professor sorriu e meneou a cabeça afirmativamente. Prosseguimos pelo lado comprido da sala e depois fizemos a volta.

Por fim, chegamos ao quadro que tinha há pouco capturado minha atenção por longo tempo. "O que vocês acham que o pintor estava querendo dizer nesta pintura?”, inquiriu o professor. Não houve resposta. “Bem”, persistiu ele, “vamos em partes. Alguém tem um palpite do que seja este objeto no canto? E o que é isto no fundo?” Não houve resposta de novo.

Minha compaixão foi desafiada. Senti-me confiante. Afinal de contas, eu tinha olhado aquela pintura. Realmente olhado. “No canto da tela, é uma ferramenta obsoleta para encher carretel de fio. O objeto no fundo, o qual parece distorcido através de uma janela, é um campanário de igreja.” O enrolador de carretel entrara em foco aos aproximados vinte minutos de meu exame particular. A sala, em quinze minutos. A janela e o campanário, em trinta.

Em poucos instantes a excursão terminou. Os alunos relutantes foram dispensados e logo se dispersaram. O professor virou-se para mim, aliviado. “Você teria tempo”, perguntou ele bastante timidamente, “para eu levá-la a uma excursão de Braque?” Todos os professores prezam audiências que apreciam.

Claro que respondi afirmativamente. Então, começamos pelo começo, e quando terminamos, eu conhecia o trabalho de Georges Braque como também sua vida secreta de um modo que nunca teria sonhado possível. Não só respirava. Eu começara a cantar.[1]

Entre as ferramentas que Deus usa para dar vida a nosso ensino está a arte. Temos de ser cuidadosos para não limitar a nós mesmos e a nossos alunos à arte que não requer reflexão ou esforço para entender.

Há uma antiga parábola sobre a turista que visitava uma galeria de arte britânica. Ela passou em frente de uma pintura famosa e parou por um momento. Depois virou-se ao curador que estava perto. “Por que tanto estardalhaço com esta pintura? Não me parece tão maravilhosa assim.” “Madame”, disse o curador friamente, “não é a pintura que está sendo julgada.”[2]

“Entre as ferramentas que Deus usa para dar vida a nosso ensino está a arte.”

Nós, professores verbais, não vamos de um extremo a outro, ou seja: de “Não há galeria de arte em que eu não me sinta aborrecido” para “Só os mestres e nem uma pincelada a menos". Mas talvez esta posição valha a pena ser mencionada. Preste atenção à lição que o pretensioso de arte em potencial aprende neste fragmento de The Manticore (O Manticore), de Robertson Davies:

> Havia um quadro na parede, um troço completamente horroroso em cores vívidas, de um escoteiro parecendo a própria imagem da virtude juvenil, e atrás dele a figura de Cristo com a mão no ombro do escoteiro. Encontrava-me fazendo pilhérias para o prazer dos outros meninos, quando me dei conta de que o padre Knopwood estava há pouca distância atrás de mim, ouvindo com atenção.
>
> "Você não gosta muito disto, não é, Davey?"
>
> "Padre, como alguém vai gostar disto? Quero dizer, olhe o modo como foi pintado e as cores sem vida. E a sentimentalidade!"
>
> "Fale sobre a sentimentalidade."
>
> "É óbvia. Quero dizer, nosso Senhor com a mão no ombro do menino e tudo mais."
>
> "Acho que não vi algo que você viu. Por que é sentimental a sugestão de Cristo estar perto de alguém, quer seja menino, quer seja menina; ou um velho, ou quem quer que seja?"
>
> "Não é isso que é sentimental, claro. Mas o modo como foi feito. Quero dizer, o conceito é tão imaturo."
>
> "Um conceito tem de ser sofisticado para ser bom?"
>
> "Não tem?"
>
> "O artefato sempre deve ser superior? Se algo deve ser dito, sempre deve ser dito com eloqüência e elegância?"
>
> "É o que nos ensinam no Clube das Artes. Se não está bem feito, não é bom, não é?"
>
> "Não sei. Nunca pude me decidir. Muitos artistas modernos são impacientes com a habilidade técnica. É um dos grandes quebra-cabeças..."
>
> "O verdadeiro artista nunca faz algo infundadamente ou apenas para ser enigmático", diria ele, "e se não o entendemos agora, entenderemos depois."
>
> Não foi o que o Sr. Pugliesi dizia no Clube das Artes na escola. Tínhamos muitos clubes, e o Clube das Artes possuía preferivelmente uma característica distintiva como atração a meninos mais

> intelectuais; você era eleito para isto, você não apenas se unia. O Sr. Pugliesi sempre nos advertia a não procurar mensagens e significados, mas a prestar atenção à coisa primária — o quadro como objeto —, muitos centímetros quadrados de tela pintada. Mensagens e significados eram o que padre Knopwood buscava, assim tive de equilibrar minhas idéias bem cuidadosamente. Foi por isso que me repreendeu severamente por ter rido do quadro do escoteiro. Ele concordava que era um quadro horroroso, no entanto, achava que o significado o redimia. Milhares de meninos o entenderiam — meninos que nunca notariam a diferença se colocássemos uma reprodução de Rafael no lugar do quadro do escoteiro.[3]

O quanto perdemos por não treinar a nós e nossos alunos a olhar o que está sendo dito na tela acerca de nossa sociedade. Não é nossa responsabilidade identificar seus clamores interiores e aprender a responder esses clamores com o Evangelho? A arte de hoje é uma "arte de angústia e culpa, de isolamento e vacuidade, de dúvida e danação. A arte contemporânea redescobriu o irracional – nas profundezas do diabólico! Contudo, nossa arte, como a arte de nenhuma outra geração, tem o significado de liberdade, de coragem, de interioridade e honestidade".[4]

Olhe o que está sendo dito na tela acerca de nossa sociedade.

Precisamos responder a nossa geração, não só com palavras, mas também com nossa participação. Precisamos incentivar jovens e adultos que são artisticamente talentosos a aumentar as habilidades, a ser cristãos que sejam artistas. Certo artista, que foi criado numa igreja grande, onde o pai era um dos pastores, expressou sua frustração relacionada à infância e juventude: "Todos sabiam que eu gostava de cores; eu sabia desenhar. Assim, pediram-me que fizesse cartazes para as reuniões especiais. Mas em nenhuma parte da comunidade da igreja fui desafiado a me aprimorar como artista. A arte nunca era parte do processo de ensino durante os doze anos em que fui forçado a ir à Escola Dominical — nem uma vez sequer. Lembro-me de esperar todos os meses pela chegada de Seleções como não esperava por nenhuma das revistas cristãs que recebíamos. Eu gostava da quarta capa. Para meu olho não adestrado, tratava-se de excelente arte e, mês após mês, reafirmava meu compromisso de aprender a fazer quadros como aqueles".

Grand Reynard escreveu:

> Os cristãos farão bem em passar mais tempo elevando seu nível de apreciação. A arte, quer a dos grandes mestres ou os esforços mais humildes de talentos menores, pertence às coisas que Deus nos deu para desfrutar. E em sua integridade mais real ela existe para a glória de Deus. Precisamos de arquitetura que adequadamente abrigue lugares de culto, música que dignamente louve a Deus Pai e leve os homens para mais perto de Deus Filho, quadros nas paredes de nossas casas que, ainda que não necessariamente religiosos, sejam exemplos de boa arte. Precisamos de artistas cristãos de talento consagrado, que estendam seus horizontes em humildade e devoção para o verdadeiro louvor ao Doador de talentos, que é mais bem honrado pelo uso fiel de seus bons presentes.[5]

Onde Encontrar Arte para Usar em Sala de Aula

1) Esteja atento a desenhos, fotografias, ilustrações, etc., que façam parte do material de ensino.

A arte apresentada em cartazes é, em geral, de excelente qualidade. Quase sempre há instruções para usar o cartaz como parte do plano de ensino. Às vezes, grandes obras religiosas são reproduzidas. Ocasionalmente, obras contemporâneas de arte secular são reproduzidas com uma legenda de cartaz. "Certo Natal", um quadro a óleo de bolinhas de Natal, multicolorido, intitulado "Epílogo", de Joyce Stillman-Myers, foi impresso com uma legenda: "O seu Cristo é só um ornamento?" A legenda foi usada em sala de aula, mas permaneceu à parte da reprodução, de forma que o quadro poderia ter sido tirado da moldura.

2) Muitas bibliotecas têm serviço de empréstimos.

Reproduções podem ser emprestadas gratuitamente por um período de três semanas. Escolha pinturas que ilustrem o tema da unidade. Ou, peça que vários integrantes da classe escolham pinturas para serem fixadas nas paredes da sala de aula. De tempo em tempo haveria uma mudança; os alunos falariam das razões de suas escolhas.[6]

3) Há museus que têm cartões postais das pinturas mais populares do seu acervo.

Faça um arquivo do que pode ser usado quando os quadros complementarem a meta da lição.

4) Verifique a banca de promoções em livrarias.

É muito freqüente livros de arte terem os preços reduzidos depois de ficarem na estante por um ano ou dois. Por menos da metade do preço original, eles se tornam bons investimentos como recurso de ensino. Monte as ilustrações em papelão para assegurar que durem mais.

5) Assine revistas de arte direcionadas a professores de arte.

Você obterá idéias para projetos em sala de aula e reproduções excelentes.

Como Usar Arte em Sala de Aula — Uma Ilustração

Olhe os cartazes mostrados mais adiante. Como usar a arte em uma situação de ensino? Pense em duas ou três idéias antes de ler as idéias apresentadas a seguir.[7]

1) A discussão dos três blocos é lugar óbvio para começar.

Perguntas como estas farão os alunos ficarem envolvidos:

- O que poderiam significar os símbolos nestes blocos? (Na verdade, o artista queria que isto fosse uma representação da redenção. No primeiro bloco é o mundo como Deus o fez. No segundo, o mundo e Deus estão separados pelo pecado. No terceiro, a perfeição de Deus toma forma diferente quando Cristo quebra a barreira do pecado. Se os alunos não derem aos blocos estes significados, não fique aborrecido. Em desenhos simbólicos há lugar para muitas interpretações — nenhuma melhor ou de menor importância que as outras.)
- Não há desenho que descreva totalmente a história da redenção. Que partes estão faltando para você?
- Certo gerente cristão de um grande restaurante de Chicago pediu que o artista pulverizasse de tinta estes blocos para serem colocados no escritório. Por que você acha que ele fez isto? O que você acha que as pessoas do mundo dos negócios veriam nestes quadrados? (Roman Vishniac, autor de A Vanished World [Um Mundo Desaparecido], um registro fotográfico dos judeus europeus orientais cinqüenta anos atrás, fala da importância da pessoa que vê a obra de arte: "Quando você está mostrando imagens, a imagem mostrada não é tão importante quanto a reação da pessoa a ela. Composições abstratas não movem os seres humanos. As pessoas não pensam no abstrato. O quadro tem de evocar algo na mente humana".)[8]

2) Esta última pergunta pode levar a um roleplay.

Faça um roleplay do que você acha que poderia acontecer se alguém perguntasse a um crente que acabou de ver estes blocos: "Diga, o que significam essas coisas?"

3) Os alunos escrevem no segundo desenho as iniciais da pessoa por quem estão orando.

Quando essa pessoa viesse a conhecer a Cristo como Salvador, os alunos riscariam as iniciais e as escreveriam no pequeno círculo do terceiro desenho.

4) Os alunos fazem uma mímica que representa a mesma mensagem dos blocos.
Como eles mostrariam a separação de Deus?

5) Os alunos participam de um estudo bíblico para aprender exatamente o que Deus diz sobre cada uma das condições representadas nos cartazes.
Eles começariam com o estudo da semana sobre o mundo como Deus pretendia que fosse. Na segunda semana, estudariam os efeitos do pecado, a separação de Deus. A semana final poderia ser um estudo sobre a salvação e o meio que Deus escolheu para interagir com nosso mundo.

6) Os alunos fazem os próprios cartazes simbólicos ou até bandeiras grandes.
O trabalho dos alunos diria a mesma coisa que os quadradinhos, mas eles usariam símbolos diferentes. Bandeiras seriam penduradas no santuário. Os cartazes seriam reduzidos e usados como ilustrações de bloco sobre cartões de Natal ou de Páscoa.

7) Os blocos estimulam os alunos a escrever.
Enquanto os alunos olham as formas, eles escrevem experiências pessoais com a abertura que Cristo fez na barreira do pecado deles. Este projeto de escrita seria ampliado em muitas formas. Por exemplo, os alunos escolheriam uma palavra que representasse em que ponto eles estão na jornada da fé, e construiriam em torno disso um acróstico de louvor agradecendo a Jesus pela liberdade espiritual.

Vá em frente! Borrife!

Os artistas nos dão novos olhos. Podemos pensar, como pessoas verbais, que lemos o livro inteiro; mas os artistas nos mostram novas páginas inteiras, cheias de notas de rodapé, que proclamam o quanto perderemos sem elas. Como professores, pode ser que não nos sintamos competentes para lidar com cores e formas, e assim pulamos essas páginas, ou pior ainda, as cortamos e as jogamos fora, por considerá-las inúteis. Nossos alunos chegam à conclusão de que essas páginas, essas maneiras coloridas de proclamar nossa mensagem, não existem.

Betty Edwards, em seu proveitoso livro Drawing on the Right Side of the Brain: A Course in Enhancing Creativity and Artistic Confidence (Puxando o Lado Direito do Cérebro: Um Curso para Aumentar a Criatividade e a Confiança Artística), afirma que a maioria de nós somos pessoas que usam o lado esquerdo do cérebro. Com isso, ela quer dizer que cultivamos a função lingüística e as capacidades relacionadas à língua, nosso intelecto, nossas habilidades objetivas e analíticas. No processo, não estamos tão preocupados com sentimentos, intuição e insights subjetivos. Como diz Edwards: "Metade de um cérebro é melhor que nenhum, mas um cérebro inteiro seria melhor".[9] Pesquisa e debate sobre os hemisférios especializados do cérebro prosseguem,[10] mas no processo, eles chamaram a atenção para as partes — artísticas e imaginativas — que ficam em grande parte sem serem ensinadas. Você já fez um curso sobre visualização, criatividade, intuição ou inventividade?

Nossa falta de treinamento nestas áreas afeta nosso desenvolvimento artístico. Edwards afirma que a maioria dos adultos do mundo ocidental não processa além do nível artístico do desenvolvimento que alcançaram com nove ou dez anos de idade. Os anos de transição à adolescência assinalam o aumento da necessidade de aprovação dos colegas. Os mais jovens estão preocupados com a maneira que os outros os percebem. Agora eles entendem a distância entre o seu nível de habilidade e o seu desejo de primazia, uma primazia que ganhará essa aprovação. Eles deixam de tentar. Então, enquanto crianças desenham como crianças, assim faz a maioria dos adultos. Deixamos de aspirar a níveis artísticos mais elevados, e para a maioria de nós, os ambientes cristãos em casa e na igreja não desafiam essa perda.

O que você presumiria sobre a família desta artista, Tricia Merrill? Ela fez este desenho aos cinco anos de idade. Muitas crianças fazem desenhos extremamente individualizados até que fiquem preocupados com a aprovação dos colegas. A partir daí, tentam fazer desenhos parecidos com todos os outros. O professor de Escola Dominical para crianças pode identificar talento. O professor de Escola Dominical para jovens e adultos pode dar oportunidades aos alunos para que usem talento e obtenham a afirmação e respeito daqueles com quem eles se preocupam.

José dizendo a Maria: "É hora de irmos a Belém".

Quando ousamos usar cores e materiais artísticos em sala de aula, certamente não estaremos treinando artisticamente os alunos. Não há tempo durante a sessão da Escola Dominical, nem a maioria dos professores de Escola Dominical é mentor qualificado para a primazia artística. O que estamos fazendo é permitir que os alunos verdadeiramente artísticos brilhem, façam contribuições maravilhosas do "lado direito do cérebro" para seus colegas que usam o "lado esquerdo do cérebro". À medida que essas pessoas artísticas ganham afirmação, elas podem se propor a continuar crescendo e servindo a Deus com os talentos mostrados. E os outros alunos podem se divertir, expressando-se de modo que nunca tinham imaginado.

"À medida que essas pessoas artísticas ganham afirmação, elas podem [...] continuar crescendo e servindo a Deus com os talentos mostrados."

No pós-escrito de Puxando o Lado Direito do Cérebro, Betty Edwards cita o pesquisador David Galin. Este designou três tarefas aos professores, e nós, como educadores cristãos, podemos ampliá-las para uso em nossas situações de sala de aula:

> Os professores têm três tarefas principais: primeiro, treinar [...] não somente o verbal, simbólico e lógico [...] que sempre foi treinado na educação tradicional, mas também o espacial, relacional e holístico, [...] que é grandemente abandonado nas escolas de hoje; segundo, treinar os alunos a usar o estilo cognitivo adequado à tarefa à mão; e terceiro, treinar os alunos a pôr em ação ambos os estilos [...] para tratar um problema de maneira integrada.[11]

O Projeto de Arte

Em um canto da sala de aula, vários alunos estudavam um atlas bíblico. Outros grupos faziam listas de materiais, desenhavam diagramas, resolviam quem na congregação seriam as pessoas que tratariam dos recursos. Todos estavam se preparando para construir um modelo da cidade de Jerusalém nos dias de Cristo. Apenas uma semana antes, a classe era quieta, comportada, desinteressada, não-envolvida com a lição ou uns com os outros.

A professora Root estava determinada a unir a classe e fazer com que todos se empolgassem com a Bíblia como um livro vivo. A Páscoa estava a poucas semanas quando teve uma idéia. Ela estava ensinando sobre a vida de Cristo. Por que não fazer os alunos reconstruírem a cidade de Jerusalém, o Calvário e o túmulo do jardim como parte do estudo da Bíblia, e depois mostrar o que eles fizeram para a igreja na manhã da Páscoa? Entretanto, ela sabia que para que fosse um projeto que valesse a pena, a construção da cidade teria de ser mais que uma atividade empolgante. Qual era o verdadeiro valor do projeto de arte?

Um projeto bem-sucedido tem de se misturar com a meta da lição e ser parte do processo permanente de ensino. Para ajudar a avaliar a idéia, Root fez uma lista de benefícios que os alunos receberiam ao fazer a cidade:

- Ficar envolvidos em estudo bíblico indutivo.
- Trabalhar juntos em grupos e como classe.
- Aprender a usar material de referência.
- Relembrar o que aconteceu na última semana de vida de Jesus e o significado desses acontecimentos. Os alunos também podem situar esses acontecimentos mentalmente e na posição correta, de maneira que pareçam mais reais.
- Decidir em que está baseada sua relação com Cristo para acompanhar o estudo e a discussão da Bíblia.
- Obter um senso de satisfação ao fazer um projeto e mostrá-lo para a igreja.
- Dar aos membros da família que não freqüentam a igreja uma razão para irem ver o que seus filhos estão fazendo.

A lista feita por esta professora não deixou dúvida sobre o valor do projeto para a classe.

Muitos projetos são sugeridos mais adiante. Avalie o valor de cada um para os seus alunos, antes de incorporá-los em sua aula. As seguintes perguntas ajudam em sua avaliação:

- Você pode adaptar o projeto à faixa etária e capacidade de seus alunos?
- O projeto se ajusta à meta da lição, de forma que os alunos estarão aprendendo como também participando? O projeto lhes dá a oportunidade de crescerem espiritualmente?
- O que os alunos aprendem, justifica a quantidade de tempo que será gasta no projeto?
- O projeto prende a atenção dos alunos? É irreal sempre esperar 100% de participação, mas objetive o mais alto envolvimento possível dos alunos. Usando uma variedade de métodos de ensino, você impulsiona o interesse dos alunos; por exemplo, faça um projeto de arte em quinze minutos, escreva música em mais quinze minutos e talvez faça e apresente uma mímica nos quinze minutos seguintes.
- Você ora sobre o projeto e os alunos que participarão? Projetos nunca devem ser ocupação que pareça produtiva ou de valor intrínseco, mas que na verdade apenas mantêm a pessoa ocupa-

da. São ferramentas importantes que os professores utilizam para introduzir e envolver os alunos na vida cristã e ajudá-los a entender melhor como eles podem trabalhar para Deus na qualidade de membros de sua família.

1) Brasões.

Peça aos alunos que desenhem o esboço de um brasão e o divida em quatro partes.

Diga-lhes que preencham as áreas com desenhos, palavras e símbolos que enfatizem suas identidades. Ressalte que brasões identificam lealdade e como os outros reconhecem essa lealdade. Cada aluno deve falar com alguém sobre o que foi colocado no brasão.

Ajuste a específica área de identidade para a meta da lição. Eis algumas idéias graduadas por faixa etária:

Adolescentes: Desenhe quem você era ano passado em um brasão "antigo" e quem você é hoje em um brasão novo.

Jovens: Identifique-se como aluno em sua escola de ensino médio. Quais são as quatro coisas que você escolheria para mostrar como você é igual e diferente dos outros alunos?

Adultos: Planeje dois brasões. No primeiro, desenhe o brasão para a igreja do modo que você suspeita que o bairro a vê. No segundo, desenhe-o de forma que os membros a vêem.

2) Jogos de cores.

Faça um jogo de cores original para a classe. Você vai precisar de muitos blocos de papel colorido. Você deve escrever perguntas que têm de ser respondidas pelos alunos após eles terem escolhido uma cor.

Eles também têm de dar explicações sobre essa cor. Eis o modo por que um jogo de cores pode ser estruturado com uma lição de Natal. Diga:

- Escolha uma cor que ilustre o presente mais maravilhoso que Deus lhe deu este ano.
- Escolha duas cores que você misturaria para descrever os sentimentos de José na primeira noite de Natal.
- Escolha uma cor que explique como você se sente quando está cantando louvores a Deus.
- Escolha uma cor que simbolize um presente que você está disposto a dar a Deus no próximo trimestre. Troque o bloco com outra pessoa. Coloque o bloco dessa pessoa onde você o veja com freqüência e se lembre de orar por essa pessoa.

3) Quebra-cabeças matemáticos.

Esta forma matemática de doze peças pode ser usada de muitas maneiras diferentes. De fato, ela me foi enviada por um professor de matemática de escola de ensino médio, que disse: "Por que não fazer dinâmica de grupo sobre a maneira que seus alunos poderiam usar isto na Escola Dominical?"

Uma possível atividade é cortar um grande quebra-cabeça e usar as peças para desenvolver o caminho de um peregrino simbólico que ilustra a jornada cristã para as pessoas da idade de seus alunos.

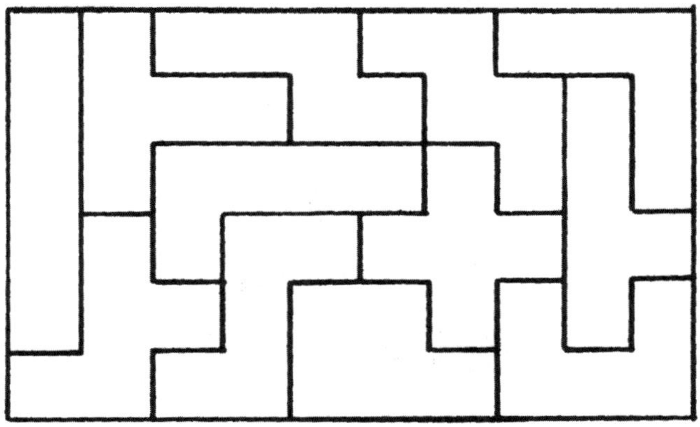

4) Arte de tangram

Um tangram é um quadrado de qualquer tamanho divido em sete peças, assim:

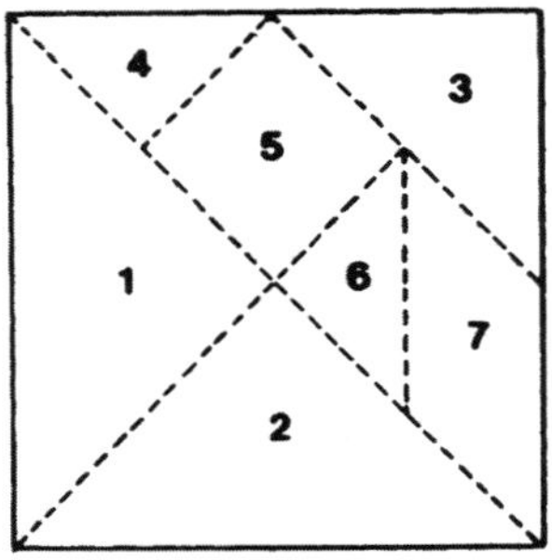

Estas peças podem ser organizadas para formar muitas ilustrações diferentes.

Corte os tangrams antes da aula e coloque cada um em um envelope. Se possível, use cartolina colorida, embora qualquer tipo de papel possa ser usado. O tamanho varia de acordo com o tamanho da folha de fundo sobre a qual as peças de papel do tangram serão organizadas pelo aluno. Por exemplo, um quadrado de 7,5 cm se ajustaria bem em uma folha de fundo de 22,5 x 30 cm.

Um projeto de tangram pode ser ajuda de ensino extremamente eficiente. Em primeiro lugar, iguale os alunos dando a todos as mesmas sete peças com que trabalhar. Cada aluno usa as peças para criar um quadro realista ou representação simbólica. De maneira interessante, pessoas verbais criam muitos tangrams que são mais realistas. Este, por exemplo, ilustra o crente que visita o doente; é fácil ver o quadro.

Quanto mais à vontade a pessoa se sentir com este processo, mais provavelmente usará alguma estrutura simbólica. Neste tangram, o aluno está mostrando uma pessoa (realista) estendendo as mãos para Deus (simbólico) enquanto Ele responde à pessoa.

Em segundo lugar, um tangram é ajuda eficaz, porque força os alunos a refletirem no que aprenderam e como podem ilustrar melhor tal aprendizagem, a fim de que os outros entendam.

Em terceiro lugar, quando os alunos explicam os quadros aos colegas, eles ganham experiência em falar com os outros sobre Deus e a fé nEle.

Encontrava-me usando tangrams em uma reunião de treinamento para professores. Uma mulher tinha trazido seu filho de doze anos, o qual participou das atividades com os professores. A tarefa que dei era direcionada a adultos: "Use as peças de tangram para ilustrar a educação cristã". O melhor tangram e explicação vieram do menino e não dos adultos. "Minha figura mostra a igreja à esquerda e uma casa à direita. Eu estou no centro. Pelo fato de meus pais serem crentes, eu aprendo sobre Deus em ambos os lugares."

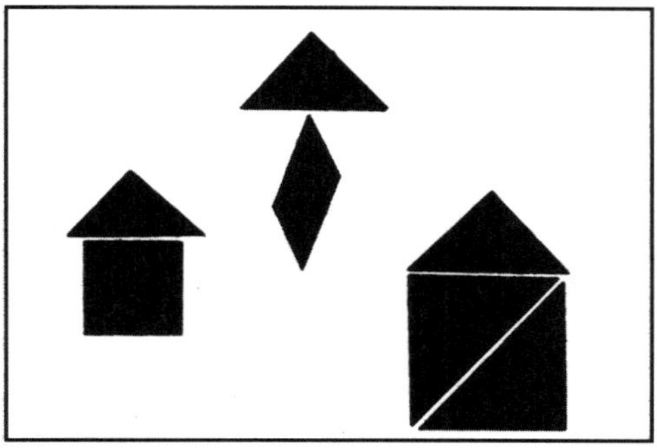

A primeira vez em que usar tangrams em sala de aula, explique o que é um tangram e mostre um exemplo do que você criou. Dê uns cinco minutos para que os alunos organizem as peças e as colem nas folhas de fundo. Dê bastante tempo depois que os tangrams estiverem prontos para que cada pessoa explique sua criação.

Apresentamos algumas tarefas de tangram para começar:

- Ilustre algo que você gostaria de contar ao mundo sobre o amor de Cristo.
- Que história na Bíblia tem mais significado para você neste momento? Ilustre-a com um tangram e esteja pronto para compartilhar sua história e a razão de sua escolha com o restante da classe.
- Use seu tangram para explicar a um não-crente algo importante sobre o plano de Deus para o nosso futuro.
- Ilustre algo pelo qual você gostaria de agradecer a Deus. Ou, pense em um atributo de Deus – como a justiça, a misericórdia, o entendimento – pelo qual você nunca lhe agradeceu ou louvou. Ilustre essa qualidade e escreva uma oração de agradecimento embaixo da ilustração.
- Cada crente recebeu habilidades especiais para usar a serviço de Deus. Ilustre uma área do serviço cristão na qual nós, como indivíduos ou como classe, poderíamos nos envolver.

5) Figuras de papel rasgado.

Uma figura de papel rasgado ajuda os alunos a refletir sobre o que eles aprenderam e a comunicar essas lições aos outros de maneira muito semelhante a que o tangram comunica. (Qualquer tarefa de tangram pode ser feita com papel rasgado.)

Dê a cada aluno uma folha de cartolina, cola e muitas folhas de papel para serem rasgadas (não dê tesouras). Os alunos devem rasgar o papel formando figuras e colá-las na cartolina. Depois devem estar prontos para explicar as figuras que fizeram. Explique que a figura feita pode ser realista ou simbólica. Dê uns cinco minutos para a criação das figuras e bastante tempo para cada aluno explicar o que foi criado.

6) Estudo em aquarela.

Dê uma caixa de aquarelas barata para cada grupo de quatro alunos e uma folha de papel e pincel para cada um. Peça que os alunos leiam uma passagem da Escritura e depois trabalhem em completo silêncio para tentar capturar em cores e linhas os sentimentos dessa passagem bíblica. Dê aproximadamente cinco minutos para a pintura em aquarela e mais tempo para cada aluno explicar a pintura feita.

Varie o projeto básico da aquarela. Por exemplo, coloque em uma caixa várias referências bíblicas que lidem com o tópico da lição e peça que os alunos escolham uma ao acaso para estudar, pintar e explicar para o restante da classe.

Ou, dê cada versículo da seção de estudo a um aluno diferente. Ele leria a seção inteira, mas ilustraria o sentimento em um só versículo. Por exemplo, se a classe estiver estudando o Salmo 100, um aluno ilustrando o versículo 1 poderia pintar um círculo verde no centro do quadro a fim de representar o mundo. Partindo desse círculo haveria pinceladas laranja, que indicariam o sentimento de alegria que todos teriam se percebessem que o Senhor reina.

7) Esculturas de papel.

Os alunos devem achar ou desenhar figuras que ilustrem um conceito que eles estão estudando – amizade, salvação, crescimento espiritual, relacionamentos. Estas são coladas em pedaços de papelão e fixas para formar uma escultura que ficaria em exibição durante o estudo. Se a escultura for bem acabada, poderia ser dada a um aluno no término do estudo, talvez a quem memorizou o texto bíblico da unidade ou a alguém cujo nome é sorteado de uma caixa.

Uma base simples pode ser construída com dois retângulos idênticos. Os alunos fazem uma incisão vertical no meio do retângulo, de baixo até o ponto central da largura do retângulo. Depois fazem uma incisão vertical no meio do outro retângulo, de cima até o ponto central, e em seguida, encaixam os dois retângulos que ficam de pé.

Os alunos vão colocando outros pedaços de papelão para criar a escultura que desejam, encaixando cada pedaço e colocando-o em cima do outro. Uma escultura pronta poderia se parecer como uma destas:

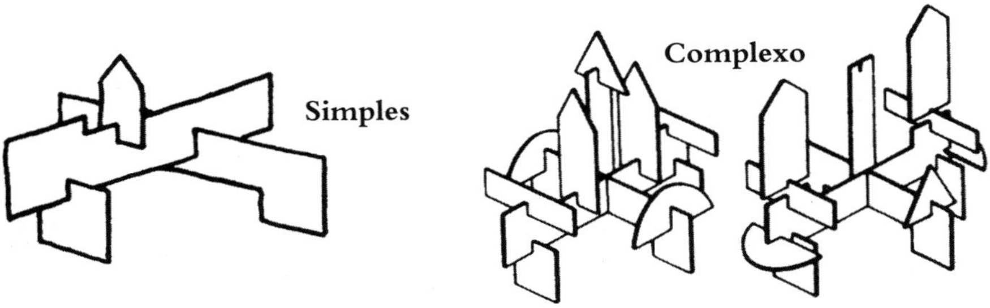

Alunos do ensino fundamental gostarão deste projeto. A maioria dos alunos do ensino médio não, a menos que esteja combinado com um projeto de serviço – alguma razão além da criação da própria escultura. (Eles podem gostar de criá-las para a festa de uma pessoa mais velha a serem usadas como centros de mesa, exibições em hospitais de crianças ou troféus de agradecimento para pessoas que prestam trabalhos voluntários na igreja.)

Este projeto não deve ser feito durante a sessão de sala de aula. É muito demorado.

8) Diagramas simbólicos.

Lições de Escola Dominical para jovens e adultos tratam freqüentemente de conceitos. Sugira aos alunos que façam diagramas que ilustrem um conceito usando linhas, símbolos e algumas palavras. Os alunos aprenderão ao organizarem os pensamentos em diagramas e explicarem aos colegas o que fizeram. Os diagramas também o ajudam a perceber qualquer equívoco de interpretação que eles possam ter.

Alguns possíveis conceitos para os alunos esquematizarem:

- Esquematize Cristo como Mediador entre Deus e o povo.
- Esquematize a função do Espírito Santo na vida dos cristãos hoje em dia.
- Esquematize o plano de Cristo para o fim dos tempos.

Peça que os alunos usem lápis de cera em vez de lápis grafite. Os diagramas serão mais informais e os outros na classe terão menos dificuldade em vê-los.

9) Crachás.

Esta atividade é eficaz no primeiro domingo de um novo grupo de alunos. Também pode ser usada com adultos para ajudá-los a gerar informalidade.

Coloque alfinetes, fita adesiva, cartolina, barbante e outras miscelâneas no meio do chão. (Note que não há nada com que escrever.) À medida que os alunos forem chegando, eles devem fazer suas próprias etiquetas de identificação. Os crachás não são importantes. É o que as pessoas estão propensas a dizer sobre os crachás que pode tornar diferente a amizade.

10) Esculturas de clipes.

Esta atividade se originou da idéia do tangrama. Era freqüente eu ficar cortando tangramas no meio da noite, só para tê-los prontos para uma convenção de Escola Dominical ou um encontro de treinamento de professores. Eu tinha de achar um método que fosse, ao mesmo tempo, eficiente como ferramenta de ensino e me desse mais tempo. A escultura de clipes era perfeita. Eu só precisava comprar uma caixa de clipes e pronto.

Funciona assim. Ao término da lição, cada pessoa recebe um clipe, o qual deve ser torcido numa forma que esteja relacionada com a lição. Você descobrirá que pessoas verbais têm dificuldade com esta atividade. Está certo; elas tiveram alguém no centro do palco por muito tempo! A tarefa poderia ser: "Transforme o clipe numa mensagem que você gostaria de dar ao mundo sobre Deus". Pessoas que não desenvolveram habilidades artísticas torcerão o clipe em um símbolo famoso como a cruz. Ou, torcerão formando uma letra, como S, e explicarão que representa a salvação. Por outro lado, pessoas artísticas podem chegar perto de desenvolver uma teologia inteira com um único clipe! Ouvi-los é uma experiência de crescimento para a classe e afirmação dos próprios padrões de pensamento. Eis aqui mais outras idéias para usar o clipe:

- Torça o clipe para ilustrar comunidade.
- Torça o clipe para ilustrar as características positivas e negativas de nossa sociedade secular.

- Torça o clipe para mostrar sua posição sobre a religião em escolas públicas.
- Torça o clipe para ilustrar um meio de ensinar valores numa família cristã.
- Torça o clipe para ilustrar uma mensagem de sua parábola favorita.

11) Fotografia.

Em quase toda classe há alunos que gostam de fotografia. Envolva-os em projetos que aumentem o impacto da lição na classe em geral e dêem oportunidades a esses alunos para usar suas habilidades a serviço de Cristo.

Por exemplo, depois de uma lição sobre oração, sugira aos alunos que façam cartões de oração para se lembrarem de orar pelos missionários, líderes da igreja, pessoas doentes, estudantes e pessoal de serviço que esteja longe de casa. Os fotógrafos devem tirar fotos das pessoas que a classe decide lembrar especialmente em oração e ter uma cópia da foto para cada aluno. Cartões de oração podem ser feitos de cartolina cortada a aproximadamente 10 x 22 cm, e dobrada ao meio. Em um lado, os alunos colariam a foto e escreveriam o nome, endereço e número de telefone da pessoa. No outro, escreveriam os pedidos de oração específicos para esta pessoa. Quando orarem, os alunos devem registrar as respostas de Deus no lado de dentro dos cartões. Esta idéia pode ser ampliada em um projeto para toda a igreja, se os alunos fizerem mais cartões para todo aquele que se comprometer em orar pela pessoa do cartão.

12) Lição bíblica com slides.

Cerca de seis semanas antes de usar uma apresentação bíblica com slides, eleja um comitê para estudar o texto bíblico da lição. Peça ao grupo que trabalhe com um fotógrafo da classe para descobrir meios de ilustrar o estado de espírito e a mensagem dos versículos. Depois de as fotos terem sido tiradas e reveladas, o fotógrafo e o relator do comitê devem trabalhar juntos para coordenar a leitura bíblica com as fotos.

Veja como uma apresentação de slides torna uma passagem conhecida como Efésios 6.10-13 interessante para os alunos.

(Versículo 10) *Fortalecei-vos no Senhor* *e na força do* *do seu poder.*	1. Montanha. 2. Árvore grande. 3. Pessoa sentada sozinha, no chão, de costas para a câmera.
(Versículo 11) *Revesti-vos de toda* *a armadura de Deus,* *para que possais* *estar firmes contra as* *astutas ciladas do diabo.*	4-6. Cenas de multidão.
(Versículo 12) *Porque não temos que lutar* *contra carne e sangue,* *mas, sim, contra os principados,* *contra as potestades,*	7,8. Cenas de multidão fora de foco.
contra os príncipes *das trevas deste século,* *contra as hostes espirituais* *da maldade, nos lugares* *celestiais.*	9,10. Borrões fora de foco de rostos de multidão.
(Versículo 13) *Portanto, tomai toda* *a armadura de Deus,*	11. Vegetação balançada pelo vento.
para que possais *resistir no dia mau e,*	12. Árvore agitada pelo vento.
havendo feito tudo, *ficar firmes.*	13. A pessoa da foto 3, de pé, de costa para a câmera, braços estendidos, pés afastados, expressando alegria, vitória.

Depois de os alunos terem usado este método com sucesso em sala de aula, eles podem compartilhar com outras pessoas o que fizeram. Sugira que façam uma apresentação de slides em torno do texto bíblico do sermão do pastor e o mostre durante o culto matutino. Ou, incentive-os a planejar um programa inédito de Natal ou de Páscoa no qual eles usem a Escritura e slides para partilhar com os outros.

Ria um pouco

Não trabalhamos o suficiente com humor em nossos programas de educação cristã. Kierkegaard pôs em perspectiva a ligação entre o humor e a fé: "É verdade sem exceção que quanto mais completa e substancialmente um ser humano existe, mais ele descobre o cômico".

> **Quanto mais completa e substancialmente um ser humano existe, mais ele descobre o cômico.**

Anos atrás escrevi um artigo para adolescentes do ensino fundamental chamado "The Mummy's Mustache and Other Fun Ways to Learn" (O Bigode da Múmia e outras maneiras Divertidas de Aprender). Ele guiava os jovens através de uma série de cartuns feitos por amadores sobre conceitos bíblicos. Várias semanas depois de o artigo ter sido publicado, recebi uma carta de um menino da sétima série, de Baltimore. Ele escreveu: "Nunca pensei em usar meus cartuns na igreja. Vou fazer uma história em quadrinhos algum dia, e agora sei que o personagem principal vai ser um pregador". Ele incluiu alguns dos cartuns que tinha feito. Eram maçantes, mas divertidos. Era óbvio que o menino tinha habilidade. Mantivemos contato. Seis anos depois, ele ensinava a própria classe de adolescentes do ensino fundamental e usava seus cartuns como parte do plano de ensino. Ele também estava na escola de arte. Espero sinceramente que um dia eu abra o jornal e depare na seção humor a versão burilada daquele pregador olhando para mim.

Claro que o modo mais fácil de usar cartuns em sala de aula é manter um arquivo. Quando a lição é sobre um assunto que você arquivou, leve os cartuns para a classe e coloque-os na parede ou mostre-os para a turma. Entre os tópicos de arquivo se incluiriam:

- Família.
- Conseqüência de ações.
- Áreas de tentação.
- Áreas específicas de dificuldade: mentir, roubar, ser egoísta e assim por diante.
- Situações na escola (ou no trabalho).
- Papéis do homem e da mulher.
- Estilo de vida.
- Auto-imagem.

A outra forma mais fácil de usar cartuns em classe é achar alguns que tenham algo a ver com o tema e apagar as legendas. Deixe que os alunos as preencham.

Fiz isto com estudantes de curso de pós-graduação que estudavam para o ministério. Os resultados foram divertidos. Por exemplo, em um quadro, um homem pobre e tremente estava respondendo ao Diabo. A resposta tinha sido apagada. Os alunos sugeriram estas legendas: "Foi Eva que me fez fazer isso". "Eu disse que meu nome era Paulus, não Fausto."

Em outro cartum, dois homens carregavam placas que anunciavam o fim do mundo. As legendas que mais gostei foram: "Que tradução você está usando?" e "E se antes do fim você ficar sem plano de saúde?"

Mais um. O cartum apresentava dois homens em trajes semelhantes a profeta. Uma enorme multidão se curvava diante deles. As legendas dos alunos foram: "Gosto de fazer parte deste ministério, você não?" "Tudo bem, Moisés. Eu os entretenho até você começar. Vou enfiar a mensagem goela abaixo." "Esta nova moda de fazer exercícios de louvores está realmente dando certo."

Estes cartuns não foram usados como parte do plano de ensino. Eram uma atividade que fixava o tom do estudo sobre criatividade. Eu queria que os cartuns dissessem aos alunos: "Sim, nós trabalhamos nesta classe, mas para mim está tudo bem se ao mesmo tempo nos divertirmos um pouco".

Às vezes, um cartum é tão perfeitamente direcionado à meta da lição, que você pode pedir aos alunos para que escrevam respostas que sejam de fato usadas na lição. Este cartum foi usado em uma lição para adolescentes do ensino fundamental sobre mordomia:

Os alunos podem desenhar cartuns. Por vezes você descobrirá um verdadeiro cartunista que faz cartuns humorísticos como parte de sua preparação e participação de classe. Tive um aluno da sétima série que fez desenhos caricaturais de um dos salmos como tarefa bíblica: Deus estava sentado no trono vestido de uniforme de adolescente dos nossos dias — jeans, camiseta e cinto de corda. Jim, de doze anos de idade, não queria ser desrespeitoso ou sacrílego. Uma avaliação de seus cartuns deixava isso óbvio. Ele estava apenas no processo de conhecer melhor a Deus. E, para ele, naquele estágio de seu desenvolvimento, ele retratou a Deus como amigo com quem ele poderia se relacionar totalmente.

Jim tinha talento especial, mas quase todos sabem fazer bonequinhos com um círculo e cinco traços. O que aconteceria, por exemplo, se os alunos fizessem esse tipo de desenho, representando Davi correndo em disparada pelas colinas com Saul bem atrás dele? S. Thomas Niccolls, no artigo "The Coming Vision and Stories of David" (A Próxima Visão e Histórias de Davi), sugere que os resultados podem lembrar às pessoas o tipo de pilheria que gostamos de ver em perseguições policiais trapalhadas. O humor se ajusta. Que bagunça Saul estava fazendo quando tentou matar o ungido de Deus. Niccolls diz: "O humor é quase como essas rotinas trapalhonas que nos fazem lembrar nossa existência terrena".[12]

Antes de jogar fora a idéia de usar desenhos de bonequinhos com um círculo e cinco traços e fazer seus alunos se envolverem, tente o seguinte exercício de estudo bíblico:

1) Leia Atos 6.1-7:

Esta é a história de escolher pessoas para ajudar os discípulos na distribuição diária de alimentos. Trata-se de história conhecida e é fácil passar por ela às pressas para ler algo menos familiar. Mas assim como uma paráfrase ou nova tradução, quando abordamos uma história conhecida de uma nova maneira, aprendemos surpreendentemente mais.

2) Use desenhos de bonequinhos com um círculo e cinco traços para responder as seguintes perguntas:

- Em um cartum do estilo de bonequinhos com um círculo e cinco traços, ilustre o problema que a igreja teve.
- Para todo problema, há várias soluções. Algumas são boas; outras, terríveis. Que solução o povo poderia ter escolhido se não estivesse propenso a ouvir o conselho dos líderes espirituais? Desenhe sua sugestão.
- Desenhe um cartum que ilustre os sentimentos das pessoas envolvidas depois que a solução foi adotada.

3) Considere:

O que aprendi com este processo? O que meus alunos podem aprender?

NOTAS

[1] Karen Burton Mains, "The Day Braque Breathed", do curso para adolescentes sobre o livro de Atos: "Nothing's Been the Same Since", *Christian Growth Electives.* Karen relacionou a experiência de sua visão artística com a visão espiritual: "O cristão mantém dentro de seu entendimento outra grande obra de arte. É o esforço dual do sobrenatural e do humano — a Escritura. Este livro tem uma vida maravilhosa e secreta toda própria, mas a maioria de nós folheia descuidadamente suas páginas e nunca nota quando o vento sopra ou o fogo cai no altar. Fazemos comentários apropriados e tentamos parecer espirituais; agarramos nossos

pequenos pedaços de santidade — mas estamos tragicamente inconscientes de que as palavras destas páginas tenham respiração própria e possam soprar esses vapores doadores de vida em nossas almas.

"Há dois ingredientes que invariavelmente trazem a Escritura à vida. Um é olhar, olhar seu significado por longos períodos de tempo. Temos de nos disciplinar para deixar de folhear descuidadamente esta galeria e parar diante de uma passagem por tempo o bastante para entendermos antes de prosseguirmos.

"O outro ingrediente é reconhecer a presença do Guia que não é senão o Espírito Santo. Com que freqüência bocejamos e desejamos o almoço quando deveríamos reconhecer o fato de que estamos seguindo um Professor cujas habilidades não têm igual.

"Duas ferramentas — olhar com concentração e um Guia perito — são as garantias que temos de que trará vida a objetos aparentemente inanimados".

2 Dr. Earnest A. Fitzgerald, "Communication: Risky to Be a Judge", in: PACE (Piedmont Airline's magazine).

3 De The Manticore, de Robertson Davies, copyright de 1972 por Robertson Davies. Reimpresso com a permissão de Viking Penguin, Incorporated.

4 Finley Eversole, *Christian Faith and the Contemporary Arts* (Nova York: Abingdon Press, 1962), p. 11.

5 Grand Reynard, "Christians and Art: A Painter's View", in: *Christianity Today*.

6 *The Chronicle of Higher Education* (30 de março de 1994, p. 22) informou que a Faculdade Hartwick convidava as pessoas que faziam obras de arte que as enviassem por fax. Eles receberam por fax quarenta obras do mundo inteiro. Esta criação grupal faz parte de uma exibição maior sobre arte eletrônica. Copie a idéia e convide as pessoas de sua denominação a enviar fax de desenhos com motivos natalinos ou pascais que sejam de produção própria.

7 Peças simbólicas feitas por Rich Nickel Design, Wheaton, Illinois.

8 "From Abroad", revista W. magazine, 10 a 17 de Fevereiro de 1984, p. 23.

9 Betty Edwards, *Drawing on the Right Side of the Brain: A Course in Enhancing Creativity and Artistic Confidence* (Los Angeles: J. P. Tarcher, Incorporated, 1979).

10 Em "How the Brain Works" (Newsweek, 7 de fevereiro de 1983, p. 43), foi citado Daniel Weinberger do Instituto Nacional de Saúde Mental: "Muitas teorias antigas sobre o lado direito e o lado esquerdo do cérebro são tolices. As coisas não estão tão localizadas como pensamos". Sabemos que o lado esquerdo do cérebro controla o lado direito do corpo e vice-versa, mas os cientistas não estão tão certos acerca de quanto os dois lados dividem as tarefas mentais.

Weinberger continua: "Pouco importando o que a pesquisa venha a conclui eventualmente, permanece o fato de que fazemos muito menos com essas áreas desenvolvidas previamente designadas ao hemisfério direito do que fazemos com as designadas ao hemisfério esquerdo".

11 Edwards, *Drawings on the Right Side*, p. 196. Professores que trabalham com classes infantis se beneficiarão com a leitura de *Is the Left Brain Always Right?*, de Clare Cherry, Douglas Godwin e Jesse Staples (Carthage, Illinois: Fearson Teacher Aids, 1989).

12 S. Thomas Niccolls, "The Coming Vision and the Stories of David", in: *Encounter, Creative Theological Scholarship*, verão de 1981.

14

O Ensino sem Paredes

Um argumento a favor de estar on-line a qualquer preço é porque deixar de fazê-lo, dentro de poucos anos, será como decidir não ter um sistema telefônico.

– Montieth Illingworth

"Ontem à noite, Becky me disse que já não sentia amor por mim", escreveu um homem que se identificou por John. "Estou perdido." Sharon leu a mensagem na Christian Interactive Network (Rede Cristã Interativa), um quadro de avisos eletrônico. O escritor também dizia que já havia tentado se suicidar, fechando-se na camionete e respirando monóxido de carbono. "A estação de rádio cristã tocando foi a única coisa que me impediu de ir em frente. Não sei quanto tempo vou resistir à necessidade de ficar livre da dor."

Sharon enviou mensagens a todos que podia, os quais tinham deixado uma mensagem no mesmo quadro de avisos: "Você conhece este homem?" Ninguém conhecia. Ela se voltou a outro serviço eletrônico, uma sala de bate-papo, onde os entusiastas em computador de diferentes cidades falam simultaneamente uns com os outros. Lá eles começaram um serviço de capela para orar pelo homem.

Enquanto isso, um analista de sistemas na Virgínia usou o ID de John para consultar o diretório de assinantes da CompuServe a fim de identificar o remetente. Ele se chamava John Dodd, de uma cidadezinha a dez quilômetros de Indianápolis. O analista telefonou para o serviço de emergências e foi conectado ao departamento do xerife da pequena cidade de John. "Eles não entenderam como eu poderia saber que alguém estava a ponto de se matar em Indiana", disse ele.

Um delegado foi enviado para investigar, passou em frente da garagem e ouviu o ruído de motor em funcionamento. Dentro, encontraram Dodd caído e inconsciente no banco dianteiro de sua pickup. Ele foi levado às pressas para um hospital a tempo de sobreviver.

Dodd recebeu aconselhamento e reconciliou-se com sua esposa. Recentemente ele retornou à Rede Cristã Interativa para agradecer às duas pessoas que ajudaram a salvar-lhe a vida – e para assegurar-lhes que sua vida estava melhorando.[1]

O que é a Internet?

A Internet está mudando a maneira de nos relacionarmos com as pessoas. É uma ferramenta poderosa nas mãos de pessoas de grande conhecimento em computador. E cada vez mais os cristãos orgulhosamente têm usado o rótulo de feras em computador.[2]

Em pouco tempo, a maior parte da instrução secular de nossos alunos estará centrada na Internet. Ela pode se tornar o principal canal de promoção educacional. Como utilizá-la no ensino cristão? Atualmente, as possibilidades são limitadas apenas por nossa capacidade de sonhar.

No início dos anos setenta, a Internet era uma rede de comunicação usada apenas pelo Departamento de Defesa norte-americano. No fim dos anos oitenta, a Fundação Nacional de Ciência ampliou a rede para permitir que os campus das faculdades e universidades e centros de pesquisas também usassem os computadores. Gradualmente já se podia transferir dados e informação de um computador para outro. Hoje, a Internet é a maior rede de computadores do mundo, um grupo interconectado de mais de quarenta e seis mil redes independentes.

Conectar-se não é caro. Nos Estados Unidos, os impostos desta comunicação mundial já foram pagos. Para se conectar, o usuário precisa de uma linha telefônica, um computador e um modem – um conector que permite um computador interligar-se a outro por linha telefônica.

Hoje, há vários provedores de acesso à Internet por um computador, e esse número está aumentando. Por exemplo, a América Online (AOL) é um provedor bem-conhecido. O cliente em potencial recebe um software para fazer assinatura e paga uma pequena taxa mensal para passar cinco horas por mês na Internet. O tempo excedente é faturado por hora.[3] As pessoas emitem mensagens umas às outras ou acessam informação sobre quase qualquer assunto que inventarem. A CompuServe é outro provedor popular. A Rede Cristã Interativa pode ser encontrada na CompuServe, e a Christianity Today aluga espaço na AOL.[4]

Outra rede na Internet é chamada World Wide Web (Rede Mundial, abreviada em www).[5] Pode ser acessada por provedores como a AOL ou a CompuServe. A maioria dos alunos gosta mais desta rede, porque há gráficos e som, e é provável que em breve desbanque as redes só de palavras. O mundo apenas de texto provavelmente está a caminho do fim.[6]

Os líderes de mocidade de hoje precisam saber usar o computador e ter bom conhecimento da Net.

Nós, que somos da Palavra, vemos isso como um exagero, mas imagens e sons podem levar nossos alunos à Bíblia.[7] Portanto, façamos uso desta nova ferramenta. Até crianças se sentem à vontade com esta tecnologia. Por exemplo, Elizabeth, de cinco anos, poderia trabalhar no computador em casa depois do jantar de domingo para fazer um desenho mostrando o que ela aprendeu na Escola Dominical e enviá-lo ao avô, a mais de três mil quilômetros de distância, antes de ele tirar seu cochilo vespertino. Ou Ethan poderia escrever um parágrafo explicando como o que ele aprendeu sobre Paulo se aplica a sua vida em Jesus nos dias de hoje. Ele poderia ilustrar com gráficos encontrados na Internet e fazer um download (baixar) no seu computador.

Milhares de pessoas têm sua própria home page (página de entrada) na Net, onde elas escrevem sobre o que querem compartilhar com as pessoas. Como exemplo, se sei o endereço da home page de Josué, posso ler a informação que ele colocou lá. Talvez ele seja professor de adolescentes por dez anos, e conheça dezenas de jogos que não envolvam competição e sejam usados numa reunião informal para dar aos integrantes do grupo a oportunidade de conhecerem-se uns aos outros em uma atmosfera amigável e não-convencional. Se ele colocar estes jogos na sua home page, poderá disponibilizá-los para mim. Quando uso os jogos, ele está tomando parte no desenvolvimento do meu bem-sucedido grupo de mocidade. E é maneira fantástica de ampliar seu ministério!

Os líderes de mocidade do mundo de hoje precisam ser experientes em computador e saber usar a Net. Por quê? Porque as crianças estão aprendendo a mexer com computadores como as pessoas aprendem um segundo idioma – cada vez mais cedo na vida. O "ciberburaco" entre adultos e crianças vai aumentar ainda mais. Crianças estarão vivendo literalmente em culturas diferentes da que seus pais vivem. Os que trabalham com jovens têm a oportunidade de falar a mesma linguagem de computador e o mesmo dialeto de Internet que os jovens falam. Da mesma forma que os líderes de mocidade têm de saber algo sobre a música que os jovens ouvem, ou algo sobre a MTV, eles terão de saber algo sobre a cultura da Net. Caso contrário, eles correm o risco de serem interpretados como dinossauros irrelevantes.[8]

Reduza o Fator Medo

Para muitas pessoas, esta ferramenta de comunicação dá medo.[9] Ela quebra os paradigmas de ensino usados durante anos. Elas pensam que parecerão estúpidas. O que há de tão errado em ensinar como sempre venho ensinando? Nada. Mas esta é uma nova ferramenta que tem poderoso potencial de ensino.[10]

Enquanto o número de homens que ensinam na Escola Dominical está crescendo, as mulheres ainda se apresentam com mais freqüência. Este fato pode moderar o uso da Internet em sala de aula. Pesquisas mostram que a maioria das pessoas experientes em computador é do sexo masculino. Os educadores cristãos precisam desafiar as mulheres para superar o medo desta tecnologia e explorar seu uso. "As meninas começam a perder o interesse por computadores na quinta série", diz Ronald Anderson, sociólogo na Universidade de Minnesota. Esta distância entre gêneros se amplia na escola de ensino médio e na faculdade, onde três vezes mais homens que mulheres colam grau em ciências da computação, de acordo com a Fundação Nacional de Ciência, órgão americano. "E a distância está aumentando."[11] Há muitas coisas que podem ser feitas para diminuir o medo de mudança e dos computadores.

1) Faça amigos pela Internet

Encontre pessoas que já estejam on-line e peça-lhes que expliquem – em linguagem clara – o que significa exatamente estar na Internet. Muitas pessoas que têm bons conhecimentos sobre computador gostam de divulgar suas habilidades. Elas têm boa vontade em ensinar.[12]

2) Observe alguém usando o computador.

Fique atrás de um garoto que esteja jogando um jogo no computador e veja como ele faz.[13]

3) Valorize suas idéias

Brinque com a resposta desta pergunta: "Se eu realmente soubesse como mexer nessa coisa, eu gostaria de fazer..." Um anúncio de uma impressora Epson profere em tom zombeteiro: "Se você pode imprimir o que imaginar, imagine o que você pode imprimir".[14]

A edição do USA Today, de 14 de outubro de 1995, apresenta uma pesquisa sobre que atividades on-line os usuários fazem semanalmente. Repare como estas atividades seriam valiosas para os professores.

53% dão o endereço de e-mail (correio eletrônico) às pessoas.

41% fazem pesquisas ou se comunicam com colegas.

30% recebem notícias.

23% participam em discussões.

Proponha muitas idéias sobre como você usaria a Internet. Não presuma que só porque você não está totalmente familiarizado com o processo, suas idéias não sejam boas, ou que milhares de pessoas já tiveram a mesma idéia. Sua falta de familiaridade pode lhe permitir ter idéias que outras pessoas não tiveram.

4) Embarque no entusiasmo dos alunos

Deixe os alunos ensiná-lo. Permita que suas imaginações voem. Pergunte para si mesmo: "Como você usaria a Internet nesta classe, se equipamento e dinheiro não fossem problemas?" Anote todas as idéias. Uma idéia que soe impossível a alguém pode se tornar um desafio para outra pessoa. Um benefício importante em usar a Internet é o entusiasmo dos alunos. Adolescentes e adultos podem começar a se comunicar entre si durante a semana por e-mail. Ótimo! Suas idéias aumentarão e, assim, a amizade.

5) Espalhe as notícias

Fale com as pessoas na igreja sobre o que você está fazendo. Pessoas que não se interessam pelas aulas tradicionais, ou que pensam que na educação cristã sempre acontece a mesma coisa, podem ver o programa sob prisma completamente diferente. Elas podem estar dispostas – até ansiosas – em ajudar. Você também pode envolver pessoas do mundo dos negócios de sua congregação. Considere a seguinte citação, mas insira as palavras *Escola Dominical* no lugar de *escola* e *educação cristã* em lugar de *educação*:

Se retirássemos todos os computadores das escolas, faria grande diferença no conhecimento e capacitação que os alunos demonstrariam na formatura? Provavelmente, não. E se retirássemos todos os computadores do mundo dos negócios? A maioria dos negócios se tornaria quase impossível de continuar. [...] Os negócios estão construindo estradas eletrônicas, ao passo que a educação está criando uma estrada de lixo eletrônico.[15]

6) Faça algo – qualquer coisa.[16]

Apenas comece. A poetisa Eve Merriam descreve qual deve ser a atitude do iniciante:

Não seja educado.
Morda.
Pegue com as mãos
e lamba o suco que escorrer pelo
queixo.
Está pronto e maduro agora, sem-
pre que você quiser.[17]
Você tem capacidade mental! Sim, realmente tem. Leve em conta que Deus o fez e fique menos maravilhado com as máquinas.[18]

Você ten capacidade mental Leve em cont que Deus o fe e fique meno maravilhad com a máquinas

Use a Internet para a Preparação das Aulas

1) Ilustrações

Quando encontrar uma ilustração perfeita para um problema da vida, compartilhe-a de modo que os outros professores se beneficiem. Por exemplo, os professores reclamam que muitas ilustrações se centralizam em atletas masculinos e cinqüenta por cento da classe é feminina. Quando encontrar uma boa ilustração que caracterize uma mulher, compartilhe-a.

2) Folhas de trabalho

Usando clipboard art, você pode criar excelentes folhas de trabalho para os alunos. Eles irão gostar delas mais que de materiais comprados, porque eles sabem que você se preocupou o bastante para criá-las especialmente para eles.

Personalize as folhas. Por exemplo, se Jeremy lê bem e você está planejando usar o teatro de leitura como método de ensino, coloque o nome dele diretamente na folha de leitura e sugira movimentos dramáticos que tornariam a leitura mais eficiente e que você sabe não o intimidará.

3) O jornal de hoje

O material de currículo de Escola Dominical não pode incluir o que aconteceu semana passada nas notícias. Porém, o professor que tem acesso à Net pode. Considere trabalhar em rede com outros professores ao redor do país que estejam ensinando o mesmo currículo e para a mesma faixa etária. Compartilhe uns com os outros como as notícias atuais podem ser aplicadas imediatamente às Escrituras, às vezes enquanto está acontecendo.

4) Jovens falam sobre jovens

Ninguém conhece os jovens como eles próprios. E ninguém precisa conhecer os jovens melhor que os professores. Dê a seus alunos a chance de compartilhar o que você precisa saber, não apenas com você, mas com outros professores da mesma faixa etária. Convide-os para uma reunião de esclarecimento pela Internet, onde eles falarão acerca de si mesmos. Tenha perguntas prontas para o ponto de partida, mas esteja aberto a questões sobre as quais eles gostariam de falar. Como eles gostariam de aprender? Que métodos realmente funcionam em sala de aula? Quais são enfadonhos? Quais são as características que eles gostam nos professores? O que os desestimula? Incentive-os a compartilharem que tentações estão tendo.

Os professores subestimam os problemas que crianças e adolescentes enfrentam no bairro em que moram e na escola. As coisas que as crianças falam devem ser levadas em consideração pelos professores. (Esta mesma idéia funciona com adultos. Há professores que precisam ouvir diretamente de alunos adultos na educação cristã que a preleção não é o único modo de ensinar – e freqüentemente não é o melhor – de se comunicar com os adultos).

Para esta e outras atividades de classe você não terá dificuldade em achar uma casa com um computador onde sua classe possa se reunir. Consumidores que gastam em computadores hoje em dia excedem os que gastam em televisores, e a porcentagem de casas com computadores continua aumentando.[19]

5) Materiais

Materiais como mapas, versões diferentes da Bíblia e comentários estão disponíveis na Net. Os professores podem aumentar sua biblioteca com vários recursos sem hipotecar a casa ou construir outra sala para guardar os volumes. Muitas revistas cristãs são oferecidas on-line. É só pesquisar e encontrar.

6) Serviço de Conselheiro

Faça contato com um professor que tenha mais tempo de ensino que você ou alguém que você respeita por ter maturidade espiritual. Compartilhe seu entusiasmo e frustrações sobre o ensino. Fale sobre os problemas. É confortante, por exemplo, saber que há alguém que entende o sentimento horrível de querer estrangular uma criança que "arruinou" seu plano de aula da Escola Dominical. Ou, alguém que pode ter ouvido falar de maneiras de lidar com uma adolescente diagnosticada com Desordem de Déficit de Atenção (DDA) e possa oferecer conselhos úteis sobre como tratar essa criança no meio escolar. Uma das coisas boas acerca desta idéia é que a pessoa não tem de estar em sua igreja, ou mesmo em sua cidade. Isto torna o compartilhamento honesto e até facilita as reprimendas.

7) Teste de mercado

Teste novas idéias e métodos antes e depois de usá-las pedindo que as pessoas na Net compartilhem suas experiências. Procure saber que novos currículos facultativos há nas livrarias evangélicas e o que os outros professores pensam a respeito desses curriculos.

Use a Internet em Sala de Aula

Algumas das seguintes idéias podem ou terão de ser feitas fora do horário normal de ensino.

1) Duas classes em uma

Desenvolva uma relação de amizade com uma classe, ou grupo jovem, de uma realidade totalmente diferente da que seus alunos estão habituados. Por exemplo, um grupo em Chicago poderia se conectar com um grupo de crianças missionárias cujos pais trabalham na Cidade do México. O fuso horário é o mesmo, assim os dois grupos poderiam compartilhar uma aula de Escola Dominical, ou melhor ainda, por causa do tempo envolvido, uma tarde juntos. A AOL tem salas de pate-papo particulares em que este tipo de interação on-line ocorre. Listas de endereço são outra opção para se comunicar com outros indivíduos ou grupos, mas eles não fornecem a interação on-line.

Possíveis montagens:

- Um grupo étnico com outro.
- Crianças que residem em área rural com crianças que residem na cidade.
- Adolescentes com idosos em uma comunidade.
- Crianças e adultos que morem em estruturas econômicas diferentes.

Considere a interação em rede com alunos de outros países. A maioria das redes que compõem a Internet é do mundo da língua inglesa, e a maioria dos outros povos na Net tem o inglês como segunda língua. Os alunos farão amizades com pessoas que nunca se encontraram. Estes grupos se tornam comunidades virtuais.

Amostragem de países que estão conectados:[20]

Código	País	Número de Redes	Conexão Inicial
de	Alemanha	1.220	9/89
ar	Argentina	3	10/90
ca	Canadá	1.002	7/88
eg	Egito	7	11/93
us	Estados Unidos	14.782	7/88
ru	Federação Russa	188	6/93
gr	Grécia	36	7/90
il	Israel	128	8/89
jp	Japão	1.087	8/89
mx	México	58	2/89
sb	Reino Unido	1.242	4/89
sg	Singapura	42	5/91

2) Pichação, estilo eletrônico

Estabeleça um grupo de discussão contínuo onde os alunos compartilhem idéias sobre Deus. Incentive outros cristãos da mesma faixa etária a acrescentarem seus próprios pensamentos. Se dúvidas forem expressas, peça que os alunos façam a própria lição de casa para desfazer essas dúvidas. Ou talvez os alunos pudessem dar uma perspectiva cristã a grupos de discussão apropriados e existentes[21] .

Nosso principal foco na educação cristã é aumentar o entendimento dos alunos sobre Jesus Cristo e trabalhar com o Espírito Santo para incentivar os alunos a pôr em prática o que aprenderam. Quando usamos a Internet para nos ajudar a trabalhar essas metas, também estamos desenvolvendo em nossos alunos o poder de raciocínio.[22] Eles têm de refletir sobre o que escreverão, aprender a defender o que acreditam, conferir a lógica e analisar com a Escritura o que afirmam. De repente, a classe não está apenas em quatro paredes. Está na vida real. Trabalhar com a Net, força-os a usar a capacidade mental que eles nunca associaram com a Escola Dominical ou grupo de mocidade.

> Nosso cérebro é atualmente muito melhor em formalizar conceitos sobre problemas ambíguos que um computador – identificar elementos definitivos e carregados de valor que podem ser incorporados em uma solução geral e aceitável. Reciprocamente, um computador é muito melhor para processar de maneira veloz, precisa e eficiente sucessões complexas, de fatos e processos claramente definidos que requereriam alto nível de atenção e exatidão mental contínua... Aplicativos, planilhas, programas estatísticos e corretores ortográficos são apenas alguns exemplos de programas de software de desenvolvimento rápido que ajudam nossos cérebros imprecisos a resolver problemas e comunicar idéias com precisão detalhada.[23]

Projetemos o conteúdo de nossas classes para melhor alcançar as metas espirituais, e usemos os métodos que melhor engajem os alunos de hoje.

3) Aprendizagem colaboradora

Muitos alunos aprendem melhor quando trabalham juntos. Os alunos dividem uma tarefa grande em áreas menores para investigar e devolver o que aprenderam em contribuições para o projeto.[24] Ainda que esta habilidade possa ser feita sem a Net, o mundo da investigação é muito maior com a ela.

4) Missões hoje

"Jamais escreva um livro sobre missões", um amigo em publicações me aconselhou depois de servir como missionário no Japão. "Livros sobre missões não vendem. Você estará desperdiçando tempo, porque estará desatualizado antes que alguém saiba que foi publicado." Talvez o modo de interessar o mundo de hoje em missões não seja por livros, mas levar os alunos a outra parte do mundo, quase que instantaneamente. Por e-mail, o ensino sobre missões move-se nesta década.

Estabeleça correspondência com um missionário. Missionários estão muito mais em contato com a tecnologia de computador que as pessoas da congregação. Para eles, a Internet significa acesso imediato ao mundo de casa. Por causa das diferenças de fuso horário ao redor do mundo, pode ser impossível manter uma conversação em sala de aula, mas pedidos de oração podem ser trocados. Quando os alunos recebem os pedidos de oração no domingo, eles sentem a imediatismo do que Deus está fazendo. E eles quase podem inteirar-se dos resultados das orações assim que o missionário é abençoado! Esta tecnologia brada que os alunos de hoje fazem parte da comunidade global.

5) Lição de casa[25]

Peça para os alunos usarem as instalações on-line da família para pesquisar um tópico e trazer a informação para a classe. Por exemplo, se a matéria do domingo que vem for sobre pena de morte, os alunos poderiam fazer um download do que encontrarem de colaboradores cristãos e seculares e depois imprimir os artigos para dar aos outros alunos. Quando eles fazem o trabalho sobre o tópico do domingo que vem, mesmo adolescentes difíceis de terem o interesse despertado aparecerão em classe, prontos para participar.

6) Ei, o que você acha?

Os alunos podem enviar idéias e perguntas a um cristão respeitado para avaliação. Esta pessoa pode estar em outra parte do país, porque a

Net é um serviço postal de alta tecnologia, a um custo nominal por carta. Pense o que significaria para uma aluna do ensino médio em Houston, que está pensando seriamente em fazer jornalismo cristão, enviar algo que ela escreveu a um escritor free-lance em Toronto para obter respostas a estas perguntas: "O que acha você de meu trabalho? Devo continuar nesta direção? Tenho talento? Minha mãe pensa que tenho, mas ela iria gostar de qualquer coisa que eu escrevesse".

7) Publicação denominacional.

Os alunos poderiam fazer sua própria publicação eletrônica para compartilhar notícias com outras pessoas da denominação que sejam da mesma idade. Eles compartilhariam notícias do mundo da igreja, o que está acontecendo com suas vidas espirituais e pedidos de oração. A classe também poderia incluir livros seculares e cristãos e revisões de filmes. Se a classe tem acesso à Net, eles podem colocar ilustrações na publicação.

Uma publicação eletrônica dá aos jovens – sobretudo adolescentes meninos – propriedade em um ministério de evangelismo.

8) A Seguir: a Faculdade

Muitos adolescentes passam tempo discutindo o que pensam que Deus quer que eles façam depois da escola do ensino médio. Há que os decidirão ir para faculdades ou seminários bíblicos.[26] Por que deixar que o conselheiro escolar fique com toda a diversão! Procure na Internet faculdades que tenham as especializações que melhor satisfaçam as necessidades dos adolescentes. Para os alunos que estão se dirigindo para faculdades cristãs ou escolas bíblicas, estudem as declarações de fé de cada instituição. Estabeleça relações com universitários novatos na Net para falar sobre como realmente são certas escolas.

A Net também traz informação sobre programas de extensão. Este é modo fácil e não-ameaçador para os adultos explorarem estudo adicional.

Cuidado!

Toda tecnologia tem suas precauções e seus perigos embutidos. Computadores, Internet, música, televisão, vídeo – tudo pode ser usado muito bem como ferramenta de comunicação para Jesus. Virado ao avesso, esses mesmos sistemas de distribuição podem ser usados para ensinar conceitos que são diametralmente opostos ao Evangelho. A mesma tecnologia que salvou a vida de John na ilustração de abertura deste capítulo é usada por pessoas sem escrúpulos para atrair crianças à morte. Pessoas hostis e raivosas, predadores sexuais e pornográficos são parte da Net. Professores seculares e cristãos têm de achar meios de proteger os alunos destes usuários negativos e potencialmente mortais a fim de nos sentirmos seguros para permitir que nossos alunos usem plenamente esta tecnologia.

> As escolas seculares acharam um meio de lidar com estas preocupações através de um novo produto chamado LinQ, uma combinação de hardware, software e serviço de informação. O software LinQ tem a capacidade de restringir o acesso a certas áreas da Internet que podem não ser apropriadas para os alunos.
>
> Usando este programa, alunos, professores ou administradores fazem pedidos de informação. Depois de ser vasculhada pela Equipe LinQ e filtrada para remover linguagem e conteúdo impróprios, a informação é transmitida durante a noite ao servidor LinQ da escola. A idéia é ajudar as escolas a garimparem a Internet em busca do bem que contém, ao mesmo tempo em que peneira o entulho.[27]

Como professores, temos de ter a disposição de examinar o que é novo e orar pedindo sabedoria sobre se deve ser usado para compartilhar Jesus e, nesse caso, como pode ser usado eficientemente. "Haverá o tempo em que a igreja de Jesus Cristo terá de ser ousada o bastante para cogitar uma nova mídia. Como gosto de dizer, novas tecnologias são parte da revelação da criação de Deus. Não possuímos estas tecnologias; Deus as possui. Somos mordomos, vigias e representantes em nome do Rei dos reis. Você e eu herdamos o mandamento que Deus deu a Adão de guardar e desenvolver a criação."[28]

Entendimento em Computação

Então você não está exatamente pronto para mandar e receber e-mails, mas possui um computador que gostaria de usar para se tornar um professor melhor.

Alguns anos atrás me encontrava à beira da era do computador. Eu gostava da máquina de escrever eletrônica. Funcionava para mim; eu não desejava mais nada. Minha mentalidade era:"Se não quebrou, não conserte". Mas chegou o dia em que meu patrão entrou em meu escritório trazendo um computador. Era óbvio que ele estava animado, por isso tentei me deixar levar por seu entusiasmo."Maravilhoso! Obrigada!Vou aprender a usá-lo assim que eu ficar em dia com meu trabalho – um dia desses."

Com um sorriso amplo, mas não dizendo uma palavra, ele se abaixou, desligou minha máquina de escrever eletrônica e saiu com ela. Fiquei presa à parede. Ou era a caneta ou o computador. No primeiro dia, fiquei com uma terrível dor de cabeça. No segundo, as coisas foram muito melhores. No terceiro dia, se o escritório estivesse pegando fogo, eu teria salvado meu computador primeiro.

Nunca minimizo o trauma do primeiro dia quando falo às pessoas que têm medo de novos métodos. Mas valeu a pena? Para mim, sim, com certeza! Hoje sou fera em computador, vários anos depois? Não é bem assim. Eu me colocaria na terceira série mais ou menos, com boa chance de passar para a quarta. Se você está se sentindo como eu sentia aquele dia vários anos atrás, não entre em pânico. É fácil aprender a lidar com um processador de texto, e o que ele pode fazer pelo ensino fará o pânico valer a pena.

Outros Usos para o Computador no Ensino

1) Fazer livros.

Os alunos podem escrever biografias de pessoas que ajudaram a construir sua igreja. Com a ajuda de programas de software como o Microsoft Publisher, eles podem criar livros de aspecto profissional que podem ser usados como angariador de fundos.[25] Com o computador, os alunos sabem que podem dar às páginas aspecto profissional. É mais que um projeto de sala de aula; outros vão vê-lo e se beneficiar.

2) Contato entre pais e professores.

A maioria dos professores voluntários tem muito pouco tempo extra, mas eles sabem o quanto é importante incluir os pais no programa de educação cristã para os jovens. Com o computador, eles podem escrever uma carta genérica e personalizá-la em três ou quatro lugares, de forma que todos os pais saibam que o líder se preocupa especificamente com o adolescente desses pais.

3) Correspondência para o aluno.

Uma carta genérica personalizada para alunos pode funcionar em algumas classes, mas as crianças compartilharão entre si o que receberam, assim, na maioria dos casos, cartas individuais são melhores. O computador também facilita muito o processo. Dependendo do programa de software, o computador confere e sugere correções ortográficas. Ele até corrige a gramática.

Novas tecnologias são parte da revelação da criação de Deus.

4) Inclusão de alunos com deficiência física.

"A tecnologia permitiu que alunos com ampla gama de deficiências participem inteiramente de classes populares e desenvolvam habilidades previamente consideradas além de sua capacidade."[29] Joe tinha sido escritor, mas depois de ter sofrido um acidente vascular cerebral, ele ficou impossibilitado de escrever legivelmente, nem tinha a força suficiente para pressionar as teclas da máquina de escrever. Um amigo cristão deu a Joe sua primeira lição no computador. Levou quase dez minutos, mas ele conseguiu. Joe escreveu: "Agora estou vivo de novo".

Não Hoje, mas provavelmente Amanhã

Chris Dede, futurista e perito em tecnologia educacional, está trabalhando para criar ambientes computadorizados que possam ser usados em escolas. Ele explica como funciona.[30]

> As pessoas usam vestimenta computadorizada, e o sistema nervoso dessas pessoas é colocado dentro de um universo artificial.

> Pelo sentido da visão, pelo sentido da audição, pelo sentido do tato – toque e pressão – as pessoas experimentam algo que não é possível no mundo real. Um colega e eu estamos construindo "universos" virtuais em que você experimenta o que seria ser pessoalmente uma carga de um campo eletromagnético, ou uma bola em um mundo sem fricção e gravidade, ou uma molécula que está a ponto de se unir ao nível quântico. Chamamos isso de ambientes imersivos.

Um dia, alunos cristãos poderão ir à Terra Santa em sala de aula. Usando nova tecnologia, eles visitarão os lugares onde Jesus andava e sentirão a areia quente e a brisa morna do mar. Pode mesmo acontecer? Claro! Nós, educadores cristãos, estaremos equipados para usá-la eficientemente? Ah, eis a questão!

NOTAS

[1] História extraída e editada de "On-line Lifeline", de David Ellis, Bill Shaw, Don Sider e Scott Bowles, *People*, 14 de novembro de 1994, pp. 61, 62.

[2] Trinta e cinco milhões de pessoas no mundo estão unidas por e-mail, e o crescimento é de cem por cento ao ano (*Academic Alert*, Verão de 1995). A predição de *The Internet Business Book*, de Jill Ellsworth e Matthew Ellsworth (Nova York: John Wiley & Sons, Incorporated, 1994) é que em 1998, cem milhões de pessoas estarão on-line. Quando o Foro da *Christianity Today* na AOL foi aberto, teve cem mil visitas no primeiro mês e vem aumentando de cinco a dez por cento ao mês. Na época em que escrevo estas linhas, estava remetendo quinze mil mensagens por mês, tornando-o um dos foros mais ativos da América Online. Os assinantes estavam gastando mais de quarenta e três mil horas explorando Christianity Online todos os meses.

[3] Na época da impressão deste livro, a taxa mensal girava em torno de dez dólares, com cada minuto adicional valendo cerca de três dólares.

[4] O Microsoft Network, na época em que compunha este texto, é novo. A Microsoft planeja tornar esta rede acessível através de cada cópia de seu novo sistema operacional, Windows 95. Espera-se que o Microsoft Network se torne o maior serviço de propriedade do mundo em fins de 1996. Montieth Illingworth, "Surf's Up", *Hemispheres*, Outubro de 1995, p.90.

[5] Na época em que escrevo este livro, apenas três por cento dos usuários da Internet estão conectados à www. Contudo, predições apontam que este porcentual está a ponto de subir drásticamente.

[6] A revista *Educational Leadership*, de Outubro de 1995, menciona que o último tema publicado sobre tecnologia, lançado há somente dezoito meses, não fez menção da Rede Mundial, porque não existia em abril de 1994 (editorial de Ron Brandt, "Future Shock Is Here", p. 5).

[7] Jack Fennema compilou uma lista de oitenta e um termos que foram retirados de onze projetos vencedores para uma "nova geração de escolas americanas". Ele publicou a lista no *Christian Educators Journal*, Outubro de 1993, p. 25, e perguntou: "Qual é o termo-chave que está faltando?" Amostra dos termos: Enciclopédia de CD-ROM, quadros de avisos eletrônicos, correio eletrônico, centro de ensino eletrônico, rede regional da Internet, tecnologia de ponta, telecomunicações. Sua resposta à pergunta: Deus. Cuidado! Se o método é neutro, podemos não só descobrir meios de inserir Deus, mas também de entregá-lo para Ele.

[8] Quentin J. Schultze, *Internet for Christians* (Muskegon, Michigan: Gospel Films, Incorporated, 1995), p. 71.

[9] A publicação *Research Alert* (1 de outubro de 1993, p. 4) informou que cinqüenta e cinco por cento de todos os americanos são até certo ponto tecnofóbicos. Só trinta e três por cento desses, porém, são adolescentes.

[10] Quando hoje jogamos fora um cartão musical de Natal ou de aniversário, estamos jogando fora mais poder computacional que existia no mundo inteiro em 1947. Estas mudanças em tecnologia força os cristãos a pensar em mudança radical, não só incremental, no modo em que nos comunicamos em sala de aula.

[11] Ellen Tarlom, "Computers in the Classroom: Where Are All the Girls?" *The Harvard Education Letter*, Julho/Agosto de 1995, p. 7.

[12] Doug Schmidt, editor de David C. Cook Church Ministries, foi meu tutor para este capítulo. Devo-lhe enorme dívida educacional. Doug me ensinou sem usar o novo vocabulário eletrônico. Ele fez desenhos, a maioria por computador, para me mostrar como é a Internet. Carrie Salstrom, outra comunicadora de grande conhecimento em computação que pode explicar em inglês o que sabe, desencavou muitos artigos para patetas on-line como eu. Ambas as pessoas leram este capítulo para assegurar que as idéias faziam sentido. Minha sugestão a todo aquele que está começando é: "Ache um Doug ou uma Carrie, acrescente sua imaginação à deles e se divirta grandemente com este método criativo de ensino". Entre em contato com Doug Schmidt pelo e-mail bugsley@aol.com.

[13] Amy Bruckman, aluna doutoral do Instituto de Tecnologia de Massachusetts, conta a história de estar em uma grande reunião e visita familiar com seus pri-

mos jovens que se aglomeravam ao redor de um jogo da Nintendo num quarto do andar de cima. Algumas de suas primas passaram por lá, olharam e ficaram chocadas. "Amy!", as meninas gritaram, puxando a manga dela. "O que você está fazendo no quarto da Nintendo? Não se espera que meninas estejam por aqui."
"Que triste declaração", diz Bruckman, que está trabalhando para achar meios de fazer com que as crianças fiquem mais envolvidas com tecnologia. "Elas têm fortíssima associação de gênero com jogos de computador."
"Não é por acaso", nota Frances Morse, que faz pesquisa em Harvard sobre meninas e tecnologia, "que os produtos mais populares da Nintendo sejam chamados Gameboy." Tarlom, "Computers in the Classroom", Ibid. *The Harvard Education Letter*, p. 7.

14 *Technique*, Dezembro de 1995, p. 32.

15 Kyle L. Peck e Denise Dorricott, "Why Use Technology?" *Educational Leadership*, Abril de 1994, p. 11.

16 No artigo "Navigating the Internet" (*Newsweek*, 30 de janeiro de 1995), Jennifer Tanake e Adam Rogers nomeiam cinco guias publicados que podem ser obtidos on-line. São eles: *Everybody's Guide to the Internet*, de Adam Gaffin (MIT Press); *The Whole Internet*, de Ed Krol (O'Reilly & Associates); *Internet Starter* Kit, de Adam C. Engst (Hayden Books); *The Internet Roadmap*, de Bennett Falk (Sybex); e *The Internet Unleashed* (Sams Publishing).

17 Eve Merriam, "How to Eat a Poem", reimpresso em *Christian Educators Journal*, Fevereiro/Março de 1989, p. 4.

18 "O homem é um bípede autobalanceado, com vinte e oito juntas de adaptadores básicos, uma fábrica de conversão eletroquímica, integrante com as cargas segregadas de extratos de energia especiais em baterias de armazenamento para atuação subseqüente de milhares de bombas hidráulicas e pneumáticas, com motores acoplados; cem mil quilômetros de vasos capilares, milhões de sinais de advertência, vias e sistemas de transporte; britadores e guindastes [...] e um sistema telefônico universalmente distribuído sem a necessidade de manutenção por setenta anos se for bem administrado; todo o mecanismo extraordinariamente complexo guiado com precisão primorosa de uma torre na qual estão localizados visores de auto-registro telescópico e microscópico e esfera de gravação, um espectroscópio etc." Lewis Mumford, *The Myth of the Machine*, citado em "The Technological Burden: Have We Lost Control?", Focus, Regent University School of Journalism, Outono de 1993, p. 2.

19 Na época em que escrevo, "trinta e cinco por cento das casas norte-americanas tinham computadores e as casas com crianças usufruíam maior probabilidade de terem computadores que as casas sem crianças, até em famílias com orçamento

um pouco limitado. Das casas com crianças e renda total anual abaixo de trinta mil dólares, trinta por cento têm computadores." John M. Peha, "How K—12 Teachers Are Using Computer Networks", *Educational Leadership*, Outubro de 1995, p. 21.

20 Ellsworth e Ellsworth, The *Internet Business Book*. As estatísticas foram retiradas do Merit Network Information Center. Nos dias em que escrevo, há 25.706 redes localizadas em setenta e um países.

21 Na época em que escrevo, há nove mil tópicos disponíveis, de acordo com *The Internet Business Book*.

22 A seguinte conclusão faz parte de um estudo de pesquisa sobre adultos e adolescentes: "Na última década, as instituições deram muita ênfase em promover um clima de simpatia. Esta pesquisa sugere que a simpatia congregacional esteja relacionada com a maturidade da fé e a lealdade. Mas, é importante notar que em casos de aumento de maturidade da fé e de lealdade denominacional, um clima de pensamento rivaliza a simpatia pelo impacto." *Effective Christian Education: A National Study of Protestant Congregations, A Summary Report on Faith, Loyalty, and Congregational Life* (Mineápolis, Minnesota: Search Institute, 1990).

23 Robert Sylwester, *A Celebration of Neurons: An Educator's Guide to the Human Brain* (Alexandria, Virgínia: ASCD, 1995), pp. 119, 121.

24 Este método, conhecido por método Jigsaw, está se tornando mais popular em salas de aula seculares à medida que aumenta o volume de informação que os alunos precisam saber. "A cada participante de um grupo pequeno, é dada informação única sobre um assunto que é importante para toda a classe. Ele representa o 'perito' no assunto para um grupo em particular. Cada perito estuda o material designado, depois se reúne com as contrapartes de outros grupos pequenos que também são peritos no mesmo assunto. Depois que estes 'grupos peritos' discutem o tópico comum, eles voltam a seus respectivos grupos e ensinam aos colegas de grupo o que aprenderam." (Ron Habermas, "Jigsaw Curriculum", *Christian Education Journal*, vol. XIV, n.° 3, p. 31.)

25 "Multimedia at Home", suplemento da *Instructor Magazine*, Setembro de 1994, p. 3.

26 De acordo com a Christianity Online, há na Net informação sobre mais de cem faculdades cristãs americanas.

27 Mark K. Frazier, "Caution: Students On Board the Internet", *Educational Leadership*, Outubro de 1995, p. 26.

28 Schultze, *Internet for Christians*. Internet: http://www.gospel.com.

[29] Terry Woronov, "Six Myths (and Five Promising Truths) About the Uses of Educational Technology", *The Harvard Educational Letter*, Setembro/Outubro de 1994, p. 3.

[30] John O'Neil, "Technology Schools: A Conversation with Chris Dede", *Educational Leadership*, Outubro de 1995, p. 11.